财政部规划教材
全国高等院校财经类教材

财务管理学

（第二版）

梁国萍　徐新华　主编

中国财经出版传媒集团
中国财政经济出版社

图书在版编目（CIP）数据

财务管理学/梁国萍，徐新华主编．—2版．—北京：中国财政经济出版社，2017.8
财政部规划教材　全国高等院校财经类教材
ISBN 978 – 7 – 5095 – 7661 – 8

Ⅰ.①财…　Ⅱ.①梁…②徐…　Ⅲ.①财务管理 – 高等学校 – 教材　Ⅳ.①F275

中国版本图书馆 CIP 数据核字（2017）第 195077 号

责任编辑：张　军　　　　责任校对：张　凡
封面设计：陈　瑶

中国财政经济出版社 出版

URL：http：//www.cfeph.cn
E – mail：cfeph @ cfeph.cn
（版权所有　翻印必究）
社址：北京市海淀区阜成路甲 28 号　邮政编码：100142
营销中心电话：88190406　北京财经书店电话：64033436　84041336
北京财经印刷厂印刷　各地新华书店经销
787×1092 毫米　16 开　23 印张　555 000 字
2017 年 8 月第 1 版　2017 年 8 月北京第 1 次印刷
定价：49.00 元
ISBN 978 – 7 – 5095 – 7661 – 8
（图书出现印装问题，本社负责调换）
本社质量投诉电话：010 – 88190744
打击盗版举报热线：010 – 88190414　QQ：447268889

再版前言

本教材是在2013年8月由中国财政经济出版社出版的、梁国萍、徐新华主编《财务管理学》基础上进行的再版。自第一次出版以来，使用学生和老师十分欢迎，并对教材的内容和体例等方面提出了宝贵的修改建议，因此，时隔4年，我们决定修订再版。

与第一版相比，本次修订对原教材的风格、内容、体例等方面进行了比较大的修改，现将所涉及的相关方面说明如下：

1. 修订目的。与第一版时间相隔4年，在此期间企业财务管理的理论和实践都发生了一些变化，如财务、证券法规的完善。我们希望能通过这次修订，紧跟时代步伐，贴近财务管理的实际，以改进和完善财务管理的教材内容，增强学生的财务分析能力和财务决策能力。

2. 修订内容。为了提高教学效果，以及考虑到教材篇幅的限制，本教材进行了以下调整：

（1）删去了第一版每章开篇的"名人名言"和每章结束的"重点和难点"。

（2）删去了第一版的第十章"财务控制与治理"、第十一章"企业并购"和第十三章"国际财务管理"，以及第三章"财务分析与绩效评价"中第四节"企业综合绩效评价"。

（3）修改了"绪论"、"筹资决策"、"项目投资决策"和"股利分配"等章节。

（4）增加了第七章"企业价值评估"。

再版与第一版具体对比及说明如下表所示。

再版	第一版	对比说明
第一章　绪论	第一章　绪论	重写了该章内容，更为充实
第二章　财务管理基础	第二章　财务管理基础	基本没变
	第三章　财务分析与绩效评价	把该章变更为第十章
第三章　筹资方式	第四章　筹资方式	修改了部分内容
第四章　筹资决策	第五章　筹资决策	修改了部分内容
第五章　项目投资决策	第六章　项目投资决策	增补了部分内容
第六章　证券投资决策	第七章　证券投资	修改了部分内容
第七章　企业价值评估		新增了该章
第八章　营运资金管理	第八章　营运资金管理	修改了部分内容
第九章　股利分配	第九章　股利理论与政策	重写了该章内容，更为充实
	第十章　财务控制与治理	删除了该章
	第十一章　企业并购	删除了该章
第十章　财务报表分析		删除了原第四节"企业综合绩效评价"
第十一章　企业设立、变更和破产	第十二章　企业设立、变更和破产	基本没变
	第十三章　国际财务管理	删除了该章

经过修改，全书共设十一章，内容涵盖财务管理的基本理论、基本业务和基本方法。这样内容更加紧凑、简洁，有利于学生把握财务管理的整体框架及财务管理的重点和难点。

本教材可作为高等院校财务、会计和经济管理类专业的教材，也可作为工商企业、银行、证券和保险等财务人员的学习参考书。

全书由南昌大学梁国萍教授、徐新华副教授担任主编，各章的具体分工如下：第一章、第九章由梁国萍执笔；第二章由熊欢欢执笔；第三、四、六章由王加灿执笔；第五章由徐新华执笔；第八章由张横峰执笔；第七章由余朝晖执笔；第十章由刘文琦执笔；第十一章由刘亦陈执笔。

由于本次修订幅度较大，加之编者的水平和时间有限，书中可能有疏漏和不当之处，恭请广大师生和读者批评指正。

在本书再版之际，特向中国财政经济出版社张军为本书所做的工作表示衷心感谢！

编者

2017 年 8 月

前　言

　　财务管理学作为工商管理最具活力的一门学科，在过去的一个世纪里得到了飞速发展。从以筹资为核心内容的传统财务学，到以风险投资和股利政策为核心内容的现代财务学，财务管理研究的视角发生了很大的变化。尤其是近年来，随着资本市场的全球化，信息技术的发展与应用，以及商业环境和政策制度的变化，新的管理理念层出不穷，财务管理的理论框架也在不断地变化与更新。为了适应这种变化，满足高校对财务管理教学的需求，我们编写了这本《财务管理学》教材。

　　本教材以财务目标为价值导向，以企业筹资、投资、经营和分配等财务活动为主线，阐述了财务管理的基本理论和预测、决策、预算、控制和分析等基本方法。全书共11章，具体包括绪论，财务管理的基础，筹资方式，筹资决策，项目投资决策，证券投资，企业价值评估，营运资金管理，股利分配，财务分析，企业设立、变更和破产等内容。

　　本教材的特点：一是内容新。在教材编写过程中，我们重视教材的科学性和前沿性，参考了许多财务管理的经典教材，如全国注册会计师统一考试辅导教材《财务成本管理》、中级会计职称会计师考试教材《财务管理》、荆新等主编的《财务管理学》和Stephen A. Rose等著、吴世农等译的《公司理财》等等。我们力求将最新的财务理念和财务方法融进本书中，从而使读者更好地掌握财务管理的最新思想和精髓。二是涵盖面广。在教材编写过程中，我们尽量涵盖所有成形的财务管理理论，从财务管理的基本理论和基本方法，到资本市场、投资管理和企业并购等。我们希望呈现给读者的是一本内容丰富完整的财务管理教材，可能由于学时所限，教师不能全部都教，但是学生可以自学了解。三是体例合理。在教材编写过程中，我们重视教材的规范性和系统性，在每一章都列出了本章的学习目标、本章小结、本章重点和难点，便于读者对知识的全面把握和重点掌握；在每一章篇首都有名人名言和案例导读，增强了教材的可读性和趣味性，同时在每章后面都有思考题和练习题，便于学生通过练习，强化知识点。

　　本教材可作为高等院校财务、会计和经济管理类专业的教材，也可作为工商企业、银行、证券和保险等财务人员的学习参考书。

　　本书由南昌大学梁国萍教授、徐新华副教授担任主编，经过多次讨论，各章的具体分工如下：第一章由梁国萍执笔；第二章由熊欢欢执笔；第三章由刘文琦执笔；第四、五、七章由王加灿执笔；第六章由徐新华执笔；第八章由张横峰执笔；第九、十、十一章由刘健执笔；第十二章由刘亦陈执笔；第十三章由余朝晖执笔。初稿完成后，两位主编进行了审阅和修改，最后讨论定稿。

任何一本书的完成不仅源于作者的知识积累和创造，更来自于前人的研究成果和贡献。在本书写作过程中，我们参考了国内外许多专家、学者的研究成果，他们的思想和观点对本书的完成极为重要，在本书的后面我们注明了参考文献。在本书出版之际，特向他们表示衷心感谢！

虽然我们尽了最大的努力，但由于受到自身水平和时间所限，书中难免有疏漏和不当之处，恳请广大师生和读者批评指正。

最后要感谢南昌大学的资助，感谢中国财政经济出版社张军为本书出版所做的工作。没有你们的支持，就没有这本书的出版。

编　者

2013 年 6 月

目　　录

第一章　绪论 ……………………………………………………………（ 1 ）
　　第一节　企业与企业的财务目标 ………………………………………（ 2 ）
　　第二节　财务管理的目标与企业利益相关者 …………………………（ 6 ）
　　第三节　财务管理的假设与职能 ………………………………………（ 10 ）
　　第四节　财务管理的环境 ………………………………………………（ 13 ）

第二章　财务管理基础 …………………………………………………（ 19 ）
　　第一节　货币的时间价值 ………………………………………………（ 20 ）
　　第二节　投资风险价值 …………………………………………………（ 30 ）

第三章　筹资方式 ………………………………………………………（ 46 ）
　　第一节　企业筹资概述 …………………………………………………（ 46 ）
　　第二节　企业筹资数量预测 ……………………………………………（ 51 ）
　　第三节　企业股权筹资 …………………………………………………（ 57 ）
　　第四节　企业负债筹资 …………………………………………………（ 67 ）

第四章　筹资决策 ………………………………………………………（ 87 ）
　　第一节　资本成本 ………………………………………………………（ 88 ）
　　第二节　企业风险与杠杆原理 …………………………………………（ 96 ）
　　第三节　资本结构理论 …………………………………………………（104）
　　第四节　资本结构决策 …………………………………………………（109）

第五章　项目投资决策 …………………………………………………（118）
　　第一节　项目投资概述 …………………………………………………（119）
　　第二节　项目投资现金流量 ……………………………………………（121）
　　第三节　项目投资决策的指标体系 ……………………………………（125）
　　第四节　特殊项目的投资决策 …………………………………………（133）
　　第五节　风险投资决策 …………………………………………………（138）

第六章　证券投资决策 …………………………………………………… (143)
 第一节　证券投资概述 ……………………………………………… (144)
 第二节　债券投资 …………………………………………………… (146)
 第三节　股票投资 …………………………………………………… (153)
 第四节　证券投资组合 ……………………………………………… (161)
 第五节　基金投资 …………………………………………………… (167)

第七章　企业价值评估 ………………………………………………… (174)
 第一节　企业价值评估的目的和对象 ……………………………… (176)
 第二节　企业价值评估方法 ………………………………………… (181)

第八章　营运资金管理 ………………………………………………… (198)
 第一节　营运资金管理概述 ………………………………………… (199)
 第二节　现金管理 …………………………………………………… (204)
 第三节　应收账款管理 ……………………………………………… (214)
 第四节　存货管理 …………………………………………………… (226)
 第五节　流动负债管理 ……………………………………………… (233)

第九章　股利分配 ……………………………………………………… (245)
 第一节　利润分配的原则和顺序 …………………………………… (246)
 第二节　股利理论与股利分配政策 ………………………………… (251)
 第三节　股票股利、股票分割与股票回购 ………………………… (261)

第十章　财务分析 ……………………………………………………… (268)
 第一节　财务分析概述 ……………………………………………… (269)
 第二节　财务指标分析 ……………………………………………… (277)
 第三节　财务综合分析 ……………………………………………… (292)

第十一章　企业设立、变更和破产 …………………………………… (301)
 第一节　企业设立 …………………………………………………… (302)
 第二节　企业变更 …………………………………………………… (311)
 第三节　企业破产 …………………………………………………… (322)
 第四节　企业财务预警 ……………………………………………… (330)
 第五节　企业终止 …………………………………………………… (336)

附录
 1. 复利终值系数表 …………………………………………………… (342)
 2. 复利现值系数表 …………………………………………………… (344)
 3. 年金终值系数表 …………………………………………………… (346)

目　　录

4. 年金现值系数表 …………………………………………………………（348）
5. 自然对数表 …………………………………………………………………（350）
6. 正态分布下的累积概率［N(d)］ …………………………………………（353）
7. e^{rt}的值：1元的连续复利终值 ……………………………………………（354）

参考文献 ………………………………………………………………………（355）

第一章 绪 论

【案例导读】

李嘉诚的成功秘诀

李嘉诚是广东潮州人，生于1928年，小时家境贫寒。1940年，12岁的李嘉诚随母移民到香港。1950年以5万港元起家，在香港成立了长江工业有限公司，主要从事塑胶等工业制品。他于1958年开始涉足香港房地产，创立的长江实业（2015年重组为"长和"和"长地"两家公司）已成为香港最大的企业，经营范围包括房地产、能源业、网络业、电讯业以及传媒业。据2015年3月《福布斯》杂志公布的全球富豪排名，李嘉诚的净资产总值高达333亿美元，全球排名第17位，成为全球华人首富，这是他连续18年蝉联华人首富。作为一个"帝国建造者"，李嘉诚一直有效控制着一家多元化的公司。他是一位"非常精明的资产交易者"，投资技巧可谓丰富，敢于冒风险，他有时会耐心地将资本囤积于某一领域，承受亏损压力以维持一些业务的发展，有时也会在恰当时机将新兴行业与资本市场高调结合，以融资所得逐渐将一个产业由虚做实。从1972年长江实业上市，当时市值约1.2亿港元，到2015年已达3 476亿港元，其公司市值在40余年间暴增2 000多倍。

有人问：为何很多企业家轻易断送一家企业，而李嘉诚却几乎从无此忧？用李嘉诚自己的话回答是："我每天90%以上的时间不是用来处理今天的事情，而是想明年、五年、十年后的事情。"其实，李嘉诚并未接受过太多专业教育，但他热爱学习，对数字尤为敏感。他自称可以对集团内任何一家公司近年发展情况，准确地说出90%以上的数据。他从20岁起就热衷于阅读其他公司的年报，除了寻找投资机会，也从中学习其他公司的优点和发现漏洞。李嘉诚有自己一套独特的经营理念，他对现金流高度重视，经常说的一句话是："公司没有盈利不一定破产；但公司如果没有现金流，则一定倒闭。"他在确保现金流的同时，还努力将负债率控制在一个低位。

李嘉诚的理财秘诀有二：一是30岁以后重视理财。30岁以前主要靠自己的体力与脑力劳动，努力地多获得报酬，实现初步积累；30岁以后，主要靠"钱生钱"，即靠手中已有的钱，进行投资。二是要有足够的耐心。投资理财不要不切实际地指望"一夜暴富"，投资理财好比"马拉松赛跑"，而非"百米冲刺"，比的是耐力，而不是爆发力。要想投资理财致富，必须经过漫长的努力，才可能创造辉煌。

问题：
1. 我们为什么要理财？
2. 我们该怎样理财？

【学习目标】

□ 掌握财务管理的主要内容
□ 理解财务管理的目标
□ 理解财务管理的假设
□ 了解公司财务与外部环境的关系

财务学有三个分支：金融学、投资学和财务管理学。金融学主要讨论货币、银行和金融市场的有关问题；投资学主要讨论个人或专业投资机构的投资决策；财务管理学则主要讨论一个组织内部的筹资和投资决策。这三个分支具有共同的理论基础并且相互联系，但讨论的领域不同。

任何组织都需要财务管理，但是营利性组织与非营利性组织的财务管理有较大区别。本教材讨论的是营利性组织的财务管理，即企业财务管理。

第一节　企业与企业的财务目标

一、企业的性质和类型

（一）企业的性质

我们身边有许多企业，有大型企业如可口可乐公司、苹果公司、中国电信、中国银行等；也有一些小企业，如小区门口的小超市、饭馆和会计师事务所等。这些企业有一个共同的特点：要将各种资源——房屋、机器设备、原材料和劳动力等生产要素有机组合在一起，以向顾客提供产品或服务，最终创造财富，实现其资本的增值。

这些企业根据其性质分为三种：制造业企业、商品流通企业和服务业企业。每一种类别的企业都有其独有的特征。制造业企业是将原始的材料转变为可以销售给消费者的产品的企业，如可口可乐提供饮料、苹果公司提供手机等。商品流通企业自身并不生产产品，而是向其他企业购买商品再销售给顾客，它们将产品与顾客紧密联系起来，如沃尔玛公司销售各种日用百货、国美公司销售各种家用电器等。服务业企业向顾客提供服务而不提供产品，如迪士尼公司提供娱乐服务、顺丰快递公司提供运输服务等。不管怎样的企业，它们与我们的生活息息相关。

（二）企业的组织形式

企业财务管理的活动与企业的组织形式密切相关。典型的企业组织形式有三种：个人独资企业、合伙企业以及公司制企业。

1. 个人独资企业

个人独资企业是由一个自然人投资并兴办的企业，通常称为"个体户"。个人独资企业在所有企业中从数量看占的比重较大，因为其设立门槛较低而且成本较低。

具体来说，个人独资企业的优点是：（1）创立容易，如不需要与他人协商并取得一致，只需要很少的注册资金等；（2）维持个人独资企业的固定成本较低，如政府对其监管较少，对其规模也没有什么限制，企业内部协调比较容易；（3）不需要缴纳企业所得税。

个人独资企业的缺点是：（1）业主对企业债务承担无限责任，有时企业的损失会超过业主最初对企业的投资，需要用个人其他财产偿债；（2）企业的存续年限受限于业主的寿命；（3）难以从外部获得大量资金用于经营。

多数个人独资企业的规模较小，抵御经济衰退和承担经营失误损失的能力不强，平均存续年限较短。有一部分个人独资企业规模扩大后会发现其固有缺点日益被放大，于是转变为合伙企业或公司制企业。

2. 合伙企业

合伙企业是由各合伙人订立合伙协议，共同出资，合伙经营，共享收益，共担风险，并对合伙债务承担无限连带责任的营利性组织。通常，合伙人是两个或两个以上的自然人，有时也包括法人或其他组织。

合伙企业的优点和缺点与个人独资企业类似，只是程度有些区别。

此外，《合伙企业法》规定每个合伙人对企业债务须承担无限、连带责任。每个合伙人都可能因偿还企业债务而失去其原始投资以外的个人财产。如果一个合伙人没有能力偿还其应分担的债务，其他合伙人须承担连带责任，即有责任替其偿还债务。法律还规定合伙人转让其所有权时需要取得其他合伙人的同意，有时甚至还需要修改合伙协议，因此，其所有权的转让比较困难。

3. 公司制企业

任何依据《中华人民共和国公司法》（以下简称《公司法》）登记的机构都被称为公司。各国的公司法差异较大。因此，公司的具体形式并不完全相同。它们的共同特点是均为经政府注册的营利性法人组织，并且独立于所有者和管理者。

正是由于公司是独立法人，使它具有以下优点：（1）无限存续。一个公司最初的所有者和管理者退出后仍然可以继续存在。（2）容易转让所有权。公司的所有者权益被划分为若干股权份额，每个份额可以单独转让，无须经过其他股东同意。（3）有限债务责任。公司债务是法人的债务，不是所有者的债务。所有者的债务责任以其出资额为限。

正是由于具有以上三个优点，使之更容易在资本市场上筹集到资金。有限债务责任和公司无限存续，降低了投资者的风险；便于所有权转让，提高了投资人资产的流动性。这些特点促使投资人愿意把资金投入公司制企业。

公司制企业的缺点：（1）双重课税。公司作为独立的法人，其利润需缴纳企业所得税，企业利润分配给股东后，股东还需缴纳个人所得税。（2）组建公司的成本高。《公司法》对于建立公司的要求比建立独资或合伙企业高，并且需要提交一系列法律文件，通常花费的时间较长；公司成立后，政府对其监管比较严格，需要定期提交各种报告。（3）存在代理问题。管理者和所有者分开以后，管理者成为代理人，所有者成为委托人，代理人可能为了自身利益而伤害委托人利益。

三种形式的企业组织中，个人独资企业占企业总数的比重很大，但绝大部分的商业资金是由公司制企业控制的。因此,财务管理通常把公司财务管理作为讨论的重点。除非特别说明,本书讨论的财务管理均指公司财务管理。

二、财务管理的产生与发展

财务活动,由来已久。但由于财权的重要性和早期财务活动的单纯性,财务活动往往由生产管理者或生产经营单位的经理人直接进行。所以,财务管理作为一项独立的业务工作形成较晚,而财务管理学作为一门独立的学科则更晚。很长时期以来,财务管理学都从属于其他学科。直到进入20世纪以后,特别是第二次世界大战以后,财务管理学才逐渐成为一门独立的经济管理学科。

在西方,财务管理学主要经历了以下几个阶段:

(一) 公司财务管理的产生

15、16世纪,地中海沿岸一带商业蓬勃发展,不少城市(如雅典)成为欧洲的经贸中心,财务管理活动开始萌芽。

18世纪英国发生了产业革命,手工作坊的生产方式逐渐被工厂化的机器生产方式所代替。但当时主要采取独资、合伙等经营方式,企业组织比较简单,财务关系也比较简单,其财务活动大多由企业主亲自从事。

19世纪50年代以后,随着欧美制造业的迅速发展,企业生产规模进一步扩大,企业对资金的需求也不断增加,因此比较规范的股份制公司相继产生。这时企业财务关系逐渐复杂,企业主已难以亲自从事财务管理活动,开始单独建立财务管理部门,这时,管理的职能开始分离,独立的财务管理工作也就分化出来了。

(二) 公司财务管理的发展

公司财务管理自产生以来,大致经历了三个发展阶段:筹资阶段、内部控制阶段和投资阶段。

1. 筹资阶段

20世纪初,各国经济,特别是西方各国的经济得到了迅速的发展,这使得许多公司都面临着如何筹集生产经营所需资金的问题。因此,筹资成为公司财务管理的主要职能。但由于当时的金融市场,特别是金融市场中的资本市场还很不完善,可靠的经济、金融和会计信息的获得也十分困难,公司通过发行债券、股票等筹集资金的渠道不很畅通,公司获得资金的主要渠道是银行和有关金融机构。

2. 内部控制阶段

随着科学技术的迅速发展和市场竞争的日趋激烈,许多公司的财务人员逐渐认识到,要在残酷的竞争中求生存、求发展,财务的职能不能仅仅局限于筹措资金,而要充分发挥所筹资金的效益。于是,公司内部的财务控制得到了重视。例如,公司内部的现金管理、应收账款管理、存货管理和固定资产管理等都纳入内部财务控制的范畴,而且各种计量模型应运而生。财务计划、财务分析和财务控制等方面的管理技术也得到了广泛的应用。

3. 投资阶段

随着经营和资金运用的多样化、市场不可预测因素的增加,公司的投资风险日益增大。许多原本认为好的投资可能一下子变为不好的投资,许多原本认为不好的投资却可能在其他公司得到意想不到的效益。因此,投资管理受到公司的普遍关注,主要表现在:关注投资的程序是否合理；关注投资效益的评估指标是否科学；关注投资风险和风险投资决策。

随着财务管理实践的发展，财务管理理论也随之得到发展。美国著名财务管理学者格林（Green）于1897年出版了《公司财务》一书，这是一部最早的财务管理学方面的著作。此后，米德（Mead）、戴维（Dewing）、李恩（Lyon）等人又陆续出版了一些有关财务管理的著作，这标志着财务管理学科的初步形成，并被称为"传统财务管理"，它为现代财务理论的产生和完善奠定了基础。

20世纪以来，财务管理理论迅速发展，由以筹资为主要内容的传统财务管理理论发展成为以资产管理为中心的内部控制财务管理理论，进而又发展成为现代的投资财务管理理论。美国法玛（Fama）和米勒（Miller）的《财务理论》一书于1972年出版，它集西方财务理论之大成，标志着西方财务管理理论进入成熟阶段。

在我国，由于受苏联经济管理体制的影响，企业的财务管理体制是集中的、计划下的统收统支的管理体制。应该说，这种体制对恢复中国经济、推动中国国民经济发展起到了重要作用。但在此体制下，企业发展生产所需资金由国家拨款，如果企业盈利，盈利的全部或大部分将上缴国家；如果企业亏损，亏损则由国家弥补。企业财务中的资金筹集、资金使用、盈利分配等许多职能都被国家财政所代替。企业财务管理被看成是国家财政的附属物，没有受到应有的重视，企业财务管理的应有职能没有发挥。1978年以后，中国实行了改革开放，企业自主权不断扩大，企业作为自主经营、自负盈亏的经济实体，有了一定的财权，并产生了丰富的财务活动和广泛的财务关系，企业财务管理工作有了很大变化。

进入20世纪90年代后，随着我国市场经济体系的确立，财务管理的地位更加重要，财务管理得到了更快的发展。1993年我国颁布并实施了《企业财务通则》，2006年12月又进行了修订，真正意义上的、与国际接轨的财务管理体系逐步建立和完善起来。

三、财务管理的内容

企业的基本活动是从资本市场上筹集资金，投资于生产性经营资产，并运用这些资产进行生产经营活动，取得利润后用于补充权益资本或者分配给股东。因此，企业的基本活动可以分为筹资、投资、资金营运和股利分配四个方面，所以财务管理内容包括筹资决策、投资决策、运营决策和股利分配决策。

（一）筹资决策

任何企业要组织生产经营活动，都必须占用一定数量的资金。没有资金，就不具备生产条件，无法组织生产经营，也就无所谓资金运动。任何企业的资金无外乎两种来源：一是企业自有资金，它是企业通过向投资者吸收直接投资、发行股票、企业内部留存收益等方式取得；二是企业借入资金，它是企业通过向银行借款、发行债券、应付款项等方式取得。资金是企业的"血液"，没有资金，企业就没办法运转。因此，筹集资金及如何筹集是财务人员的重要工作。

（二）投资决策

企业取得资金后，必须将资金投入使用，以谋求最大的经济效益；否则，筹资就失去了目的和效用。按投资行为的介入程度，分为直接投资和间接投资。直接投资是指投资人直接将资金交给被投资对象使用，比如企业将资金直接用于企业内部生产经营的各种资产，以及企业持有的各种股权性资产，如持有子公司或联营公司股份等。间接投资指通过购买被投资对象发行的金融工具而将资金间接转移交付给被投资对象使用的投资，如企业购买特定投资对象发行的股票、债券等。

投资又可分为短期投资和长期投资。短期投资主要是指持有现金、购买短期有价证券、建立应收账款和购置存货等流动资产方面的投资。短期投资形成的资产具有流动性，对提高公司的变现能力、偿债能力，进而对提高公司的风险防范能力具有重要意义。但短期投资的盈利水平较低，如果把资金过多地用于短期投资，会影响公司的投资效益。

按投资的方向不同，分为对内投资和对外投资。对内投资是将资金投资在公司内部，购置各种生产经营用的资产的投资。对外投资是指公司向其他单位的投资，如企业购买其他单位的股票、债券，或与其他单位合资成立联营公司。

企业在投资过程中，应科学地做好可行性研究，必须考虑投资规模，同时，还必须通过投资方向和投资方式的选择，来确定合理的投资结构，以提高投资效益，降低投资风险。

（三）资金营运决策

企业在日常生产经营过程中，会发生一系列的资金收付。首先，企业要采购材料或商品，以便从事生产和销售活动，同时，还要支付工资和其他营业费用。其次，当企业把产品或商品售出后，便可取得收入，收回资金。这些都是因企业经营而引起的财务活动，所以称为资金营运活动。在一定时期内资金周转越快，就越是可以利用相同数量的资金，生产出更多的产品，取得更多的收入，获得更多的报酬。因此，加强公司资产的日常管理，提高资产的使用效率，加速资金周转，获得较高的经济效益，也是财务管理的重要内容之一。

（四）分配决策

企业通过投资和营运，取得的收入首先要用于弥补成本，缴纳流转税，其余部分为企业的营业利润。营业利润和投资净收益、营业外收支净额等构成企业的利润总额。利润总额首先要按国家规定缴纳所得税，净利润要提取盈余公积和公益金，分别用于扩大积累、弥补亏损和改善职工集体福利设施，其余部分作为投资者的收益分配给投资者或暂时留存在企业。

随着分配进程的进行，资金或者退出或留存企业，它必然会影响企业的资金运动，这不仅表现在资金运动的规模上，而且表现为资金运动的结构上，如筹资结构。因此，如何合理确定分配规模和分配方式，以使企业的长期利益最大，是财务管理的主要内容之一。

上述财务活动的四个方面，不是相互割裂、互不相关的，而是相互联系、相互依存的。正是上述互相联系又有区别的四个方面，构成了完整的企业财务活动，这四个方面也就是企业财务管理的基本内容。

第二节　财务管理的目标与企业利益相关者

一、财务管理的目标

从根本上说，财务管理的目标取决于企业的目标，所以财务管理的目标和企业的目标是一致的。创立企业的目的是盈利，盈利是其最基本、最一般、最重要的目标。盈利不但体现了企业的出发点和归宿，而且可以概括其他目标的实现程度，并有助于其他目标的实现。关于企业财务管理目标的表达，主要有以下四种观点：

（一）利润最大化

这种观点认为：利润代表了企业新创造的财富，利润越多则说明企业的财富增加得越多，越接近企业的目标。

这种观点的缺点是：（1）没有考虑利润的取得时间。例如，今年获利 100 万元和明年获利 100 万元，哪一个更符合企业的目标？若不考虑货币的时间价值，就难以做出正确判断。（2）没有考虑所获利润和投入资本额的关系。例如，同样获得 100 万元利润，一个企业投入资本 500 万元，另一个企业投入 600 万元，哪一个更符合企业的目标？若不与投入的资本额联系起来，就难以做出正确判断。（3）没有考虑获取利润和所承担风险的关系。例如，同样投入 500 万元，本年获利 100 万元，一个企业获利已全部转化为现金，另一个企业获利则全部是应收账款，并可能发生坏账损失，哪一个更符合企业的目标？若不考虑风险大小，就难以做出正确判断。

如果假设投入资本相同、利润取得的时间相同、相关的风险也相同，利润最大化是一个可以接受的观念。事实上，许多经理人员都把提高利润作为公司的短期目标。

（二）每股收益最大化

这种观点认为：应当把企业的利润和股东投入的资本联系起来考察，用每股收益（或权益资本净利率）来概括企业的财务目标，以避免"利润最大化"目标的缺点。

这观点仍然存在以下缺点：（1）仍然没有考虑每股收益取得的时间；（2）仍然没有考虑每股收益的风险。

如果假设风险相同、每股收益时间相同，每股收益最大化也是一个可以接受的观念。事实上，许多投资人都把每股收益作为评价公司业绩的最重要指标。

（三）股东财富最大化

这种观点认为：增加股东财富是财务管理的目标。这也是本书采纳的观点。

股东创办企业的目的是增加财富。如果企业不能为股东创造价值，股东就不会为企业提供资金。没有了权益资金，企业也就不存在了。因此，企业要为股东创造价值。

股东财富可以用股东权益的市场价值来衡量。股东财富的增加可以用股东权益的市场价值与股东投资资本的差额来衡量，它被称为"权益的市场增加值"。权益的市场增加值是企业为股东创造的价值。

有时财务目标被表述为股价最大化。在股东投资资本不变的情况下，股价上升可以反映股东财富的增加，股价下跌可以反映股东财富的减损。股价的升降，代表了投资大众对公司股权价值的客观评价。它以每股价格表示，反映了资本和获利之间的关系；它受预期每股收益的影响，反映了每股收益大小和取得的时间；它受企业风险大小的影响，可以反映每股收益的风险。值得注意的是，企业与股东之间的交易也会影响股价，但不影响股东财富。例如，分派股利时股价下跌，回购股票时股价上升等。因此，假设股东投资资本不变，股价最大化与增加股东财富具有同等意义。

（四）企业价值最大化

投资者建立企业的重要目的在于创造尽可能多的财富。这种财富首先表现为企业的价值，企业的价值通俗地说是指企业本身值多少钱，包括企业的有形价值和无形价值。

企业虽不是一般意义上的商品，但也可以被买卖。要买卖企业必然要对其进行市场评价，通过市场评价来确定企业的市价或企业价值，对于股份有限公司而言，企业价值＝总股本×每股价值（即每股市价）。

当总股本一定时，企业的价值取决于每股价值，每股价格越高，企业价值越高；每股价格越低，企业价值越低。

注意：

第一，在对企业评价时，看重的不是企业已经获得的利润水平，而是看企业潜在的获利能力。因此，企业价值不是账面资产的总价值，而是企业全部财产的市场价值，它反映了企业潜在或预期获利能力。

第二，在评价企业价值时，投资者是以投资者预期投资时间为起点，并将未来收入按预期投资时间的同一口径进行折现，未来收入的多少按可能实现的概率进行计算。

可见，这种办法考虑了货币的时间价值和风险价值，企业所得的收益越多，实现收益的时间越近，应得的报酬越是确定，则企业的价值或股东财产越大。以企业价值最大化作为财务管理的目标，其优点是：

- 考虑了货币时间价值和风险因素；
- 有利于克服管理上的片面性和短期行为；
- 反映了对企业资产保值增值的要求；
- 有利于社会资源的合理配置。

企业价值的增加，是由于权益价值增加和债务价值增加引起的。假设债务价值不变，则增加企业价值与增加权益价值具有相同意义。假设股东投资资本和债务价值不变，企业价值最大化与增加股东财富具有相同的意义。

关于财务目标的分歧之一是如何看待利益相关者的要求。有一种意见认为，企业应当有多重目标，分别满足不同利益相关者的要求。

二、财务管理目标与企业利益相关者的冲突

企业在追求自身利益最大化时应兼顾企业内其他利益相关者的利益。广义的利益相关者包括一切与企业决策有利益关系的人，包括资本市场利益相关者（股东和债权人）、产品市场利益相关者（主要顾客、供应商、所在社区和工会组织）和企业内部利益相关者（管理者和其他员工）。狭义的利益相关者是指除股东、债权人和管理者之外的，对企业现金流量有潜在索偿权的人。通常，我们说"利益相关者"是指后者。

公司的利益相关者可以分为两种：一种是合同利益相关者，包括主要客户、供应商和员工，他们和企业之间存在法律关系，受到合同的约束；另一种是非合同利益相关者，包括一般消费者、社区居民以及其他与企业有间接利益关系的群体。

股东和合同利益相关者之间既有共同利益，也有利益冲突。股东可能为自己的利益伤害合同利益相关者，合同利益相关者也可能伤害股东利益。因此，要通过立法调节他们之间的关系，保障双方的合法权益。一般说来，企业只要遵守合同就可以基本满足合同利益相关者的要求，在此基础上股东追求自身利益最大化也会有利于合同利益相关者。当然，仅有法律是不够的，还需要道德规范的约束，以缓和双方的矛盾。

对于非合同利益相关者，法律关注较少，享受到的法律保护低于合同利益相关者。公司的社会责任政策，对非合同利益相关者影响很大。

（一）管理者的目标与企业财务目标的冲突

股东为企业提供了财务资源，但是他们处在企业之外，而管理者即管理当局在企业里直接从事管理工作。股东委托管理者代表他们管理企业，为实现他们的目标而努力，但管理者与股东的目标并不完全一致。

1. 管理者的目标

股东的目标是使自己的财富最大化，千方百计要求管理者以最大的努力去完成这个目标。管理者也是最大合理效用的追求者，其具体行为目标与委托人不一致。其目标是：

（1）增加报酬，包括物质和非物质的报酬，如工资、奖金，提高荣誉和社会地位等。

（2）增加闲暇时间，包括较少的工作时间、工作时间里较多的空闲和有效工作时间中较小的劳动强度等。

上述两个目标之间有矛盾，增加闲暇时间可能减少当前或将来的报酬，努力增加报酬会牺牲闲暇时间。

（3）避免风险。管理者努力工作可能得不到应有的报酬，他们的行为和结果之间有不确定性，管理者总是力图避免这种风险，希望付出一份劳动便得到一份报酬。

2. 管理者对股东目标的背离

管理者的目标和股东不完全一致，管理者有可能为了自身的目标而背离股东的利益。这种背离表现在两个方面：

（1）道德风险。管理者为了自己的目标，不是尽最大努力去实现企业的目标。他们没有必要为提高股价而冒险，股价上涨的好处将归于股东，如若失败他们的"身价"将下跌。他们不做什么错事，只是不十分卖力，以增加自己的闲暇时间。这样做不构成法律和行政责任问题，只是道德问题，股东很难追究他们的责任。

（2）逆向选择。管理者为了自己的目标而背离股东的目标。例如，装修豪华的办公室，购置高档汽车等；借口工作需要乱花股东的钱；或者蓄意压低股票价格，自己借款买回，导致股东财富受损。

（二）债权人与企业财务目标的冲突

当公司向债权人借入资金后，两者也形成一种委托代理关系。债权人把资金借给企业，其目标是到期时收回本金，并获得约定的利息收入；公司借款的目的是用它扩大经营，投入有风险的生产经营项目以获取利益，两者的目标并不一致。

债权人事先知道借出资金是有风险的，并把这种风险的相应报酬纳入利率。债权人通常要考虑的因素包括：公司现有资产的风险、预计公司新增资产的风险、公司现有的负债比率、公司未来的资本结构等。但是，借款合同一旦成为事实，资金划到企业，债权人就失去了控制权，股东可以通过管理者为了自身利益而伤害债权人的利益，其常用方式是：

第一，股东不经债权人的同意，投资于比债权人预期风险更高的新项目。如果高风险的计划侥幸成功，超额的利润归股东独享；如果计划不幸失败，公司无力偿债，债权人与股东将共同承担由此造成的损失。尽管按法律规定，债权人先于股东分配破产财产，但多数情况下，破产财产不足以偿债。所以，对债权人来说，超额利润肯定拿不到，发生损失却有可能要分担。

第二，股东为了提高公司的利润，不征得债权人的同意而指使管理当局发行新债，致使旧债券的价值下降，使旧债权人蒙受损失。旧债券价值下降的原因是发新债后公司负债比率加大，公司破产的可能性增加。如果公司破产，旧债权人和新债权人要共同分配破产后的财产，使旧债券的风险增加，其价值下降。尤其是不能转让的债券或其他借款，债权人没有出售债权以摆脱困境的出路，处境更加不利。

债权人为了防止其利益被伤害，除了寻求立法保护，如破产时优先接管、优先于股东处置财产等外，通常采取以下措施：

第一，在借款合同中加入限制性条款，如规定资金的用途、规定不得发行新债或限制发行新债的数额等。

第二，发现公司有损害其债权意图时，拒绝进一步合作，不再提供新的借款或提前收回借款。

其实，企业在追求自身利益最大化时应兼顾其他各方利益。企业目标和社会目标在许多方面是一致的，企业在追求自己目标时自然会使社会受益。例如，企业为了获利必须提高劳动生产率、改进产品质量和服务，从而提高社会生产效率和公众生活质量。但是，企业目标和社会愿望也有不一致的地方，如浪费能源、污染环境等。一般说来，企业只要依法经营，在谋求自己利益的同时就会使公众受益。但是，法律不可能解决所有问题，企业有可能在合法的情况下从事不利于社会的事情，企业还要受到商业道德的约束以及社会公众的舆论监督，只有进一步协调企业和社会的矛盾，才能促进经济和谐、有序、可持续的发展。

第三节　财务管理的假设与职能

财务管理假设是人们根据财务活动的内在规律和理财环境的要求所提出的，具有一定事实依据的假定或设想，是建立财务管理理论体系的基本前提，是企业财务管理活动的出发点。

一、财务管理的假设

（一）财务主体假设

财务主体（又称"理财主体"），是指能自主组织财务活动，并能独立承担经济责任的单位。其特征如下：（1）拥有独立的资金；（2）享有自主理财的权力；（3）能独立承担经济责任。

为了对财务主体有更全面、更深入的了解，必须进一步明确财务主体与会计主体和法律主体的关系。

财务主体与会计主体的关系是：财务主体通常与会计主体是一致的，但是，会计主体有时不一定是财务主体。因为会计主体只需要为决策提供相关的会计信息，而它本身不一定具有决策权。在会计主体无决策权的情况下，它就不能成为财务主体。例如，某公司下属的独立核算单位，它没有经营决策权，因此，它是一个会计主体而不是一个财务主体。通常财务主体一定是会计主体。

财务主体与法律主体的关系是，财务主体通常与法律主体是一致的，但二者有时会发生分离，即财务主体不一定是法律主体，法律主体也不一定是财务主体。如私营独资与合伙公司能自主组织财务活动和独立承担经济责任，是财务主体，但有些国家的法律否认他们的法律主体地位。因此，私营独资与合伙公司的业主只能以自然人的身份享有民事权利和承担民事责任。在现代公司制度下，作为法律主体的公司有时也不一定是财务主体。例如，由母公司投资设立的独资子公司具有法人资格和法律主体的地位，但由于母公司采取集权式管理，独资子公司的财务决策权由母公司控制，因此，它不是财务主体。

（二）持续经营假设

持续经营假设是指理财主体在可预见的未来会持续存在并能执行经济活动。除非有相反的证明，否则，认为每一个理财主体都将无限期地经营下去。它明确了财务管理工作的时间范围。

一旦有迹象表明企业经营欠佳，出现财务状况恶化，不能到期偿债，持续经营假设就失去了其存在的基础，进而以该假设为基础的财务管理内容和方法就失去了其应有的效用。

（三）自利行为原则

自利行为原则是指人们在进行决策时根据自己的财务利益行事，在其他条件相同的情况下人们会选择对自己经济利益最大的行动。

自利行为原则的依据是理性经济人假设。该假设认为，人们对每一项交易都会衡量其代价和利益，并会选择对自己最有利的方案来行动。自利行为原则假设企业决策人对企业目标具有合理的认识程度，并且对如何达到目标具有合理的理解。在这种假设情况下，企业会采取对自己最有利的行动。自利行为原则并不认为钱是任何人生活中最重要的东西，或者说钱可以代表一切。问题在于商业交易的目的是获利，在从事商业交易时人们总是为了自身的利益做出选择和决定，否则他们就不必从事商业交易。自利行为原则也并不认为钱以外的东西都是不重要的，而是说"在其他条件都相同时"，所有财务交易参与者都会选择对自己经济利益最大的行动。

自利行为原则的一个重要应用是委托—代理理论。根据该理论，应当把企业看成是各种自利的人的集合。如果企业只有业主一个人，他的行为将十分明确和统一。如果企业是一个大型公司，情况就变得非常复杂，因为这些关系人之间存在利益冲突。一个公司涉及的利益关系人包括普通股东、优先股东、债券持有者、银行、短期债权人、政府、社会公众、经理人员、员工、客户、供应商、社区等。这些人或集团，都是按自利行为原则行事的。企业和各种利益关系人之间的关系，大部分属于委托代理关系。这种相互依赖又相互冲突的利益关系，需要通过"契约"来协调。因此，委托—代理理论是以自利行为原则为基础的。有人主张，把"委托代理关系"单独作为一条理财原则，可见其重要性。

自利行为原则的另一个应用是机会成本的概念。当一个人采取某个行动时，就等于取消了其他可能的行动。因此，他必然要用这个行动与其他的可能行动相比，看该行动是否对自己有利。采用一个方案而放弃另一个方案时，被放弃方案的收益就是被采用方案的机会成本。机会成本是一个在决策时不能不考虑的重要问题。

（四）资本市场有效假设

资本市场有效假设是指财务管理所依据的资本市场是健全和有效的。一个有效率的资本市场，会将有关信息快速、完全地融入证券价格，即股价能即时充分地反映资讯。只有在有效的资本市场上，财务管理才能正常进行，财务管理理论体系才能建立。

1970年珐玛（Fama）发表了一篇文章，该作品堪称经济学史上最著名的文章之一。他从统计上和概念上定义了有效资本市场（efficient capital market），并将有效市场分为三类：（1）弱式有效市场；（2）半强式有效市场；（3）强式有效市场。

弱式效率市场（weak form efficient market），是指所有与证券相关的历史信息都已完全反映在证券价格中，即股价反映了过去的价格。换句话说，如果市场呈弱式效率，那么试图从过去信息预测未来的股价，将不会获得异常回报。因此，从这一角度说明，金融分析家所热衷的各种技术分析其实毫无意义。根据北大教授陈小悦（1997）的研究，中国的资本市场属于弱式效率市场。

半强式效率市场（semi-form efficient market），是指股价包含所有公开的信息。在这种市场下，股价不仅反映相关历史信息的变动，而且反映公布的任何信息，即股价会对所有公开的信息做出反应。理论界普遍认为，美国主要的金融市场大都存在半强式效率性。比如，2011年谷歌准备以426亿美元收购雅虎，消息一出，雅虎股票大涨（但最后收购未成功，因股价太高），说明美国资本市场是半强式效率市场。

强式效率市场（strong form efficient market），是指证券价格完全反映市场信息。在这种市场下，股价反映了全部公开信息和未公开信息。比如，某公司管理当局做出收购决策后，目标公司的股票价格就会立即发生变化，而不是等到收购信息正式公布后其股价才会变化。其实这是不可能的。事实上，现实生活根本不存在强式效率市场。

研究表明，有时公司内幕人通过掌握公司收益、股利分配和投资政策等异常变化，在信息公布前买卖股票的确会获得超额收益，然而，外部投资者在信息公布后如果效仿内幕人进行操作，往往只能获得正常收益。

（五）资金增值假设

资金增值假设是指货币在经过一定时间的投资和再投资后，企业资金的价值可以不断增加。这一假设实际上指明了财务管理存在的现实意义。从个别企业进行考察，资金增值只是一种假设，而不是一项规律，但从整个社会进行考察，资金的增值是一种规律。因为在财务管理中，进行投资时，一定假设该投资是增值的，如果该投资出现亏损，这笔投资就不会发生。

货币具有时间价值的依据是货币投入市场后其数额会随着时间的延续而不断增加。这是一种普遍的客观经济现象。货币时间价值的一个重要应用是"早收晚付"观念。对于不附带利息的货币收支，与其晚收不如早收，与其早付不如晚付。货币在自己手上，可以立即用于消费而不必等待将来消费，可以投资获利而无损于原来的价值，可以用于预料不到的支付，因此早收、晚付在经济上是有利的。

二、财务管理的职能

财务管理的基本职能包括财务预测、财务决策、财务计划、财务控制和财务分析。

（一）财务预测

财务预测是根据有关的历史资料、现实条件和未来的要求，运用科学的方法，对未来的财务收支、财务成果和财务状况进行测算。财务预测的类型包括编制财务计划之前的预测和计划执行过程中对计划完成情况的预测。财务预测的目的是为财务决策和财务计划提供科学的依据。财务预测的内容，包括资金来源和运用的预测、成本的预测、销售收入预测和利润预测等。

（二）财务决策

财务决策是在科学的财务预测基础上，对可供公司选择的多个备选方案进行计划、分析、评价和选优的过程。财务决策包括筹资决策、投资决策、收益分配决策以及生产经营中的资金使用和管理的决策等。

（三）财务计划

财务计划是对未来一定时期财务管理工作的安排。公司财务计划一般包括资金筹集计划、资金使用计划、财务收支平衡计划、成本费用计划、利润计划等，财务计划是公司进行日常财务管理和实行财务控制的依据，科学编制和认真执行财务计划，可以保证资金收支平衡，合理有效地使用资金，保证生产经营顺利进行，降低成本和提高效率等。

（四）财务控制

财务控制是以财务制度、计划、定额为依据，对资金收支、占用、耗费等进行事前和事中的审核和对比。具体步骤：（1）制定控制标准；（2）执行情况；（3）实际数与标准比较；（4）采取措施消除不利差异。

该内容主要在《管理会计》中介绍。

（五）财务分析

财务分析是以会计核算提供的资料为依据，研究财务计划完成情况和各项财务指标的变化情况，剖析经济活动和财务收支，查明财务情况好坏的原因，挖掘潜力，提出改进措施，并为以后进行财务预测、决策和编制财务计划提供资料。

第四节 财务管理的环境

财务管理环境（又称"理财环境"），是指对企业财务活动产生影响作用的企业外部条件。财务管理环境是企业决策难以改变的外部约束条件，企业财务决策更多的是适应它们的要求和变化，而不是设法改变它们。财务管理环境涉及的范围很广，包括经济环境、市场环境、法律环境、社会文化环境等。

一、财务管理的经济环境

经济环境包括宏观经济环境和微观经济环境。前者为一国的经济目标和经济政策形成的环境；后者为原材料采购成本、生产成本、产品的市场价格和所聘员工的素质等形成的环境。

一国的经济目标主要指工业产量、国民生产总值、国内生产总值、通货膨胀和国际收支等方面的目标。一国的经济政策主要指财政政策和货币政策。财政政策主要反映在增加还是减少政府开支、提高还是降低税率方面；货币政策主要反映在增加还是减少货币供给、提高还是降低银行利率等方面。

无论是宏观经济环境还是微观经济环境，都会对公司财务产生影响。例如，当经济出现衰退时，市场需求萎缩，公司的销售下降，经营收入减少，投资机会减少，财务状况恶化；当经济出现高涨时，市场需求旺盛，公司的销售上升，经营收入增加，投资机会增加，对资金的需求增加，筹资活动增加，财务状况良好。又如，大规模的通货膨胀，会引起资金占用的迅速增加，从而导致机会成本的增加。为克服通货膨胀，国家会调高银行利率，但公司的筹资成本会因此上升，实际利润会因此减少，股票的价格会因此下降，财务状况会因此变坏。再如，如果原材料的采购成本较高、产品的销售价格较低、所聘员工的素质不高，公司的盈利能力会下降，财务状况会变坏。反之，公司的盈利能力会上升，财务状况会改善。

二、财务管理的市场环境

市场可分为资产市场和金融市场。金融市场和普通商品市场类似，也是一种交换商品的场所。金融市场交易的对象是银行存款单、债券、股票、期货、保险单等证券。例如，卖方发行债券换取货币，买方用货币换取债券。与普通商品交易的不同之处在于，金融交易大多只是货币资金使用权的转移，而普通商品交易是所有权和使用权的同时转移。

一个国家有许多金融市场，其种类繁多，每个金融市场服务于不同的交易者，有不同的交易对象。金融市场可能是一个有形的交易场所，如在某一个建筑物中进行交易；也可能是无形的交易场所，如通过通讯网络进行交易。

按照不同的标准，金融市场有不同的分类，我们这里只介绍与企业筹资关系密切的几种类型。

（一）货币市场和资本市场

金融市场可以分为货币市场和资本市场，两个市场所交易的证券期限、利率和风险不同，市场的功能也不同。货币市场是短期债务工具交易的市场，交易的证券期限不超过1年。短期利率多数情况下低于长期债务利率。短期利率的波动大于长期利率，风险较大。货币市场的主要功能是保持金融资产的流动性，以便随时转换为现实的货币。它满足了借款者的短期资金需求，同时为暂时性闲置资金找到出路。货币市场工具包括国库券、可转让存单、商业票据、银行承兑汇票等。资本市场是指期限在一年以上的金融资产交易市场。它包括两个部分：银行中长期存贷市场和有价证券市场。由于长期融资证券化成为未来的发展趋势，现在资本市场也被称为证券市场。与货币市场相比，资本市场所交易的证券期限长（大于1年），利率或要求的报酬率较高，其风险也较大。资本市场的主要功能是进行长期资金的融通。资本市场的工具包括股票、公司债券、长期政府债券和银行长期贷款。

（二）债务市场和股权市场

按照证券的索偿权不同，金融市场分为债务市场和股权市场。债务市场交易的对象是债务凭证，如公司债券、抵押票据等。债务凭证是一种契约，借款者承诺按期支付利息和偿还本金。债务工具的期限在1年以下的是短期债务工具，期限在1年以上的是长期债务工具。有时，人们还把1~10年的债务工具称为中期债务工具。股权市场交易的对象是股票。股票是分享一个公司净收入和资产权益的凭证。持有人的权益按照公司总权益的一定份额表示，而没有确定的金额。股票的持有者可以不定期收取股利，但没有到期期限。

（三）一级市场和二级市场

金融市场按照所交易证券是初次发行还是已经发行分为一级市场和二级市场。一级市场，也称发行市场或初级市场，是资金需求者将证券首次出售给公众时形成的市场。它是新证券和票据等金融工具的买卖市场，该市场的主要管理者是投资银行、经纪人和证券自营商（在我国这三种业务统一于证券公司），他们承担政府、公司新发行的证券以及承购或分销股票。二级市场，是在证券发行后，各种证券在不同投资者之间买卖流通所形成的市场，也称流通市场或次级市场。该市场的主要管理者是证券商和经纪人。证券的持有者在需要资金时，可以在二级市场将证券变现。想要投资的人，也可以进入二级市场购买已经上市的证券。

（四）金融机构

企业要融资可通过两种方式进行：一种是直接交易；二是通过金融机构间接交易。

金融机构分为银行和非银行金融机构两类。银行是指存款性金融机构，包括商业银行、邮政储蓄银行、农村合作银行、城市信用社和农村信用社等。非银行金融机构是指非存款性金融机构，包括保险公司、养老基金、金融公司、共同基金、证券市场机构等。

1. 商业银行

商业银行是指依照《商业银行法》和《公司法》设立的企业法人。它是以吸收存款方式取得资金，以发放贷款或投资证券等方式获得收益的金融机构。

银行业务包括：吸收公众存款；发放短期、中期和长期贷款；办理国内外结算；办理票据承兑与贴现；发行金融债券；代理发行、代理兑付、承销政府债券；买卖政府债券、金融债券；从事同业拆借；买卖、代理买卖外汇等。

2. 保险公司

保险公司是指依《保险法》和《公司法》设立的企业法人。保险公司收取保费，将保费所得资金投资于债券、股票、贷款等资产，运用这些资产所得收入支付保单所确定的权益。保险公司通过上述资产转换，能够在投资中获得高额回报并以较低的保费向客户提供适当的保险服务，它就可以盈利。

保险公司的业务范围分为两类：（1）人身保险业务，包括人寿保险、健康保险和意外伤害保险等保险业务。（2）财产保险业务，包括财产损失保险、责任保险、信用保险和保证保险等保险业务。我国的保险公司不得兼营人身保险业务和财产保险业务。

3. 养老基金

对于养老基金的建立，通常各国政府均有立法要求，并给予税收优惠。养老基金一般分为私人养老基金和政府退休基金两种。养老基金的资金来源于雇主和雇员的缴款，后者从雇员的薪酬中自动扣除或由雇员自愿缴纳。养老基金为参加养老计划的人提供年金形式的退休金。养老基金持有的金融资产主要是公司股票和公司债券。

我国的养老制度还在不断完善之中。目前采取基本养老保险、企业补充养老保险、职工个人储蓄性养老保险相结合的制度。企业和职工个人缴纳的基本养老保险费转入社会保险管理机构在银行开设的"养老保险基金专户"，实行专项储存，专款专用。积累基金的一部分可以购买政府债券。

我国建有全国社会保障基金，负责管理由国有股减持划入资金及股权资产、中央财政拨入资金、经国务院批准以其他方式筹集的资金及其投资收益形成的由中央政府集中的社会保障基金。全国社保基金是中央政府专门用于社会保障支出的补充、调剂基金，根据财政部、人力资源和社会保障部共同下达的指令和确定的方式拨出资金。社保基金投资的范围限于银行存款、买卖国债和其他具有良好流动性的金融工具，包括上市流通的证券投资基金、股票、信用等级在投资级以上的企业债、金融债等有价证券。

4. 金融公司

金融公司靠发行股票、债券和出售商业票据筹措资金，把资金贷放给购买耐用消费品的消费者。消费金融公司的业务有：办理个人耐用消费品贷款；办理一般用途个人消费贷款；办理信贷资产转让；境内同业拆借；向境内金融机构借款；经批准发行金融债券；代理销售与消费贷款相关的保险产品；固定收益类证券投资业务等。我国的消费金融公司向个人发放消费贷款的余额不得超过借款人月收入的5倍。

5. 投资基金

投资基金，也称为互助基金或共同基金，是通过公开发售基金份额募集资金，然后投资于证券的机构。投资基金由基金管理人管理，基金托管人托管，为基金份额持有人的利益服务，以资产组合方式进行证券投资活动。基金运作方式可以采用封闭式或开放式。封闭运作方式的基金，是指经核准的基金份额总额在基金合同期限内固定不变，基金份额可以在依法设立的证券交易场所交易，但基金份额持有人不得申请赎回的基金。开放运作方式的基金，是指基金份额总额不固定，基金份额可以在基金合同约定的时间和场所申购或者赎回的基金。

投资基金把许多人的资金集中起来，形成规模，有助于降低交易成本和建立投资组合。每份基金的价格变动，与基金持有的证券组合的构成有关。如果债券的比例大，则风险较小；如果股票的比例大，则风险较大。

6. 证券市场机构

（1）证券交易所。证券交易所是为证券集中交易提供场所和设施，组织和监督证券交易，实行自律管理的法人。实行会员制的证券交易所的财产积累归会员所有，其权益由会员共同享有，在其存续期间，不得将其财产积累分配给会员。

进入证券交易所参与集中交易的，必须是证券交易所的会员。投资者应当与证券公司签订证券交易委托协议，并在证券公司开立证券交易账户，以书面、电话或网络等方式，委托该证券公司代其买卖证券。

证券公司根据投资者的委托，按照证券交易规则提出交易申报，参与证券交易所场内的集中交易，并根据成交结果承担相应的清算交收责任；证券登记结算机构根据成交结果，按照清算交收规则，与证券公司进行证券和资金的清算交收，并为证券公司客户办理证券的登记过户手续。

（2）证券公司。证券公司是指依照《公司法》和《证券法》规定设立的经营证券业务的有限公司。设立证券公司，必须经国务院证券监督管理机构审查批准。证券公司的主要业务有：二级市场的证券经纪业务、一级市场的证券承销与保荐业务（投资银行业务）、证券自营业务等。

此外，证券市场机构还有证券服务机构，包括投资咨询机构、财务顾问机构、资信评级机构、资产评估机构和会计师事务所等。

三、财务管理的法律环境

和其他经济活动一样，公司财务管理是在既定的法律框架下进行的，后者的完善程度和合理程度会对前者产生很大的影响。前面讨论企业的财务目标时，曾经提到企业的目标有时与其利益相关者的目标存在矛盾，这时政府将通过法律手段来规范企业的行为，如政府通过制定环境保护法与税法来约束企业由于生产而污染环境的行为。当然，企业财务活动作为一种社会行为，即使不是由于上述原因，也会在很多方面受到法律规范的约束和保护。影响企业财务管理的法律环境主要有企业组织法规、税法以及财务会计法规等。

1. 企业组织法规

企业组织必须依法成立，不同类型的企业组建过程中适用于不同的法律。在我国，这些法律包括《公司法》《个人独资企业法》《合伙企业法》《中外合资经营企业法》《中外合作经营企业法》《外资企业法》等。这些法规详细规定了不同类型的企业组织设立的条件、设立的程序、组织机构、组织变更及终止的条件和程序等。例如，公司的组建要遵循《公司法》中规定的条件和程序，公司成立后，其经营活动包括财务活动，都要按照《公司法》的规定来进行。因此，《公司法》是约束公司财务管理最重要的法规，公司的财务活动不能违反该法律。

从财务管理的角度来看，非公司制企业与公司制企业有很大的不同。例如，个人独资企业和合伙企业都属于非公司制的企业，企业主承担的是无限责任，也就是说，一旦这样的企业经营失败，其个人的财产也将纳入偿债范围。而公司制企业的股东承担的则是有限责任，公司经营失败时，仅以股东的出资额为限来偿债。

2. 财务会计法规

财务会计法规主要包括《企业会计准则》《企业财务通则》和《企业会计制度》，是各类企业进行财务活动、实施财务管理的基本规范。我国第一个《企业财务通则》于1994年7月1日起施行。随着经济环境的不断发展，2005年我国重新修订了财务通则，新的《企业财务通则》于2007年1月1日开始实施。新通则围绕企业财务管理环节，明确了资金筹集、资产营运、成本控制、收益分配、信息管理、财务监督六大财务管理要素，并结合不同财务管理要素，对财务管理方法和政策要求做出了规范。

《企业会计准则》是针对所有企业制定的会计核算规则，分为基本准则和具体准则，实施范围是大中型企业，自2007年1月1日起在上市公司中实施，2008年1月1日起在国有大中型企业实施。为规范小企业会计行为，财政部颁发了《小企业会计制度》，自2005年1月1日起在全国小企业范围内实施。

除了上述法规，与企业财务管理有关的经济法规还包括证券法规、结算法规等。财务人员要在守法的前提下完成财务管理的职能，实施企业的财务目标。

3. 税法

税法是国家制定的用以调整国家与纳税人之间在征纳税方面权利义务的法律规范的总称。税法是国家法律的重要组成部分，是保障国家和纳税人合法权益的法律规范。税法按征收对象的不同可以分为：（1）对流转额课税的税法，以企业的销售所得为征税对象，主要包括增值税、消费税和进出口关税等。（2）对所得额课税的税法，包括企业所得税和个人所得税。其中，企业所得税适用于在中华人民共和国境内的企业和其他取得收入的组织（不包括个人独资企业和合伙企业），上述企业在我国境内和境外的生产、经营所得和其他所得为应纳税所得额。（3）对自然资源课税的税法，目前主要以矿产资源和土地资源为征税对象，包括资源税、城镇土地使用税等。（4）对财产课税的税法，以纳税人所有的财产为征税对象，主要有房产税。（5）对行为课税的税法，以纳税人的某种特定行为为征税对象，主要有印花税、城市维护建设税等。

如果各有关税法发生变化，公司的财务情况一定会发生变化。因此，财务人员必须十分熟悉、理解相关的法律、法规，并视情况就有关财务活动做出调整。

企业在经营过程中有依法纳税的义务。税负是企业的一种支出，因此企业都希望在不违反税法的前提下减少税负。税负的减少只能靠财务人员在理财活动中精心安排、仔细筹划，而不能通过偷逃税款的方式来取得，因此就要求财务人员要熟悉并精通税法，为财务目标服务。

四、财务管理的社会文化环境

社会文化环境包括教育、科学、文学、艺术、新闻出版、广播电视、卫生体育、世界观、理想、信念、道德、习俗，以及同社会制度相适应的权利义务观念、道德观念、组织纪律观念、价值观念、劳动态度等。企业的财务活动不可避免地受到社会文化的影响。但是，社会文化的各方面对财务管理的影响程度是不尽相同的，有的具有直接影响，有的只有间接影响，有的影响比较明显，有的影响微乎其微。比如，科学的发展对财务管理理论的完善也起着至关重要的作用。经济学、数学、统计学、计算机科学等诸多学科的发展，都在一定程度上促进了财务管理理论的发展。另外，像社会的资信程度等，也在一定程度上影响着财务管理活动。当社会资信程度较高时，企业间的信用往来会加强，会促进彼此之间的合作，并减少企业的坏账损失。

同时，在不同的文化背景中做生意的公司，需要对现有员工进行文化差异方面的培训，并且在可能的情况下雇用文化方面的专家。忽视社会文化对公司财务活动的影响，将给公司的财务管理带来意想不到的问题。

【本章小结】

1. 企业的组织形式：个人独资企业、合伙企业以及公司制企业。
2. 财务管理内容：筹资决策、投资决策、资金营运决策和股利分配决策四个方面。
3. 企业财务管理目标：利润最大化；每股收益最大化；股东财富最大化；企业价值最大化。
4. 企业财务管理的假设。
5. 财务管理的职能：财务预测、财务决策、财务计划、财务控制、财务分析。

【思考题】

1. 企业有哪几种组织形式？
2. 如何理解财务管理目标？
3. 公司财务管理的内容有哪些？
4. 举例说明你对财务管理假设的理解。
5. 举例说明为什么要重视公司财务管理外部环境。

第二章　财务管理基础

【案例导读】

田纳西镇的巨额账单

有一天，美国的田纳西镇居民突然收到一张高达1 267亿美元的账单，美国纽约布鲁克林法院判决田纳西镇应向某一美国投资者支付这笔钱。最初，田纳西镇的居民以为这是一件小事，但当他们的律师指出，若高级法院支持这一判决，为偿还债务，所有田纳西镇的居民在其余生中不得不靠吃麦当劳等廉价快餐度日，他们惊呆了。

田纳西镇的问题源于1966年的一笔存款。美国的斯兰黑不动产公司在田纳西镇的一家银行存入一笔6亿美元的存款。存款协议要求银行按每周1%的利率（复利）付息（难怪该银行第二年就破产！）。1994年，纽约布鲁克林法院做出判决：从存款日到田纳西镇对该银行进行清算的7年中，这笔存款应按每周1%的复利计算，而在银行清算后的21年中，每年按8.54%的复利计息。

问题：

（1）你知道1 267亿美元是如何计算出来的吗？

（2）如果利率为每周1%，按复利计算，6亿美元增加到12亿美元需多长时间？

（3）本案例对你有何启示？

【学习目标】

□ 掌握货币时间价值的含义及其计算
□ 理解风险的含义及风险的衡量
□ 掌握风险与报酬的关系

任何企业的财务活动都是在特定的时空中进行的。离开了时间价值因素，就无法正确计算不同时间的财务收支，也无法正确评价企业盈亏。时间价值原理揭示了不同时点上资金之间的关系，是财务决策的基本依据。

货币的时间价值有两种表现形式：相对数和绝对数。相对数是指时间价值率，即扣除风险报酬率和通货膨胀率后的平均资金利润率；绝对数是指时间价值额，即资金在生产经营过程中产生的增值额。时间价值一般是按复利方式计算的。复利有终值和现值之分。复利终值又称"本利和",是指若干期后包括本金和利息在内的未来价值。复利现值又称"本金",是指未来某一时点上的一定量现金折合到现在的价值。它们可以通过复利终值系数表和复利现值系数表求得。另外,年金也是时间价值中的重要概念,它是指一定时期内每期等额收付的款项。年金有普通年金、即付年金、递延年金和永续年金。普通年金的终值和现值可以通过普通年金的终值系数表和普通年金的现值系数表求得。即付年金、递延年金和永续年金可以通过转换计算,然后查表求得。

企业的财务管理工作,几乎都是在存在风险和不确定性情况下进行的。离开了风险因素,就无法正确评价企业报酬的高低。风险报酬原理揭示了风险和报酬之间的关系,是财务决策的另一基本依据。投资的风险价值是投资者进行风险投资所要求或期望的投资报酬率。即:

期望投资报酬率 = 资金时间价值 + 风险报酬率

其中,风险报酬率取决于风险的大小,通常用标准差率来评价投资的风险程度。标准差率可以用统计方法求得。

货币的时间价值观念要求决策者在筹资时要考虑资金成本的高低,要尽可能选择资金成本较低的筹资渠道去筹资。一般而言,应以银行贷款利率为参考,在投资时,必须采用净现值、现值指数和内含报酬率等指标进行可行性分析,要求投资收益率大于资金成本率,否则会造成公司亏损甚至破产。如果期望投资收益率比银行贷款利率低,意味着企业如果以贷款进行投资,将来收益不足以支付银行利息,这种投资方案应该被否决。

投资的风险价值要求决策者在投资决策中除了要考虑资金时间的补偿外,还要考虑资金风险收益的获取。一般来说,高风险往往对应高回报,低风险往往对应低回报。

第一节 货币的时间价值

货币的时间价值是现代财务管理的基础观念之一,因其非常重要并且涉及所有理财活动,有人称之为理财的"第一原则"。

一、什么是货币的时间价值

货币的时间价值,是指货币经历一定时间的投资和再投资所增加的价值,也称为资金的时间价值。

在商品经济中,有这样一种现象:即现在的1元钱和1年后的1元钱其经济价值不相等,或者说其经济效用不同。现在的1元钱,比1年后的1元钱经济价值要大一些,即使不存在通货膨胀也是如此。为什么会这样呢?例如,将现在的1元钱存入银行,1年后可得到1.10元(假设存款利率为10%)。这1元钱经过1年时间增加了0.10元,这就是货币的时间价值。在实务中,人们习惯使用相对数字表示货币的时间价值,即用增加价值占投入货币的百分数来表示。例如,前述货币的时间价值为10%。

货币投入生产经营过程后,其数额随着时间的持续不断增长。这是一种客观的经济现象。企业资金循环和周转的起点是投入货币资金,企业用它来购买所需的资源,然后生产出新的产品,产品出售时得到的货币量大于最初投入的货币量。资金的循环和周转以及因此实现的货币增值,需要或多或少的时间,每完成一次循环,货币就增加一定数额,周转的次数越多,增值额也越大。因此,随着时间的延续,货币总量在循环和周转中按几何级数增长,使得货币具有时间价值。

例如,已探明一个有工业价值的油田,目前立即开发可获利100亿元,若5年后开发,由于价格上涨可获利160亿元。如果不考虑资金的时间价值,根据160亿元大于100亿元,可以认为5年后开发更有利。如果考虑资金的时间价值,现在获得100亿元,可用于其他投资机会,平均每年获利15%,则5年后将有资金200亿元 $[100×(1+15\%)^5 =200]$。因此,可以认为目前开发更有利。后一种思考问题的方法,更符合现实的经济生活。

由于货币随时间的延续而增值,现在的1元钱与将来的1元多钱甚至是几元钱在经济上是等效的。换一种说法,就是现在的1元钱和将来的1元钱经济价值不相等。由于不同时间单位货币的价值不相等,所以,不同时间的货币收入不宜直接进行比较,需要把它们换算到相同的时间基础上,然后才能进行大小的比较和比率的计算。由于货币随时间的增长过程与复利的计算过程在数学上相似,因此,在折算时广泛使用复利计算的各种方法。

二、复利终值和现值

复利是计算利息的一种方法。按照这种方法,每经过一个计息期,要将所生利息加入本金再计利息,逐期滚算,俗称"利滚利"。这里所说的计息期,是指相邻两次计息的时间间隔,如年、月、日等。除非特别指明,计息期为1年。复利的对称是单利。单利是指只对本金计算利息,而不将以前计息期产生的利息累加到本金中去计算利息的一种计息方法,即利息不再生息。

(一) 复利终值

复利终值,是指现在特定资金按复利计算的将来一定时间的价值,或者说是现在的一定本金在将来一定时间按复利计算的本金与利息之和。

【例2-1】某人将2万元投资于一项事业,年报酬率为6%,经过1年时间的期终金额为:

$$F = P + P \cdot i$$
$$= P(1+i) = 20\,000 \times (1+6\%) = 21\,200 \text{ (元)}$$

其中,P为现值或初始值;i为报酬率或利率;F为终值或本利和。

若此人并不提走现金,将21 200元继续投资于该事业,则第二年本利和为:

$$F = [P(1+i)](1+i)$$
$$= P(1+i)^2 = 20\,000 \times (1+6\%)^2 = 20\,000 \times 1.1236 = 22\,472 \text{ (元)}$$

同理,第三年的期终金额为:

$$F = P(1+i)^3$$
$$= 20\,000 \times (1+6\%)^3 = 20\,000 \times 1.1910 = 23\,820 \text{ (元)}$$

第n年的期终金额为:

$$F = P(1+i)^n$$

上式是计算复利终值的一般公式,其中的 $(1+i)^n$ 被称为复利终值系数或1元的复利终值,用符号 (F/P, i, n) 表示。例如,(F/P, 6%, 3) 表示利率为6%的3年期复利终值的系数。为了便于计算，可编制"复利终值系数表"（见本书附表一）备用。该表的第一行是利率 i，第一列是计息期数 n，相应的 $(1+i)^n$ 值在其纵横相交处。通过该表可查出，$(F/P, 6\%, 3) = 1.191$。在时间价值为 6% 的情况下，现在的 1 元和 3 年后的 1.191 元在经济上是等效的，根据这个系数可以把现值换算成终值。

该表的作用不仅在于已知 i 和 n 时查找 1 元的复利终值，而且可在已知 1 元复利终值和 n 时查找 i，或已知 1 元复利终值和 i 时查找 n。

【例 2-2】 某人现有 600 元，拟投入报酬率为 8% 的投资机会，经过多少年才可使现有货币增加 1 倍？

解：$F = 600 \times 2 = 1\,200$

$F = 600 \times (1 + 8\%)^n$

$1\,200 = 600 \times (1 + 8\%)^n$

$(1 + 8\%)^n = 2$

$(F/P, 8\%, n) = 2$

查"复利终值系数表"，在 i = 8% 的项下寻找 2，最接近的值为：$(F/P, 8\%, 9) = 1.999$，所以：n = 9，即 9 年后可使现有货币增加 1 倍。

【例 2-3】 现有 2 400 元，欲在 19 年后使其达到原来的 3 倍，选择投资机会时最低可接受的报酬率为多少？

解：$F = 2\,400 \times 3 = 7\,200$

$F = 2\,400 \times (1 + i)^{19}$

$7\,200 = 2\,400 \times (1 + i)^{19}$

查"复利终值系数表"，在 n = 19 的行中寻找 3，对应的 i 值为 6%，即：$(F/P, 6\%, 19) = 3$。

所以 i = 6%，即投资机会的最低报酬率为 6%，才可使现有货币在 19 年后达到 3 倍。

（二）复利现值

复利现值是复利终值的对称概念，指未来一定时间的特定资金按复利计算的现在价值，或者说是为取得将来一定本利和现在所需要的本金。

复利现值计算，是指已知 F、i、n 时，求 P。

通过复利终值计算已知：

$F = P(1+i)^n$

所以，

$P = \dfrac{F}{(1+i)^n} = F(1+i)^{-n}$

上式中的 $(1+i)^{-n}$ 是把终值折算为现值的系数，称为"复利现值系数"，或称为"1 元的复利现值"，用符号 $(P/F, i, n)$ 来表示。例如，$(P/F, 10\%, 5)$ 表示利率为 10% 时 5 年期的复利现值系数。为了便于计算，可编制"复利现值系数表"（见本书附表二）。该表的使用方法与"复利终值系数表"相同。

【例 2-4】 某人拟在 5 年后获得本利和 3 万元。假设投资报酬率为 10%，他现在应投入多少元？

解：$P = F(P/F, i, n)$

$$= 30\,000 \times (P/F,\ 10\%,\ 5)$$
$$= 30\,000 \times 0.6209 = 18\,627\ (元)$$

即某人应投入 18 627 元。

(三) 复利息

本金 P 的 n 期复利息为：
$$I = F - P$$

【例 2-5】 本金 1 000 元，投资 5 年，利率 8%，每年复利一次，其复利息是多少？

解： $I = F - P = 1\,000 \times (1 + 8\%)^5 - 1\,000 = 1\,469.3 - 1\,000 = 469.3$（元）

(四) 名义利率与实际利率

上面讨论的有关计算均假定利率为年利率，每年复利一次。但实际上，复利的计息期间不一定是按年，有可能是按季度、月份或日。比如债券每半年计息一次。在复利计算中，如按年复利计息，一年就是一个计息期；如按季复利计息，一季就是一个计息期，一年就有四个计息期。计息期越短，一年中按复利计息的次数就越多，利息额就会越大。当每年复利次数超过一次时，这样的年利率叫名义利率，而每年复利一次的利率才是实际利率。

【例 2-6】 假设有一张票面 1 000 元的债券，期限 5 年，年利率 8%，每季度复利一次，问 5 年后能得到多少本利和？

解： 每季度利率 = 8% ÷ 4 = 2%

复利次数 = 5 × 4 = 20

$$F = 1\,000 \times (1 + 2\%)^{20}$$
$$= 1\,000 \times 1.4859 = 1\,485.9\ (元)$$
$$I = 1\,485.9 - 1\,000 = 485.9\ (元)$$

当 1 年内复利 n 次时，实际得到的利息要比按名义利率计算的利息高。

例如，r = 12%（名义利率），则不同计息期的实际利率如表 2-1 所示。

表 2-1

计息期	每年复利次数	实际利率
一年	1	$i = (1 + 12\%) - 1 = 0.12$
半年	2	$i = (1 + 12\% \div 2)^2 - 1 = 0.1236$
季度	4	$i = (1 + 12\% \div 4)^4 - 1 = 0.1255$
月	12	$i = (1 + 12\% \div 12)^{12} - 1 = 0.1268$

例 2-6 的利息 485.9 元，比例 2-5 要多 16.6 元（485.9 - 469.3）。

如上例的实际利率高于 8%，可用下述方法计算：

$$F = P\,(1 + i)^n$$
$$1\,485.9 = 1\,000 \times (1 + i)^5$$
$$(1 + i)^5 = 1.4859$$
$$(F/P,\ i,\ 5) = 1.4859$$

查表得：

$$(F/P,\ 8\%,\ 5) = 1.4693$$

$(F/P, 9\%, 5) = 1.5386$

用插值法求得：

$(1.5386 - 1.4693) / (9\% - 8\%) = (1.4859 - 1.4693) / (i - 8\%)$

$i = 8.24\%$ 为实际利率。

也可以用换算公式直接将名义利率换算为实际利率。换算公式为：

$$i = (1 + r/m)^m - 1$$

式中，i 为实际利率；r 为名义利率；m 为每年复利次数。

将例 2-6 数据代入：

$$i = \left(1 + \frac{8\%}{4}\right)^4 - 1 = 1.0824 - 1 = 8.24\%$$

$$F = 1\,000 \times (1 + 8.24\%)^5 = 1\,000 \times 1.486 = 1\,486 \text{（元）}$$

三、年金终值和现值

年金是指等额、定期的系列收支。例如，分期付款赊购、分期偿还贷款、发放养老金、分期支付工程款、每年相同的销售收入等，都属于年金收付形式。按照收付时点和方式的不同，可以将年金分为普通年金、即付年金、递延年金和永续年金四种。

（一）普通年金终值和现值

普通年金又称"后付年金"，是指各期期末收付的年金。

1. 普通年金终值

普通年金终值是指一定时期内每期期末收或付的复利终值之和。如每期末零存整取的终值。其计算方法如图 2-1 所示。

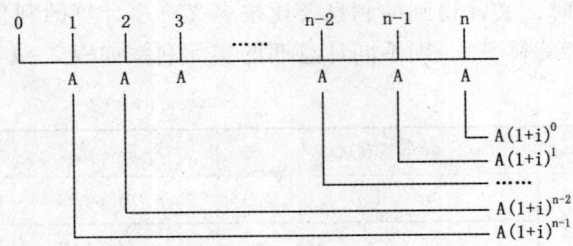

图 2-1 普通年金的终值

设每期的收或付金额为 A，利率为 i，期数为 n，则按复利计算的普通年金终期值 F 为：

$$F = A + A(1+i) + A(1+i)^2 + \cdots + A(1+i)^{n-1} \tag{1}$$

等式两边同乘 $(1+i)$：

$$F(1+i) = A(1+i) + A(1+i)^2 + A(1+i)^3 + \cdots + A(1+i)^n \tag{2}$$

上述式（2）- 式（1）得：

$$(1+i)F - F = A(1+i)^n - A$$

$$F = \frac{A(1+i)^n - A}{(1+i) - 1} = A \cdot \frac{(1+i)^n - 1}{i}$$

式中 $\dfrac{(1+i)^n - 1}{i}$ 是普通年金为 1 元、利率为 i、经过 n 期的年金终值，记作 $(F/A, i, n)$。

可据此编制"年金终值系数表"(见本书附表三),以供查阅。

2. 偿债基金

偿债基金是指为使年金终值达到既定金额每期期末应支付的年金数额。

【例2-7】拟在5年后还清1万元债务,从现在起每年末等额存入银行一笔款项。假设银行存款利率为10%,每年需要存入多少元?

解:由于有利息因素,不必每年存入2 000(10 000÷5),只要存入较少的金额,5年后本利和即可达到1万元,可用以清偿债务。

根据普通年金终值计算公式:

$$F = A \cdot \frac{(1+i)^n - 1}{i}$$

可知: $A = F \cdot \frac{i}{(1+i)^n - 1}$

式中的 $\frac{i}{(1+i)^n - 1}$ 是普通年金终值系数的倒数,称"偿债基金系数",记作(A/F, i, n)。它可以把普通年金终值折算为每年需要支付的金额。偿债基金系数可以制成表格备查,亦可根据普通年金终值系数求倒数确定。

将例2-7有关数据代入上式:

$$A = 10\,000 \times \frac{1}{(A/F, 10\%, 5)} = 10\,000 \times \frac{1}{6.105} = 10\,000 \times 0.1638 = 1\,638 \,(元)$$

因此,在银行利率为10%时,每年存入1 638元,5年后可得1万元,用来还清债务。

有一种折旧方法,称为"偿债基金法",其理论依据是"折旧的目的是保持简单再生产"。为在若干年后购置设备,并不需要每年提存设备原值与使用年限的算术平均数,由于利息不断增加,每年只需提存较少的数额即按偿债基金提取折旧,便可在使用期满时得到设备原值。偿债基金法的年折旧额,就是根据偿债基金系数乘以固定资产原值计算出来的。

3. 普通年金现值

普通年金现值,是指一定时期内为在每期期末取得相等金额的款项,现在需要投入的金额。其计算方法如图2-2所示。

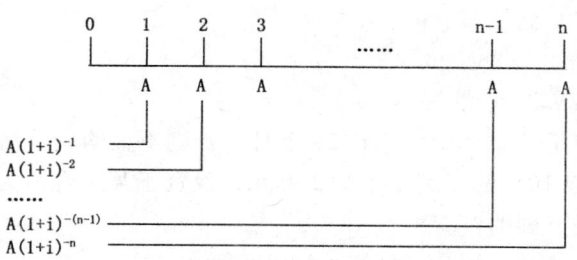

图2-2 普通年金的现值

【例2-8】某人出国3年,请你代付房租,每年租金1 000元,设银行存款利率为10%,他应当现在给你在银行存入多少钱?

解:这个问题可以表述为:请计算 i=10%,n=3,A=1 000元的年终付款的现在等效值是多少?

设年金现值为 P，则

$$P = 1\,000 \times (1+10\%)^{-1} + 1\,000 \times (1+10\%)^{-2} + 1\,000 \times (1+10\%)^{-3}$$
$$= 1\,000 \times 0.9091 + 1\,000 \times 0.8264 + 1\,000 \times 0.7513$$
$$= 1\,000 \times (0.9091 + 0.8264 + 0.7513)$$
$$= 1\,000 \times 2.4868$$
$$= 2\,486.8 \text{（元）}$$

计算普通年金现值的一般公式：

$$P = A(1+i)^{-1} + A(1+i)^{-2} + \cdots + A(1+i)^{-n} \tag{3}$$

等式两边同乘 $(1+i)$：

$$P(1+i) = A + A(1+i)^{-1} + \cdots + A(1+i)^{-(n-1)} \tag{4}$$

后式减前式：

$$P(1+i) - P = A - A(1+i)^{-n}$$
$$P \cdot i = A[1 - (1+i)^{-n}]$$
$$P = A \cdot \frac{1 - (1+i)^{-n}}{i}$$

式中的 $\dfrac{1-(1+i)^{-n}}{i}$ 是普通年金为 1 元、利率为 i、经过 n 期的年金现值，记作 (P/A, i, n)。可据此编制"年金现值系数表"（见本书附表四），以供查阅。

根据例 2-8 数据计算：

$$P = A(P/A, i, n) = 1\,000 \times (P/A, 10\%, 3)$$

查表：$(P/A, 10\%, 3) = 2.4869$

$$P = 1\,000 \times 2.4869 = 2\,486.9 \text{（元）}$$

【例 2-9】某企业拟购置一台柴油机，更新目前使用的汽油机，每月可节约燃料费用 60 元，但柴油机价格较汽油机高出 1 500 元。问柴油机应使用多少年才划算（假设年利率为 12%，每月复利一次）？

解：P = 1 500

$$P = 60 \times (P/A, 1\%, n)$$
$$1\,500 = 60 \times (P/A, 1\%, n)$$
$$(P/A, 1\%, n) = 25$$

查"年金现值系数表"可知：n = 29

因此，柴油机的使用寿命至少应达到 29 个月，否则不如购置价格较低的汽油机。

【例 2-10】假设以 10% 的年利率借款 2 万元，投资于某个寿命为 10 年的项目，每年至少要收回多少现金才是有利的？

解：据普通年金现值的计算公式可知：

$$P = A(P/A, i, n)$$
$$= A \cdot \frac{1-(1+i)^{-n}}{i}$$
$$A = P \cdot \frac{i}{1-(1+i)^{-n}} = 20\,000 \times \frac{10\%}{1-(1+10\%)^{-10}}$$
$$= 20\,000 \times 0.1627 = 3\,254 \text{（元）}$$

因此,每年至少要收回现金 3 254 元,才能还清贷款本利。

上述计算过程中的 $\dfrac{i}{1-(1+i)^{-n}}$ 是普通年金现值系数的倒数,它可以把普通年金现值折算为年金,称作"投资回收系数"。

(二) 即付年金终值和现值

即付年金是指在每期期初支付的年金,又称"先付年金"。即付年金与普通年金的区别仅在于付款时间的不同。

1. 即付年金终值

即付年金终值是指一定时期内每期期初等额收付款项的复利终值之和。

即付年金终值支付形式见图 2-3。

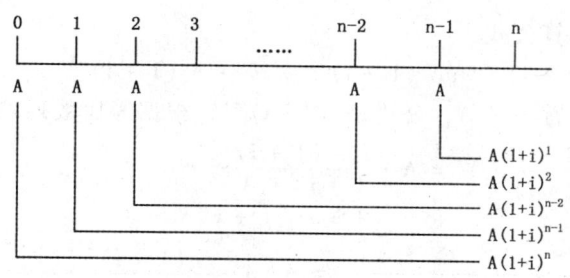

图 2-3 即付年金的终值

即付年金终值的计算公式为:

$$F = A(1+i) + A(1+i)^2 + \cdots + A(1+i)^n$$

式中各项为等比数列,首项为 $A(1+i)$,公比为 $(1+i)$,根据等比数列的求和公式可知:

$$F = A \cdot \frac{(1+i) \times [1-(1+i)^n]}{1-(1+i)}$$

$$= A \cdot \frac{(1+i) - (1+i)^{n+1}}{-i}$$

$$= A \cdot \left[\frac{(1+i)^{n+1} - 1}{i} - 1\right]$$

式中的 $\left[\dfrac{(1+i)^{n+1}-1}{i} - 1\right]$ 是即付年金终值系数,或称 1 元的即付年金终值。它和普通年金终值系数 $\dfrac{(1+i)^n-1}{i}$ 相比,期数加 1,而系数减 1,可记作 $[(F/A, i, n+1) - 1]$,并可利用"年金终值系数表"查得 $(n+1)$ 期的值,减去 1 后得出 1 元即付年金终值。

【例 2-11】 A = 200,i = 8%,n = 6 的即付年金终值是多少?

解:$F = A[(F/A, i, n+1) - 1]$

$\qquad = 200 \times [(F/A, 8\%, 6+1) - 1]$

查"年金终值系数表":

$\qquad (F/A, 8\%, 7) = 8.9228$

$\qquad F = 200 \times (8.9228 - 1) = 1584.56$(元)

2. 即付年金现值计算

即付年金现值是指一定时期内每期期初等额收付款项的复利现值之和。

即付年金现值收付形式如图2-4所示。

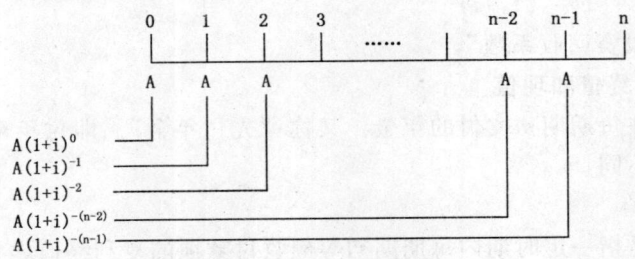

图2-4 即付年金的现值

即付年金现值的计算公式：

$$P = A + A(1+i)^{-1} + A(1+i)^{-2} + \cdots + A(1+i)^{-(n-1)}$$

式中各项为等比数列，首项是A，公比是$(1+i)^{-1}$，根据等比数列求和公式：

$$P = \frac{A[1-(1+i)^{-n}]}{1-(1+i)^{-1}} = A \cdot \frac{1-(1+i)^{-n}}{\frac{1+i}{1+i} - \frac{1}{1+i}}$$

$$= A \cdot \frac{[1-(1+i)^{-n}](1+i)}{i} = A \cdot \left[\frac{1-(1+i)^{-(n-1)}}{i} + 1\right]$$

式中的$\left[\frac{1-(1+i)^{-(n-1)}}{i} + 1\right]$是即付年金现值系数，或称1元的即付年金现值。它和普通年金现值系数$\left[\frac{1-(1+i)^{-n}}{i}\right]$相比，期数要减1，而系数要加1，可记作$[(P/A, i, n-1) + 1]$。可利用"年金现值系数表"查得$(n-1)$期的值，然后加1，得出1元的即付年金现值。

【例2-12】6年分期付款购物，每年初付200元，设银行利率为10%，该项分期付款相当于一次现金支付的购价是多少？

$$P = A[(P/A, i, n-1) + 1]$$
$$= 200 \times [(P/A, 10\%, 5) + 1]$$
$$= 200 \times (3.7908 + 1)$$
$$= 958.16 \text{（元）}$$

（三）递延年金

递延年金是指第一次支付发生在若干期以后的年金。递延年金的收付形式如图2-5所示。

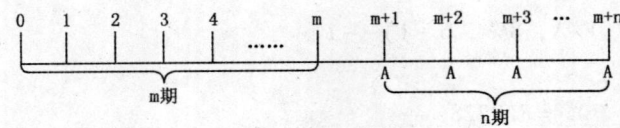

图2-5 递延年金的收付形式

例如,从图 2-6 可以看出,前三期没有发生支付。一般用 m 表示递延期数,本例的 m = 3。第一次支付在第四期期末,连续支付 4 次,即 n = 4。

递延年金终值的计算方法和普通年金终值类似:

m = 3,i = 10%,n = 4,A = 100。

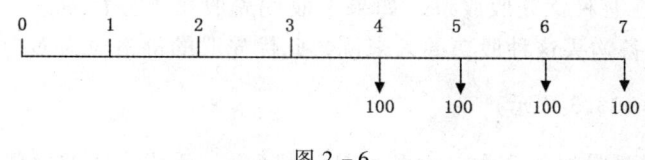

图 2-6

$$F = A(F/A, i, n)$$
$$= 100 \times (F/A, 10\%, 4)$$
$$= 100 \times 4.641 = 464.1 \text{ (元)}$$

递延年金的现值计算方法有两种:

第一种方法:将递延年金视为 n 期普通年金,求出递延期末的现值,然后再将此现值调整到第一期期初(即图 2-6 中 0 的位置)。

$$P_3 = A(P/A, i, n) = 100 \times (P/A, 10\%, 4)$$
$$= 100 \times 3.170 = 317 \text{ (元)}$$
$$P_0 = P_3 (1+i)^{-m} = 317 \times (1+10\%)^{-3}$$
$$= 317 \times 0.7513 = 238.16 \text{ (元)}$$

第二种方法:假设递延期中也进行支付,先求出 (m+n) 期的年金现值,然后,扣除实际并未支付的递延期 (m) 的年金现值,即可得出最终结果。

$$P_{(m+n)} = 100 \times (P/A, i, m+n)$$
$$= 100 \times (P/A, 10\%, 3+4)$$
$$= 100 \times 4.8684 = 486.84 \text{ (元)}$$
$$P_m = 100 \times (P/A, i, m)$$
$$= 100 \times (P/A, 10\%, 3)$$
$$= 100 \times 2.4869 = 248.69 \text{ (元)}$$
$$P_n = P_{(m+n)} - P_m$$
$$= 486.84 - 248.69 = 238.15 \text{ (元)}$$

(四) 永续年金

无限期定额支付的年金,称为"永续年金"。现实中的存本取息,可视为永续年金的一个例子。

永续年金没有终止的时间,也就没有终值。永续年金的现值可以通过普通年金现值的计算公式导出:

$$P = A \cdot \frac{1-(1+i)^{-n}}{i}$$

当 n→∞ 时,$(1+i)^{-n}$ 的极限为零,故上式可写成:

$$P = A \cdot \frac{1}{i}$$

【例 2-13】 某学校拟建立一项永久性的奖学金,每年计划颁发 1 万元奖金。若利率为 10%,现在应存入多少钱?

解:$P = 10\,000 \times \dfrac{1}{10\%} = 100\,000$(元)

【例 2-14】 现在有种优先股股票,如果 1 股优先股每季分得股息 2 元,而利率是年利率 6%。对于一个准备购买这种股票的人来说,此优先股的价格应为多少元他才愿意购买?

解:$P = \dfrac{2}{1.5\%} = 133.3$(元)

假定上述优先股股息是每年 2 元,而利率是年利 6%,该优先股的价值是:

$P = 2 \div 6\% = 33.33$(元)

第二节　投资风险价值

财务活动经常是在有风险的情况下进行的,人们对风险有种本能的规避心理。但是为什么仍然有人去冒险呢?因为冒风险,可以得到额外的收益。公司理财时,必须研究风险、计量风险,从而做出最佳判断。

一、风险的概念

任何决策都有风险,这使得风险观念在理财中具有普遍意义。因此,有人说"时间价值和风险价值是财务管理中最重要的两个基本原则",也有人说"时间价值是理财的第一原则,风险价值是理财的第二原则"。

对风险最简单的定义是:"风险是发生财务损失的可能性"。发生损失的可能性越大,风险越大,它可以用不同结果出现的概率来描述。结果可能是好的,也可能是坏的,坏结果出现的概率越大,就认为风险越大。

在对风险进行深入研究以后人们发现,风险不仅可以带来超出预期的损失,也可能带来超出预期的收益。于是,出现了一个更正式的定义:"风险是预期结果的不确定性"。风险不仅包括负面效应的不确定性,还包括正面效应的不确定性。新的定义要求区分风险和危险。危险专指负面效应,是损失发生及其程度的不确定性。人们对于危险,需要识别、衡量、防范和控制,即对危险进行管理。风险的概念比危险广泛,包括了危险,危险只是风险的一部分。风险的另一部分即正面效应,可以称为"机会"。人们对于机会,需要识别、衡量、选择和获取。理财活动不仅要管理危险,还要识别、衡量、选择和获取增加企业价值的机会。风险的新概念,反映了人们对财务现象更深刻的认识,也就是危险与机会并存。

在投资组合理论出现之后,人们认识到投资多样化可以降低风险。当增加投资组合中资产的种类时,组合的风险将不断降低,而收益仍然是个别资产的加权平均值。当投资组合中的资产多样化到一定程度后,特殊风险可以被忽略,而只需关注系统风险。**系统风险**是没有有效方法可以消除的、影响所有资产的风险,它来自于整个经济系统影响公司经营的普遍因素。投资者必须承担系统风险并可以获得相应的投资回报。在充分组合的情况下，单个资产的风险对于决策是没有用的，投资人关注的只是投资组合的风险；特殊风险与决策是不相关的，相关的只是系统风险。在投资组合理论出现以后，风险是指投资组合的系统风险，既不是指单个资产的风险，也不是指投资组合的全部风险。

在资本资产定价理论出现以后，单项资产的系统风险计量问题得到解决。如果投资者选择一项资产并把它加入已有的投资组合中，那么该资产的风险完全取决于它如何影响投资组合收益的波动性。因此，一项资产最佳的风险度量，是其收益率变化对市场投资组合收益率变化的敏感程度，或者说是一项资产对投资组合风险的贡献。在这以后，投资风险被定义为"资产对投资组合风险的贡献"，或者说是指"该资产收益率与市场组合收益率之间的相关性"。衡量这种相关性的指标，被称为贝塔系数。

在使用风险概念时，不要混淆投资对象本身固有的风险和投资人需要承担的风险。投资对象是指一项资产，在资本市场理论中经常用"证券"一词代表任何投资对象。投资对象的风险具有客观性。例如，无论企业还是个人，投资于国库券其收益的不确定性较小，而投资于股票则收益的不确定性大得多。这种不确定性是客观存在的，不以投资人的意志为转移。因此，我们才可以用客观尺度来计量投资对象的风险。投资人是通过投资获取收益并承担风险的人，他可以是任何单位或个人。财务管理主要研究企业投资。一个企业可以投资一项资产，也可以投资于多项资产。由于投资分散化可以降低风险，作为投资人的企业，承担的风险可能会小于企业单项资产的风险。一个股东可以投资于一个企业，也可以投资于多个企业。由于投资分散化可以降低风险，作为股东个人所承担的风险可能会小于他投资的各个企业的风险。投资人是否去冒风险及冒多大风险，是可以选择的，是主观决定的。在什么时间、投资于什么样的资产，各投资多少，风险是不同的。

二、单项资产的风险和报酬

风险的衡量，需要使用概率和统计方法。

（一）概率

在经济活动中，某一事件在相同的条件下可能发生也可能不发生，这类事件称为"随机事件"。概率就是用来表示随机事件发生可能性大小的数值。通常，把必然发生的事件的概率定为1，把不可能发生的事件的概率定为0，而一般随机事件的概率是介于0与1之间的一个数。概率越大就表示该事件发生的可能性越大。

【例2-15】ABC公司有两个投资机会，A投资机会是一个高科技项目，该领域竞争很激烈，如果经济发展迅速并且该项目搞得好，取得较大市场占有率，利润会很大。否则，利润很小甚至亏本。B项目是一个老产品并且是必需品，销售前景可以准确预测出来。假设未来的经济情况只有三种：繁荣、正常、衰退，有关的概率分布和预期报酬率如表2-2所示。

在这里，概率表示每一种经济情况出现的可能性，同时也就是各种不同预期报酬率出现的可能性。例如，未来经济情况出现繁荣的可能性有0.3。假如这种情况真的出现，A项目可获得高达90%的报酬率，这也就是说，采纳A项目获利90%的可能性是0.3。当然，报酬率作为一种随机变量，受多种因素的影响。我们这里为了简化，假设其他因素都相同，只有经济情况一个因素影响报酬率。

表 2-2　　　　　　　　　　　　公司未来经济情况

经济情况	发生概率	A项目预期报酬率	B项目预期报酬率
繁荣	0.3	90%	20%
正常	0.4	15%	15%
衰退	0.3	−60%	10%
合计	1.0		

（二）离散型分布和连续型分布

如果随机变量（如报酬率）只取有限个值，并且对应于这些值有确定的概率，则称随机变量是"离散型分布"。前面的例2-15就属于离散型分布，它有三个值，如图2-7所示。

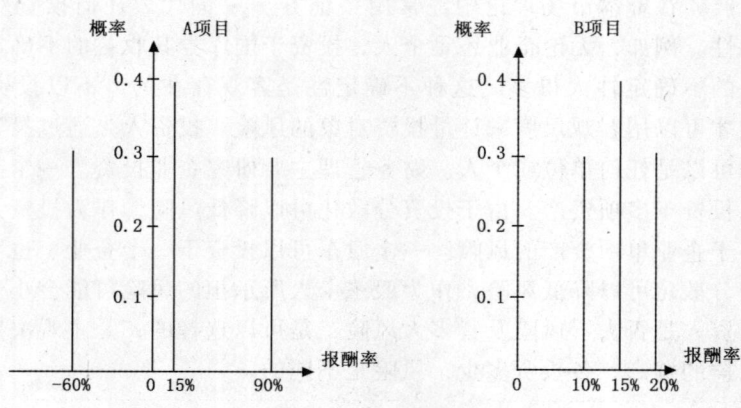

图 2-7　离散型分布

实际上，出现的经济情况远不止三种，有无数可能的情况会出现。如果对每种情况都赋予一个概率，并分别测定其报酬率，则可用连续型分布描述，如图2-8所示。

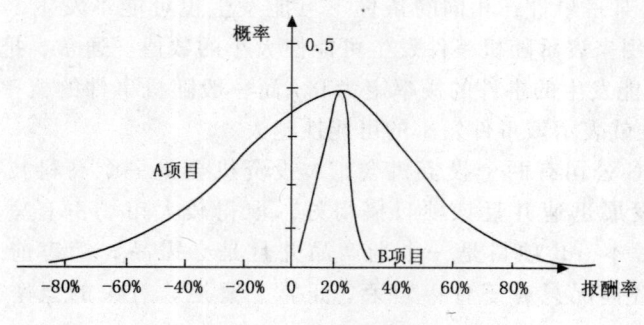

图 2-8　连续型分布

从图2-8可以看到，我们给出例子的报酬率呈正态分布，其主要特征是曲线为对称的钟形。实际上并非所有问题都按正态分布。但是，按照统计学的理论，不论总体分布是正态还是非正态，当样本很大时，其样本平均数都呈正态分布。一般说来，如果被研究的量受彼此独立的大量偶然因素的影响，并且每个因素在总的影响中只占很小部分，那么，这个总影响所引起的数量上的变化，就近似服从于正态分布。所以，正态分布在统计上被广泛使用。

（三）预期值

随机变量的各个取值，以相应的概率为权数的加权平均数，叫做随机变量的"预期值"（数学期望或均值），它反映随机变量取值的平均化。

$$预期值(\overline{K}) = \sum_{i=1}^{N}(P_i K_i)$$

式中，P_i为第i种结果出现的概率；K_i为第i种结果可能出现后的报酬率；N为所有可能结果的数目。

据此计算：

预期报酬率（A） = $0.3 \times 90\% + 0.4 \times 15\% + 0.3 \times (-60\%) = 15\%$

预期报酬率（B） = $0.3 \times 20\% + 0.4 \times 15\% + 0.3 \times 10\% = 15\%$

两者的预期报酬率相同，但其概率分布不同（见图2-8）。A项目报酬率的分散程度大，变动范围在-60%~90%之间；B项目报酬率的分散程度小，变动范围在10%~20%之间。这说明两个项目的报酬率相同，但风险不同。为了定量地衡量风险大小，还要使用统计学中衡量概率分布离散程度的指标。

（四）离散程度

表示随机变量离散程度的量数，最常用的是方差和标准差。

方差是用来表示随机变量与期望值之间离散程度的一个量，它是离差平方的平均数。

$$总体方差 = \frac{\sum_{i=1}^{N}(K_i - \overline{K})^2}{N}$$

$$样本方差 = \frac{\sum_{i=1}^{n}(K_i - \overline{K})^2}{n-1}$$

标准差是方差的平方根：

$$总体标准差 = \sqrt{\frac{\sum_{i=1}^{N}(K_i - \overline{K})^2}{N}}$$

$$样本标准差 = \sqrt{\frac{\sum_{i=1}^{n}(K_i - \overline{K})^2}{n-1}}$$

总体，是指我们准备加以测量的一个满足指定条件的元素或个体的集合，也称"母体"。在实际工作中，为了了解研究对象的某些数学特性，往往只能从总体中抽出部分个体作为资料，用数理统计的方法加以分析。这种从总体中抽取部分个体的过程称为"抽样"，所抽得部分称为"样本"。通过对样本的测量，可以推测整体的特征。

为什么样本标准差的n个离差平方不除以n，而要除以（n-1）呢？

n表示样本容量（个数），（n-1）称为"自由度"。自由度反映分布或差异信息的个数。例如，当n=1时，即K_i只有一个数值时，$K = \overline{K}$，$(K - \overline{K}) = 0$，数据和均值没有差

异,即表示差异的信息个数为 1-1=0。当 n=2 时,$\overline{K}$ 是 K_1 和 K_2 的中值,则 ($K_1 - \overline{K}$) 和 ($K_2 - \overline{K}$) 的绝对值相等,只是符号相反。它们只提供一个信息,即两个数据与中值相差 $|K_1 - \overline{K}|$,这就是说差异的个数为 2-1=1。当 n=3 时,也是如此。例如,K 分别为 1、2、6 时,均值为 3,误差分别为 -2、-1 和 3。实际上,我们得到的误差信息只有两个。因为比均值小的数据的误差绝对值与比均值大的数据的误差绝对值是相等的。我们知道了两个误差信息,就等于知道了第三个误差信息。例如,一个数据比均值小 2,一个数据比均值小 1,则另一个数据必定比均值大 3。当 n 为 4 或更多时,数据与均值的误差信息总会比样本容量少一个。因此,要用 (n-1) 作为标准差的分母。$\sum_{i=1}^{n}(K_i - \overline{K})^2$ 只有 (n-1) 个对我们有用的信息,所以用 (n-1) 作为分母才是真正的平均。

由于在财务管理实务中使用的样本量都很大,区分总体标准差和样本标准差没有什么实际意义。

在已经知道每个变量值出现概率的情况下,标准差可以按下式计算:

$$标准差(\sigma) = \sqrt{\sum_{i=1}^{n}(K_i - \overline{K})^2 \times P_i}$$

A 项目的标准差是 58.09%,B 项目的标准差是 3.87%(计算过程如表 2-3 所示),由于它们的预期报酬率相同,因此可以认为 A 项目的风险比 B 项目大。

表 2-3

A 项目的标准差		
$K_i - \overline{K}$	$(K_i - \overline{K})^2$	$(K_i - \overline{K})^2 P_i$
90% - 15%	0.5625	0.5625 × 0.3 = 0.16875
15% - 15%	0	0 × 0.40 = 0
-60% - 15%	0.5625	0.5625 × 0.3 = 0.16878
方差 (σ^2)		0.3375
标准差 (σ)		58.09%
B 项目的标准差		
$K_i - \overline{K}$	$(K_i - \overline{K})^2$	$(K_i - \overline{K})^2 P_i$
20% - 15%	0.0025	0.0025 × 0.3 = 0.00075
15% - 15%	0	0 × 0.40 = 0
10% - 15%	0.0025	0.0025 × 0.3 = 0.00075
方差 (σ^2)		0.0015
标准差 (σ)		3.87%

标准差是以均值为中心计算出来的,因而有时直接比较标准差是不准确的,需要剔除均值大小的影响。为了解决这个问题,引入了变化系数(离散系数)的概念。**变化系数**是标准差与均值的比,它是从相对角度观察的差异和离散程度,在比较相关事物的差异程度时较

之直接比较标准差要好些。

变化系数＝标准差÷均值

【例 2 – 16】 A 证券的预期报酬率为 10%，标准差是 12%；B 证券的预期报酬率为 18%，标准差是 20%。

解：变化系数（A）＝12%÷10%＝1.20
　　变化系数（B）＝20%÷18%＝1.11

直接从标准差看，B 证券的离散程度较大，能否说 B 证券的风险比 A 证券大呢？不能轻易下这个结论，因为 B 证券的平均报酬率较大。如果以各自的平均报酬率为基础观察，A 证券的标准差是其均值的 1.20 倍，而 B 证券的标准差只是其均值的 1.11 倍，B 证券的相对风险较小。这就是说，A 的绝对风险较小，但相对风险较大，B 与此正相反。

三、投资组合的风险和报酬

投资组合理论认为，若干种证券组成的投资组合，其收益是这些证券收益的加权平均数，但是其风险不是这些证券风险的加权平均风险，投资组合能降低风险。

这里的"证券"是"资产"的代名词，它可以是任何产生现金流的东西，例如一项生产性实物资产、一条生产线或者是一个企业。

（一）证券组合的预期报酬率和标准差

1. 预期报酬率

两种或两种以上证券的组合，其预期报酬率可以直接表示为：

$$r_p = \sum_{j=1}^{m} r_j A_j$$

式中，r_j 是第 j 种证券的预期报酬率；A_j 是第 j 种证券在全部投资额中的比重；m 是组合中的证券种类总数。

2. 标准差与相关性

证券组合的标准差，并不是单个证券标准差的简单加权平均。证券组合的风险不仅取决于组合内的各证券的风险，还取决于各个证券之间的关系。

【例 2 – 17】投资 100 万元，A 和 B 各占 50%。如果 A 和 B 完全负相关，即一个变量的增加值永远等于另一个变量的减少值，组合的风险被全部抵消，如表 2 – 4 所示。如果 A 和 B 完全正相关，即一个变量的增加值永远等于另一个变量的增加值，组合的风险不减少也不扩大，如表 2 – 5 所示。

表 2 – 4　　　　　　　　完全负相关的证券组合数据

方案	A		B		组合	
年度	收益	报酬率	收益	报酬率	收益	报酬率
第一年	20	40%	－5	－10%	15	15%
第二年	－5	－10%	20	40%	15	15%
第三年	17.5	35%	－2.5	－5%	15	15%
第四年	－2.5	－5%	17.5	35%	15	15%

续表

方案	A		B		组合	
年度	收益	报酬率	收益	报酬率	收益	报酬率
第五年	7.5	15%	7.5	15%	15	15%
平均数	7.5	15%	7.5	15%	15	15%
标准差		22.6%		22.6%		0

表 2-5　　　　　　　　　　完全正相关的证券组合数据

方案	A		B		组合	
年度	收益	报酬率	收益	报酬率	收益	报酬率
第一年	20	40%	20	40%	40	40%
第二年	-5	-10%	-5	-10%	-10	-10%
第三年	17.5	35%	17.5	35%	35	35%
第四年	-2.5	-5%	-2.5	-5%	-5	-5%
第五年	7.5	15%	7.5	15%	15	15%
平均数	7.5	15%	7.5	15%	15	15%
标准差		22.6%		22.6%		22.6%

实际上，各种股票之间不可能完全正相关，也不可能完全负相关，所以不同股票的投资组合可以降低风险，但又不能完全消除风险。一般而言，股票的种类越多，风险越小。

(二) 投资组合的风险计量

投资组合的风险不是各证券标准差的简单加权平均数，那么它如何计量呢？

投资组合报酬率概率分布的标准差是：

$$\sigma_P = \sqrt{\sum_{j=1}^{m} \sum_{k=1}^{m} A_j A_k \sigma_{jk}}$$

式中，m 是组合内证券种类总数；A_j 是第 j 种证券在投资总额中的比例；A_k 是第 k 种证券在投资总额中的比例；σ_{jk} 是第 j 种证券与第 k 种证券报酬率的协方差。

该公式的含义说明如下：

1. 协方差的计算

两种证券报酬率的协方差，用来衡量它们之间共同变动的程度：

$$\sigma_{jk} = r_{jk} \sigma_j \sigma_k$$

式中，r_{jk} 是证券 j 和证券 k 报酬率之间的预期相关系数，σ_j 是第 j 种证券的标准差，σ_k 是第 k 种证券的标准差。

证券 j 和证券 k 报酬率概率分布的标准差的计算方法，前面讲述单项证券标准差时已经介绍过。

相关系数总是在 -1 ~ +1 间取值。当相关系数为 1 时，表示一种证券报酬率的增长总是与另一种证券报酬率的增长成比例，反之亦然；当相关系数为 -1 时，表示一种证券报酬率的增长与另一种证券报酬率的减少成比例，反之亦然；当相关系数为 0 时，表示缺乏相关性，每种证券的报酬率相对于另外证券的报酬率独立变动。一般而言，多数证券的报酬率趋于同向变动，因此两种证券之间的相关系数多为小于1的正值。

$$相关系数（r）= \frac{\sum_{i=1}^{n}[(X_i - \overline{X}) \cdot (Y_i - \overline{Y})]}{\sqrt{\sum_{i=1}^{n}(X_i - \overline{X})^2} \cdot \sqrt{\sum_{i=1}^{n}(Y_i - \overline{Y})^2}}$$

2. 协方差矩阵

根号内双重的Σ符号，表示对所有可能配成组合的协方差，分别乘以两种证券的投资比例，然后求其总和。

例如，当m为3时，所有可能的配对组合的协方差矩阵如下所示：

$$\begin{matrix} \sigma_{1,1} & \sigma_{1,2} & \sigma_{1,3} \\ \sigma_{2,1} & \sigma_{2,2} & \sigma_{2,3} \\ \sigma_{3,1} & \sigma_{3,2} & \sigma_{3,3} \end{matrix}$$

左上角的组合（1，1）是σ_1与σ_1之积，即标准差的平方，称为"方差"。此时，从左上角到右下角，共有三种j=k的组合，在这三种情况下，影响投资组合标准差的是三种证券的方差。当j=k时，相关系数是1，并且$\sigma_j \cdot \sigma_k$变为σ_j^2。这就是说，对于矩阵对角线位置上的投资组合，其协方差就是各证券自身的方差。

组合$\sigma_{1,2}$代表证券1和证券2报酬率之间的协方差，组合$\sigma_{2,1}$代表证券2和证券1报酬率的协方差，它们的数值是相同的。这就是说需要计算两次证券1和证券2之间的协方差。对于其他不在对角线上的配对组合的协方差，我们同样计算了两次。

双重求和符号，就是把由各种可能配对组合构成的矩阵中的所有方差项和协方差项加起来。3种证券的组合，一共有9项，由3个方差项和6个协方差项（3个计算了两次的协方差项）组成。

3. 协方差比方差更重要

该公式表明，影响证券组合的标准差不仅取决于单个证券的标准差，而且还取决于证券之间的协方差。随着证券组合中证券个数的增加，协方差项比方差项越来越重要。这一结论可以通过考察上述矩阵得到证明。例如，在两种证券的组合中，沿着对角线有两个方差项$\sigma_{1,1}$和$\sigma_{2,2}$，以及两项协方差项$\sigma_{1,2}$和$\sigma_{2,1}$。对于三种证券的组合，沿着对角线有3个方差项$\sigma_{1,1}$、$\sigma_{2,2}$、$\sigma_{3,3}$以及6项协方差项。在四种证券的组合中，沿着对角线有4项方差项和12项协方差。当组合中证券数量较多时，总方差主要取决于各证券间的协方差。例如，在含有20种证券的组合中，矩阵共有20个方差项和380个协方差项。当一个组合扩大到能够包含所有证券时，只有协方差是重要的，方差项将变得微不足道。因此，充分投资组合的风险，只受证券之间协方差的影响，而与各证券本身的方差无关。

下面举例说明两种证券组合报酬率的期望值和标准差的计算过程。

【例2-18】A证券的预期报酬率为10%，标准差是12%。B证券的预期报酬率是18%，标准差是20%。假设等比例投资于两种证券，即各占50%。

则该组合的预期报酬率为：

$$r_p = 10\% \times 0.50 + 18\% \times 0.50 = 14\%$$

如果两种证券的相关系数等于1，没有任何抵消作用，在等比例投资的情况下该组合的标准差等于两种证券各自标准差的简单算术平均数,即 16%。

如果两种证券之间的预期相关系数是 0.2,组合的标准差会小于加权平均的标准差,其标准差是:

$$\sigma_p = \sqrt{0.5 \times 0.5 \times 1.0 \times 0.12^2 + 2 \times 0.5 \times 0.5 \times 0.20 \times 0.12 \times 0.2 + 0.5 \times 0.5 \times 1.0 \times 0.2^2}$$
$$= \sqrt{0.0036 + 0.0024 + 0.01}$$
$$= 12.65\%$$

从这个计算过程可以看出:只要两种证券之间的相关系数小于 1,证券组合报酬率的标准差就小于各证券报酬率标准差的加权平均数。

(三) 系统风险和非系统风险

在投资组合的讨论中,我们知道个别资产的风险,有些可以被分散掉,有些则不能。无法分散掉的是系统风险,可以分散掉的是非系统风险。

1. 系统风险

系统风险,是指那些影响所有公司的因素引起的风险。例如,战争、经济衰退、通货膨胀、高利率等非预期的变动,对许多资产都会有影响。系统风险所影响的资产非常多,虽然影响程度的大小有区别。例如,各种股票处于同一经济系统之中,它们的价格变动有趋同性,多数股票的报酬率在一定程度上正相关。经济繁荣时,多数股票的价格都上涨;经济衰退时,多数股票的价格下跌。尽管涨跌的幅度各股票有区别,但是多数股票的变动方向是一致的。所以,不管投资多样化有多充分,也不可能消除全部风险,即使购买的是全部股票的市场组合。

由于系统风险是影响整个资本市场的风险,所以也称"市场风险"。由于系统风险没有有效的方法消除,所以也称"不可分散风险"。

2. 非系统风险

非系统风险,是指发生于个别公司的特有事件造成的风险。例如,一家公司的工人罢工、新产品开发失败、失去重要的销售合同、诉讼失败,或者宣告发现新矿藏、取得一个重要合同等。这类事件是非预期的、随机发生的,它只影响一个或少数公司,不会对整个市场产生太大影响。这种风险可以通过多样化投资来分散,即发生于一家公司的不利事件可以被其他公司的有利事件所抵消。

由于非系统风险是个别公司或个别资产所特有的,因此也称"特殊风险"或"特有风险"。由于非系统风险可以通过投资多样化分散掉,因此也称"可分散风险"。

由于非系统风险可以通过分散化消除,因此一个充分的投资组合几乎没有非系统风险。假设投资人都是理智的,都会选择充分投资组合,非系统风险将与资本市场无关。市场不会对它给予任何价格补偿。通过分散化消除的非系统风险,几乎没有任何值得市场承认的、必须花费的成本。

我们已经知道,资产的风险可以用标准差计量。这个标准差是指它的整体风险。现在我们把整体风险划分为系统风险和非系统风险,如图 2-9 所示。

承担风险会从市场上得到回报,回报大小仅仅取决于系统风险。这就是说,一项资产的期望报酬率高低取决于该资产的系统风险的大小。

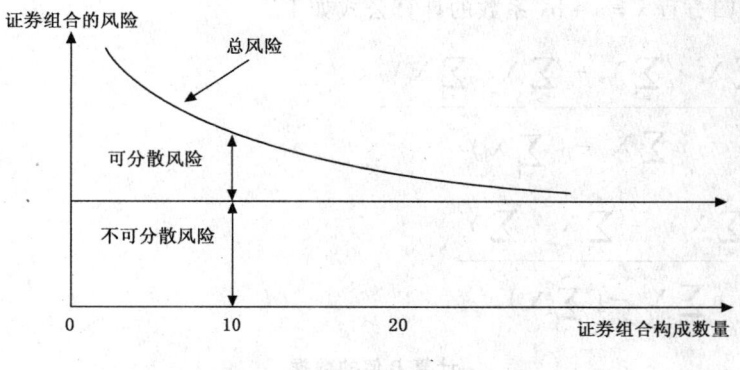

图 2-9 投资组合的风险

四、资本资产定价模型（CAPM 模型）

1964 年，威廉·夏普（William Sharp）根据投资组合理论提出了资本资产定价模型（CAPM）。资本资产定价模型是财务学形成和发展中最重要的里程碑。它第一次使人们可以量化市场的风险程度，并且能够对风险进行具体定价。

资本资产定价模型的研究对象，是充分组合情况下的风险与要求的收益率之间的均衡关系。资本资产定价模型可用于回答如下不容回避的问题：为了补偿某一特定程度的风险，投资者应该获得多大的收益率？在前面的讨论中，我们将风险定义为预期报酬率的不确定性；然后根据投资理论将风险区分为系统风险和非系统风险，知道了在高度分散化的资本市场里只有系统风险，并且会得到相应的回报。现在将讨论如何衡量系统风险以及如何给风险定价。

（一）系统风险的度量

既然一项资产的期望报酬率取决于它的系统风险，那么度量系统风险就成了一个关键问题。

度量一项资产系统风险的指标是贝塔系数，用希腊字母 β 表示。贝塔系数被定义为某个资产的收益率与市场组合之间的相关性。其计算公式如下：

$$\beta_1 = \frac{COV(K_J, K_M)}{\sigma_M^2} = \frac{r_{JM}\sigma_J\sigma_M}{\sigma_M^2} = r_{JM}\left(\frac{\sigma_J}{\sigma_M}\right)$$

式中，分子 COV（K_J，K_M）是第 J 种证券的收益与市场组合收益之间的协方差，它等于该证券的标准差、市场组合的标准差及两者相关系数的乘积。

根据上式可以看出，一种股票的 β 值的大小取决于：（1）该股票与整个股票市场的相关性；（2）它自身的标准差；（3）整个市场的标准差。

贝塔系数的计算方法有两种：

第一种方法：回归直线法。根据数理统计的线性回归原理，β 系数均可以通过同一时期内的资产收益率和市场组合收益率的历史数据，使用线性回归方程预测出来。β 系数就是该线性回归方程的回归系数。

【例 2-19】J 股票历史已获得收益率以及市场历史已获得收益率的有关资料如表 2-6 所示，计算其 β 值的数据准备过程如表 2-7 和表 2-8 所示。

解： 求解回归方程 y = a + bx 系数的计算公式如下：

$$a = \frac{\sum_{i=1}^{n} X_i^2 \cdot \sum_{i=1}^{n} Y_i - \sum_{i=1}^{n} X_i \cdot \sum_{i=1}^{n} X_i Y_i}{n \sum_{i=1}^{n} X_i^2 - (\sum_{i=1}^{n} X_i)^2}$$

$$b = \frac{n \sum_{i=1}^{n} X_i Y_i - \sum_{i=1}^{n} X_i \cdot \sum_{i=1}^{n} Y_i}{n \sum_{i=1}^{n} X_i^2 - (\sum_{i=1}^{n} X_i)^2}$$

表 2-6　　　　　　　　　　　　　计算 β 值的数据

年　度	J 股票收益率（Y_i）	市场收益率（X_i）
1	1.8	1.5
2	-0.5	1
3	2	0
4	-2	-2
5	5	4
6	5	3

表 2-7　　　　　　　　　　回归直线法计算 β 值的数据准备

年　度	J 股票收益率（Y_i）	市场收益率（X_i）	X_i^2	$X_i Y_i$
1	1.8	1.5	2.25	2.7
2	-0.5	1	1	-0.5
3	2	0	0	0
4	-2	-2	4	4
5	5	4	16	20
6	5	3	9	15
合计	11.3	7.5	32.25	41.2

表 2-8　　　　　　　　　　公式法计算 β 值的数据准备

年度	J股票收益率（Y_i）	市场收益率（X_i）	X_i^2	$X_i Y_i$	$X_i - \overline{X}$	$Y_i - \overline{Y}$	$(X_i - \overline{X}) \cdot (Y_i - \overline{Y})$	$(X_i - \overline{X})^2$	$(Y_i - \overline{Y})^2$
1	1.8	1.5	2.25	2.7	0.25	-0.08	-0.02	0.0625	0.0064
2	-0.5	1	1	-0.5	-0.25	-2.38	0.595	0.625	5.6644
3	2	0	0	0	-1.25	0.12	-0.15	1.5625	0.0144
4	-2	-2	4	4	-3.25	-3.88	12.61	10.5625	15.0544
5	5	4	16	20	2.75	3.12	8.58	7.5625	9.7344

续表

年度	J股票收益率（Y_i）	市场收益率（X_i）	X_i^2	X_iY_i	$X_i-\overline{X}$	$Y_i-\overline{Y}$	$(X_i-\overline{X})\cdot(Y_i-\overline{Y})$	$(X_i-\overline{X})^2$	$(Y_i-\overline{Y})^2$
6	5	3	9	15	1.75	3.12	5.46	3.0625	9.7344
合计	11.3	7.5	32.25	41.2			27.075	22.875	40.2084
平均数	1.88	1.25							
标准差	2.8358	2.1389							

将有关数据代入上式：

$$a = \frac{32.25 \times 11.3 - 7.5 \times 41.2}{6 \times 32.25 - 7.5 \times 7.5} = \frac{55.425}{137.25} = 0.40$$

$$b = \frac{6 \times 41.2 - 7.5 \times 11.3}{6 \times 32.25 - 7.5 \times 7.5} = \frac{162.45}{137.25} = 1.18$$

直线方程斜率 b，就是该股票的 β 系数。

第二种方法：按照定义，根据证券与股票指数收益率的相关系数、股票指数的标准差和股票收益率的标准差直接计算。

相关系数的计算：

$$r = \frac{\sum_{i=1}^{P}[(X_i-\overline{X})\cdot(Y_i-\overline{Y})^2]}{\sqrt{\sum_{i=1}^{n}(X_i-\overline{X})^2}\cdot\sqrt{\sum_{i=1}^{n}(Y_i-\overline{Y})^2}}$$

$$r_m = \frac{27.075}{\sqrt{22.875}\times\sqrt{40.2084}}$$

$$= \frac{27.075}{4.7828 \times 6.3410} = 0.8927$$

标准差的计算：

$$\sigma = \sqrt{\frac{\sum_{i=1}^{n}(X_i-\overline{X})^2}{n-1}}$$

$$\sigma_M = \sqrt{\frac{22.875}{6-1}} = 2.1389$$

$$\sigma_J = \sqrt{\frac{40.2084}{6-1}} = 2.8358$$

贝塔系数的计算：

$$\beta_J = r_{JM}\left(\frac{\sigma_J}{\sigma_M}\right) = 0.8927 \times \frac{2.8358}{2.1389} = 1.18$$

贝塔系数的经济意义在于，它告诉我们相对于市场组合而言特定资产的系统风险是多少。例如，市场组合相对于它自己的贝塔系数是1；如果一项资产的 β = 0.5，表明它的系统风险是市场组合系统风险的0.5，其收益率的变动性只及一般市场变动性的一半；如果一项

资产的 β = 2.0，说明这种股票的变动幅度为一般市场变动的 2 倍。总之，某一股票的 β 值的大小反映了这种股票收益的变动与整个股票市场收益变动之间的相关性及其程度。

（二）投资组合的贝塔系数

投资组合的 $β_P$ 等于被组合各证券 β 值的加权平均数：

$$β_P = \sum_{i=1}^{n} X_i β_i$$

如果一个高 β 值股票（β>1）被加入到一个平均风险组合（$β_P$）中，则组合风险将会提高；反之，如果一个低 β 值股票（β<1）加入到一个平均风险组合中，则组合风险将会降低。所以，一种股票的 β 值可以度量该股票对整个组合风险的贡献，β 值可以作为这一股票风险程度的一个大致度量。

【例 2-20】 一个投资者拥有 10 万元现金进行组合投资，共投资 10 种股票且各占 1/10 即 1 万元。如果这 10 种股票的 β 值皆为 1.18，则组合的 β 值为 $β_P$ = 1.18。该组合的风险比市场风险大，即其价格波动的范围较大，收益率的变动也较大。现在假设完全售出其中的一种股票且以一种 β = 0.8 的股票取而代之。此时，股票组合的 β 值将由 1.18 下降至 1.142：

$$β_P = 0.9 × 1.18 + 0.1 × 0.8 = 1.142$$

（三）证券市场线

按照资本资产定价模型理论，单一证券的系统风险可由 β 系数来度量，而且其风险与收益之间的关系可由证券市场线来描述。

证券市场线：$R_i = R_f + β(R_m - R_f)$

式中，R_i 是第 i 个股票的必要报酬率；R_f 是无风险收益率（通常以国库券的收益率作为无风险收益率）；R_m 是平均股票的要求收益率（指 β = 1 的股票要求的收益率，也是指包括所有股票的组合即市场组合要求的收益率）。在均衡状态下，$(R_m - R_f)$ 是投资者为补偿承担超过无风险收益的平均风险而要求的额外收益，即风险价格（图 2-10）。

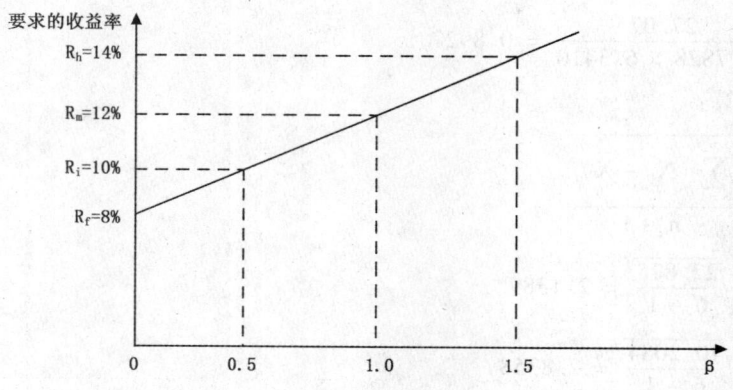

图 2-10 β 值与要求的收益率

证券市场线的主要含义如下：

（1）纵轴为要求的收益率，横轴则是以 β 值表示的风险。

（2）无风险证券的 β = 0，故 R_f 成为证券市场线在纵轴的截距。

（3）证券市场线的斜率 [ΔY/ΔX = $(R_m - R_f)$/(1 - 0) = 12% - 8% = 4%] 表示经济系统中风险厌恶感的程度。一般地说，投资者对风险的厌恶感越强，证券市场线的斜率越大,对风险资产所要求的风险补偿越大,对风险资产的要求收益率越高。

(4) 在 β 值分别为 0.5、1 和 1.5 的情况下,必要报酬率由最低 $R_i = 10\%$,到市场平均的 $R_m = 12\%$,再到最高的 $R_h = 14\%$。β 值越大,要求的收益率越高。

从证券市场线可以看出,投资者要求的收益率不仅仅取决于市场风险,而且还取决于无风险利率(证券市场线的截距)和市场风险补偿程度(证券市场线的斜率)。由于这些因素始终处于变动之中,所以证券市场线也不会一成不变。预计通货膨胀提高时,无风险利率会随之提高,进而导致证券市场线的向上平移。风险厌恶感的加强,会提高证券市场线的斜率。

(四) 资本资产定价模型的假设

资本资产定价模型建立在如下基本假设之上:

(1) 所有投资者均追求单期财富的期望效用最大化,并以各备选组合的期望收益和标准差为基础进行组合选择。

(2) 所有投资者均可以无风险利率无限制地借入或贷出资金。

(3) 所有投资者拥有同样预期,即对所有资产收益的均值、方差和协方差等,投资者均有完全相同的主观估计。

(4) 所有的资产均可被完全细分,拥有充分的流动性且没有交易成本。

(5) 没有税金。

(6) 所有投资者均为价格接受者,即任何一个投资者的买卖行为都不会对股票价格产生影响。

(7) 所有资产的数量是给定的和固定不变的。

在以上假设的基础上,提出了具有奠基意义的资本资产定价模型。随后,每一个假设逐步被放开,并在新的基础上进行研究,这些研究成果都是对资本资产定价模型的突破与发展。多年来,资本资产定价模型经受住了大量的经验上的证明,尤其是 β 概念。

自提出资本资产定价模型以来,各种理论争议和经验证明便不断涌现。尽管该模型存在许多问题和疑问,但是以其科学的简单性、逻辑的合理性赢得了人们的支持。各种实证研究验证了 β 概念的科学性及适用性。

【本章小结】

(1) 货币的时间价值,是指货币经历一定时间的投资和再投资所增加的价值,也称为资金的时间价值。它反映因时间因素使现在一定量货币比未来获得的等量货币具有更高的价值,或者说资金随时间推延所具有的增值能力。从经济学的角度而言,货币具有时间价值,反映了货币(或资金)的稀缺性和机会成本的价值观念。

(2) 货币的时间价值有单利和复利两种计算方法。单利计算就是利息的计算以本金为基础,复利计算是以上期期末的本利和为基础。

(3) 复利终值 $F = P(1+i)^n$

复利现值 $P = \dfrac{F}{(1+i)^n} = F(1+i)^n = F(1+i)^{-n}$

(4) 名义利率与实际利率之间的关系是:$i = (1 + r/m)^m - 1$

(5) 普通年金终值 $F = A \dfrac{(1+i)^n - 1}{i}$

普通年金现值 $P = A \cdot \dfrac{1 - (1+i)^{-n}}{i}$

(6) 风险是预期结果的不确定性。风险不仅包括负面效应的不确定性，还包括正面效应的不确定性。一般来说，风险是指发生不好的结果或发生危险、损失的可能性或机会。系统风险是指那些影响所有公司的因素引起的风险，如战争、经济衰退、通货膨胀、高利率等。非系统风险，是指发生于个别公司的特有事件造成风险。这类事件是非预期的、随机发生的，它只影响一个或少数公司，不会对整个市场产生太大影响。这种风险可以通过多样化投资来分散，即发生于一家公司的不利事件可以被其他公司的有利事件所抵消。投资组合中，收进负相关的股票有利于抵消非系统风险。

(7) 投资组合的预期报酬率是一组资产收益的加权平均数。其计算公式为：

$$r_P = \sum_{j=1}^{m} r_j A_j$$

投资组合报酬率概率分布的标准差是：

$$\sigma_P = \sqrt{\sum_{j=1}^{m} \sum_{k=1}^{m} A_j A_k \sigma_{jk}}$$

相关系数 $(r) = \dfrac{\sum_{i=1}^{n}[(X_i - \overline{X}) \cdot (Y_i - \overline{Y})]}{\sqrt{\sum_{i=1}^{n}(X_i - \overline{X})^2} \cdot \sqrt{\sum_{i=1}^{n}(Y_i - \overline{Y})^2}}$

(8) 资本资产定价模型是在投资组合理论和资本市场理论基础上形成发展起来的，主要研究证券市场中资产的预期收益率与风险之间的关系，以及均衡价格是如何形成的，即一项资产要求的收益是无风险收益与系统风险溢价之和。资产的风险溢价取决于市场风险的价格与市场投资组合共同变化的那些资产的收益。CAPM 表达式为：

$$R_i = R_f + \beta(R_m - R_f)$$

【思考题】

1. 什么是货币的时间价值？它在企业财务管理中有什么重要性？
2. 单利计息和复利计息方式的区别及对企业理财的影响？
3. 名义利率与实际利率之间有什么关系？
4. 什么是年金？它有几种表现形式？如何进行年金终值和年金现值的计算？
5. 什么是风险？如何对其进行衡量？
6. 投资风险与报酬之间的关系是什么？

【练习题】

1. 某企业年初投资 100 万元生产一种新产品，预计每年年末可得净收益 10 万元，投资年限为 10 年，年利率为 5%。

要求：（1）计算该投资项目年收益的现值和终值。

（2）计算年初投资额的终值。

2. 某企业 2013 年初投资一个项目，预计从 2016 年起至 2020 年每年年末可获得净收益 20 万元，年利率为 5%。

要求：计算该投资项目年净收益的终值和现值。

3. 某人拟购买一幢楼房，按销售协议规定，如果购买方于购买时一次性付清房款，需支付房款 200 万元；如果采用 5 年期分期付款方式，则每年需支付房款 50 万元；如果采用 10 年期分期付款方式，则每年需支付 30 万元。假设银行存款利率为 10%，复利计息。

要求：（1）如果银行允许每年末支付款项，试确定应采用的付款方式；

（2）如果银行允许每年初支付款项，试确定应采用的付款方式。

4. 某企业投资一个项目，每年年初投入 10 万元，连续投资 3 年，年利率为 5%。

要求：（1）计算该项目 3 年后的投资总额。

（2）若 3 年的投资额于年初一次性投入，投资总额是多少？

5. 某企业现有三个投资项目可供选择，预计 A、B、C 三个项目年收益及概率如下表所示。

要求：计算三个投资项目的风险大小。

市场状况	预计年收益（万元）			概率
	A 项目	B 项目	C 项目	
繁荣	100	110	90	0.3
正常	50	60	50	0.4
较差	30	20	20	0.3

第三章 筹资方式

【案例导读】

两个老太太的故事

两个老太太相遇了，一个来自中国，一个来自美国。中国老太太说："我攒了30年钱，晚年终于买了一套大房子。"美国老太太说："我住了30年的大房子，晚年终于还清了全部贷款。"虽然结果是一样的，但过程却大相径庭，为了买房子，美国老太太一开始就想方设法向银行贷款，提前享受了生活，实现了自己的梦想。中国老太太则相反，她从年轻时就努力工作，努力赚钱，实现了自己的梦想，但她大半生没能好好享受生活。

这个经典故事的含义是很丰富的，人们可以从多个角度来思考。从企业财务管理的角度来看，这个故事当然也具有启发意义。任何一个投资者想开办企业从事生产经营都需要资金。那么资金从何而来呢？是等到投资者自己攒够钱，还是积极想办法向外筹资？上面的故事显然已经给出答案。当然，企业筹资是一个十分复杂而又重要的问题，需要综合考虑多方面的因素。

问题：

（1）投资开办企业，资金从何而来？
（2）该如何筹集资金？

【学习目标】

☐ 掌握企业筹资的渠道和方式，并对筹资方式进行分析
☐ 了解各种筹资方式的法律限制和金融限制
☐ 掌握各种筹资方式的资本成本及其对企业资本结构的影响

第一节　企业筹资概述

筹集资金是企业资金运动的起点，是决定企业资金运动规模和生产经营发展程度的重要环节。企业的筹资活动需要通过一定的渠道并采用一定的方式来完成。

一、企业筹资的概念与动机

（一）企业筹资的概念

企业筹资是指企业由于生产经营、对外投资和调整资本结构等活动对资金的需要，采取适当的方式，获取所需资金的一种行为。资金是企业生存和发展的必要条件。筹集资金既是保证企业正常生产经营的前提，又是谋求企业发展的基础。筹资工作做得好，不仅能降低资本成本，给经营或投资创造较大的可行或有利的空间；而且能降低财务风险，增加企业经济效益。筹集资金是企业资金运动的起点，它会影响乃至决定企业资金运动的规模及效果。企业的经营管理者必须把握企业何时需要资金、需要多少资金、以何种合理的方式取得资金。

（二）企业筹资的动机

筹资动机是企业进行筹资活动的基本出发点。企业筹资的基本目的，是为了自身的生存与发展。概括起来，企业筹资动机主要有以下几种类型：

（1）扩张筹资动机。扩张筹资动机是企业因扩大生产经营规模或追加对外投资的需要而产生的筹资动机。具有良好发展前景、处于成长时期的企业通常会产生这种筹资动机。

（2）偿债筹资动机。偿债筹资动机是企业为了偿还某些债务而产生的筹资动机。

（3）解困筹资动机。解困筹资动机是企业为了缓解临时财务困境而产生的筹资动机。企业在生产经营中总是会面临各种各样临时性的财务困境，如市场物价上涨时需要大量储备存货，以消除涨价风险；临时季节性采购导致库存的大量增加；发放工资或支付股利已迫在眉睫等等。这些都会使资金需求骤然增加，这时就必然驱使企业想方设法去筹措资金，以解燃眉之急。

（4）混合筹资动机。混合筹资动机是企业为了满足多种需要而产生的筹资动机。

二、筹资的分类

企业筹资可以按不同的标准进行分类。

（一）按取得资金的权益特性分类

按企业所取得资金的权益特性不同，企业筹资分为股权筹资、债务筹资及衍生工具筹资三类。

1. 股权筹资

股权筹资形成股权资本，是企业依法长期拥有、能够自主调配运用的资本。股权资本在企业持续经营期间内，投资者不得抽回，因而也称之为企业的自有资本、主权资本或股东权益资本。股权资本是企业从事生产经营活动和偿还债务的本钱，是代表企业基本资信状况的一个主要指标。企业的股权资本通过吸收直接投资、发行股票、内部积累等方式取得。股权资本由于一般不用还本，形成了企业的永久性资本，因而财务风险小，但付出的资本成本相对较高。

股权筹资项目，包括实收资本（股本）、资本公积金、盈余公积金和未分配利润等。其中，实收资本（股本）和实收资本溢价部分形成的资本公积金是投资者的原始投入部分；盈余公积金、未分配利润和部分资本公积金是原始投入资本在企业持续经营中形成的经营积累。通常，盈余公积金、未分配利润共称为留存收益。股权筹资在经济意义上形成了企业的所有者权益，其金额等于企业资产总额减去负债总额后的余额。

2. 债务筹资

债务筹资，是企业通过借款、发行债券、融资租赁以及赊购商品或服务等方式取得的资金形成在规定期限内需要清偿的债务。由于债务筹资到期要归还本金和支付利息，对企业的经营状况不承担责任，因而具有较大的财务风险，但付出的资本成本相对较低。从经济意义上来说，债务筹资也是债权人对企业的一种投资，也要依法享有企业使用债务所取得的经济利益，因而也可以称之为债权人权益。

3. 衍生工具筹资

衍生工具筹资包括兼具股权与债务特性的混合融资和其他衍生工具融资。我国上市公司目前最常见的混合融资是可转换债券融资，最常见的其他衍生工具融资是认股权证融资。

（二）按是否以金融机构为媒介分类

按其是否以金融机构为媒介，企业筹资分为直接筹资和间接筹资两种类型。

1. 直接筹资

直接筹资，是企业直接与资金供应者协商融通资本的一种筹资活动。直接筹资方式主要有吸收直接投资、发行股票、发行债券等。通过直接筹资既可以筹集股权资金，也可以筹集债务资金。按法律规定，公司股票、公司债券等有价证券的发行需要通过证券公司等中介机构进行，但证券公司所起到的只是承销的作用，资金拥有者并未向证券公司让渡资金使用权，因此发行股票、债券属于直接向社会筹资。

2. 间接筹资

间接筹资，是企业借助银行等金融机构融通资本的筹资活动。在间接筹资方式下，银行等金融机构发挥了中介的作用。资金拥有者首先向银行等金融机构让渡资金的使用权，然后由银行等金融机构将资金提供给企业。间接筹资的基本方式是向银行借款，此外还有融资租赁等筹资方式。间接筹资形成的主要是债务资金，主要用于满足企业资金周转的需要。

（三）按资金来源范围分类

按资金的来源范围不同，企业筹资分为内部筹资和外部筹资两种类型。

1. 内部筹资

内部筹资是指企业通过利润留存而形成的筹资来源。内部筹资数额的大小主要取决于企业可分配利润的多少和利润分配政策（股利政策），一般无需花费筹资费用，但需考虑机会成本的发生。

2. 外部筹资

外部筹资是指企业向外部筹措资金而形成的筹资来源。处于初创期的企业，内部筹资的可能性是有限的；处于成长期的企业，内部筹资往往难以满足需要。这就需要企业广泛地开展外部筹资，如发行股票、债券，取得商业信用、向银行借款等。企业向外部筹资大多需要花费一定的筹资费用，从而提高了筹资成本。

因此，企业筹资时首先应利用内部筹资，然后再考虑外部筹资。

（四）按资金使用期限分类

按所筹集资金的使用期限不同，企业筹资分为长期筹资和短期筹资两种类型。

1. 长期筹资

长期筹资，是指企业筹集使用期限在一年以上的资金筹集活动。长期筹资的目的主要在于形成和更新企业的生产和经营能力，或扩大企业的生产经营规模，或为对外投资筹集资金。长期筹资通常采取吸收直接投资、发行股票、发行债券、取得长期借款、融资租赁等方式,所形成的长期资金主要用于购建固定资产、形成无形资产、进行对外长期投资、垫支流动资金、产品和技术研发等。从资金权益性质来看,长期资金可以是股权资金,也可以是债务资金。

2. 短期筹资

短期筹资,是指企业筹集使用期限在一年以内的资金筹集活动。短期资金主要用于企业的流动资产和日常资金周转,一般在短期内需要偿还。短期筹资经常利用商业信用、短期借款、保理业务[①]等方式来筹集。

三、筹资渠道与筹资方式

(一)筹资渠道

筹资渠道,即资金筹集渠道,是指企业取得资金的来源。目前,我国企业的筹资渠道主要有以下几种:

(1)国家财政资金,即国家通过以财政拨款形式投入企业的资金,它是国有企业资金的主要来源。随着我国经济体制改革的深入,今后,国家投入企业中的资金比例将逐步缩小。

(2)银行信贷资金,即各商业银行放贷给企业使用的资金。借款项目有基建借款、各种流动资金借款、各种专用借款。银行贷款方式能灵活适应企业的各种需要,是企业资金的主要供应渠道。

(3)非银行金融机构资金。非银行金融机构资金是指各种从事金融业务的非银行机构用各种不同的方式集中资金,也用各种方式向企业提供资金,它将成为企业资金的主要来源。

(4)社会集资,即企业通过发行股票、债券等方式把个人、企事业单位里闲置不用的货币资金集中起来,不仅可以为老企业筹集部分生产经营资金,而且可以为兴办新企业筹集创业资金,它是企业重要的资金来源渠道。

(5)企业自留资金,即企业在生产经营活动中形成的资金,如公积金、公益金和未分配利润等。随着经济效益的提高,企业自留资金的数额将日益增加。

(6)利用外资,即指通过发展中外合资经营企业、中外合作经营企业等吸引国外资本直接投资方式,和开展补偿贸易、出口信贷、国际资本借贷等资本借贷形式。

(二)资金筹集的方式

筹资方式是指如何取得资金,对于各种渠道筹资的资金,企业可以采用不同的方式加以筹集。从目前来看,筹资方式主要有吸收投资、内部资本积累、发行股票和发行债券、长期借款、利用外资、融资租赁和商业信用等方式。

从企业筹集资金可使用时间的长短区分,有短期资金和长期资金;按照企业来源性质的

---

① 保理业务是一项集贸易融资、商业资信调查、应收账款管理及信用风险担保于一体的新兴综合性金融服务。银行的保理业务可分为国内保理业务和国外保理业务两类。国内保理业务通俗讲也叫应收账款融资,就是公司将应收款项在通过银行的审核后,转让给银行提前获得资金的业务。根据不同的类型具体可分为买断型保理业务和回购型保理业务。保理业务银行的审核点主要在对债务人(就是欠公司钱的公司)的还款能力进行审核。

不同，可将全部资金分为权益资本和债务资本。

下面将就长期权益资本、长期债务资本分类研究适应它们的筹资方式。

1. 长期债务资本的筹措方式

（1）长期借款。长期借款的特点主要表现在：长期借款种类较多，资金力量雄厚，便于企业选择利用；取得手续简便，速度较快；借款数量和时间弹性较大；借款利率一般低于债券利率，成本较低，合理利用可提高资本收益率。但长期借款必须按期归还，财务风险较大；借款数额有限。

（2）发行债券。发行债券的特点主要表现在：债券利率高于存款利率，比较吸引投资人，因此筹资很容易；资金成本低于股票，债券利息可记入税前成本费用，起到抵税作用；按期还本付息，否则降低信誉；筹资手续复杂，限制条件多，筹资费用高。

2. 长期权益资本的筹措方式

（1）吸收资金。主要包括吸收国家资金、吸收联营资金与吸收外资。

- 吸收国家资金。过去是国有企业筹措权益资本的最基本、最主要的方式，1985年以后，国家不再以拨款形式向国有企业投资，改为国家贷款形式，包括基本建设贷款、更新改造贷款等。企业向国家贷款同样要通过银行，并按规定使用，到期还本付息。国家贷款可以用项目投资后的新增利润和税前利润归还，即用不缴税或少缴税的方式归还借款，从实质看还是国家投资。

- 吸收联营资金。吸收联营资金是指以国内企业间联营的方式，吸收外单位资金。此种筹资方式手续简便，取得资金迅速；联营投资不具有借贷性质，在联营期内长期使用，不需按期还本付息，筹资风险小；联营投资是企业权益资本的组成部分，增强了企业资本实力；联营企业实行"利益均沾，风险共担"的原则，可减轻企业独自经营的风险；联营企业的生产经营管理由参与联营的单位共同承担。

- 吸收国外资金。是指利用外商直接投资，来满足国内企业建设所需资金。

（2）内部资本积累。包括固定资产折旧基金和盈余公积金以及未分配利润。它无需支付代价，资金成本低；留用的时间和数额有一定灵活性；公益金、盈余公积金等要受国家有关规定的制约。

（3）发行股票。发行股票筹措的资本是永久性资本，是公司稳定的资金来源，无到期日，不需归还，可增强企业实力，增强向外举债能力；筹资速度快，取得资金的数额也较大，但股票的资金成本较高。

四、企业筹资的原则

采取一定的筹资方式，有效地组织资金供应，是一项重要而复杂的工作，应遵循以下基本原则：

（一）合理性原则

不论采取什么方式筹资，都必须预先合理确定资金的需要量，以需定筹。既要防止筹资不足，影响生产经营的正常进行；又要防止筹资过多，造成资金闲置。保证正常周转资金的需要，必须从数量和时间两个方面着手。

从数量上保证，即是根据企业生产经营具体情况，成本、费用支出及销售等情况，采用科学的方法对企业未来资金的流入量和流出量进行测算，确定出资金需要和增加量，并据以确定筹资方式和筹资数量。从时间上保证,即是在测定资金需要量和确定筹资方式时,不仅要考虑全年的情况,还应在年内分季、分月进行估算并做出安排,做到有计划地调度资金,并在时间上衔接。

(二) 及时性原则

按照资金时间价值的原理,同等数量的资金,在不同时点上具有不同的价值。企业筹集资金应根据资金投放使用时间来合理安排,使筹资和用资在时间上相衔接。既要避免过早筹资使资金过早到位形成资金投放前的闲置,又要避免资金到位滞后丧失资金投放的最佳时机。

(三) 效益性原则

筹集资金应从资金需要的实际情况出发,采用合适的方式操作,追求降低成本,谋求最大的经济效益。企业筹资渠道有多种,具体取得资金的方式又很多,但不论通过什么渠道,采用什么方式筹资,都要付出一定的代价,我们将其称为"资金成本"。不同资金来源的资本成本各不相同,取得资金的难易程度也有差异。如果资金成本太高,不仅会影响筹资和投资效益,甚至会使企业出现亏损。因此,在筹集资金时必须对各个渠道、各种筹资方式进行选择比较,选出最佳的资金来源结构,以降低资金成本。

(四) 优化资金结构原则

筹资结构指各种资金来源占全部资金来源的比重以及各类资金来源之间的比例关系,如债务资本和权益资本的比例,长期资金来源与短期资金来源的比例等。筹资风险是指筹资中各种不确定因素给企业带来损失的可能性,表现为利率变动风险、无力偿付债务风险等。但是,在市场经济条件下,企业从不同来源,用不同方式筹集的资金,由于使用时间、筹资条件、筹资成本各不相同,给企业带来的风险大小并不相同,只要合理安排,选择最佳的结构筹集资金,就能起到避免风险或降低风险的目的。

第二节 企业筹资数量预测

开展企业筹资数量预测的基本目的,是保证企业经营和投资业务的顺利进行,使筹集的资本既能保证满足投资和经营的需要,又不会有太多的闲置,从而促进企业财务目标的实现。

一、影响企业筹资量的因素

影响企业筹资数量的因素有很多,比如法律方面的限定,企业经营和投资方面的因素等。

(1) 法律法规的要求。

- 注册资本限额要求。我国《公司法》对不同的企业组织形式规定了不同的法定资本最低限额。如股份有限公司注册资本的最低限额为人民币500万元。也就是说,企业在考虑筹资数量时,首先必须满足注册资本的最低限额要求。
- 企业负债限额要求。我国《证券法》规定,企业累计债券余额不得超过公司净资产的 40%，其目的是为了保证公司的偿债能力，保障债权人的利益。

（2）企业经营规模。一般而言，企业经营规模越大，所需资金就越多；反之，所需资金越少。

（3）其他因素。利息率、对外投资数额、企业的信用状况等都会对企业的筹资数量产生一定的影响。

二、筹资数量的定性预测法

定性预测法是根据有关的历史资料，考虑未来影响资金需求量的因素，依靠个人经验、主观判断和分析能力，对未来筹资数量做出预测的方法。由于种种原因，企业有关人员搜集不到完整的、准确的历史资料，而又要对企业未来资金需求量做出预测，这时只能请财务专家和经营管理专家对企业未来资金需求量做出大致推算。企业在这种情况下就可以采用定性预测法预测。这种方法全面考虑了影响企业资金需求量的有关因素，综合性非常强。虽然其预测结果可能只是个估计数，不是非常准确，但它仍被人们视为是对财务决策很有帮助的一种方法。

三、筹资数量的定量预测法

定量预测法是根据有关因素与资金需求量之间的数量关系来预测筹资数量，主要有因素分析法、销售百分比法、资金习性预测法等。

（一）因素分析法

因素分析法又称"分析调整法"，是以有关项目基期年度的平均资金需要量为基础，根据预测年度的生产经营任务和资金周转加速的要求，进行分析调整，来预测资金需要量的一种方法。这种方法计算简便，容易掌握，但预测结果不太精确。它通常用于品种繁多、规格复杂、资金用量小的项目。因素分析法的计算公式如下：

资金需要量 =（基期资金平均占用额 - 不合理资金占用额）×（1 ± 预测期销售增减额）×（1 ± 预测期资金周转速度变动率）

【例 3 - 1】甲企业上年度资金平均占用额为 2 200 万元，经分析，其中不合理部分 200 万元，预计本年度销售增长 5%，资金周转加速 2%。则：

预测年度资金需要量 =（2 200 - 200）×（1 + 5%）×（1 - 2%）
= 2 058（万元）

（二）销售百分比法

1. 基本原理

销售百分比法，是根据销售增长与资产增长之间的关系，预测未来资金需要量的方法。企业的销售规模扩大时，要相应增加流动资产；如果销售规模增加很多，还必须增加长期资产。为取得扩大销售所需增加的资产，企业需要筹措资金。这些资金，一部分来自留存收益，另一部分通过外部筹资取得。通常，销售增长率较高时，仅靠留存收益不能满足资金需要，即使获利良好的企业也需外部筹资。因此，企业需要预先知道自己的筹资需求，提前安排筹资计划，否则就可能发生资金短缺问题。

销售百分比法，将反映生产经营规模的销售因素与反映资金占用的资产因素连接起来，根据销售与资产之间的数量比例关系，预计企业的外部筹资需要量。销售百分比法首先假设某些资产与营业收入存在稳定的百分比关系，根据销售与资产的比例关系预计资产额，根据资产额预计相应的负债和所有者权益，进而确定筹资需要量。

2. 基本步骤

第一步，确定随营业收入变动而变动的资产和负债项目。

资产是资金使用的结果，随着营业收入的变动，经营性资产项目将占用更多的资金。同时，随着经营性资产的增加，相应的经营性短期债务也会增加，如存货增加会导致应付账款增加，此类债务称之为"自动性债务"，可以为企业提供暂时性资金。经营性资产与经营性负债的差额通常与营业收入保持稳定的比例关系。这里，经营性资产项目包括库存现金、应收账款、存货等项目；而经营性负债项目包括应付票据、应付账款等项目，不包括短期借款、短期融资券、长期负债等筹资性负债。

第二步，确定经营性资产与经营性负债有关项目与营业收入的稳定比例关系。

如果企业资金周转的营运效率保持不变，经营性资产与经营性负债会随营业收入的变动而呈正比例变动，保持稳定的百分比关系。企业应当根据历史资料和同业情况，剔除不合理的资金占用，寻找与营业收入的稳定百分比关系。

第三步，确定需要增加的筹资数量。

预计由于销售增长而需要的资金需求增长额，扣除利润留存后，即为所需要的外部筹资额。

具体公式如下：

外部资金需要量 = 增加的资产 − 增加的负债 − 增加的留存收益

增加的资产 = 增量收入 × 基期敏感资产占基期营业收入的百分比

增加的负债 = 增量收入 × 基期敏感负债占基期营业收入的百分比

增加的留存收益 = 预计销售收入 × 销售净利润率 × 收益留存率

即有：对外筹资的数量 $= \dfrac{A}{S_0} \cdot \Delta S - \dfrac{B}{S_0} \cdot \Delta S - P \cdot E \cdot S_1$

式中，A 为随销售变化的资产（敏感资产）；B 为随销售变化的负债（敏感负债）；S_0 为基期营业收入；S_1 为预测期营业收入；ΔS 为销售的变动额；P 为销售净利润率；E 为收益留存比率；A/S_0 为单位营业收入所需的资产数量，即敏感资产占基期营业收入的百分比；B/S_0 为单位营业收入所产生的自然负债数量，即敏感负债占基期营业收入的百分比。

【例3−2】某公司上年销售收入为1 000万元，销售净利率为10%，净利润的60%分配给投资者。上年12月31日的资产负债表（简表）如表3−1所示。

表3−1 资产负债简表 单位：万元

资产	期末余额	负债及所有者权益	期末余额
货币资金	100	应付账款	40
应收账款	200	应付票据	60
存货	300	长期借款	300
固定资产净值	400	实收资本	400
		留存收益	200
资产总计	1 000	负债与所有者权益总计	1 000

该公司本年计划销售收入比上年增长 20%。据历年财务数据分析，公司流动资产与流动负债随营业收入同比率增减，公司现有生产能力尚未饱和。假定该公司本年的销售净利率和利润分配政策与上年保持一致。预测该公司本年外部融资需求量。

分析：

外部资金需要量 ΔF = 增加的敏感资产 − 增加的自然负债 − 增加的留存收益

其中：增加的敏感资产 = 增量收入 × 基期敏感资产占基期营业收入的百分比

$$= \Delta S \times \frac{A}{S_0} = (1\ 000 \times 20\%) \times \frac{100 + 200 + 300}{1\ 000} = 120\ (万元)$$

增加的自然负债 = 增量收入 × 基期敏感负债占基期营业收入的百分比

$$= \Delta S \times \frac{A}{S_0} = (1\ 000 \times 20\%) \times \frac{40 + 60}{1\ 000} = 20\ (万元)$$

增加的留存收益 = 预计销售收入 × 计划销售净利润率 × 留存收益率

$$= S_1 \times P \times E = (\Delta S + S_0) \times P \times E$$
$$= 1\ 000 \times (1 + 20\%) \times (1 - 60\%) = 48\ (万元)$$

则：

外部资金需要量 ΔF = （敏感资产销售百分比 × 新增营业收入） − （敏感负债销售百分比 × 新增营业收入） − [预计营业收入 × 计划销售净利润率 × （1 − 股利支付率）]

$$= \Delta S \times \frac{A}{S_0} - \Delta S \times \frac{B}{B_0} - (\Delta S + S_0) \times P \times E$$
$$= 120 - 20 - 48 = 52\ (万元)$$

或： 外部融资需求量 ΔF = 基期变动资产 × 销售增长率 − 基期变动负债 × 销售增长率 − [计划销售净利率 × 预计营业收入 × （1 − 股利支付率）]

$$= A \times \frac{\Delta S}{S_0} - B \times \frac{\Delta S}{S_0} - (\Delta S + S_0) \times P \times E$$
$$= (100 + 200 + 300) \times 20\% - (40 + 60) \times 20\% - 1\ 000 \times (1 + 20\%) \times 10\% \times (1 - 60\%)$$
$$= 120 - 20 - 48 = 52\ (万元)$$

销售百分比法的优点是，能为筹资管理提供短期预计的财务报表，以适应外部筹资的需要，且易于使用。但在有关因素发生变动的情况下，必须相应地调整原有的销售百分比。

（三）资金习性预测法

资金习性预测法，是指根据资金习性预测未来资金需要量的一种方法。所谓资金习性，是指资金的变动同产销量变动之间的依存关系。按照资金同产销量之间的依存关系，可以把资金区分为不变资金、变动资金和半变动资金。实际上，销售百分比法是资金习性分析法的具体运用。

- **不变资金**是指在一定的产销量范围内，不受产销量变动的影响而保持固定不变的那部分资金。也就是说，产销量在一定范围内变动，这部分资金保持不变。这部分资金包括：为维持营业而占用的最低数额的现金，原材料的保险储备，必要的成品储备，厂房、机器设备等固定资产占用的资金。

- **变动资金**是指随产销量的变动而同比例变动的那部分资金。它一般包括直接构成产品实体的原材料、外购件等占用的资金。另外，在最低储备以外的现金、存货、应收账款等也具有变动资金的性质。

● **半变动资金**是指虽然受产销量变化的影响，但不成同比例变动的资金，如一些辅助材料上占用的资金。半变动资金可采用一定的方法划分为不变资金和变动资金两部分。

1. 根据资金占用总额与产销量的关系预测

这种方式是假定资金需要量与业务量（营业收入）存在线性关系，把资金分为不变和变动两部分，根据历史资料，用最小二乘法确定回归直线方程的参数，利用直线方程预测资金需要量的一种方法。回归方程如下：

$$Y = a + bX$$

式中，Y 为筹资数量，a 为不变资金，b 为单位业务量所需要的变动资金，X 为业务量（营业收入）。

方程中参数 a 和 b 的计算公式如下：

$$a = \frac{\sum y - b \sum x}{n}, \quad b = \frac{n \sum xy - \sum x \sum y}{n \sum x^2 - (\sum x)^2}$$

【例 3 – 3】某公司近五年销售量和资金需求量的历史资料如表 3 – 2 所示。假定该公司本年的销售量为 15 万件，试确定该公司本年的筹资数量。

表 3 – 2　　　　　　　　　　某公司近五年间销售量与资金需求量表

年度	销售量（X）（万件）	资金需求量（Y）（万元）
第一年	10	100
第二年	12	110
第三年	13	112
第四年	11	103
第五年	14	115

（1）将相关数据算出，代入以上公式，得出：b = 3.9 万元。
（2）将相关数据代入，得出：a = 61.2 万元。
所以，回归方程为：Y = 61.2 + 3.9X
（3）本年的筹资数量 = 61.2 + 3.9 × 15 = 119.7（万元）

运用线性回归法必须注意一些问题：首先，资金需求量，即筹资数量与业务量之间应该确实存在线性关系；其次，应该利用预测年度前连续多年的历史资料，一般认为历史跨度越长，计算越准确。为满足计算要求，应尽量使用连续三年以上的资料来进行预测；最后，在具体预测中，应当适当地考虑通货膨胀对资金需求量的影响。

2. 采用逐项分析法预测

这种方式是根据各资金占用项目（如现金、存货、应收账款、固定资产）同产销量之间的关系，把各项目的资金都分成变动和不变两部分，然后汇总在一起，求出企业变动资金总额和不变资金总额，进而来预测资金需求量。

【例 3 – 4】某企业历年现金占用与营业收入之间的关系如表 3 – 3 所示。

表 3-3　　　　　　　　　　　现金与营业收入变化情况表　　　　　　　　　　单位：元

年　度	营业收入（X）	现金占用（Y）
第一年	2 000 000	110 000
第二年	2 400 000	130 000
第三年	2 600 000	140 000
第四年	2 800 000	150 000
第五年	3 000 000	160 000

根据以上资料，采用适当的方法来计算不变资金和变动资金的数额。此处假定采用高低点法求 a 和 b 的值。

解：$b = \dfrac{\text{最高收入期资金占用量} - \text{最低收入期资金占用量}}{\text{最高销售收入} - \text{最低销售收入}}$

$= \dfrac{160\ 000 - 110\ 000}{3\ 000\ 000 - 2\ 000\ 000} = 0.05$

将 b = 0.05 代入第五年 Y = a + bX，得：

a = 160 000 − 0.05 × 3 000 000 = 10 000（万元）

存货、应收账款、流动负债、固定资产等也可根据历史资料做这样的划分，然后汇总列于表 3-4 中。

表 3-4　　　　　　　　　　资金需要量预测表（分项预测）　　　　　　　　　　单位：元

项　目	年度不变资金（a）	每 1 元营业收入所需变动资金（b）
流动资产		
货币资金	10 000	0.05
应收账款	60 000	0.14
存货	100 000	0.22
小　计	170 000	0.41
减：流动负债、应付账款及应付费用	80 000	0.11
净资金占用	90 000	0.30
固定资产所需资金	510 000	0
合　计	600 000	0.30

根据表 3-4 的资料得出预测模型为：Y = 600 000 + 0.30X

如果第六年的预计营业收入为 3 500 000 元，则：

第六年的资金需要量 = 600 000 + 0.30 × 3 500 000 = 1 650 000（元）

第三节 企业股权筹资

一、企业股权筹资概述

（一）股权筹资的概念与特征

股权资金是指企业投资者投入并拥有所有权的那部分资金。企业为生产经营、扩大规模、降低风险等需要，通过一定的渠道采用一定的方式获得股权资金的过程称为"股权筹资"。投资者凭其所有权参与企业的经营管理和收益分配，并对企业的经营状况承担相应责任，企业对自有资金则依法享有经营权。根据我国财务制度，股权资金包括资本金、资本公积、盈余公积和未分配利润。按照国际惯例，一般包括实收资本（或股本）和留存收益两部分。根据资本金保全制度要求，企业筹集的资本金在企业存续期内，投资者除依法转让外，不得以任何方式抽回。因此股权资金具有数额稳定、使用期长和无需还本等特征。

（二）股权筹资方式的选择

目前企业可以利用的股权筹资方式主要有以下几种：

1. 吸收直接投资

吸收直接投资是企业以协议等形式吸收国家、其他法人单位、个人等直接投入资金，形成企业资本金的一种筹资方式。吸收直接投资不以股票为媒介，是非股份制企业筹集自有资金的一种基本方式。

2. 发行股票

股票是股份有限公司为筹集自有资金而发行的有价证券，是持股人在公司投资股份数额的凭证，它代表持股人在公司拥有的所有权。发行股票是股份有限公司筹措自有资金的一种主要方式。

3. 企业留存收益

企业留存收益是指企业从税后利润中提取和留用的盈余公积、公益金和未分配利润等。企业通过留存收益的方式筹集资金，手续简便易行，既有利于满足企业扩大生产经营规模的资金需要，又能够减少企业的财务风险。留存收益是各企业长期采用的筹资方式。

二、吸收直接投资

吸收直接投资（以下简称"吸收投资"）是指企业按照"共同投资、共同经营、共担风险、共享利润"的原则直接吸收国家、法人、个人投入资金的一种筹资方式。吸收直接投资无需公开发行证券。吸收投资中的出资者都是企业的所有者，他们对企业具有经营决策权。企业经营状况好、盈利多，各方可按出资额的比例分享利润，但如果企业经营状况差，连年亏损，甚至被迫破产清算，则各方要在其出资的限额内按出资比例承担损失。

（一）吸收直接投资的种类

1. 吸收国家投资

国家投资指有权代表国家投资的部门或机构以国有资产投入企业，这种情况下形成的资本为"国有资本"。吸收国家投资是国有企业筹集自有资金的主要方式之一。根据《企业国有资本与财务管理暂行办法》的规定，国家对企业注册的国有资本实行保全原则。企业在持续经营期间，对注册的国有资本除依法转让外，不得抽回，并且以出资额为限承担责任。吸收国家投资一般具有以下特点：（1）产权归属国家；（2）资金的运用和处置受国家约束较大；（3）在国有企业中采用比较广泛。

2. 吸收法人投资

法人投资是指法人单位以其依法可以支配的资产投入企业形成的资本。吸收法人投资一般具有以下特点：（1）发生在法人单位之间；（2）以参与企业利润分配为目的；（3）出资方式灵活多样。

3. 吸收个人投资

个人投资是指社会个人或企业内部职工以个人合法财产投入企业形成的资本。吸收个人投资一般具有以下特点：（1）参加投资的人员较多；（2）每人投资的数额较少；（3）以参与企业利润分配为目的。

（二）吸收直接投资中的出资方式

1. 现金投资

以现金出资是吸收投资中一种最重要的出资方式。有了现金，便可获取其他物质资源。因此，企业应尽量动员投资者采用现金方式出资。吸收投资中所需投入现金的数额，取决于投入的实物、工业产权之外尚需多少资金来满足建厂的开支和日常周转的需要。

2. 实物投资

以实物出资就是投资者以厂房、建筑物、设备等固定资产和原材料、商品等流动资产所进行的投资。一般来说，企业吸收的实物应符合如下条件：（1）确为企业科研、生产、经营所需；（2）技术性能比较好；（3）作价公平合理。

3. 无形资产投资

（1）工业产权投资。以工业产权出资是指投资者以专有技术、商标权、专利权等无形资产所进行的投资。一般来说，企业吸收的工业产权应符合以下条件：能帮助研究和开发出新的高科技产品；能帮助生产出适销对路的高科技产品；能帮助改进产品质量，提高生产效率；能帮助大幅度降低各种消耗；作价比较合理。

（2）土地使用权投资。土地使用权是按有关法规和合同的规定使用土地的权利。企业吸收土地使用权投资应符合以下条件：企业科研、生产、销售活动所需要的；交通、地理条件比较适宜；作价公平合理。

除现金出资之外，以其他方式出资的要对资产进行作价。双方可以按公平合理原则协商作价，也可以由资产评估机构进行资产评估，以评估后的价格确认出资。

（三）吸收直接投资的程序

1. 确定筹资数量

吸收投资一般是在企业开办时所使用的一种筹资方式。企业在经营过程中，如果发现自有资金不足，也可采用吸收投资的方式筹集资金。在吸收投资之前，须确定所需资金的数量。

2. 寻找投资单位

企业在吸收投资之前，需要做一些必要的宣传，以便使出资单位了解企业的经营状况和财务情况，有目的地进行投资。这将有利于企业在比较多的投资者中寻找最合适的合作伙伴。

3. 协商投资事项

寻找到投资单位后，双方便可进行具体的协商，以便合理确定投资的数量和出资方式。在协商过程中，企业应尽量说服投资者以现金方式出资。投资者可以用固定资产投资，也可用无形资产投资等，如工业产权和土地使用权进行投资。

4. 签署投资协议

双方经初步协商后，如没有太大异议，便可进一步协商。这里关键问题是以实物投资、工业产权投资、土地使用权投资的作价问题。一般而言，双方应按公平合理的原则协商定价。如果争议比较大，可聘请有关资产评估的机构来评定。当出资数额、资产作价确定后，便可签署投资的协议或合同，以明确双方的权利和责任。

5. 共享投资利润

企业在吸收投资之后，应按合同中的有关条款，从实现利润中对吸收的投资者支付报酬。投资报酬是企业利润的一个分配去向，也是投资者利益的体现，企业要妥善处理，以便与投资者保持良好关系。

（四）吸收直接投资的优缺点

优点：

（1）有利于增强企业信誉。吸收投资所筹集的资金属于自有资金，能增强企业的信誉和借款能力，对扩大企业经营规模、壮大企业实力具有重要作用。

（2）有利于尽快形成生产能力。吸收投资可以直接获取投资者的先进设备和技术，有利于尽快形成生产能力、尽快开拓市场。

（3）有利于降低财务风险，吸收投资可以根据企业的经营情况向投资者支付报酬，比较灵活，所以财务风险较小。

缺点：

（1）资本成本较高。因为向投资者支付的报酬是根据其出资的数额和企业实现利润的多寡来计算的，并且是在企业所得税后支付。

（2）企业控制权容易分散。投资者在投资的同时，一般都要求获得与投资数量相适应的经营管理的权利，这是外来投资的代价。

三、发行股票

（一）股票的概念

股份有限公司的资本金称为"股本"，是通过发行股票方式筹集的。股票是指股份有限公司发行的、用以证明投资者的股东身份和权益并据以获得股利的一种可转让的书面证明。股票的具体形式是股票证书，具有以下性质：（1）法定性。股票是经过国家主管部门核准发行的，具有法定性。（2）收益性。投资者凭所持有的股票，有权按公司章程从公司领取股息和分享公司的经营红利，股票持有者还可以利用股票获取差价和保值。（3）风险性。认购股票必须承担一定的风险，因为股票的盈利要随着股份有限公司的经营状况和盈利水平上下浮动，并且受到股票交易市场行情的影响。

(二) 股票的种类

1. 按股东享受权利和承担义务的大小为标准,可把股票分成普通股和优先股

(1) 普通股,是随着企业利润变动而变动的一种股份,是股份公司资本构成中最普通、最基本的股份,是股份企业资金的基础部分。普通股的基本特点是其投资收益(股息和分红)不是在购买时约定,而是事后根据股票发行公司的经营业绩来确定。公司的经营业绩好,普通股的收益就高;反之,若经营业绩差,普通股的收益就低。普通股是股份公司资本构成中最重要、最基本的股份,亦是风险最大的一种股份,但又是股票中最基本、最常见的一种。在我国上交所与深交所上市的股票都是普通股。

一般可把普通股的特点概括为四个方面:

- 持有普通股的股东有权获得股利,但必须是在公司支付了债息和优先股的股息之后才能分得。普通股的股利是不固定的,一般视公司净利润的多少而定。
- 当公司因破产或结业而进行清算时,普通股东有权分得公司剩余资产,但普通股东必须在公司的债权人、优先股股东之后才能分得财产,分配的方法一般是按照所持股份比例进行。
- 普通股东一般都拥有发言权和表决权,即有权就公司重大问题进行发言和投票表决。普通股每一股对应一票投票权,任何普通股东都有资格参加公司最高级会议——每年一次的股东大会,但如果不愿参加,也可以委托代理人来行使其投票权。
- 普通股东一般具有优先认股权,即当公司增发新普通股时,现有股东有权优先(可能还以低价)购买新发行的股票,以保持其对企业所有权的原有份额不变,从而维持其在公司中的权益,该优先认股权可以行使,也可以出售、转让甚至听任其失效。

综上所述,由普通股的前两个特点不难看出,普通股的股利和剩余资产分配可能大起大落,因此,普通股股东所担的风险最大。既然如此,普通股东当然也就更关心公司的经营状况和发展前景,而普通股的后两个特性恰恰使这一愿望变成现实——即提供和保证了普通股东关心公司经营状况与发展前景的权利的手段。

(2) 优先股,是相对于"普通股"来说的,是股份公司发行的在分配红利和剩余财产时比普通股具有优先权的股份。优先股也是一种没有期限的有权凭证,优先股股东一般不能在中途向公司要求退股(少数可赎回的优先股例外)。

优先股的优先权主要表现在两个方面:

- 股息领取优先权。股份公司分派股息的顺序是优先股在前,普通股在后。股份公司不论其盈利多少,只要股东大会决定分派股息,优先股就可按照事先确定的股息率领取股息,即使普遍减少或没有股息,优先股亦应照常分派股息。
- 剩余资产分配优先权。股份公司在解散、破产清算时,优先股具有公司剩余资产的分配优先权,不过,优先股的优先分配权在债权人之后,而在普通股之前。只有还清公司债权人债务之后,有剩余资产时,优先股才具有剩余资产的分配权。只有在优先股索偿之后,普通股才参与分配。

2. 以股票票面有无记名为标准,可把股票分成记名股票与无记名股票

- 记名股票,是在股票上载有股东姓名或名称并将其记入公司股东名册的一种股票。记名股票要同时附有股权手册,只有同时具有股票和股权手册,才能领取股息和红利。记名股票的转让和继承都要办理过户手续。

● 无记名股票，是指在股票上不记载股东姓名或名称的股票。凡持有无记名股票，都可成为公司股东。无记名股票的转让、继承无须办理过户手续，只要将股票交给受让人，就可发生转让效力，移交股权。

3. 以股票票面有无金额为标准，可把股票分为有面值股票和无面值股票

● 有面值股票，是指在股票的票面上记载每股金额的股票。股票面值的主要功能是确定每股股票在公司所占有的份额；另外，还表明在有限公司中股东对每股股票所负有限责任的最高限额。

● 无面值股票，是指股票票面不记载每股金额的股票。无面值股票仅表示每一股在公司全部股票中所占有的比例。也就是说，这种股票只在票面上注明每股占公司全部净资产的比例，其价值随公司财产价值的增减而增减。

4. 以发行时间的先后为标准，可将股票分为始发股和新发股

● 始发股是公司设立时发行的股票。

● 新发股是公司增资时发行的股票。

无论是始发股还是新发股，其发行条件、发行目的、发行价格都不尽相同，但是股东的权利和义务却是一样的。

5. 以发行对象和上市地区为标准，可将股票分为 A 股、B 股、H 股、N 股等

● A 股是以人民币标明票面金额并以人民币认购和交易的股票。

● B 股是以人民币标明面值，以外币认购和交易的股票。

● H 股为在香港上市的股票。

● N 股是在纽约上市的股票。

（三）公开发行证券的条件

根据我国《上市公司证券发行管理办法》的规定，上市公司申请在境内发行证券（是指股票、可转换公司债券与中国证券监督管理委员会认可的其他品种），应符合以下条件：

1. 一般规定

上市公司的组织机构健全、运行良好，符合下列规定：

（1）公司章程合法有效，股东大会、董事会、监事会和独立董事制度健全，能够依法有效履行职责；

（2）公司内部控制制度健全，能够有效保证公司运行的效率、合法合规性和财务报告的可靠性；内部控制制度的完整性、合理性、有效性不存在重大缺陷；

（3）现任董事、监事和高级管理人员具备任职资格，能够忠实和勤勉地履行职务，不存在违反《公司法》第一百四十八条、第一百四十九条规定的行为，且最近36个月内未受到过中国证监会的行政处罚、最近12个月内未受到过证券交易所的公开谴责；

（4）上市公司与控股股东或实际控制人的人员、资产、财务分开，机构、业务独立，能够自主经营管理；

（5）最近12个月内不存在违规对外提供担保的行为。

2. 上市公司的盈利能力具有可持续性，符合下列规定

（1）最近三个会计年度连续盈利。扣除非经常性损益后的净利润与扣除前的净利润相比，以低者作为计算依据；

（2）业务和盈利来源相对稳定，不存在严重依赖于控股股东、实际控制人的情形；

（3）现有主营业务或投资方向能够可持续发展，经营模式和投资计划稳健，主要产品或服务的市场前景良好，行业经营环境和市场需求不存在现实或可预见的重大不利变化；

（4）高级管理人员和核心技术人员稳定，最近12个月内未发生重大不利变化；

（5）公司重要资产、核心技术或其他重大权益的取得合法，能够持续使用，不存在现实或可预见的重大不利变化；

（6）不存在可能严重影响公司持续经营的担保、诉讼、仲裁或其他重大事项；

（7）最近24个月内曾公开发行证券的，不存在发行当年营业利润比上年下降50%以上的情形。

3. 上市公司的财务状况良好，符合下列规定

（1）会计基础工作规范，严格遵循国家统一会计制度的规定；

（2）最近三年及一期财务报表未被注册会计师出具保留意见、否定意见或无法表示意见的审计报告；被注册会计师出具带强调事项段的无保留意见审计报告的，所涉及的事项对发行人无重大不利影响或者在发行前重大不利影响已经消除；

（3）资产质量良好。不良资产不足以对公司财务状况造成重大不利影响；

（4）经营成果真实，现金流量正常。营业收入和成本费用的确认严格遵循国家有关企业会计准则的规定，最近三年资产减值准备计提充分合理，不存在操纵经营业绩的情形；

（5）最近三年以现金或股票方式累计分配的利润不少于最近三年实现的年均可分配利润的20%。

4. 上市公司最近36个月内财务会计文件无虚假记载，且不存在下列重大违法行为

（1）违反证券法律、行政法规或规章，受到中国证监会的行政处罚，或者受到刑事处罚；

（2）违反工商、税收、土地、环保、海关法律、行政法规或规章，受到行政处罚且情节严重，或者受到刑事处罚；

（3）违反国家其他法律、行政法规且情节严重的行为。

5. 上市公司募集资金的数额和使用应当符合下列规定

（1）募集资金数额不超过项目需要量；

（2）募集资金用途符合国家产业政策和有关环境保护、土地管理等法律和行政法规的规定；

（3）除金融类企业外，本次募集资金使用项目不得为持有交易性金融资产和可供出售的金融资产、借予他人、委托理财等财务性投资，不得直接或间接投资于以买卖有价证券为主要业务的公司。

（4）投资项目实施后，不会与控股股东或实际控制人产生同业竞争或影响公司生产经营的独立性；

（5）建立募集资金专项存储制度，募集资金必须存放于公司董事会决定的专项账户。

6. 上市公司存在下列情形之一的，不得公开发行证券

（1）本次发行申请文件有虚假记载、误导性陈述或重大遗漏；

（2）擅自改变前次公开发行证券募集资金的用途而未作纠正；

（3）上市公司最近12个月内受到过证券交易所的公开谴责；

（4）上市公司及其控股股东或实际控制人最近12个月内存在未履行向投资者做出的公

开承诺的行为；

（5）上市公司或其现任董事、高级管理人员因涉嫌犯罪被司法机关立案侦查或涉嫌违法违规被中国证监会立案调查；

（6）严重损害投资者的合法权益和社会公共利益的其他情形。

（四）发行股票

股票的发行是指股份有限公司出售股票以筹集资本的过程。我国《公司法》明确规定只有股份有限公司才能发行股票，而有限责任公司是不能发行股票的。股份有限公司发行股票必须符合一定的条件，还要经过一定的程序。同时，在股票发行工作开始前，还要确定股票的发行价格，选择一定的发行方式。

1. 配售股份的规定

向原股东配售股份（简称"配股"），除符合本章第一节规定外，还应当符合下列规定：

（1）拟配售股份数量不超过本次配售股份前股本总额的30%；

（2）控股股东应当在股东大会召开前公开承诺认配股份的数量；

（3）采用证券法规定的代销方式发行。

控股股东不履行认配股份的承诺，或者代销期限届满，原股东认购股票的数量未达到拟配售数量70%的，发行人应当按照发行价并加算银行同期存款利息返还已经认购的股东。

2. 公开募集股份的规定

向不特定对象公开募集股份（简称"增发"），除符合本章第一节规定外，还应当符合下列规定：

（1）最近三个会计年度加权平均净资产收益率平均不低于6%。扣除非经常性损益后的净利润与扣除前的净利润相比，以低者作为加权平均净资产收益率的计算依据；

（2）除金融类企业外，最近一期期末不存在持有金额较大的交易性金融资产和可供出售的金融资产、借予他人款项、委托理财等财务性投资的情形；

（3）发行价格应不低于公告招股意向书前20个交易日公司股票均价或前一个交易日的均价。

3. 股票发行的方式

（1）公开间接发行：指通过中介机构，公开向社会公众发行股票。我国股份有限公司采用募集设立方式向社会公开发行新股时，须由证券经营机构承销的做法，就属于股票的公开间接发行。这种发行方式的发行范围广、发行对象多，易于足额募集资本；股票的变现性强，流通性好；股票的公开发行还有助于提高发行公司的知名度和扩大其影响力。但这种发行方式手续繁杂，发行成本高。

（2）不公开直接发行：指不公开对外发行股票，只向少数特定的对象直接发行，因而不需经中介机构承销。我国股份有限公司采用发起设立方式和以不向社会公开募集的方式发行新股的做法，即属于股票的不公开直接发行。这种发行方式弹性较大，发行成本低；但发行范围小，股票变现性差。

4. 股票的发行价格

股票的发行价格是股票发行时所使用的价格，也就是投资者认购股票时所支付的价格。股票发行价格通常由发行公司根据股票面额、股市行情和其他有关因素决定。以募集设立方式设立公司首次发行的股票价格，由发起人决定；公司增资发行新股的股票价格，由股东大会做出决议。

股票的发行价格可以和股票的面额一致,但多数情况下不一致。股票的发行价格一般有以下三种:

(1) 等价。等价就是以股票的票面额为发行价格,也成为平价发行。这种发行价格,一般在股票的初次发行或在股东内部分摊增资的情况下采用。等价发行股票容易推销,但无从取得股票的溢价收入。如果股份有限公司经营业绩佳,信誉好,平价发行就会造成供不应求,企业也得不到溢价发行的好处。如果公司经营不善,声誉欠佳,平价发行也会销售不出去。因此平价适合于经营不错,但声誉较小,尤其是初次发行股票的公司使用。

(2) 时价。时价就是以本公司股票在流通市场上买卖的实际价格为基准确定的股票发行价格。其原因是股票在第二次发行时已经增值,收益率已经变化。选用时价发行股票,考虑了股票的现行市场价值,对投资者也有较大的吸引力。

(3) 中间价。中间价就是以时价和等价的中间值确定的股票发行价格。

按时价或中间价发行股票,股票发行价格会高于或低于其面额。前者称溢价发行,后者称折价发行。折价发行:是指股票发行价格低于票面价值发行股票,是根据股票发行人与承销商之间的协议,将股票面额打一定的折扣之后发行。一般公司都不采用这种发行价格,因为它影响公司的形象和声誉,似乎公司经营不善或信誉较差。溢价发行:指用高于股票票面额的价格发行股票。我国《公司法》规定,以超过票面金额为股票发行价格的,须经国务院证券管理部门批准,以超过票面额发行股票所得溢价款列入公司资本公积金;股票发行价格可以等于票面金额,也可以超过票面金额,但不得低于票面金额。

确定股票发行价格时一般要参考市盈率(一级市场一般为 10~20 倍)、已上市的同类公司股票的交易价格、市场利率等主要因素。

(五) 股票发行的策略

1. 股票发行方式的选择

我国现行法规规定的股票发行方式是公开间接发行,其具体操作方式又包括:法人配售与上网定价相结合的发行方式;二级市场配售与上网定价相结合的发行方式;上网定价发行方式等。它们各有利弊,在发行策略选择时通常是遵循趋利避害原则,结合市场状况和企业自身特征进行合理权衡。

(1) 法人配售与上网定价相结合的发行方式。《法人配售新股指引》可以作为这种发行方式和发行定价方式的指导性文件。目前情况分析看,大盘股、行业成长性欠佳的企业有可能采取这种方式发行。

(2) 二级市场配售与上网定价相结合的发行方式。向二级市场投资者配售新股方式在目前阶段仍然可以采用,但随着时间推移,当机构投资者比重较大时,可以逐渐取消这种方式。

(3) 上网定价发行方式。这种方法简单、高效,是我国证券市场目前新股发行采取得较多的一种方法。在新股发行规模较小,市场风险不大时,预计今后很长时间内都有可能被采用。

(4) 其他创新的发行方式。只要合理、合规,券商可以采取其他创新方式。例如我国近期一些企业采取的"网下对机构投资者询价并配售和网上对一般投资者上网询价发行同步进行"的方式,将发行定价的权利交由市场来竞价决定,具有一定的代表性。

2. 定价模式及其选择

由于股票发行一般都是采用溢价方式，因此股票发行的价格策略就包括基本定价模式选用和溢价程度确定两个方面。股票定价模式有多种，本书主要介绍以下几种：

（1）市盈率估价法或净资产倍率法。这种方法采取"新股发行价格＝每股收益×预计市盈率"或"新股发行价格＝每股净资产值×溢价倍率"公式确定发行价格，因为一般较好量化，历史上通常被作为新股发行定价的首选方法。

（2）贴现现金流量模型（资本化定价）。这种模型是现代财务理论和资本市场理论相结合的产物，一般通过"新股发行价格＝Σ未来现金流量折现值"来确定新股发行的价格，是未来可能被投资人员广泛采用的一种方法。这种方法从投资角度反映了企业的真正价值，具有较强的科学性和前瞻性。但是这种方法由于对未来现金流和折现率的选取具有较大不确定性，具有较大的主观片面性。

（3）EBIT 法（财务杠杆法）。根据 EBIT 计算财务杠杆，根据边际资金成本确定合理的筹资结构和筹资规模以及筹资来源，从而确定企业的发行价格。这种方法纯粹从财务管理学角度预测资金需求和发行价格，对市场的供求关系考虑得较少。

（4）网上完全竞价法和网上、网下同步竞价法。完全由市场供求状况来决定发行价格，不论机构还是中小投资者均采取自由报价方式参与竞价。目前一级市场上囤积的资金非常充裕，这种由市场来决定新股发行价格的定价方式可能带来较大的市场风险。

（5）采用市价折扣法。市价折扣法主要适用于新股增发或首发时按同类行业股票的市价情况进行折扣发行，它在缩小一二级市场价差、稳定二级市场股价、发行人能够很快募集到所需的资金等方面具有积极的意义。但是采取这种方法券商和投资者实际上面临着较大的市场风险，券商有可能包销大量余股，存在发行风险，而投资者则面临着上市即跌破发行价格的风险。

3. 增资扩股形式的选择

增资发行是指已发行股票的股份有限公司，在经过一定的时期后，为了扩充股本而发行新股票。增资发行分有偿增资和无偿增资。

• 有偿增资可分为配股与向社会增发新股票。配股又分为向股东配股和第三者配股。向股东配股是指股份有限公司增发股票时对老股东按一定比例分配公司新股票的认购权，准许其按照一定的配股价格优先认购新股票。向第三者配股是指公司向股东以外的公司职工、公司往来客户银行及有友好关系的特定人员发售新股票。向社会增发新股票，目的是为了增加公司的资本金，增发股票面向社会，无特定对象。增发股票的价格往往高于面值溢价发行。增发股票要维护老股东的权益，一般在溢价发行时，要给老股东以优先认购权和价格优惠权。

• 无偿增资就是指所谓的送股。无偿增资可分为积累转增资和红利转增资。积累转增资是指将法定盈余公积金或资本公积金转为资本送股，按比例赠给老股东。红利转增资是指公司将当年分派给股东的红利转为增资，采用新发行股票的方式替代准备派发的股息和红利。这就是所谓的送红股。

在增资发行中，有时还采取有偿增资和无偿增资相结合的方式，对老股东既送股又配股，送配股的数量是以老股东为基础，按一定比例进行送配。例如每 10 股送 2 股配 3 股，就是指每 10 股老股可送 2 股新股，另外每 10 股老股可配 3 股新股。送配后，股东原来 10

股老股变为了15股。

(六) 股票发行程序

股份公司申请公开发行股票，按以下流程办理：提出申请→由地方政府企业主管部门审批→证监会复审→签署承销协议→公布招股说明书及发股通知→结束公告→股票上市。

(七) 股票筹资的利弊分析

1. 发行股票筹资的优点

(1) 能提高公司的信誉。发行股票筹集的是主权资金。普通股本和留存收益构成公司借入一切债务的基础。有了较多的主权资金，就可为债权人提供较大的损失保障。因而，发行股票筹资既可以提高公司的信用程度，又可为使用更多的债务资金提供有力的支持。

(2) 没有固定的到期日，不用偿还。发行股票筹集的资金是永久性资金，在公司持续经营期间可长期使用，能充分保证公司生产经营的资金需求。

(3) 没有固定的利息负担。公司有盈余并且认为适合分配股利，就可以分给股东；公司盈余少，或虽有盈余但资金短缺，或者有有利的投资机会，就可以少支付或不支付股利。

(4) 筹资风险小。由于普通股票没有固定的到期日，不用支付固定的利息，不存在不能还本付息的风险。

2. 发行股票筹资的缺点

(1) 资本成本较高。一般来说，股票筹资的成本要大于债务资金，股票投资者要求有较高的报酬。而且股利要从税后利润中支付，而债务资金的利息可在税前扣除。另外，普通股的发行费用也较高。

(2) 容易分散控制权。企业发行新股时，出售新股票、引进新股东会导致公司控制权的分散。另外，新股东分享公司未发行新股前积累的盈余，会降低普通股的净收益，从而可能引起股价的下跌。

四、留存收益

(一) 留存收益的性质

从性质上看，企业通过合法有效地经营所实现的税后净利润，都属于企业的所有者。企业将本年度的利润部分甚至全部留存下来的原因很多，主要包括：第一，收益的确认和计量是建立在权责发生制基础上的，企业有利润，但企业不一定有相应的现金净流量增加，因而企业不一定有足够的现金将利润全部或部分派给所有者。第二，法律法规从保护债权人利益和要求企业可持续发展等角度出发，限制企业将利润全部分配出去。根据2011年最新修订的《公司法》第一百六十七条规定，企业每年的税后利润，必须提取10%的法定盈余公积金；公司分配当年税后利润时，应当提取利润的10%列入公司法定公积金。公司法定公积金累计额为公司注册资本的50%以上的，可以不再提取；公司的法定公积金不足以弥补以前年度亏损的，在依照前款规定提取法定公积金之前，应当先用当年利润弥补亏损；公司从税后利润中提取法定公积金后，经股东会或者股东大会决议，还可以从税后利润中提取任意公积金。企业基于自身扩大再生产和筹资的需求，也会将一部分利润留存下来。

(二) 留存收益的筹资途径

1. 提取盈余公积金

盈余公积金，是指有指定用途的留存净利润。盈余公积金是从当期企业净利润中提取的积累资金,其提取基数是本年度的净利润。盈余公积金主要用于企业未来的经营发展,经投资者审议后也可以用于转增股本(实收资本)和弥补以前年度经营亏损,但不得用于以后年度的对外利润分配。

2. 未分配利润

未分配利润,是指未限定用途的留存净利润。未分配利润有两层含义:第一,这部分净利润本年没有分配给公司的股东投资者;第二,这部分净利润未指定用途,可以用于企业未来的经营发展、转增资本(实收资本)、弥补以前年度的经营亏损及以后年度的利润分配。

(三)利用留存收益的筹资特点

1. 不用发生筹资费用

企业从外界筹集长期资本,与普通股筹资相比较,留存收益筹资不需要发生筹资费用,资本成本较低。

2. 维持公司的控制权分布

利用留存收益筹资,不用对外发行新股或吸收新投资者,由此增加的权益资本不会改变公司的股权结构,不会稀释原有股东的控制权。

3. 筹资数额有限

留存收益的最大数额是企业到期的净利润和以前年度未分配利润之和,不像外部筹资一次性可以筹集大量资金。如果企业发生亏损,那么当年就没有利润留存。另外,股东和投资者从自身期望出发,往往希望企业每年发放一定的利润,保持一定的利润分配比例。

第四节 企业负债筹资

一、长期借款筹资

长期银行借款筹资是指企业向银行借入的使用期限超过一年的借款。主要用于购建固定资产和满足长期流动资金占用的需要。长期银行借款筹资是企业一种重要的长期负债融资方式。

(一)长期银行借款筹资的种类

长期银行借款筹资种类很多,企业可根据自身情况和各种借款条件选用。按不同的标准,长期银行信用筹资可作如下分类:

1. 按用途不同,分为固定资产投资借款、更新改造借款、科技开发和新产品试制借款等

固定资产投资借款是指主要用于固定资产的新建、改建和扩建等基本建设项目的借款;更新改造借款是指用于企业固定资产更新改造项目的借款;科技开发和新产品试制借款是指用于企业科技研究开发和新产品试制方面的借款。

2. 按有无抵押品作担保,可分为抵押贷款和信用贷款等

抵押贷款是指以特定的抵押品(如房屋、建筑物、机器设备、有价证券、存货等)为担保而取得的贷款。作为担保的抵押品必须是能够变现、质量较高的资产。长期贷款的抵押

品通常为不动产和有价证券。如果贷款到期，企业不能偿还，银行将取消企业对抵押品的赎回权，并有权处理抵押品，所得款项用于抵消债务人所欠本息。抵押贷款有利于银行降低其贷款的风险程度，提高贷款的安全性，也有助于督促企业有效的使用贷款，及时偿债。当然，提供抵押品对于企业有许多约束，限制了企业对于资产的自由使用权。

信用贷款是指企业不需要提供抵押品，仅凭借自身信用或担保人的信誉就能取得的贷款。需要贷款的企业通常仅出具签字的文书即可得到信用贷款，但只有那些资本实力雄厚，财务形象佳，信誉良好的企业才能取得。

除了以上分类方式外，长期银行信用筹资还可按偿还方式分为到期一次偿还贷款和分期偿还贷款等。

（二）长期银行借款筹资的程序

长期借款的程序与短期借款的程序基本相同。

需要注意的是，长期银行借款筹资的一般有保护性条款。由于银行提供的长期贷款的期限长，风险大，因此，除借款合同的基本条款之外，银行通常还在借款合同中附加各种保护性条款，以确保企业能按时足额偿还贷款。

保护性条款一般有以下两类：

第一，一般性保护条款。一般性保护条款是对贷款企业资产的流动性及偿债能力等方面的要求条款，这类条款应用于大多数借款合同，主要包括：

- 企业需持有一定限额的货币资金及其他流动资产，以保持企业资金的流动性和偿债能力，一般规定企业必须保持最低营运资本净值和最低的流动比率；
- 限制企业支付现金股利、再购入股票和职工加薪规模，以减少企业资本的过分外流；
- 限制企业资本支出的规模，以减少企业日后不得不变卖固定资产以偿还贷款的可能性（其结果仍然是着眼于保持企业资产较高的流动性）；
- 限制企业再举债规模，以防止其他债权人取得对企业资产的优先索偿权；
- 限制企业的投资，如规定企业不准投资于短期内不能收回资金的项目，不能未经银行同意而与其他企业合并以确保借款方的财务结构和经营结构。
- 借款方定期向提供贷款的银行提交财务报表，以使银行随时掌握企业的财务状况和经营成果；
- 不准在正常情况下出售较多的非产成品（商品）存货，以保持企业正常的生产经营能力；
- 如期清偿应缴纳的税金和其他到期债务，以防被罚款而造成不必要的现金流失；
- 不准以任何资产作为其他承诺的担保或抵押，以避免企业承受过重的负担；
- 不准贴现应收票据或出售应收账款，以避免或有负债；
- 限制借款方租赁固定资产的规模，其目的在于防止企业负担巨额租金以致削弱其偿债能力，还在于防止以租赁固定资产的办法摆脱债权人对其资本支出和负债的约束；
- 做好固定资产的维修保护工作，使之处于良好的运行状态，以保证生产经营能正常、持续地进行。

第二，特殊性保护条款。

- 借款专款专用；
- 不准企业投资于短期内不能收回资金的项目，以保持企业资产的流动性；

- 限制企业高级职员的薪金和奖金总额，以防止企业支付过多的报酬而影响企业利润；
- 要求企业主要领导人在合同有效期间担任领导职务，并给主要领导人购买人身保险等等。

借款合同是经双方充分协商后决定的，其最终结果取决于双方谈判能力的大小，而不是完全取决于银行的主观愿望。

（三）长期银行借款筹资的利率

通常，长期银行借款筹资的利息率要高于短期银行信用筹资的利息率，但信誉好或抵押品流动性强的借款企业，仍然可以争取到较低的长期借款利率。长期借款的利率通常分为固定利率和变动利率两种。

1. 固定利率

固定利率的确定，通常是借贷双方找出一家风险类似于借款企业的其他企业，再以这家可比企业发行的期限与长期借款期限相同的长期债券的利率作为参照，来确定长期借款的利率。固定利率计息方式一般适用于资金市场利率波动不大，资金供应较为平稳的情况。如果资本市场供求变化大，利率波动大，银行便不愿发放固定利率的长期借款。

2. 变动利率

变动利率是指长期借款在借款期限内的利率不是固定不变的，会根据情况作些调整。主要有以下三种情形：

（1）定期调整利率。这是借贷双方根据协商，在贷款协议中规定可定期调整的利率。一般在基准利率的基础上，根据资金市场的情况每半年或一年调整一次利率，借款企业未偿还的本金按调整后的利率计算利息。

（2）浮动利率。这是指借贷双方根据协商，在贷款协议中规定其利率可根据资金市场的变动情况而随时调整的利率。它在基本利率的基础上，根据市场利率的变动加以调整计算。而基本利率通常可以以市场上信誉较好的企业的商业票据利率作为参考，或国库券利率作为参考，再在此基础上规定一定的浮动百分比限度，作为浮动利率。

（3）期货利率。这是指借贷双方在贷款协议中规定，到期的借款利率按期货业务的利率来计算。借款到期或在借款期内规定的付息日到来时，应按当时期货市场利率计算付息额，到期按面值还本。

随着经济业务的发展和环境的复杂多变，还会出现其他形式的变动利率。企业财务人员应在长期借款时，根据具体情况合理地应用不同的利率策略，使其既对银行有吸引力又对企业有利。例如，融资时估计市场利率已达到顶峰，预期将下跌的，则可先进行短期贷款，或采用浮动利率，也可发行可提前赎回的优先股等，获取短期资本，待利率水平下跌后，再借入利率较低的长期借款，减少企业的利息费用。如筹资时市场利率较低，则可借入固定利率的长期借款，这能大大降低企业的筹资成本。

（四）长期银行借款筹资的利弊分析

1. 长期银行借款筹资的优点

（1）筹资速度快。发行股票和发行债券所需时间一般较长，需做好发行前的许多准备工作，通常需要资料准备、层层申报与审批、印刷、推销等事项，而长期借款只需与银行等贷款机构达成协议即可。程序相对简单，所花时间较短，企业可以迅速获得所需资本。

（2）成本较低。利用长期借款筹资，取得长期借款的交易成本低，而且利息可在税前支付，故可减少企业实际负担的利息费用，因此比股票筹资的成本要低；与债券相比，长期借款的利率通常低于债券利率，而且筹资的取得成本较低。

（3）弹性较大。在借款之前，企业根据当时的资本需求与银行等贷款机构直接商定贷款的时间、数量和条件。在借款期间，若企业的财务状况发生某些变化，也可与债权人再协商，变更借款数量、时间和条件，或提前偿还本息。因此，借款筹资对企业具有较大的灵活性。

（4）便于利用财务杠杆效应。长期借款不改变企业的控制权，因而股东不会出于控制权稀释原因反对借款。由于长期借款的利率一般是固定或相对固定的，当企业的资本报酬率超过了贷款利率时，财务杠杆效应会增加普通股股东的每股收益，提高企业的权益净利率。

2. 长期银行借款筹资的缺点

（1）财务风险高。长期借款有固定的还本付息期限，企业应如期付息、到期还本。在企业经营不景气时，会给企业带来很大的财务困难，甚至可能出现不能支付而被债权人提起破产诉讼的情况。

（2）限制条款多。长期借款合同对借款用途有明确规定，对企业资本支出额度、再融资、股利支付等行为有严格的约束，使企业以后的生产经营活动和财务政策受到一定程度的影响。

（3）筹资数额有限。长期借款的数额往往受到贷款机构资本实力的制约，不可能像发行债券股票那样一次筹集到大笔资本，无法满足企业大规模融资的需要。

二、债券筹资

（一）公司债券概述

1. 公司债券的概念与种类

公司债券又称"企业债券"，是企业依照法定程序发行，约定在一定期限内还本付息的债券。企业债券代表着发债企业和投资者之间的一种债权债务关系。债券持有人是企业的债权人，不是所有者，无权参与或干涉企业经营管理，但债券持有人有权按期收回本息。企业债券和股票一样，同属有价证券，可以自由转让。由于企业主要以本身的经营利润作为还本付息的保证，因此企业债券风险与企业本身的经营情况直接相关。如果企业发行债券后，经营状况不好，连续出现亏损，可能无力支付投资者本息，投资者就面临着受损失的风险。从这个意义上来说，企业债券是一种风险较大的债券。所以，在企业发行债券时，一般要对发债企业进行严格的资格审查或要求发行企业有财产抵押，以保护投资者利益。另外，在一定限度内，证券市场上的风险与收益成正比相关关系，高风险伴随着高收益。企业债券由于具有较大风险，它们的利率通常也高于国债和地方政府债券。

企业债券按不同标准可以分为很多种类。最常见的分类有以下几种：

（1）按照期限划分，企业债券有短期企业债券、中期企业债券和长期企业债券。根据我国企业债券的期限划分，短期企业债券期限在1年以内，中期企业债券期限在1年以上5年以内，长期企业债券期限在5年以上。

（2）按是否记名划分，企业债券可分为记名企业债券和不记名企业债券。如果企业债券上登记有债券持有人的姓名，投资者领取利息时要凭印章或其他有效的身份证明，转让时要在债券上签名，同时还要到发行公司登记，那么，它就是记名企业债券，反之就是不记名企业债券。

（3）按债券有无担保划分，企业债券可分为信用债券和担保债券。信用债券指仅凭筹资人的信用发行的、没有担保的债券，信用债券只适用于信用等级高的债券发行人。担保债券是指以抵押、质押、保证等方式发行的债券，其中，抵押债券是指以不动产作为担保品所发行的债券，质押债券是指以其有价证券作为担保品所发行的债券，保证债券是指由第三者担保偿还本息的债券。

（4）按债券可否提前赎回划分，企业债券可分为可提前赎回债券和不可提前赎回债券。如果企业在债券到期前有权定期或随时购回全部或部分债券，这种债券就称为可提前赎回企业债券，反之则是不可提前赎回企业债券。

（5）按债券票面利率是否变动，企业债券可分为固定利率债券、浮动利率债券和累进利率债券。固定利率债券指在偿还期内利率固定不变的债券；浮动利率债券指票面利率随市场利率定期变动的债券；累进利率债券指随着债券期限的增加，利率累进的债券。

（6）按发行人是否给予投资者选择权分类，企业债券可分为附有选择权的企业债券和不附有选择权的企业债券。附有选择权的企业债券，指债券发行人给予债券持有人一定的选择权，如可转让公司债券、有认股权证的企业债券、可退还企业债券等。可转换公司债券的持有者，能够在一定时间内按照规定的价格将债券转换成企业发行的股票；有认股权证的债券持有者，可凭认股权证购买所约定的公司的股票；可退还的企业债券，在规定的期限内可以退还。反之，债券持有人没有上述选择权的债券，即是不附有选择权的企业债券。

（7）按发行方式分类，企业债券可分为公募债券和私募债券。公募债券指按法定手续经证券主管部门批准公开向社会投资者发行的债券；私募债券指以特定的少数投资者为对象发行的债券，发行手续简单，一般不能公开上市交易。

2. 公司债券的发行

相对而言，发行债券所筹集的资金期限较长，资金使用自由，而已购买债券的投资者无权干涉企业的经营决策，现有股东对公司的所有权不变，从这一角度看，发行债券在一定程度上弥补了股票筹资和向银行借款的不足。因此，发行债券是许多企业非常愿意选择的筹资方式。但是，债券筹资也有其不足之处，主要是由于公司债券投资的风险性较大，发行成本一般高于银行贷款，还本付息对公司构成较重的财务负担。企业通常权衡这三种方式的利弊得失后，再选择最恰当的形式筹集所需资金。

发行债券的资格与条件是：

• 发行债券的资格。我国《公司法》规定，股份有限公司、国有独资公司和两个以上的国有企业或者其他两个以上的国有投资主体投资设立的有限责任公司，有资格发行公司债券。

• 发行公司债券的条件。我国《公司法》还规定，有资格发行公司债券的公司，必须具备以下条件：第一，股份有限公司的净资产额不低于人民币 3 000 万元，有限责任公司的净资产额不低于人民币 6 000 万元。第二，累计债券总额不超过公司净资产额的 40%。第三，最近 3 年平均可分配利润足以支付公司债券 1 年的利息。第四，所筹集资金的投向符合国家产业政策。第五，债券的利率不得超过国务院限定的水平。第六，国务院规定的其他条件。

另外，发行公司债券所筹集的资金，必须核准的用途，不得用于弥补亏损和非生产性支出，否则会损害债权人的利益。

发行公司凡有下列情形之一的，不得再次发行公司债券：前一次发行的公司债券尚未募足的；对已发行的公司债券或者其债务有违约或延迟支付本息的事实，且仍处于继续状态的；违反《证券法》规定，改变公开发行公司债券所募资金的用途。

（二）发行债券的程序

1. 发行债券的决议或决定

我国《公司法》规定，可以发行公司债券的主体有三类：股份有限公司、国有独资公司和国有有限责任公司。三类公司做出发行债券决议的机构不一样：股份有限公司和国有有限责任公司发行公司债券，由董事会制订方案，股东大会做出决议；国有独资公司发行公司债券，由国家授权投资的机构或者国家授权的机构做出决定。可见，发行公司债券的决议和决定，是由公司最高机构做出的。

2. 发行债券的申请与批准

公司向社会公众发行债券募集资金，数额大且债券持有人多，所涉及的利益范围大，所以必须对公司债券的发行进行审批。

凡欲发行债券的公司，先要向国务院证券管理部门提出申请并提交相关文件。国务院证券管理部门根据有关规定，对公司的申请予以核准。

3. 制定募集办法并予以公告

发行公司债券的申请被批准后，由发行公司制定公司债券募集办法。办法中应载明的主要事项有：公司名称，债券总额和票面金额，债券利率，还本付息的期限与方式，债券发行的起止日期，公司净资产额，已发行的尚未到期的债券总额，公司债券的承销机构。公司制定好募集办法后，应按当时、当地通常合理的方法向社会公告。

4. 募集资金

公司发出公司债券募集公告后，开始在公告所定的期限内募集借款。一般地讲，公司债券的发行方式有公司直接向社会发行（私募发行）和由证券经营机构承销发行（公募发行）两种。在我国，根据有关法规，公司发行债券须与证券经营机构签订承销合同，由其承销。由承销机构发售债券时，投资人直接向其付款购买，承销机构代理收取债券款、交付债券，然后，承销机构向发行公司办理债券款的结算。

（三）公司债券的发行价格

1. 概念与种类

债券的发行价格是债券发行时使用的价格，亦即投资者购买债券时所支付的价格。

公司债券的发行价格通常有三种：平价、溢价和折价。**平价**指以债券的票面金额为发行价格；**溢价**指以高于债券票面金额的价格为发行价格；**折价**指以低于债券票面金额的价格为发行价格，债券发行价格的形成受诸多因素的影响，其中主要是票面利率与市场利率的一致程度。债券的票面金额、票面利率在债券发行前即已参照市场利率和发行公司的具体情况确定下来，并载明于债券之上。但在发行债券时已确定的票面利率不一定与当时的市场利率一致。为了协调债券购销双方在债券利息上的利益，就要调整发行价格，即：当票面利率高于市场利率时，以溢价发行债券；当票面利率低于市场利率时，以折价发行债券，当票面利率与市场利率一致时，则以平价发行债券。

2. 影响债券发行价格的主要因素

债券发行价格的高低，主要取决于下面几个因素：

(1) 债券的面值。债券的面值包括两个基本内容：一是币种，二是票面金额。面值的币种可用本国币种，也可用外币，这取决于发行者的需要和债券的种类。债券的票面金额是债券到期时偿还债务的金额。面额印在债券上，固定不变，到期必须足额偿还。我国《证券公司债券管理暂行办法（2004年）》规定，公开发行的债券应当向社会公开发行，每份面值为100元。定向发行的债券应当采用记账方式向合格投资者发行，每份面值为50万元。

(2) 债券的期限。债券都有明确的到期日，债券从发行之日起至到期日之间的时间为债券的期限。在债券的期限内，公司必须定期支付利息，债券到期时必须偿还本金，也可按规定分批偿还或提前一次偿还。在我国，债券的期限最短为一年。

(3) 债券的票面利率。债券上通常都载明利率，一般为固定利率，也有浮动利率。债券上表明的利率一般是年利率，在不计复利的情况下，面值与利率相乘可得出年利息。在我国，债券的利率由发行人与其主承销商根据信用等级、风险程度、市场供求状况等因素协商确定，但必须符合企业债券利率管理的有关规定。

(4) 市场利率。投资者要求的平均利率水平，如果市场利率大于票面利率，则投资者应额外得到补偿，债券折价发行；若市场利率小于票面利率，则筹资者应额外得到补偿，债券溢价发行。

3. 债券发行价格的确定

债券发行价格一般采用贴现现金流量模型予以确定，按此方法债券发行价格的计算公式为：

$$债券发行价格 = \frac{票面金额}{(1+市场利率)^n} + \sum_{t=1}^{n} \frac{票面金额 \times 票面利率}{(1+市场利率)^t}$$

式中，n 为债券期限，t 为付息期数。

例如，ABC公司发行面值为1 000元，票面年利率为10%，期限为10年，每年年末付息的债券。在公司决定发行债券时，认为10%的利率是合理的。如果到债券正式发行时，市场上的利率发生变化，那么就要调整债券的发行价格，现按以下三种情况分别讨论：

(1) 资金市场上的利率保持不变，ABC公司的债券利率为10%仍然合理，则可采用等价发行，债券的发行价格为：

1 000×(P/F，10%，10) +1 000×10%×(P/A，10%，10) =1 000（元）

(2) 资金市场上的利率有较大幅度的上升，达到15%，则应采用折价发行，发行价格为：

1 000×(P/F，15%，10) +1 000×10%×(P/A，15%，10) =749（元）

(3) 资金市场上的利率有较大幅度的下降，达到5%，则应采用溢价发行，发行价格为：

1 000×(P/F，5%，10) +1 000×10%×(P/A，5%，10) =1 386（元）

值得说明的是，当债券的付息间隔不是一年时，应相应调整上述公式中的n和市场利率的取值。如上例中的第（1）种情形，若将债券的利息支付改为每半年一次，则其发行价格计算如下：

1 000×(P/F，10%，10) +1 000×10%÷2×(P/A，5%，20) =1 009（元）

（四）债券的信用等级

公司公开发行债券通常需要由债券评信机构评定等级。债券的信用等级对于发行公司和购买人都有重要影响。

国际上流行的债券等级是三等九级。AAA级为最高级，AA级为高级，A级为上中级，BBB级为中级，BB级为中下级，B级为投机级，CCC级为完全投机级，CC级为最大投机级，C级为最低级。

我国的债券评级工作正在开展，但尚无统一的债券等级标准和系统评级制度。根据中国人民银行的有关规定，凡是向社会公开发行的企业债券，需要由经中国人民银行认可的资信评级机构进行评信。这些机构对发行债券企业的企业素质、财务质量、项目状况、项目前景和偿债能力进行评分，以此评定信用级别。

（五）公司债券发行决策中应考虑的主要因素

适宜的发行条款可使筹资者顺利地筹集资金，使承销机构顺利地销售出债券，也使投资者易于做出投资决策。在确定债券发行条款时，企业应根据债券发行条件的具体内容综合考虑下列因素：

(1) 发行额。债券发行额指债券发行人一次发行债券时预计筹集的资金总量。企业应根据自身的资信状况、资金需求程度、市场资金供给情况、债券自身的吸引力等因素进行综合判断后再确定一个合适的发行额。发行额定得过高，会造成发售困难；发行额太小，又不易满足筹资的需求。

(2) 债券面值。债券面值即债券票面上标出的金额，企业可根据不同认购者的需要，使债券面值多样化，既有大额面值，也有小额面值。

(3) 债券的期限。从债券发行日起到偿还本息日止的这段时间称为债券的期限。企业通常根据资金需求的期限、未来市场利率走势、流通市场的发达程度、债券市场上其他债券的期限情况、投资者的偏好等来确定发行债券的期限结构。一般而言，当资金需求量较大，债券流通市场较发达，利率有上升趋势时，可发行中长期债券，否则，应发行短期债券。

(4) 债券的偿还方式。按照债券偿还日期的不同，债券的偿还方式可分为期满偿还、期中偿还和延期偿还三种或可提前赎回和不可提前赎回两种；按偿还日期是否确定分为定期偿还和随时偿还；按偿还次数分为一次偿还和分期偿还；按照债券的偿还形式的不同，可分为以货币偿还、以债券偿还和以股票偿还三种。企业可根据自身实际情况和投资者的需求灵活做出决定。

(5) 票面利率。票面利率可分为固定利率和浮动利率两种。一般地，企业应根据自身资信情况、公司承受能力、利率变化趋势、债券期限的长短等决定选择何种利率形式与利率的高低。

(6) 付息方式。付息方式一般可分为一次性付息和分期付息两种。企业可根据债券期限情况、筹资成本要求、对投资者的吸引力等确定不同的付息方式，如对中长期债券可采取分期付息方式，按年、半年或按季度付息等，对短期债券可以采取一次性付息方式等。

(7) 发行价格。债券的发行价格即债券投资者认购新发行债券的价格。

(8) 债券实际支付的价格。债券的发行价格可分为平价发行（按票面值发行）、折价发行（以低于票面值的价格发行）和溢价发行（以高于票面值的价格发行）三种。选择不同发行价格的主要考虑因素是使投资者得到的实际收益与市场收益率相近。因此，企业可根据市场收益率和市场供求情况相机抉择。

(9) 发行方式。企业可根据市场情况、自身信誉和销售能力等因素，选择采取向特定投资者发行的私募方式、还是向社会公众发行的公募方式；是自己直接向投资者发行的直接发行方式、还是让证券中介机构参与的间接发行方式；是公开招标发行方式、还是与中介机构协商议价的非招标发行方式等。

（10）是否记名。记名公司债券转让时必须在债券上背书。同时还必须到发行公司登记，而不记名公司债券则不需如此。因此，不记名公司债券的流动性要优于记名公司债券。企业可根据市场需求等情况决定是否发行记名债券。

（11）担保情况。发行的债券有无担保，是债券发行的重要条件之一。一般而言，由信誉卓著的第三方担保或以企业自己的财产作抵押担保，可以增加债券投资的安全性，减少投资风险，提高债券的吸引力，企业可以根据自身的资信状况决定是否以担保形式发行债券。通常，大金融机构、大企业发行的债券多为无担保债券，而信誉等级较低的中小企业大多发行有担保债券。

（12）债券选择权情况。附有选择权的公司债券指在债券发行中，发行者给予持有者一定的选择权，如可转换公司债券、有认股权证的公司债券、可退还的公司债券等。一般说来，有选择权的债券利率较低，也易于销售。但可转换公司债券在一定条件下可转换成公司发行的股票，有认股权证的债券持有人可凭认股权证购买所约定的公司的股票等，因而会影响到公司的所有权。可退还的公司债券在规定的期限内可以退还给发行人，因而增加了企业的负债和流动性风险。企业可根据自身资金需求情况、资信状况、市场对债券的需求情况以及现有股东对公司所有权的要求等选择是否发行有选择权的债券。

（13）发行费用。债券发行费用，指发行者支付给有关债券发行中介机构和服务机构的费用，债券发行者应尽量减少发行费用，在保证发行成功和有关服务质量的前提下，选择发行费用较低的中介机构和服务机构。

（六）可转换债券

1. 可转换债券的概念与特征

可转换债券是根据债券合同规定可以在一定期限之后，按规定的转换比率或转换价格转换成发行公司股票的债券。可转换债券对投资者和发行公司都有较大的吸引力，它兼有债券和股票的优点。可转换债券的售价由两部分组成：一是债券本金与利息按市场利率折算的现值；二是转换权的价值。转换权之所以有价值，是因为当股价上涨时，债权人可按原定转换比率转换成股票，从而获得股票增值的惠益。

可转换债券兼具债券和股票的特性，主要有以下几个特点：

（1）债权性。与其他债券一样，可转换债券也有规定的利率和期限。投资者可以选择持有债券到期，收取本金和利息。

（2）股权性。可转换债券在转换成股票之前是纯粹的债券，但在转换成股票之后，原债券持有人就由债权人变成了公司的股东，可参与企业的经营决策和红利分配。

由于可转换债券附有一般债券所没有的选择权，因此，可转换债券利率一般低于普通公司债券利率，企业发行可转换债券有助于降低其筹资成本。但可转换债券在一定条件下可转换成公司股票，因而会影响到公司的所有权。

（3）可转换性。可转换性是可转换债券的重要标志，债券持有者可以按约定的条件将债券转换成股票。转股权是投资者享有的、一般债券所没有的选择权。可转换债券在发行时就明确约定债券持有者可按照发行时约定的价格将债券转换成公司的普通股股票。如果债持有者不想转换，则可继续持有债券，直到偿还期满时收取本金和利息，或者在流通市场出售变现。

此外，可转换债券的投资者还享有将债券回售给发行人的权利。**回售**是指公司股票价格在一定时期内连续低于转换价格达到某一幅度时，债券持有人可以按事先约定的价格将债券出售给发行公司。回售条款是为投资者提供的一项安全性保障，当转债的转换价值远低于债券面值时，持有人必定不会执行转换权利，此时投资人依据一定的条件可以要求发行公司以面额加计利息补偿金的价格收回转债。

与回售条款相对应，可转换债券的发行人拥有强制赎回债券的权利。**赎回**是指在一定条件下公司按事先约定的价格买回未转股的可转换债券。发行公司设立赎回条款的主要目的是降低发行公司的发行成本，避免因市场利率下降而给自己造成利率损失，同时也出于加速转股过程、减轻财务压力的考虑。按照赎回条件的不同，赎回也可以分为无条件赎回（即硬赎回）和有条件赎回（即软赎回）。前者是指公司在赎回期内按事先约定的价格买回未转股的可转换债券；后者是指在标的股票价格上涨到一定幅度，并且维持了一段时间之后，公司按事先约定的价格买回未转股的可转换债券。

基于可转换债券的上述特点，适合于机构投资者与稳健的个人投资者投资。国外可转换债券市场的主要参与者有：较保守的投资人；债券类基金；专门投资于可转换债券的基金；一些成长型基金；套利者。

在我国，鉴于社保基金、保险基金必须兼顾安全与增值的特性，可转换债券是很适合的投资工具。对这类资金来说，投资于可转换债券"进可攻，退可守"。当股票市场向好时，投资者可以通过转股享受股价上涨潜力；当股价下跌时，投资者还可享受债券固定收益。

2. 可转换债券的发行条件

根据 2006 年新《公司法》以及中国证券监督管理委员会第 30 号令《上市公司证券发行管理办法》规定，公开发行可转换公司债券的公司，除应当符合本章公开发行证券的规定外，还应当符合下列规定：

（1）最近三个会计年度加权平均净资产收益率平均不低于 6%。扣除非经常性损益后的净利润与扣除前的净利润相比，以低者作为加权平均净资产收益率的计算依据；

（2）本次发行后累计公司债券余额不超过最近一期末净资产额的 40%；

（3）最近三个会计年度实现的年均可分配利润不少于公司债券一年的利息。

需要注意的是：

可转换公司债券的期限最短为 1 年，最长为 6 年。可转换公司债券每张面值 100 元。

上市公司应当在可转换公司债券期满后 5 个工作日内办理完毕偿还债券余额本息的事项。可转换公司债券自发行结束之日起 6 个月后方可转换为公司股票，转股期限由公司根据可转换公司债券的存续期限及公司财务状况确定。

债券持有人对转换股票或者不转换股票有选择权，并于转股的次日成为发行公司的股东。

3. 可转换债券的要素

可转换债券的要素指构成可转换债券的基本特征的必要因素，它们表明可转换债券与不可转换债券的区别。

（1）标的股票。可转换债券对股票的可转换性，实际上是一种股票期权或股票选择权，它的标的物就是可以转换成的股票。可转换债券的标的股票一般是发行公司自己的股票，但也有其他公司的股票，如可转换债券发行公司的上市子公司的股票（以下的介绍中，标的股票仅指发行公司的股票）。

（2）转换价格。可转换债券发行之时，明确了以怎样的价格转换为普通股，这一规定的价格，就是可转换债券的转换价格（也称为转股价格），即将可转换债券转换为每股股份所支付的价格。

按照我国《可转换公司债券管理暂行办法》的规定，上市公司发行可转换债券的，以发行可转换债券前一个月股票的平均价格为基准，上浮一定幅度作为转换价格；重点国有企业发行可转换债券的，以拟发行股票的价格为基准，折扣一定的比例作为转换价格。

例如，某上市公司拟发行5年期可转换债券（面值1 000元），发行前一个月其股票平均价格经测算每股40元，预计公司股价未来将明显上升，故确定可转换债券的转换价格比前一个月的股价上浮25%；于是该公司可转换债券的转换价格应为：$40 \times (1 + 25\%) = 50$（元）。

上例中讲的是以某一固定的价格（50元）将可转换债券转换为普通股，还有的可转换价格是变动的。例如，上例中的可转换债券的发行公司也可以这样规定：债券发行后的第2年至第3年内，可按照每股50元的转换价格将债券转换为普通股股票（即每张债券可转换为20股普通股股票）；债券发行后的第3年至第4年内，可按照每股60元的价格将债券转换为普通股股票（即每张债券可转换为16.67股普通股股票）；债券发行后的第4年至第5年内，可按照每股70元的转换价格将债券转换为普通股股票（即每张债券可转换为14.29股普通股股票）。因为转换价格越高，债券能够转换成的普通股股数越少，所以这种逐期提高可转换价格的目的，就在于促使可转换债券的持有者尽早地进行转换。

（3）转换比率。转换比率是每张可转换债券能够转换的普通股股数，比如上例中的第2年至第3年期每张债券可转换为20股普通股，第3年至第4年期每张债券可转换为16.67股普通股，第4年至第5年期每张债券可转换为14.29股普通股，就是转换债券的转换比率。显然，可转换债券的面值、转换价格、转换比率之间存在下列关系：

转换比率 = 债券面值 ÷ 转换价格

（4）转换期。转换期是指可转换债券转换为股份的起始日至结束日的期间，可转换债券的转换期可以与债券的期限相同，也可以短于债券的期限。例如，某种可转换债券规定只能从其发行一定时间之后（如发行若干年之后）才能够行使转换权。这种转换期称为递延转换期，短于其债券期限。还有的可转换债券规定只能在一定时间内（如发行日后的若干年之内）行使转换权，超过这一段时间转换权失效，因此转换期也会短于债券的期限，这种转换期称为有限转换期。超过转换期后的可转换债券，不再具有转换权，自动成为不可转换债券（或普通债券）。

（5）赎回条款。赎回条款是可转换债券的发行企业可以在债券到期日之前提前赎回债券的规定。赎回条款包括下列内容：

不可赎回期。是指可转换债券从发行时开始，不能被赎回的那段期间。例如，某债券的有关条款规定，该债券自发行日起两年之内不能由发行公司赎回，则债券发行日后的前两年就是不可赎回期。设立不可赎回期的目的，在于保护债券持有人的利益，防止发行企业滥用赎回权，强制债券持有人过早转换债券。不过，并不是每种可转换债券都设有不可赎回条款。

赎回期，是可转换债券的发行公司可以赎回债券的期间；赎回期安排在不可赎回期之后，不可赎回期结束之后，即进入可转换债券的赎回期。

赎回价格，是事前规定的发行公司赎回债券的出价。赎回价格一般高于可转换债券的面值，两者之差为赎回溢价。赎回溢价随债券到期日的临近而减少。例如，一种2013年1月1日发行，面值100元，期限5年，不可赎回期为3年，赎回期为2年的可赎回债券，规定到期前一年（即2016年）的赎回价格为110元，到期年度（即2017年年内）的赎回价格为105元，等等。

赎回条件，是对可转换债券发行公司赎回债券的情况要求，即需要在什么样的情况下才能赎回债券。发行公司在赎回债券之前，要向债券持有人发出通知，要求他们在将债券转换为普通股与卖给发行公司（即发行公司赎回）之间做出选择。一般而言，债券持有人会将债券转换普通股。可见，设置赎回条款是为了促使债券持有人转换股份，因此又被称为加速条款；同时也能使发行公司避免市场利率下降后，继续向债券持有人支付较高的债券票面利率所蒙受的损失；或限制债券持有人过分享受公司收益大幅度上升所带来的回报。

回售条款，是在可转换债券发行公司的股票价格达到某种恶劣程度时，债券持有人有权按照约定的价格将可转换债券卖给发行公司的有关规定。回售条款也具体包括回售时间、回售价格等内容。设置回售条款，是为了保护债券投资人的利益，使他们能够避免遭受过大的投资损失，从而降低投资风险。合理的回售条款，可以使投资者具有安全感，因而有利于吸引投资者。

强制性转换条款，是在某些条件具备之后，债券持有人必须将可转换债券转换为股票，无权要求偿还债权本金的规定，设置强制性转换条款，在于保证可转换债券顺利地转换成股票，实现发行公司扩大权益筹资的目的。

4. 可转换债券筹资的利弊分析

（1）可转换债券筹资的优点：

可节约利息支出，其利率低于普通债券。

有利于稳定股票市价，其转换价格通常高于公司当前股价，转换期限较长，有利于稳定股票市价。

筹资灵活增强，不会受其他债权人的反对。

减少筹资中的利益冲突。

（2）可转换债券筹资的缺点：

增强对管理层的压力，若股价低迷，也面临兑付债券本金的压力。

存在回售风险。

存在股价大幅度上扬的风险，减少筹资数量。

（七）股票与债券的比较

股票和债券都是有价证券，股票是股份公司公开发行用以证明出资人和股东身份的凭证，而债券是政府或企业为了筹集资金而公开发行的并且承诺在限定的时间内还本付息的证券。它们既存在共同之处，又有本质上的区别。

1. 相同点

（1）作为投资手段，股票和债券的作用是相同的，它们一方面可为投资者带来收益，另一方面又能够使发行者筹集到所需的资金。

（2）作为有价证券，经过有关部门审批核准后，两者都可在证券市场进行买卖和转让，其流通价格均要受到银行利率等多重因素的影响。

2. 不同点

（1）持有人权利义务不同。从投资性质来讲，股票和债券有所不同。认购股票是向股份公司的投资，构成公司的自有资金。相应地，投资者成为公司的股东，与公司之间形成股东权与公司生产经营权的关系。公司的经营状况与股东的利益息息相关，因而股东有权从公司经营中获取收益，有权参与公司的经营决策。而购买债券所投入的资金是发行人所需追加的资金，属于负债的范畴。投资者成为发行者的债权人，与发行人之间产生的是借贷性质的债权债务关系。债券持有人可向发行人行使债权，要求收取利息，但无权参与企业的经营决策。所以股票和债券各自包含的权利内容就不尽相同，股票是一种综合性的股东权，而债券则是债权，其内容包括到期收取利息和本金的权利，在债务人破产时优先分取财产的权利。

（2）持有人收益风险不同。从收益多寡与风险程度来讲，股票和债券有所不同。持有股票的股东依法获取的收益是股息和红利。由于它是从公司利润中支出，故其数额事先难以确定，完全依赖于股份有限公司的经营状况。经营好的，则可获取大大高于公司债券的收益，而经营不善的，则可能低于公司债券的收益，甚至分文不收。持有公司债券的债权人依法获取的收益是利息，其数额事先固定，并在企业的经营成本中支付，其支付顺序要优先于股票的红利。且企业经营效益的优劣与债券持有人的经济收益呈刚性关系，只要发债企业在经营上实现盈亏平衡，债券持有人到期就能收回本息，企业的盈利水平再高，债券的持有者却不会因此得到额外的利益。

由于股票是一种没有期限的永久性投资，股东不能要求退股，也不一定能获取固定的股息和红利，所以在经济收益上股东要承担较大的投资风险。而债券则是一种风险很小的保守性投资。

（3）对发行公司的影响不同。股票对发行公司的有利影响是不构成固定财务负担、增强再筹资弹性，不利影响是容易分散公司的控制权；债券对发行公司的有利影响是不会导致公司控制权的分散，但会构成固定财务负担、降低再筹资弹性、扩大财务风险。

三、租赁筹资

（一）租赁的概念

租赁是一种契约行为，即约定资产的所有者（出租人）在一定的时期内，将资产交付承租人使用，承租人则在规定的期限内分期支付租金，并享有对资产的使用权。

（二）租赁的种类

归纳起来，租赁业务基本上可以分为经营租赁与融资租赁两大类：

1. 经营租赁

经营租赁（operating leases），也称营业租赁或服务租赁。它主要是解决企业对资产的临时需要或季节性需要的一种短期融资。出租人不仅提供资产的使用权，也提供维修、保养等服务。经营性租赁的特点主要有：

（1）经营性租赁的主要目的是为满足企业短期临时性需要。租赁标的物主要有计算机硬件、设备、汽车等。

（2）租赁期限短。经营性租赁的租期一般只占租赁资产全部经济寿命的一小部分，对于出租方来讲，进行一次经营性租赁所收取的租金不能补偿资产的全部费用成本。经营性租赁的资产可以多次出租。

（3）设备的选择完全由出租人根据需要进行。经营租赁的设备不是针对某一个用户选定的，而是出租人根据自己对市场的调查、判断和经验进行的，尽可能带有通用性、先进性。

（4）出租人提供专门服务。租赁公司承担资产的维修、保养，其维修保养费一般包括在租金中由承租单位负责。

（5）租赁合同较灵活。经营性租赁可以按一方的要求，按规定提前解除租赁合同。

（6）租赁期满，租赁资产一般应归还给出租方。

2. 融资租赁

融资租赁（financial leases），亦称"资本性租赁"（capital leases）或"财务租赁"，是由出租人按照承租人的要求，出资购入预定的资产，然后租给承租人长期使用的租赁方式。具体说来，是指当企业需要筹措资金、添置设备时，不是以直接购买的方式投资，而是以付租金的形式向租赁公司借用设备。租赁公司按照企业选定的机器设备，先行融通资金，代企业购入，以租赁方式将设备租给企业实行有偿使用，从而以融物的形式，为企业融通了资金。融资租赁主要是解决企业对资产长期需要的一种长期租赁，是现代租赁的主要形式。

像银行信贷一样，融资租赁是一种信用活动，通过租赁，出租人与承租人之间形成了一种债权债务关系。但是，租赁又是不同于银行信贷的特殊的信用活动。银行信贷是一种纯粹的货币借贷活动，仅仅能起到"融资"的作用。租赁则是以"融物"的形式达到"融资"的目的，融资与融物浑然一体，成为融资与融物相结合的一种信用活动。租赁，对于出租人来讲，财产所占有的资金不能马上收回，等于向承租人发放了一笔贷款，再通过收取租金的形式收回贷款的本息，从而完成一笔放款业务；而对于承租的企业来讲，扩大再生产的设备，可以购买，也可以租赁，通过租赁，租用企业等于筹集了资金，购买了设备。分期支付的租金等于分期偿还借款的本息。从这一点讲，租赁是资金不充足而又急需某种设备的企业筹集资金的一种特殊方式，是一条有效的融资渠道。

（1）融资租赁的特点主要有：

融资租赁的主要目的在于融资。是公司获得长期资产使用权的一种重要手段，集融资、融物于一身。租赁标的物主要有土地、建筑物、设备等。

租赁期限比较长。融资租赁的租期一般是所租资产预期经济寿命的 75% 以上。

租金较高。出租人一般通过一次出租就可以收回在出租资产上的全部投资。西方经验表明，融资租赁的租金总额一般要高出其设备价款的 30%～40%。

承租人对设备和供应商具有选择的权利和责任。出租方只是根据承租方的要求出资购入设备，然后租给承租方使用。因此，对于租赁设备的质量、数量、技术上的检验都由承租方负责。

融资租赁合同不能因一方的要求而随意撤销。融资租赁合同一经签订，双方就必须严格遵守。非经双方同意，任何一方不得中途解约，违约者要承担经济责任和法律责任。

在租赁期内，有关设备的保养、维修等费用全由承租人承担。但同时，因使用设备而产生的效益也全部由承租人独享。

租赁期满，可以将资产作价转让给承租单位，也可由出租人收回，或者双方协商继续租赁。在多数情况下，一般由承租人支付少量价款留购资产，取得其所有权。

（2）融资租赁的形式

融资租赁的具体形式有三种：直接租赁、回租租赁和杠杆租赁。

直接租赁，是指承租人直接向出租人承租所需的资产，并按租赁合同按期支付租金。直接租赁的出租人可以是制造商，也可以是专业租赁公司，或者是银行等金融机构。其中除制造商外，其余出租人均须按承租人的需要向供应商购买资产，然后租给承租人。融资租赁，如果不作特别说明时即为直接租赁。

具体的直接租赁安排可用图3-1表示。

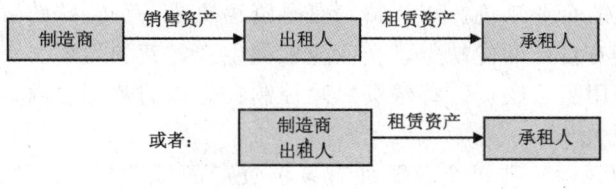

图3-1 直接租赁

回租租赁，亦称售后租回或先卖后租式租赁，这是融资租赁的一种特殊形式。它有两种含义：一是当企业资金不足而又急需某种设备的情况下，先出资从制造厂家购置自己所需要的设备，然后转卖给租赁公司，企业再从租赁公司租回设备使用；二是当企业进行技术改造或扩建时，如资金不足，可将本企业原有的大型设备或生产线先卖给租赁公司收入现款，以解决急需，但卖出的设备不拆除，企业在卖出设备的同时即向租赁公司办理租赁手续，由企业继续使用，直到租金付清后，以少量代价办理产权转移，最后设备仍归企业所有。

具体的回租租赁安排可用图3-2表示。

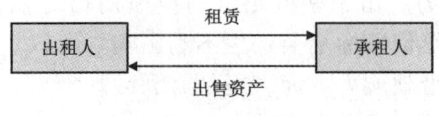

图3-2 回租租赁

杠杆租赁。亦称平衡租赁或借贷式租赁，是融资租赁派生出来的一种特殊形式。当出租人不能单独承担资金密集型项目（如飞机、轮船、火车、车辆）的巨额投资时，以待购设备作为贷款抵押品，以转让收取租金权利作为贷款的额外保证，从银行、保险公司、信托公司等金融机构获得约设备价值60%～80%的贷款，其余20%～40%由出租人自筹解决。最后由出租人购进设备，供承租人使用，承租人按期支付租金，出租人以租金归还贷款。

杠杆租赁有以下特点：

第一，设备价值很大，单个出租人无力或不敢承担巨额投资。

第二，手续复杂、杠杆租赁涉及出租人、承租人、贷款人、供货人等多个当事人，需要签订许多协议，手续烦琐复杂。

第三，租金低。在国际上，杠杆租赁可以享受全部加速折旧或投资减税的优待、不仅可以扩大出租人的投资能力，而且可以取得较高利润。出租人再把优惠的好处通过降低租金的形式间接地转移给承租人，所以租金水平要低于其他租赁种类。

具体的杠杆租赁安排可用图 3-3 表示。

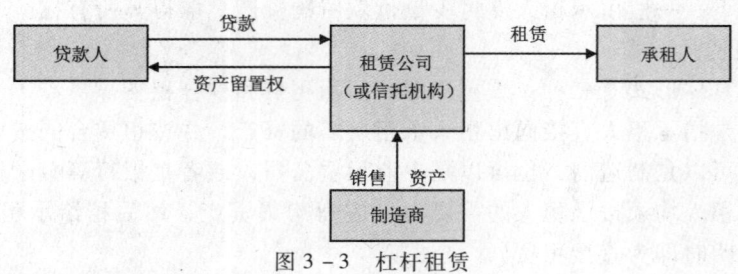

图 3-3 杠杆租赁

(三) 租赁筹资的利弊分析

对于作为承租人的企业来说，租赁特别是融资租赁是一种特殊的融资方式，与其他融资方式相比，租赁融资有自己的优缺点。企业应根据生产经营的需要、资本流动的状况、资本市场的情况，正确运用租赁融资，将融资风险控制在合理的范围之内。

1. 融资租赁的优点

(1) 转嫁所有权风险。如果企业要拥有某项资产的所有权，它必然要承担该项资产可能变得陈旧过时的风险。特别是那些技术发展迅猛、产品更新换代快的资产，如计算机，其陈旧过时的风险大，并且难以事先预测。这时企业可以通过租赁方式取得所需的资产，承租企业可以使用承租协议作为保护，从而免受租赁资产的无形损耗造成的持有风险。对于出租人来说，由于其租赁协议不止一个，涉及的租赁资产的类型也不止一种，因而能够将设备陈旧过时的风险分散开去。

(2) 避免其他债务契约上的限制性条款。企业如果通过负债购买固定资产，在许多债务契约上，往往对企业的负债程度、流动比率、股利的发放、不动产的抵押等等做出种种限制。而租赁契约也可能会有限制性条款，但和一般的债务契约相比，使承租人更容易接受。

(3) 保存企业的借款能力。由于融资租赁的偿债期相对较长，在相当长的时间内对企业的流动比率、速动比率等偿债指标不会产生不利影响。所以，相对于举债购买固定资产来说，租赁融资在保存企业的借款能力方面，还是有利的。

(4) 增加企业的资本来源。一般情况下，一个企业通过综合采用租赁和借款等方式融资比单纯采用借款等方式融资能获得更多的资本来源。除非规定要顶付租金，租赁企业在承租时可以 100% 地取得全部设备，而无需支付现金，特别是对正在扩展中，而其融资能力又有一定限度的企业、租赁是十分具有吸引力的。有些企业有时可能发现，其信用额度已经全部用足，或者现有的贷款协议限制他们进一步举债，但是租赁融资的大门仍向他们敞开。

(5) 保持资本的流动性。保持资本的流动性事关企业的生死存亡，如果企业的资本大部分陈结在固定资产上，必然会影响其正常的生产经营，企业可能会因此而无钱购买原材料，发不出工资，不能及时地偿还到期债务，从而危及企业生存。特别是当企业的经营环境发生变化时，企业资本的流动性直接影响了其适应环境变化的灵活性。

(6) 避免意外通货膨胀造成的损失。在现代经济生活中，企业经常会遭到通货膨胀的困扰，但是通过租赁方式取得设备，其租金是在签订经济合同时确定的，因此，不论以后通货膨胀率多高，企业都可以以原约定数支付租金，这样就可以使承租企业避免因意外的、更高的通货膨胀率而遭受损失。

(7) 均衡各期的财务负担。租金在整个租赁期内分期支付，可以均衡企业各期的财务负担,也降低了不可偿付的风险。

2. 融资租赁的缺点

(1) 成本较高。承租企业在租赁期内所支付的租金总额通常要高于购买租赁资产的成本。因为,承租企业在租赁期内所支付的租金总额已包括了出租企业的利润及风险报酬。

(2) 不利于设备改造。在承租期间内,未经出租人同意,承租人对租赁资产无权自行拆卸、改装,不利于设备改造。

(3) 可能丧失资产的残值。租赁期满,如果租赁资产归出租人所有,承租人就丧失了资产的残值;但如果企业购买了资产,则可以享有资产的残值。

(四) 融资租赁租金的计算

在融资租赁筹资方式下,由于租金的数额和支付方式对承租人的未来财务状况具有直接的影响。因此,租金的计算和支付方式成为了筹资决策的重要依据。

1. 租金的构成要素

租金的构成要素,取决于租赁方式,不同种类的租赁,其租金的构成要素不尽相同。

一般来说,融资租赁的租金通常包括租赁财产的购置成本、租赁期间的利息费、引进设备的手续费。

(1) 设备的购置成本。它是指出租人向设备制造厂家或经销商购买设备支付的全部费用,包括:设备价款、合同公证费、关税、途中保险费和运杂费。设备价款,一般根据市场行情,由承租人和出租人经讨价还价后确定。为了防止出租人在价上加码,承租人也可以直接与供货商谈判商定购价后,再与出租人谈判。

设备的购置成本中如果有些费用是由承租人直接支付的,则应扣除,以免重复。

(2) 利息费用。包括出租人为购买租赁财产所筹集资金的利息、税收和适当的风险利差。其中,利息费用按单利计算还是按复利计算应该在租赁合同中注明。另外,由于一般的租赁业务是在签订合同以后的几个月或更长时间才由出租人对外支付租赁资产的货款,而租赁双方一般在签订合同的同时租赁的年利率就固定下来了。因此,出租者要承担几个月后市场利率上升的风险,签约日与付款日间隔时间越大,这个风险也就越大。为了保障出租者的利益,应在其融资成本上加一定的风险利差。如果双方同意,也可以在付款日根据出租人的实际融资成本来确定租赁利率,这样做就由承租人承担利率风险。

(3) 租赁手续费。在办理租赁业务中,因出租人购进设备而付出一定的劳务所收取的费用,称为租赁手续费。它包括办公费、差旅费、邮电费、银行费用、工资和税金以及必要的盈利。手续费与购进设备成本之比称之为手续费率。手续费的收取,目前国内和国际都没有统一的标准。我国当前各租赁公司收取手续费的标准,一般掌握在资产买价的1%~3%之间。收取的方式有两种:一是在签订合同时,承租人一次支付;二是把手续费计入租金总额中,随租金的收回而收回。值得注意的是,若租赁手续费采用第一种支付方式时,在计算每期应付租金时,应将其从租金总额中扣除。据此,租金总额可用下式计算:

租金总额 = 资产购置成本 + 租赁利息费用 + 租赁手续费 - 归属出租人的资产残值

【例3-5】 某企业于某年1月1日从A租赁公司租入一套设备,价值100万元,双方商定租期为5年,预计租赁期满时的残值为5万元,归租赁公司,年利率按10%计算(按复利计算),租赁手续费为设备价值的3%。该设备的租金总额计算如下:

租金总额 = $100 + [100 \times (1 + 10\%)^5 - 100] + 100 \times 3\% - 5 = 159.1$(万元)

2. 影响租金的因素

影响融资租赁租金的因素主要有：

(1) 租金支付方式。租金支付的方式有很多，不同的方式所计算出来的利息额是不一样的。租金可以先付，也可以后付；可以定期支付，也可以不定期付；可以等额支付，也可以不等额支付等。方式不同，承租人的利息负担则不同。

(2) 租赁期。租赁期的长短也影响着租金总额。租期越长，企业负担的利息越多；租期越短，偿还期越短，利息负担越轻。但是，租期短，租金必然提高，承租人不一定可以接受。因此，租期究竟应当长些还是短些，应当进行综合分析。

(3) 租赁资产的预计残值。指资产租赁期满时的预计可变现净值，租赁资产残值的归属不同，租金总额也不同。

3. 每期应付租金的计算

目前国际上使用的方法有平均分摊法、等额年金法、附加率法、浮动利率法等。我国的融资租赁业务中，大多采用平均分摊法和等额年金法来计算每期应付租金。

(1) 平均分摊法。是将租金总额按约定的付租次数平均分摊的方法，这种方法没有考虑时间价值。其计算式为：

$$每期应付租金 = \frac{租金总额}{付租次数}$$

【例 3-6】 例 3-5 中租金每年支付一次，该设备每年末支付租金计算如下：

$$租金 = \frac{(100-5) + [100 \times (1+10\%)^5 - 100] + 100 \times 3\%}{5} = 31.82（万元）$$

(2) 等额年金法。是运用年金现值的计算原理来计算每期应支付租金的一种方法。用这种方法计算租金时，要将利率和手续费率综合在一起，即确定一个租费率，以此为贴现率进行年金（租金）的计算。这种方法与平均分摊法相比，充分考虑了资金的时间价值因素，所以，更具客观性。每期应付租金计算公式如下：

$$每期应付租金 = \frac{租金总额}{年金现值系数（n, i）} \quad \cdots\cdots ①$$

$$= \frac{租金总额}{年金现值系数（n, i） \times (1+i)} \quad \cdots\cdots ②$$

式中，i 为双方商定的租费率（即贴现率）；n 为租赁期。

式①适用于租金在每期期末支付条件，式②适用于租金在每期期初支付条件，式中的即付年金现值系数可按期数加 1 系数减 1 的普通年金现值系数确定。

【例 3-7】 仍使用例 3-5 的资料，假定租赁双方商定的租费率为 11%（其中利率为 10%）。按等额年金法计算每年末应支付的租金如下：

$$每期应付租金 = \frac{100 - 5 \times \left(\frac{P}{S}, 10\%, 5\right)}{\left(\frac{P}{A}, 11\%, 5\right)} = 21.22（万元）$$

此例如果为每年初支付租金，则：

$$每期应付租金 = \frac{100 - 5 \times \left(\frac{P}{S}, 10\%, 5\right)}{\left(\frac{P}{A}, 11\%, 5\right) \times (1+11\%)} = 23.62（万元）$$

普通（后付）年金的现值系数与预付（即付）年金的现值系数之间的关系为：将普通年金现值的期数减1，系数加1，就等于对应的预付年金的现值系数（已在本书第二章讲述）。

【本章小结】

1. 企业筹资是指企业由于生产经营、对外投资和调整资本结构等活动对资金的需要，采取适当的方式，获取所需资金的一种行为。企业筹资可以按不同的标准进行分类。

2. 筹资渠道，即资金筹集渠道，是指企业取得资金的来源。筹资方式是指如何取得资金。

3. 影响企业筹资数量的因素有很多，比如法律方面的限定，企业经营和投资方面的因素等。筹资数量预测方法包括：筹资数量的定性预测法和筹资数量的定量预测法销售百分比法，是根据销售增长与资产增长之间的关系，预测未来资金需要量的方法。对外筹资的数量 $=\dfrac{A}{S_0}\times \Delta S-\dfrac{B}{S_0}\times \Delta S-P\times E\times S_1$。

4. 吸收直接投资（以下简称吸收投资）指企业按照"共同投资、共同经营、共担风险、共享利润"的原则直接吸收国家、法人、个人投入资金的一种筹资方式。

5. 股票是指股份有限公司发行的、用以证明投资者的股东身份和权益并据以获得股利的一种可转让的书面证明。股票的具体形式是股票证书，具有以下性质：法定性、收益性和风险性。

6. 留存收益的筹资特点：①不用发生筹资费用；②维持公司的控制权分布；③筹资数额有限。

7. 长期银行借款筹资是指企业向银行借入的使用期限超过一年的借款。主要用于购建固定资产和满足长期流动资金占用的需要。优点：①筹资速度快。②成本较低。③弹性较大。④便于利用财务杠杆效应。缺点：①财务风险高。②限制条款多。③筹资数额有限。

8. 公司债券又称企业债券，是企业依照法定程序发行，约定在一定期限内还本付息的债券。

9. 股票和债券都是有价证券，股票是股份公司公开发行用以证明出资人和股东身份的凭证，而债券是政府或企业为了筹集资金而公开发行的并且承诺在限定的时间内还本付息的证券。它们既存在共同之处，又有本质上的区别。

10. 租赁是一种契约行为，即约定资产的所有者（出租人）在一定的时期内，将资产交付承租人使用，承租人则在规定的期限内分期支付租金，并享有对资产的使用权。可以分为经营租赁与融资租赁两大类。

【思考题】

1. 什么是股票？股票有哪几种分类方法？
2. 试述股票和债券的区别。
3. 试述股票的发行方式。
4. 股份有限公司增发新股的利弊有哪些？

5. 吸收直接投资的利弊有哪些？
6. 借款人应具备的条件有哪些？
7. 借款人必须承担的义务有哪些？
8. 借款人借款时会受到哪些条件的限制？

【练习题】

1. 某股份公司总股本数为普通股 1 000 万股。为扩大生产规模，准备在 2013 年 6 月 25 日增发普通股 500 万股，预计 2013 年净利润为 2 500 万元，根据二级市场的平均市盈率，发行人的行业情况，发行人的经营状况及其成长性，拟订发行市盈率为 30 倍，则该公司按市盈率定价法确定的发行底价（每股收益按加权平均法计算）应为多少元？

2. 某公司准备增发 1 000 万股普通股，采用竞价确定法确定发行底价，通过交易所交易系统累计到如下有效认购数量：申购价格 50 元，数量 100 万股；申购价格 45 元，数量 400 万股；申购价格 43 元，数量 600 万股；申购价格 42 元，数量 800 万股，则该公司应确定的股票发行底价为多少元？

3. 某企业拟购入价值 10 万元的材料，供应商提供的信用条件是 2/20，N/60。在下列几种情况下，请为该企业享受现金折扣提供决策依据。

(1) 企业现金不足，需用银行借款支付货款，此时银行贷款利率为 6%；

(2) 企业有支付能力，但另有一短期投资机会，预计投资报酬率为 12%；

(3) 企业资金短缺，暂时难以取得银行贷款，但企业预计 90 天后有支付能力，故企业拟展延信用期至 90 天，该企业一贯重合同，守信用。

4. 企业向租赁公司租赁一套设备，设备原价 300 万元，租赁期 8 年，预计设备残值 10 万元，年利率按 10% 计算，租赁手续费为设备原价的 4%，租金在每年末支付一次。

要求：按下列情况分别计算每年应交租金金额数：

(1) 采用平均分摊法。
(2) 采用等额年金法，手续费在租入时一次付清。
(3) 采用等额年金法，手续费摊入租金，租赁双方商定租费率为 12%。
(4) 采用等额年金法，条件同 (3)，但每年租金要求在年初支付。

5. 企业借款购买一台设备。价格 3 万元，全部由银行贷款，期限 5 年，年利率 10%，每年年末等额偿还。设备折旧寿命 5 年，残值为零，采用直线折旧法，企业所得税率 25%。若租赁同样设备，则 5 年中每年租赁费 7 000 元。购买与租赁设备的年维修费相同。问该企业应该租赁还是借款购买此设备？

6. 某企业准备发行债券，总面值为 1 000 万元，票面利率为 10%，当时市场利率为 8%，期限 5 年。

要求：

(1) 若该债券确定为每年末付息一次，则发行价格应为多少？
(2) 若该债券确定为每半年付息一次，则发行价格应为多少？
(3) 若上述债券票面利率和市场年利率均为 10%，债券每半年付息一次，则该债券应是平价发行还是溢价或折价发行？为什么？发行价格为多少？

第四章 筹资决策

【案例导读】

两家公司不同的财务杠杆

刘先生的冀华公司和张先生的海天公司是两家除了财务杠杆比率不同之外十分相似的公司。两家公司的资金总额均为1 000万元。刘先生从小接受的祖训是：最好不要借钱，因而冀华公司的负债率很低，仅有10%；张先生长期鼓吹负债筹资，以小搏大，四两拨千斤，所以海天公司的负债率非常高，达到50%。两家公司的债务利息率都是10%。第一年，两家公司的资金回报率都是20%，第二年均为5%。两家公司的经营结果如表4-1所示。

表4-1　　　　　　　　　　　　　　　　　　　　　　　　　　　　　　　　　　单位：万元

项目	第一年		第二年	
	冀华公司	海天公司	冀华公司	海天公司
息税前利润	200	200	50	50
债务利息（10%）	10	50	10	50
税前盈余	190	150	40	0
权益资金回报率（%）	21.1	30	4.4	0

第一年，具有较高财务杠杆比率的海天公司具有30%的权益资金回报率，大大高于具有较低财务杠杆比率的冀华公司的21.1%。而第二年，冀华公司具有4.4%的权益资金回报率，而海天公司的权益资金回报率为0。

问题：

（1）为什么第一年负债率高的海天公司的权益资本回报率更高，而第二年冀华公司的权益资本回报率更高？

（2）究竟什么样的资本结构才是最优资本结构呢？

【学习目标】

□ 掌握资本成本、杠杆效应和资本结构等相关概念
□ 掌握企业筹资决策的基本理论和方法

第一节 资 本 成 本

一、资本成本的概念、性质及其作用

(一) 资本成本的概念

资本成本是指企业为筹措和使用资本而付出的代价,也称"资金成本"。这里的资本是指企业所筹集的长期资金,包括自有资金和借入的长期资金。

资本成本包括筹资费用和用资费用两部分内容。

(1) 筹资费用。筹资费用是指企业在筹措资金过程中为获取资金而付出的花费,包括向银行支付的手续费,因发行股票、债券而支付的发行费用等。筹资费用通常是在筹措资金时一次支付的,在用资过程中不再发生,因此可视作筹资数量的一项扣除。扣除筹资费用后的筹资数额为筹资净额。

(2) 用资费用。用资费用是指企业在生产经营、投资过程中因使用资本而付出的费用,包括向股东支付的股利、向债权人支付的利息等,这是资本成本的主要内容。长期资金的用资费用,因使用资金数量的多少和时期的长短而变动。

资本成本一般表现为用资费用与筹资净额之间的比率。其计算公式为:

$$K = \frac{D}{P-f} \times 100\%$$

或

$$K = \frac{D}{P(1-F)} \times 100\%$$

式中,K 为资本成本;D 为用资费用;P 为筹资数额;f 为筹资费用;F 为筹资费用率,即筹资费用与筹资数额的比率。

资本成本按其用途不同,可以分为个别资本成本、综合资本成本、边际资本成本。个别资本成本是指各单个长期资金来源的成本,用于比较各种筹资方式的成本高低;综合资本成本是指各种来源的个别资本成本的加权平均成本,又称"加权平均资本成本",主要用于资本结构决策;边际资本成本是指新筹集资本的成本,用于追加筹资决策。

(二) 资本成本的性质

资本成本是一个重要的经济范畴,它的性质概括如下:

(1) 资本成本是资本所有权与使用权相分离的产物。资本作为一种特殊的商品,能与其他生产要素结合,保证生产经营活动的顺利进行,因此有使用价值。筹资企业作为资本使用者,要向资本所有者支付一定费用以换取在一定时期内使用资金的权利,资本成本是其取得和占有资本使用权的代价。对债权人和股东来说,资本成本表现为让渡资本使用权所要求的贷款利息或投资报酬。

(2) 资本成本是成本,但区别于一般的产品成本。资本成本也是企业的一种支出,具有一般产品成本的基本属性。但一般产品成本是在材料、机器、人工等生产要素上的耗费,其补偿是对实际发生耗费的补偿,直接从销售收入中收回。而资本成本是在资金要素上的耗费，其补偿的本质属于利润分配的范畴。

（3）资本成本包含资金时间价值，但不等于资金时间价值。资金时间价值是指在没有风险、没有通货膨胀的条件下，随时间的推移而发生的增值。资金时间价值是资本成本的下限。资本成本是以资金时间价值为基础的，但还包括投资风险价值和通货膨胀率等。

（三）资本成本的作用

资本成本对于企业筹资管理、投资管理，乃至整个经营管理都有重要意义。

1. 资本成本是比较筹资方案的依据

（1）个别资本成本是比较各种筹资方式优劣的一个尺度。企业筹集长期资金一般有多种方式可供选择，如长期借款、发行债券、发行股票等。这些长期筹资方式的个别资本是不一样的。资本的高低可作为比较各种筹资方式优缺点的依据之一。

（2）综合资本成本是企业进行资本结构决策的基本依据。企业的全部长期资金通常是采用多种方式筹资组合构成的，这种长期筹资组合有多个方案可供选择。综合资本成本的高低就是比较各个筹资组合方案，是做出资本结构决策的基本依据。

（3）边际资本成本是比较和选择追加筹资方案的重要依据。企业为了扩大生产经营规模，增加经营所需资产或追加对外投资，往往需要追加筹集资金。在这种情况下，边际资本成本是比较和选择各个追加筹资方案的重要依据。

2. 资本成本是评价投资项目的主要经济标准

一般而言，一个投资项目只有其投资报酬高于其资本成本，经济上才是合理的；否则，该投资项目将无利可图，甚至发生亏损。因此，资本成本被视为投资项目的"最低收益率"，视为是否采用投资项目的"取舍率"，可作为比较和选择投资方案的主要标准。

在预测分析中，将资本成本作为贴现率，用以计算各投资方案的现金流量现值、净现值和现值指数，以比较不同方案优劣。

3. 资本成本也是衡量企业整个经营业绩的基准

资本成本对于资金使用者来说是一种付出的代价，但对投资者来说，资金成本是投资者的报酬。投资者将资金让渡给企业，是期望分享一部分企业所获收益。如果企业不能通过生产经营产生收益，从而不能满足投资者的报酬需要，那么投资者将不会把资金再投资于企业，从而使企业的生产经营活动难以正常进行。因此，资金成本在一定程度上成为衡量企业经营业绩好坏的重要依据。只有在企业实际投资报酬率大于资金成本时，投资者的报酬期望才能得到满足，企业的经营活动才能长久顺利进行下去。

二、资本成本的计算

（一）个别资本成本的计算

个别资本成本是指各种长期资金的成本。企业的长期资金一般有长期借款、债券、股票、留存收益等。其中，借款和债券称为"债务资本"，股票和留存收益称为"权益资本"。

1. 长期借款资本成本

长期借款的成本包括借款利息和筹资费两部分。由于借款利息（资本化利息除外）计入税前成本费用，可以起到抵税的作用，因此长期借款资本成本的计算公式为：

$$K_L = \frac{I(1-T)}{L(1-F_L)}$$

式中，K_L 为长期借款成本；I 为长期借款年利息；T 为所得税率；L 为长期借款筹资额（借款本金）；F_L 为长期借款筹资费用率。

当长期借款的筹资费（主要是借款的手续费）很小时，也可以忽略不计。值得指出的是，若企业出现亏损、无力支付所得税时，因实际所得税率为 0，则此时的税后长期借款成本等于税前长期借款成本。

【例 4-1】 A 公司需要一次性投资 100 万元，其资金来源为银行借款，年借款利率为 10%，公司适用的所得税率为 25%。则该项借款的资金成本率为：

借款资金成本 = 10% × (1 - 25%) = 7.5%

2. 债券资本成本

发行债券的成本主要是债券利息和筹资费用。债券利息的处理与长期借款利息的处理相同，应以税后的债务成本为计算依据。债券的筹资费用一般比较高，不可在计算资本成本时省略。债券资本成本的计算公式为：

$$K_b = \frac{I(1-T)}{B(1-F_b)} \times 100\%$$

式中，K_b 为债券资本成本；I 为债券年利息；T 为所得税率；B 为债券筹资额；F_b 为债券筹资费用率。

需要强调的是，债券的发行价格有平价、溢价、折价三种。债券利息应按面值和债券的票面利率计算，而债券的筹资额则应按实际发行价格计算。

【例 4-2】 某公司发行一笔面值 100 元，期限 5 年，票面利率为 12% 的长期债券。债券票面总金额为 2 000 万元，企业按溢价发行，发行价 2 200 万元，筹资费用率为 2%，企业所得税率为 25%，则公司发行该种债券的资本成本为：

$$K_b = \frac{2\,000 \times 12\% \times (1 - 25\%)}{2\,200 \times (1 - 2\%)} = 8.35\%$$

3. 优先股资本成本

优先股是介于普通股和债券的一种资本。其特点是：一方面，优先股因股利稳定而类似于债券；另一方面，优先股因参与股利及剩余财产分配而类似于普通股。在本质上，优先股是企业的一种股本，不像债券那样存在"到期还本"问题，但企业必须从税后利润中定期支付持股者较为固定的股息。由此可见，优先股的股息具有永续年金的特征。有下式成立：

$$预期股价 = \frac{预期每股股利}{贴现率}$$

据此可得：

$$优先股资金成本 = \frac{优先股每股股利}{优先股每股市价}$$

考虑到新增的优先股需要发行费用，则新增优先股的成本为：

$$K_p = \frac{D_p}{P_p(1-F_p)} \times 100\%$$

式中，K_p 为优先股成本；P_p 为优先股的发行价；D_p 为优先股年股利；F_p 为优先股发行费用率。

【例 4-3】 某公司发行优先股，总面额按正常市价计算为 200 万元，发行费用率为 5%，规定每年股利率为 8.28%。该公司优先股成本率计算如下：

$$优先股资金成本 = \frac{200 \times 8.28\%}{200 \times (1-5\%)} = 8.72\%$$

4. 普通股资本成本

与优先股相比，普通股股东的收益一般不固定，随企业的经营状况而改变。普通股东承担企业的风险比债权人和优先股东大，因此普通股东要求的收益率也较高。鉴于普通股成本计算考虑的因素较多，通常可用三种方法估算，然后互相印证，取一合理数值。

(1) 折现现金流量法。根据普通股票估价公式，普通股票每股的当前市场价格等于预期的每股股利现金流的现值之和，其计算公式为：

$$P_0 = \sum_{t=1}^{n} \frac{D_t}{(1+K_s)^t}$$

若已知股票的市场价格和期望的未来股利流，则可求出普通股东的要求收益率。大多数公司预期股利按某一固定的比率 g 增长，此时上式可表示为：

$$P_0 = \frac{D_1}{K_s - g}$$

故

$$K_s = \frac{D_1}{P_0} + g$$

对普通股资本成本估计的困难在于股利增长率的测定。当前股票的市场价格可从股票市场上获得，下一期股利也容易测算。而将来较长时期（50 年左右）公司股利的增长率难以测算准确，而 g 对 K_s 的影响又较大，故此法对 K_s 的计算也只是估计 K_s 的范围。

对于新发行的普通股，发行成本为 f 时，其资本成本为：

$$K_s = \frac{D_1}{P_0 - f} + g$$

或

$$K_s = \frac{D_1}{P_0 \times (1-F)} + g$$

式中，K_s 为普通股资本成本；D_1 为第一年股利；g 为股利增长率；P_0 为股票市价；f 为股票发行成本；F 为股票发行费用率。

(2) 资本资产定价模型。根据资本资产定价模型，普通股东对某种股票 S 的资金成本 K_s 可表示如下：

$$K_s = R_F + \beta(R_m - R_F)$$

由上式可以看出，K_s 由两部分组成：R_F 是市场无风险报酬率，一般采用国库券利率。$\beta(R_m - R_F)$ 是对股票投资的风险补偿率，其中 $(R_m - R_F)$ 是对市场平均风险的补偿，β 是某股票相对于市场平均风险的波动倍数。市场平均股票报酬率 R_m 和 β 值由股票市场的数据统计得出。但由于不同的机构对同一种股票 β 值的估算往往有差异，加之 R_m 和 β 值一般用历史数据分析，与未来的预期也会有差异。因此，对用资本资产定价模型计算的普通股成本 K_s 最好再做进一步分析。

(3) 债务成本加风险报酬法。对股票未上市公司或非股份制企业，以上两种方法都不适用于计算权益资本成本，这时可采用债务成本加风险报酬率的办法。若公司发行债券，债务成本为债券收益率，若无公司债券，则可用企业的平均负债成本。这种方法的关键是估算风险报酬率，即相对于债券持有者而言，股东因承担更大的风险而要求得到风险补偿。如果公司的风险报酬率通常是在一个稳定的范围内，则可采用平均的历史风险报酬率。此外，也可根据市场的平均风险报酬率来确定此数值。该种方法的计算公式如下：

$$K_s = K_b + RP_c$$

式中，K_b 为债务成本；RP_c 为股东比债权人承担更大风险所要求的风险溢价。

【例4－4】某企业股票市场价格为25元，下一期股利预计为1.75元，预期未来股利将按9%的速率增长。此时市场平均股票报酬率 $R_m = 18\%$，政府3年期国库券的利率为11%。企业股票的 β 值为0.95。企业债务成本 $K_b = 13\%$。据统计，大部分股票投资者要求相对于公司债券，股票的风险报酬率大约在2%～4%之间，本例取风险报酬率为4%。求该企业普通股资本成本。

按折现现金流量法计算：

$$K_s = \frac{D_1}{P_0} + g = \frac{1.75}{25} + 9\% = 16\%$$

按资本资产定价模型计算：

$$K_s = R_F + \beta(R_m - R_F) = 11\% + 0.95 \times (18\% - 11\%) = 17.65\%$$

按债券成本加风险报酬率法计算：

$$K_s = 13\% + 4\% = 17\%$$

根据三种方法计算的结果，该企业普通股资本成本在16%～17.65%之间，通常可取其算术平均值：

$$K_s = \frac{17.65\% + 16\% + 17\%}{3} \approx 17\%$$

5. 留存收益资本成本的计算

留存收益是股东大会同意不作为股利分配而留存在公司使用的那部分税后利润，是股东对公司的追加投资。股东放弃一定的股利，是期望将来获得更多的收益。因此，自然要求获得与直接购买普通股股票的投资者一样的收益。所以，留存收益的成本应视为与普通股的成本相同，两者的计算方法也相似，不同的是对留存收益成本的计算不必考虑发行费用。但这一差别只有当普通股资本成本采用第一种计算方法时才能予以体现。其计算公式如下：

$$K_r = \frac{D}{P} + g$$

式中，K_r 为留存收益成本；D 为预期年股利额；P 为普通股市价；g 为普通股利年增长率。

（二）综合资本成本的计算

企业筹集资金往往不是采用单一筹资方式，而是各种筹资方式的组合。为了筹资和投资决策正确，就有必要计算确定企业全部长期资金的总成本，即综合资金成本。综合资金成本是由个别资金成本和加权平均权数两个因素决定的。其计算公式如下：

$$K_w = \sum_{j=1}^{n} K_j W_j$$

式中，K_w 为综合资金成本，即加权平均资金成本；K_j 为第 j 种个别资金成本；W_j 为第 j 种个别资金占全部资金的比重，即权数。

在已确定个别资金成本的情况下,取得企业各种资金占全部资金的比重后,即可计算企业的综合资金成本。

【例 4-5】某公司拟筹资 5 000 万元,其中,按面值发行债券 2 000 万元,债券票面利率为 10%,筹资费用率为 2%;发行优先股 1 000 万元,优先股年股利为 12%,筹资费用率为 3%;发行普通股 2 000 万元,筹资费用率为 4%,预计第一年股利为 12%,以后每年增长 3%,企业所得税率为 25%。则该公司的综合资本成本计算如下:

第一步,确定各种资金来源的个别资本成本。

债券: $K_b = \dfrac{2\ 000 \times 10\% \times (1 - 25\%)}{2\ 000 \times (1 - 2\%)} = 7.65\%$

优先股: $K_p = \dfrac{1\ 000 \times 12\%}{1\ 000 \times (1 - 3\%)} = 12.37\%$

普通股: $K_s = \dfrac{3\ 000 \times 12\%}{3\ 000 \times (1 - 4\%)} + 3\% = 15.5\%$

第二步,确定各种资金占全部资金的比重。

$W_b = \dfrac{2\ 000}{5\ 000} = 40\%$

$W_p = \dfrac{1\ 000}{5\ 000} = 20\%$

$W_s = \dfrac{2\ 000}{5\ 000} = 40\%$

第三步,计算加权平均资本成本。

$$K_w = \sum_{j=1}^{n} K_j W_j$$
$$= 7.65\% \times 40\% + 12.37\% \times 20\% + 15.5\% \times 40\%$$
$$= 11.73\%$$

综合资金成本根据 W_j 的取值不同有两种计算方法:一种是以账面价值为权数计算综合资金成本,称为"账面价值法";另一种是以市场价格为权数计算综合资金成本,称为"市价法"。

1. 账面价值法

按账面价值法计算综合资金成本,首先应找出各类资金的账面价值,并计算各类资金账面价值占全部资金账面价值的百分比,即权数,然后将各类资金的资金成本与权数相乘,再加总,即得综合资金成本。

【例 4-6】某公司各类资金的账面价值和资金成本如表 4-2 所示。

$$K_w = \dfrac{2\ 000}{20\ 000} \times 6\% + \dfrac{4\ 000}{20\ 000} \times 5.5\% + \dfrac{1\ 000}{20\ 000} \times 11\% + \dfrac{10\ 000}{20\ 000} \times 13\% + \dfrac{3\ 000}{20\ 000} \times 12.5\%$$
$$= 10.625\%$$

采用账面法,资料易取得,计算也简便,同时由于账面价值不随市价的变动而变动,因此计算结果相对稳定。当市价受企业外部因素影响较大,不能反映企业资金的真实价值时,这是唯一可以估计资金成本的方法。

但账面价值是反映资金的历史成本资料,一般不能用作分析当前的筹资或投资方案。另外，这种方法也不利于股东价值最大化目标的实现。

表 4-2　　　　　　　　　　公司各类资金的账面价值和资金成本

资金种类	账面价值（万元）	资金成本（%）
债券（面值 2 000 元，1 万张）	2 000	6
长期借款	4 000	5.5
优先股（100 万股）	1 000	11
普通股（10 000 万股）	10 000	13
留存收益	3 000	12.5
合　　计	20 000	—

2. 市价法

按市价法计算综合资金成本，首先应确定各类资金的市场价格，并计算各类资金的资金成本与权数的乘积，再加总，即得综合资金成本。

【例 4-7】承上例，假设债券的市价为每张 2 050 元，优先股的市价是每股 10.5 元，普通股的市价是每股 1.8 元，则计算如下：

债券的市价 = 1 × 2 050 = 2 050（万元）

长期银行借款没有市价，仍以账面价值反映：

优先股的市价 = 100 × 10.5 = 1 050（万元）

普通股的市价不仅反映普通股本身的市场价值，还包括留存收益的市场价值。由此可见，普通股与留存收益的市场价值之和应为 1.8 × 10 000 = 18 000（万元），各自的市场价值应按其在账面价值中所占的比重来确定。本例中，普通股与留存收益的账面价值之和为 13 000 万元，其中，普通股占 10 000/13 000 = 10/13，留存收益占 3 000/13 000 = 3/13，因此，普通股的市价是 18 000 × 10/13 = 13 846.2 万元，留存收益的市价是 18 000 × 3/13 = 4 153.8 万元。

各类资金的市价之和 = 2 050 + 4 000 + 1 050 + 13 846.2 + 4 153.8 = 25 100（万元）

$$综合资金成本 = \frac{2\,050}{25\,100} \times 6\% + \frac{4\,000}{25\,100} \times 5.5\% + \frac{1\,050}{25\,100} \times 11\% + \frac{13\,846.2}{25\,100} \times 13\%$$

$$+ \frac{4\,153.80}{25\,100} \times 12.5\% = 11.6\%$$

采用市价法计算的结果能反映实际情况，能应用于分析当前的筹资和投资方案是否合理，同时也有利于股东价值最大化目标的实现。但市价法计算比较复杂，一是要确定市价，二是要将市价在普通股和留存收益之间进行分配。另外，资金成本会随市价的波动而不断变动，影响资金成本计算结果的稳定性。当市价受企业外部因素严重影响时，计算结果不能真实反映企业资金的真实成本水平。一般来说，如果是为了考察、分析过去的筹资成本，可以考虑用账面价值法计算；如果是为了进行新的筹资或投资方案决策，则应选用市价计算。但无论是采用哪种方法计算加权平均资金成本，其前提是必须假定它实际上将按照规定的比例筹集资金。如果实际各类资金的筹资比例与计算加权平均资金成本时所规定的比例不同，就会使企业真实地加权平均资金成本与计算出来的用于筹资、投资决策的加权平均资金成本产

三、降低资本成本的途径

（一）影响资本成本的因素

影响资本成本的因素有很多，主要有：

（1）筹资期限。筹资期限越长，资本成本就越高，否则，资本成本就越低。这是因为，期限越长，未来的不确定性因素就越多，风险就越大，投资者所要求的报酬也就越高，从而资本成本也就越高。如权益资本与债务资本比较，前者期限是无限的（除非公司破产），因此其成本比负债成本要高。

（2）市场利率。市场利率是资金市场供求关系变动的结果，是资金这一特殊商品的价格。当资金市场供不应求时，市场利率相应提高；当资金供过于求时，市场利率相应降低。市场利率作为各种筹资方式的基准利率，当它提高时，就会相应提高各种筹资方式的成本；否则，就会相应降低各种筹资方式的成本。

（3）公司的信用等级。公司的信用等级反映了公司在资金市场中的地位，从而对各种筹资方式产生较大的影响。一般认为，信用等级越高，信誉越好，投资者投资于公司的风险就越小，所要求的风险报酬也就越小，从而筹资成本会相对降低；否则，筹资成本就会相对提高。

（4）筹资工作效率。筹资工作效率越高，所花费的筹资费用就越少，资本成本也就越低。否则，资本成本就越高。

（5）抵押担保。如果公司能够为债务资本提供足够的抵押或担保，则债权人投资的"安全系数"就大，所要求的投资报酬率就相对较低，从而使资本成本也相应降低；否则，就会加大资本成本。

（6）通货膨胀率。从投资者角度来看，通货膨胀率实质上是名义收益率与实际收益率间的差率。因此，它作为产生系统风险的重要因素之一，对所有的收益项目都会产生较大的影响。一般情况下，通货膨胀率越高，则资本成本就越高；否则，资本成本就越低。

（7）政策因素。如国家为了扶持某一产业的发展，而对该产业内的公司提供优惠的贷款利率，从而使这些公司借款成本降低。又如国家的所得税政策，对资本成本有着明显的影响。

（8）资本结构。由于个别资本成本的不同，加上公司筹资总额是多种筹资方式的有机组合，因此如何安排各种筹资方式的筹资量占总体资本的比重，即合理确定资本结构，就成为决定综合资本成本的重要因素之一。

（9）市场风险。市场风险是指投资者通过组合投资仍不能加以消除的投资风险。根据资本资产定价模型可知，市场风险对资本成本有着较大的影响。

（二）降低资本成本的途径

分析影响资本成本的各种因素，降低资本成本的途径主要有：

（1）合理安排筹资期限。长期资本主要是用于长期投资，因此筹资期限要服从于投资年限，服从于资本预算，投资年限越长，筹资期限也就越长。但是，由于投资是分阶段、分时期进行的，因此公司在筹资时，可按照投资的进度来合理安排筹资期限，这样既可减少资本成本，又可避免资金不必要的闲置。要合理安排筹资期限，除了要依据投资期限之外，还要考虑投资项目的回收期及现金流量状况。

（2）合理预测利率。资本市场利率多变，因此合理预测利率对提高筹资决策的正确性、降低资本成本有着重要意义。例如，某公司拟利用债券筹资100万元，筹资期限为1年。如果筹资时对利率进行预期，未来利率将由现在的10%上升到12%，则按现在的利率10%发行3年期的债券对公司有利；如果未来利率将由现在的10%下降到8%，则按现在的利率10%发行期限为1~2年的债券，等到利率下降时再按下降了的利率发行债券、以新债还旧债，从而节约资本成本。

（3）提高公司信誉，积极参与信用等级评估。公司要想提高其信用等级，树立起良好的财务形象，首先必须积极参与信用等级评估，让市场了解自己，也让自己走向市场。只有这样，才能在资本市场上筹资时获得便利条件，才能增强投资者的投资信心，降低资本成本。

（4）合理负债经营。在投资收益率大于债务成本率的前提下，积极利用负债经营，取得财务杠杆利益，降低资本成本，提高投资效益。

（5）提高筹资工作效率。要提高筹资工作效率，公司就必须做好以下几项工作：①正确制定筹资计划；②充分掌握各种筹资方式的基本程序，理顺筹资程序中各步骤间的关系，并制订具体实施步骤，以便于各步骤间的衔接与协调，节约时间与费用；③在人员安排上，组织专人负责筹资计划的具体实施，保证筹资工作的顺利开展。

（6）积极利用股票增值机制，降低股票筹资成本。股东投资总是希望获得较大的收益，而股东获得投资收益的方式有两种，即股利和资本利得。股利是公司的现金流出，构成资本成本；而资本利得则属于市场社会收益的再分配，与公司的现金流出无关。因此，对公司来说，要降低股票等筹资成本就应尽量采用多种方式来转移投资者对股利的注意力，使他们从市场上来实现其投资增值。当然，要发挥股票增值机制的作用，还必须依赖于两个前提：一是股票市场较为完善；二是公司现实的或潜在的利润较大。因此，公司努力提高其经营实力和竞争能力，扩大市场占有份额，可以直接降低股票分红压力，从而降低资本成本。

第二节 企业风险与杠杆原理

在财务管理中，对将来情况进行估计时往往存在多种可能性。这种对将来成果预期的不确定性，就意味着风险，必然对企业筹资活动产生影响，因此必须加以考虑和予以防范。从经营和财务的角度划分，风险可分为经营风险和财务风险。

一、经营风险和经营杠杆

（一）经营风险

经营风险是由于企业进行生产经营活动而导致的利润变动的风险。影响企业经营风险的因素很多，主要有：

（1）市场对产品的需求。市场对企业产品的需求越稳定，经营风险就小；反之，经营风险则大。

(2) 产品售价。产品售价变动不大,经营风险则小;否则经营风险则大。

(3) 产品成本。产品成本是收入的抵减,成本不稳定,会导致利润不稳定。因此,产品成本变动不大的,经营风险就小;反之经营风险则大。

(4) 调整价格的能力。当产品成本变动时,若企业具有较强的调整价格能力,经营风险就小;反之经营风险则大。

(5) 固定成本的比重。在企业全部成本中,固定成本所占比重较大时,单位产品分摊的固定成本额便大,若产销量发生变动,单位产品分担的固定成本会随之变动,并导致利润更大幅度的变动,经营风险就大;反之经营风险就小。

(二) 经营杠杆

在上述影响企业经营风险的诸因素中,固定成本所占比重的影响很重要。在某一固定成本水平下,销售量变动对利润产生的作用被称为"经营杠杆"。由于经营杠杆对经营风险的影响最为综合,因此常常被用来衡量经营风险的大小。

经营杠杆的大小一般用经营杠杆系数表示,它是息税前利润(扣除利息和所得税之前的利润,以 EBIT 表示)变动率与销售量变动率之间的比率。其计算公式为:

$$DOL = \frac{\frac{\Delta EBIT}{EBIT}}{\frac{\Delta Q}{Q_0}}$$

式中,DOL 为经营杠杆系数;$\Delta EBIT$ 为息税前利润变动额;EBIT 为变动前息税前利润;ΔQ 为销售量变动额;Q_0 为变动前销售量。

假定企业的成本—销量—利润保持直线关系,变动成本在销售收入中所占的比例不变,固定成本也保持稳定,经营杠杆系数便可通过营业收入(量)和成本来计算。有以下两种计算公式:

公式一:

$$DOL_Q = \frac{Q(P-V)}{Q(P-V)-F}$$

式中,DOL_Q 为销售量为 Q 时的经营杠杆系数;P 为产品单位销售价格;V 为产品单位变动成本;F 为总固定成本。

公式二:

$$DOL_s = \frac{S-VC}{S-VC-F} = \frac{EBIT+F}{EBIT}$$

式中,DOL_s 为营业收入为 S 时的经营杠杆系数;S 为营业收入;VC 为变动成本总额。

在实际工作中,公式一可用于计算单一产品的经营杠杆系数;公式二除了用于单一产品外,还可用于计算多种产品的经营杠杆系数。

上面公式的推导过程如下:

第一步:将定义公式变形。

经营杠杆系数 $DOL = (\Delta EBIT/EBIT) \cdot (Q/\Delta Q)$

第二步:写出 EBIT 的计算公式。

基期 $EBIT = (P-V) \cdot Q - F$

$\Delta EBIT = (P-V) \cdot \Delta Q$

第三步：将 EBIT、ΔEBIT 代入到变形公式中去。

$$DOL = [(P-V) \cdot \Delta Q] \cdot (Q/\Delta Q)/[(P-V) \cdot Q - F] = (P-V) \cdot Q/[(P-V) \cdot Q - F]$$
$$= (P-V) \cdot Q/[(P-V) \cdot Q - F] = 边际贡献/(边际贡献 - F)$$

M 为边际贡献，即收入 – 变动成本。

【例 4 – 8】某企业生产产品，固定成本为 60 万元，变动成本率为 40%，当企业的营业收入分别为 400 万元、200 万元、100 万元时，经营杠杆系数分别为：

$$DOL_{(1)} = \frac{400 - 400 \times 40\%}{400 - 400 \times 40\% - 60} = 1.33$$

$$DOL_{(2)} = \frac{200 - 200 \times 40\%}{200 - 200 \times 40\% - 60} = 2$$

$$DOL_{(3)} = \frac{100 - 100 \times 40\%}{100 - 100 \times 40\% - 60} = \infty$$

以上计算结果说明这样一些问题：

（1）在固定成本不变的情况下，经营杠杆系数说明了营业收入增长（减少）所引起利润增长（减少）的幅度。比如，$DOL_{(1)}$ 说明在营业收入为 400 万元时，营业收入的增长（减少）会引起利润 1.33 倍的增长（减少）；$DOL_{(2)}$ 说明在营业收入为 200 万元时，营业收入的增长（减少）将引起利润 2 倍的增长（减少）。

（2）在固定成本不变的情况下，营业收入越大，经营杠杆系数越小，经营风险也就越小；反之，营业收入越小，经营杠杆系数越大，经营风险也就越大。比如，营业收入为 400 万元时，$DOL_{(1)}$ 为 1.33；当营业收入为 200 万元时，$DOL_{(2)}$ 为 2。显然，后者利润的不稳定性大于前者，故而后者的经营风险大于前者。

（3）在营业收入处于盈亏临界点前的阶段，经营杠杆系数随营业收入的增加而递增；在营业收入处于盈亏临界点后的阶段，经营杠杆系数随营业收入的增加而递减；当营业收入达到盈亏临界点时，经营杠杆系数趋近于无穷大。如 $DOL_{(3)}$ 的情况，此时企业经营只能保本，若营业收入稍有增加便可出现盈利，若营业收入稍有减少便发生亏损。

企业一般可以通过增加营业收入、降低产品单位变动成本、降低固定成本比重等措施降低经营杠杆率，降低经营风险，但这往往要受到条件的限制。

（三）经营杠杆系数的用途

在公司财务管理中，经营杠杆系数主要有以下几种用途：

（1）帮助公司管理层掌握和降低经营风险。虽然经营杠杆本身不是产生利润不稳定性的根源，但其系数的大小能够反映市场、生产、成本等不确定性因素对利润变动的影响程度。经营杠杆系数越大，表明利润的变动越剧烈，经营风险也就越大。所以，经营杠杆系数的大小，能够反映经营风险的大小。公司管理层根据经营杠杆系数的大小，就能够掌握本公司经营风险的大小。

从上述计算经营杠杆系数的公式可以看出，影响经营杠杆系数大小的因素有固定成本、变动成本、销售量和销售价格等。因此，充分利用现有生产能力，努力扩大销售量，降低单位产品消耗和变动成本，以及在销售量的相关范围内降低固定成本，不但可以增加利润，而且还可以降低经营风险。

（2）帮助公司管理层做出正确的投资决策。购置新设备、采用先进技术虽可提高产品的数量和质量,降低单位变动成本,提高毛利率,但也会使固定成本总额增加,经营杠杆系数加大。因此,只有在公司经营处于景气时期,产品在市场上畅销、营业收入呈持续增长的情况下,才宜做出扩大投资规模的决策,从而随着产销量的增加可充分发挥经营杠杆的效应,使利润迅速增长;否则,会使经营风险加大,利润滑坡。

(3)帮助公司管理层正确分析经营成果。例如,某公司年计划产销产品10万件、利润10万元,该年实际产销产品12万件、利润12万元,利润和产销量均增长20%。对该公司这种情况,您满意吗?按照一般的观念,产销量和利润均超额完成计划20%,似乎是令人满意的。但按照上述经营杠杆原理,产销量增加到12万件时,利润应大于12万元,而实际只有12万元,这说明在某些环节上多花了成本,因而是不满意的。

二、财务风险与财务杠杆

(一)财务风险的概念

财务风险主要是由于企业筹集债务资金而形成的风险。企业如果有充分的资金不需负债,则企业只有经营风险而无财务风险;如果企业由于资金不足或其他原因而借入资金时,由于借入资金到期时无论企业是盈利还是亏损都要归还,这就产生了财务风险。财务风险就是指由于举债导致企业所有者收益变动,甚至可能导致企业破产的风险。财务风险与时间有密切的关系,风险随着时间增长。如在同等利率下,未来收益的风险大于近期收益的风险性。

影响财务风险的因素主要有:①资本供求的变化;②利率水平的变动;③获利能力的变化;④资本结构的变化,即财务杠杆的利用程度。

其中,财务杠杆对财务风险的影响最为综合。企业所有者欲获取财务杠杆利益,就要承担由此引起的财务风险,因此,必须在财务杠杆利益与财务风险之间做出合理的权衡。

(二)财务杠杆

企业负债经营,通常所需支付的债务成本是固定的,它不随息税前利润的变动而变动。所以在长期资本总额不变的情况下,当息税前利润增加或减少时,单位息税前利润所负担的债务成本就会相应地减少或增大,从而给每股普通股带来额外的收益或损失,这就是财务杠杆的作用。

财务杠杆作用的大小,以及由此带来的杠杆收益和财务风险,通常用财务杠杆系数来衡量。财务杠杆系数是指每股收益的变动率相对于息税前利润变动率的倍数,其计算公式为:

$$DFL = \frac{\frac{\Delta EPS}{EPS}}{\frac{\Delta EBIT}{EBIT}}$$

式中,DFL为财务杠杆系数;EPS为变动前的普通股每股收益;ΔEPS为普通股每股收益的变动额;EBIT为变动前的息税前利润;ΔEBIT为息税前利润的变动额。

该公式也可以变换为:

$$DFL = \frac{EBIT}{EBIT - I - \frac{D_p}{1 - T}}$$

式中,I为负债的利息;D_p为优先股股利;T为所得税税率。

该公式的推导过程如下：

第一步：将定义公式变形。

财务杠杆系数 DFL = (ΔEPS/EPS)·(EBIT/ΔEBIT)

第二步：写出 EPS 的计算公式。

基期 EPS = (EBIT - I)·(1 - T)/普通股股数 N

ΔEPS = ΔEBIT·(1 - T)/N

第三步：求出 ΔEPS/EPS = ?

ΔEPS/EPS = ΔEBIT/(EBIT - I)

第四步：将第三步代入财务杠杆系数变形公式（第一步）。若设有优先股，则

财务杠杆系数 DFL = ΔEBIT/(EBIT - I)·(EBIT/ΔEBIT)

= EBIT/(EBIT - I)

【例 4-9】假设有 X、Y、Z 三家公司，它们的息税前利润相同，都为 100 万元，但资本结构不同。它们的资产、负债状况如表 4-3 所示。

表 4-3　　　　　　　　X、Y、Z 三家公司的资产、负债状况　　　　　　　　单位：万元

项 目	X 公司	Y 公司	Z 公司
资产	2 000	2 000	2 000
负债	400	800	1 200
股东权益	1 600	1 200	800
负债和股东权益合计	2 000	2 000	2 000
负债比率（财务杠杆程度）	20%	40%	60%

再假设 X、Y、Z 三家公司的股东权益全部为普通股，每股面值 100 元。X 公司流通在外的股份为 16 万股，Y 公司为 12 万股，Z 公司为 8 万股。X、Y、Z 三家公司每股收益、财务杠杆系数的计算如表 4-4 所示。

表 4-4　　　　　　X、Y、Z 三家公司的每股收益、财务杠杆系数计算表

项 目	X 公司	Y 公司	Z 公司
息税前利润（万元）	200	200	200
减利息支出（9%）	36	72	108
税前利润（万元）	164	128	92
所得税（25%）	41	32	23
税后利润（万元）	123	96	69
流通在外的股份（万股）	16	12	8
每股收益	7.688	8	8.625
财务杠杆系数	1.219	1.563	2.174

从表 4-4 可见，X、Y、Z 三家公司的息税前利润虽然相同，但是由于资本结构不同，

它们的每股收益、财务杠杆系数也不同。企业的负债程度越高,其财务杠杆的作用也就越大,每股收益也就越高;但是,一旦企业的经营环境发生变化,企业的资本利润率小于债务的利息率,企业的负债程度越高,利息负担也就越重,企业因此破产的可能性也就越大,也就是说企业的财务风险也就越高。

从上例可以看出,企业负债经营中利用财务杠杆有其积极的作用,但同时也增加了企业的财务风险,这也符合高报酬、高风险的原则。现举例通过计算某公司在不同经营情况和不同资本结构下的每股收益及其标准差来说明负债筹资的风险。

【例 4-10】某公司资本结构对每股收益和筹资风险的影响如表 4-5 所示。

表 4-5　　　　　　　资本结构对每股收益和筹资风险的影响

	萧条	一般	繁荣
1. 企业经营情况			
营业收入（S）（万元）	1 200	2 400	3 600
概率（P）	0.2	0.6	0.2
固定成本（F）（万元）	480	480	480
变动成本总额（VC）（为营业收入的60%）（万元）	720	1 440	2 160
成本合计（利息费用和所得税费用除外）（万元）	1 200	1 920	2 640
息税前利润（EBIT）（万元）	0	480	960
2. 当负债比率为 0 时			
减：利息费用（万元）	0	0	0
所得税费用（25%）（万元）	0	120	240
税后利润（万元）	0	360	720
每股收益（140 万股流通在外）（元/股）	0	2.5714	5.1429
期望每股收益（元/股）		2.2971	
每股收益的标准差		1.4529	
3. 当负债比率为 20% 时			
减：利息费用（140×20%×20×8%）（万元）	44.8	44.8	44.8
所得税费用（25%）（万元）	0	108.8	228.8
税后利润（万元）	-44.8	326.4	686.4
每股收益（112 万股流通在外）（元/股）	-0.4	2.9143	6.1286
期望每股收益（元/股）		2.8943	
每股收益的标准差		2.0647	
4. 当负债比率为 50% 时			
减：利息费用（140×50%×20×12%）（万元）	168	168	
所得税费用（25%）（万元）	0	78	168
税后利润（万元）	-168	234	198
每股收益（70 万股流通在外）（元/股）	-2.4	3.3429	594
期望每股收益（元/股）		3.2229	8.4857
每股收益的标准差		3.4455	

表4-5中,有关的计算公式为:

息税前利润 $EBIT = S - VC - F$

每股收益 $EPS = [(EBIT - I) \times (1 - T)] \div N$

期望每股收益 $\overline{EPS} = \sum (EPS_i \times P_i)$

每股收益标准差 $= \sqrt{\sum (EPS_i - \overline{EPS})^2 \times P_i}$

从表4-5的计算结果可以看出,企业的负债比率越高,报酬(每股收益)越大,但是财务风险(每股收益的标准差)也就越高。因此,在决定使用负债筹资方式时,必须在风险和报酬之间进行慎重地选择。

(三) 财务杠杆系数的用途

在公司财务管理中,财务杠杆系数主要有以下几种用途:

(1) 帮助公司管理当局掌握财务风险的大小。财务杠杆系数反映了资本结构中债务的运用对每股利润(税后利润)变动的影响程度,因而其大小反映了财务风险的大小。财务杠杆系数越大,表明公司偿债压力越大,从而财务风险也就越大;否则,财务风险也就越小。所以,公司管理层可以利用财务杠杆系数的大小,来判断财务风险的大小。

(2) 帮助公司管理层做出正确的举债决策。在息税前利润一定的情况下,财务杠杆的作用会使公司权益资本净利润率的变动幅度大于全部资金息税前利润率的变动幅度。这种数量关系,可用下列公式表述:

$$\text{权益资本净利润率} = \left[\text{全部资金息税前利润率} + \left(\text{全部资金息税前利润率} - \text{债务利息率}\right) \times \frac{\text{债务资本}}{\text{权益资本}}\right] \times (1 - T)$$

式中,T为所得税税率。

由上述公式可见,权益资本净利润与全部资金息税前利润率的差距,被资本构成比例(债务资本/权益资本)所放大。这种放大效应,就是财务杠杆效应。当全部资金息税前利润率大于债务利息率时,适当提高资本结构中的负债比重,会使权益资本净利润率大于全部资金息税前利润率;否则,就会使权益资本净利润率小于全部资金息税前利润率。所以,财务杠杆能帮助公司管理层做出正确的举债决策,提高权益资本净利润率。

三、经营杠杆与财务杠杆的综合作用

从前述分析可知,经营杠杆是通过扩大销售影响息税前利润;而财务杠杆则是通过扩大税息前利润影响每股利润。两者最终都影响到普通股的收益。如果企业同时利用经营杠杆和财务杠杆,这种影响就会更大,同时总的风险也更高。

对于经营杠杆和财务杠杆的综合程度,可以用复合杠杆系数(DCL)或总杠杆系数(DTL)来表示。它是经营杠杆系数与财务杠杆系数的乘积。其计算公式为:

$$DTL = DOL \times DFL = \frac{Q(P - V)}{Q(P - V) - F - I}$$

或

$$DTL = \frac{S - VC}{S - VC - F - I}$$

【例4-11】 甲公司的经营杠杆系数为2,财务杠杆系数为1.5,其复合杠杆系数即为:

$$DTL = 2 \times 1.5 = 3$$

复合杠杆作用的意义：（1）能够估计出营业收入变动对每股收益造成的影响。比如，上例中营业收入每增长（或减少）1倍，就会造成每股收益增长（减少）3倍。（2）它使我们看到了经营杠杆与财务杠杆之间的相互关系，即为了达到某一复合杠杆系数，经营杠杆和财务杠杆可以有很多不同的组合，比如经营杠杆较低的程度上使用财务杠杆等等。这有待公司在考虑各有关具体因素之后做出选择。

四、规避财务风险

（一）建立科学的财务预测和风险监控机制

财务预测是指对未来筹资需求的估计。准确的财务预测对于防范财务风险有重要作用。通过财务预测，使企业能预先知道自己的财务需求，提前安排筹资计划，估计可能筹措到的资金，企业就可以了解筹资满足投资的程度，再据以安排企业生产经营和投资，从而使投资与筹资相联系，避免由于两者脱节造成的现金周转困难。而且，预测包括了对未来各种可能前景的认识和思考，通过预测可以提高企业对未来确定事件的反应能力，从而减少不利事件出现带来的损失。同时，通过建立风险监控机制，使企业具备风险自动预警功能，对事态的发展形势、状态进行监测，信息反馈，及时对可能发生的或已发生的与预期不符的变化予以反映，研究相应的对策和控制手段，把不确定事件带给企业的风险降低到最低程度。

（二）加强筹资管理

筹资管理中对财务风险的防范对策主要是合理设计资本结构中的各种比例关系，通过对不同资本要素、不同时间跨度、不同层次的各种资本要素的有机协调，达到降低财务风险的目的。包括：①权益资本和负债的比例关系，充分利用债务资本的财务杠杆作用，选择总风险较低的最佳筹资组合。②长期负债和短期负债的比例关系，长期负债中又有债券和长期借款的比例。长期债务和短期债务各有利弊，短期债务的资金成本较低，但是风险较高，长期债务则与之相反。企业必须合理搭配债务还款期限，控制财务风险。③各种债务到期时间的安排，债务到期时间应均匀分布，尽量做到与现金流入的周期同步。如果到期日集中在某一时期，会给企业造成极大的还款压力，发生临时筹资风险。④选择多种筹资渠道，如发行股票、债券、从银行或非金融机构借款、充分利用应付账款、应付票据、预收账款等商业信用。

（三）加强投资管理

运用投资管理规避风险的方法主要是进行投资组合。风险分散理论认为，投资组合在降低风险的同时不会降低投资收益，通过选择多个相关程度不高的投资项目可以达到分散风险的目的。但是，必须注意的是进行投资组合须以出色的管理能力和丰富的管理经验为基础，超越企业本身的管理能力，选择过多的投资项目，反而分散了管理者的精力，只能导致更大的风险。另外，对于投资回收期长、市场前景难以把握、风险程度高的项目，企业一定要谨慎，在投资之前必须进行科学周密的可行性研究和风险评价。

（四）加强资金回收管理

资金回收风险是指资金不能及时周转或资金流出后不能及时收回的风险。要规避资金回收风险，必须做好资金来源、资金占用、资金分配和资金回收的测算和平衡，以保证资金的安全性、效益性和流动性。应收账款回收控制风险可以通过以下方法加以规避：一是利用"五C"系统对客户进行科学评估，对不同的客户给予不同的信用期间、信用额度和不同的现金折扣，制定合理的资信等级和信用政策。二是在现销和赊销之间权衡，当赊销所增加的盈利超过所增加的成本时，才应当实施应收账款赊销。三是定期编制账龄分析表，确定合理的应收账款比例，对应收账款回收情况进行监督，对坏账损失事先做好准备。四是针对不同的客户、不同的阶段采取不同的收账政策，既要保证账款的有效收回，又要注意避免伤及客户关系，同时，制定收账政策时要考虑收账费用与坏账损失的大小。存货的流转控制风险通常是指存货及时销售变现的风险。存货的科学储存和流转变现可以通过制定合理的安全储备、订货批量和进货时间来保证和控制。

（五）加强收益分配管理

规避收益分配风险要从现金流入和现金流出两方面着手。一方面要对现金流入实施控制，另一方面要考虑收益分配政策。根据企业发展的需要，制定合理的收益留存和利润分配政策，采取适当的利润和现金分配方式，保障现金流入与流出的相互配合、协调，以期达到降低风险的目的。

（六）密切关注和把握利率、汇率的变动

企业举债经营，利率是影响资金成本的重要因素。借款利息率越高，权益资本收益率越低，企业的财务风险也越大。因此，必须密切关注和把握好利率的变动，及时调整企业的筹资方案，以保持较低资金成本。另外，在市场经济条件下，资金在国际自由流动，国家间经济交往活动日益增多，汇率变动对企业财务风险的影响也越来越大，特别是对于进行国际筹资投资和从事进出口贸易的企业。所以，汇率变动也应成为企业关注的事项，尽量避免汇率变动带来的不利影响。

（七）实施债务重整

当公司出现严重经营亏损并处于破产清理边界时，可以通过与债权人协商的方式，实施必要的债务重整计划，如将部分债务转化为普通股、豁免部分债务、降低利率等，使公司在新的资本结构基础上起死回生。从根本上看，债务重整不但可以减少公司的筹资风险，而且也在很大程度上降低了债权人的终极破产风险。债权人之所以同意债务重整，是通过债务重整能使他们的权益损失降低到最低限度，当重整损失小于直接破产造成的权益损失时，债权人就会认为，债务重整是必要的，在经济上也是可行的。

第三节 资本结构理论

资本结构理论是关于公司资本结构、公司资本成本与公司价值三者之间关系的理论。它是现代企业财务理论的重要内容，也是资本结构决策的理论基础。从资本结构理论的产生和发展来看，主要有早期资本结构理论、MM资本结构理论和发展的资本结构理论。

一、早期资本结构理论

对企业资本结构的研究起源于20世纪初，五六十年代得到迅速发展。在这一时期，人们先后对资本结构产生过不同的认识，形成了早期的资本结构理论观点，代表性的观点有以下三种：

(1) 净收益理论。净收益理论有三个假设：①投资者按某一固定不变的比率（权益资本成本）对企业的净收益进行估价；②企业能以一个固定的利率筹措其所需的所有负债资金；③投资者及债权人并不认为公司财务杠杆程度的提高会加大企业的风险。该理论认为，利用债务即加大公司的财务杠杆程度，可降低其加权平均资本成本，并提高公司的市场价值。因此，净收益理论主张企业为实现价值最大化，应使用几乎100%的债务资本，此时加权平均资本成本最低，资本结构最佳。净收益理论的主要缺陷是没有考虑财务风险，其优点在于考虑了财务杠杆的作用。但是，过分强调财务杠杆的作用，忽视财务风险，一旦企业偿债能力不足时，便会导致破产。

(2) 净营业收益理论。净营业收益理论认为，不论企业财务杠杆的作用如何变化，总资本的成本率是固定的，因此对企业总价值没有影响。其基本假设是，企业利用负债筹资，财务杠杆作用扩大，便会增加企业权益资本的风险，普通股股本便要求更高的股利率，财务杠杆作用产生的收益将全部作为股利向股东发放，普通股资本成本上升，正好抵消了财务杠杆作用带来的好处。因此，投资者仍以原来固定的总资本成本来衡量企业的净营业收益，企业总价值没有变化。依此推论，企业有无负债以及负债多少不会对加权平均资本成本和企业价值产生影响，最佳资本结构的选择毫无意义。

(3) 传统理论。传统理论实际上是介于以上两种理论的一种折中。它认为，当企业在一定的负债限度内利用财务杠杆作用时，负债资本和权益资本都不会有明显的风险增长，所以资本成本基本不变。此时，企业的总价值却开始上升，并且可能在此限度内达到最高点。但如果企业负债筹资的财务杠杆作用超出这个限度，风险会明显增大，使企业负债资本和权益资本的成本率上升，并使总资本成本率上扬。负债比例超出此限度越大，总资本成本率上升得越快。而在负债超出此限度后，企业的总价值随着总资本成本的上升而开始下降。该理论承认企业确实存在一个最佳资本结构，也就是使企业价值最大的资本结构，并可以通过适度财务杠杆的运用来获得。一般来讲，在最佳资本结构点上，负债的实际边际资本成本率与股东的实际边际成本率相同。在财务杠杆率达到该点以前的所有水平上，负债的实际边际成本率将会低于股本筹资的实际边际成本率，而当财务杠杆达到该点以后，则出现相反情况。

二、MM 资本结构理论

1958年，美国财务学者 F. 莫迪格莱尼和 M. H. 米勒在《美国经济评论》上合作发表了《资本成本、公司财务与投资理论》一文，提出了筹资理论发展史上经典的 MM 定理，使资本结构研究成为一种严格的、科学的理论，也标志着现代资本结构理论的创立。

MM 理论是建立在一系列基本假设前提之上的，这些假设包括：

(1) 风险是可以衡量的，且经营风险相同的企业处在同一个风险等级；

(2) 投资者对企业未来的风险与收益的预期相同；

(3) 股票和债券在完全的资本市场上交易，即在其他条件相同的情况下，所有投资者（机构和个人）均不发生交易成本；

(4) 负债的利率为无风险利率，所有的个人和机构都可以按照无风险利率无限量地借入资金；

(5) 公司是零成长型企业，所有的现金流量都是永久性的，投资者对息税前收益的预期是常数。

在上述基本假设的基础上，莫迪格莱尼和米勒提出了无公司税时的 MM 理论和考虑公司税的 MM 理论。

MM 理论认为，在符合上述假设且没有公司所得税和个人所得税的前提下，下述命题成立：

（1）总价值命题。只要息税前利润相等，处于同一风险等级的任何企业，无论是有负债还是无负债，它们的总价值相同，即企业的价值均由其预期息税前收益按照其风险等级所对应的贴现率贴现后决定。根据这一命题可得出以下结论：在没有税收的情况下，企业的价值与其资本结构无关，企业的加权平均资本成本只由其风险等级所决定，与资本结构也无关。

（2）风险补偿命题。负债企业的权益资本成本等于同风险等级的无负债企业的权益资本成本加上一定数量的风险报酬；风险报酬的数值相当于无负债企业的权益资本成本减去债务成本后与负债企业的债务权益比的乘积。根据这一命题可得出以下结论：企业使用债务会提高其权益资本成本，从而抵消了债务成本较低所带来的好处，对企业的价值不产生影响。上述命题称为 MM 资本结构无关论。因为在没有政府税收的情况下，增加债务并不能提高公司的价值，负债带来的好处完全被其同时带来的风险增加所抵消，因此公司资本结构与公司价值无关。

莫迪格莱尼和米勒于 1963 年合作发表了另一篇论文——《公司所得税与资本成本：一项修正》。这篇文章取消了无公司所得税的假设，对原资本结构理论进行了修正，将企业的所得税因素纳入资本结构的分析之中。修正后的 MM 资本结构理论也提出了两个命题：

（1）赋税节余命题。有负债企业的价值等于具有同等风险程度的无负债企业的价值加上因负债而产生的节税利益（该节税利益是企业负债额与所得税税率的乘积）。根据该命题，当公司举债后，债务利息可以计入财务费用，形成节税利益，由此可增加公司的净收益，从而提高公司的价值。随着公司债务比例的上升即财务杠杆系数的提高，公司的价值也会提高。

（2）风险报酬命题。有负债企业的权益资本成本等于具有同等风险程度的无负债企业的权益资本成本加上一定的风险补偿，该风险补偿的高低取决于债务的比例和所得税税率。根据该命题，随着公司负债比率的提高，公司的综合资本成本会降低，公司的价值则会提高。按照修正的 MM 资本结构理论，公司的资本结构与公司的价值不再是无关，而是大大相关，并且公司负债比率与公司价值为正相关关系。

三、资本结构理论的发展

为了完善资本结构理论、也为了提高现代资本结构理论对理财实践的指导价值，在 MM 资本结构理论的基础上，学者们又陆续发展了如下一些重要的资本结构理论：权衡理论、代理理论、等级筹资理论等。

1. 权衡理论

20 世纪 70 年代，人们发现制约企业无限追求免税优惠或负债最大化的关键因素在于债务上升而形成的企业风险和费用。企业债务增加使企业陷入财务危机甚至破产的可能性也增加。随着企业债务增加而提高的风险和各种费用会增加企业的额外成本，从而其市场价值下降。因此，企业最佳资本结构应当是在负债价值最大化和债务上升带来的财务危机成本之间的平衡，这一理论被称为权衡理论。权衡理论可以说是对 MM 理论的再修正。该理论认为，当负债程度较低时,企业价值因税额庇护利益的存在会随负债水平的上升而增加;当负债达到一定界限时,负债税额庇护利益开始为财务危机成本所抵消。当边际负债税额庇护利益等于边际财务危机成本时,企业价值最大,资本结构最优;若企业继续追加负债,企业价值会因财务危机成本大于负债税额庇护利益而下降,负债越多,企业价值下降越快。

权衡理论认为,负债企业市场价值等于无负债企业市场价值加上负债的税收收益,再减去财务困境成本。即,

$$V_L = V_U + t * B - FPV$$

式中,V_U 表示无负债企业市场价值,V_L 表示负债企业市场价值,t 表示公司所得税率,B 表示公司负债的市场价值,FPV 表示企业破产成本的期望现值。

如图 4-1 所示,存在最优负债比例 B 点使得有负债企业价值最大。

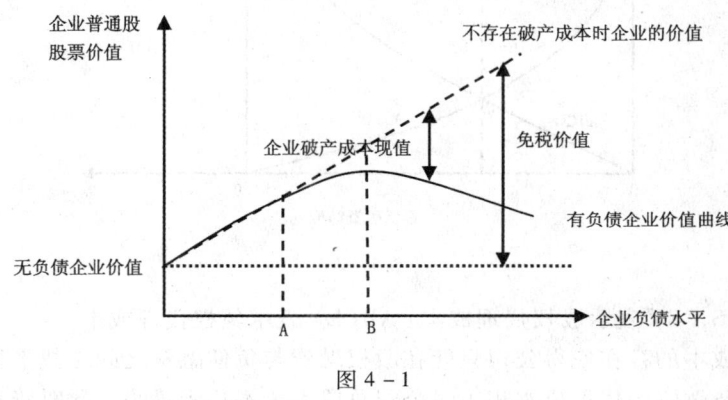

图 4-1

2. 代理理论

代理理论的创始人詹森和麦克林 Jensen & Meckling(1976)认为,企业资本结构会影响经理人员的工作水平和其他行为选择,从而影响企业未来现金收入和企业市场价值。比如说,当经理人不作为内部股东而作为代理人时,其努力的成本由自己负担,而努力的收益却归于他人;其在职消费的好处由自己享有,而消费成本却由他人负责。这时,他可能偷懒或采取有利于自身效用的满足而损害委托人利益的行动。该理论认为,债权筹资有更强的激励作用,并将债务视为一种担保机制。这种机制能够促使经理多努力工作,少个人享受,并且做出更好的投资决策,从而降低由于两权分离而产生的代理成本。但是,负债筹资可能导致另一种代理成本,即企业接受债权人监督而产生的成本。这种债权的代理成本也得由经营者来承担,从而举债比例上升导致举债成本上升。均衡的企业所有权结构是由股权代理成本和债权代理成本之间的平衡关系来决定的。

Jensen & Meckling 指出在股权融资中,由于信息不对称,上市公司的大股东和管理层具有过度投资、损害公司债权人利益的倾向,造成公司价值小于管理权与经营权合一时的公司价值差额,产生所谓的股权代理成本。经理的股权越少,这种行为越严重,代理成本越大。当这种行为发生时,公司债权人为了保障自身的利益,便会要求获得更高的收益率,引起股票价格下跌,股权代理成本上升。因此,增加债务融资的比例会减少自由现金流量,增加经理剩余索取权比例,从而降低股权代理成本,如图 4-2 中 $AS_0(E)$,股权代理成本随负债率上升而下降。

在债务融资中,当投资项目取得好收益时,高于债券利息的收益都归股东所有;当投资项目亏损时,由于有限责任,债权人将承担后果。这使得股东会从事风险较大的投资项目。然而,由于债权人能理性地预期到股东的这种资产替代行为,会要求更高的利率作为补偿,导致债务融资成本上升,这就是债权代理成本。当公司债务融资比率上升时,债权代理成本上升,如图 4-2 中 $AB(E)$。

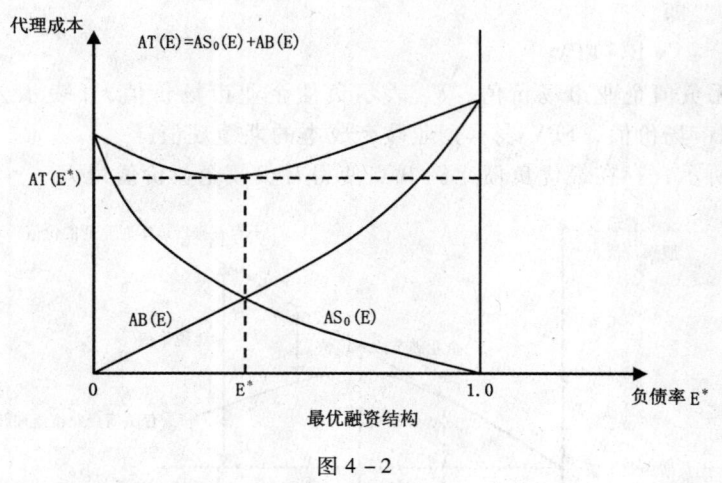

图 4-2

图 4-2 中 $AS_0(E)$ 表示股权代理成本,$AB(E)$ 表示债权代理成本。

可见,代理成本的存在使得公司只能在股权融资与负债融资之间寻找平衡点。股权融资的代理成本与债务融资的代理成本相等时公司总资本成本达到最小,此时资本结构是公司最优资本结构。

同时,Jensen & Meckling 认为,要减少企业的代理成本,必须通过监督和约束等措施来控制所有者和管理者的行为。这些措施包括审计、正规的控制系统、预算限制以及建立激励补偿机制等。

3. 优序筹资理论

由于传统的筹资优序理论与现实的差异,梅耶斯等学者提出了一种新的优序筹资理论。梅耶斯于1984年通过建立一个投资项目信息不对称的简单模型,提出了等级筹资假设。首先,外部筹资的成本不仅包括管理和证券承销成本,包括新发行证券被低估的成本,而且还包括不对称信息所产生的"投资不足效应"而引起的成本。在信息不对称条件下,企业可能会选择不发行证券,即使有净现值为正的投资机会,也有可能放弃。为消除"投资不足效应"而引起的成本,企业可以选择用内部积累的资金去保障净现值为正的投资机会。所以,通过比较外部筹资和内部筹资的成本,当企业面临投资决策时,理论上首先考虑运用内部资金。其次,梅耶斯认为债务筹资优于股权筹资。他认为总的原则是先发行安全的证券,然后才是风险性证券,这样就能很好地从理论上诠释优序筹资理论的两个中心思想:(1) 偏好内部筹资;(2) 如果需要外部筹资,则偏好债务筹资。

第四节 资本结构决策

一、资本结构的概念与意义

资本结构是指企业各种资本的构成及其比例关系。在理论上，一般认为资本结构有广义和狭义两种理解。广义的资本结构指全部资本的构成，即自有资本和负债资本的对比关系；狭义的资本结构是指自有资本与长期负债资本的对比关系，而将短期债务资本作为营业资本管理。

现代企业已不再是传统意义上的业主企业，独资的情况很少。每个企业有可能也有必要从不同来源、采取多种方式筹集所需资本。各种资本的资金成本、约束条件、融资效益、相关风险、权利要求等都不完全相同，有的甚至大相径庭。从财务融资实践来看，每个企业都必须考虑和设计其资本结构问题。资本结构设计是企业筹资过程中在财务杠杆利益、筹资成本与筹资风险等各要素之间寻求一种合理的均衡。资本结构合理与否在很大程度上决定企业的偿债能力、再筹资能力和未来盈利能力，成为影响企业财务的重要指标。

现代企业财务管理的一个重要课题和领域，是如何从企业财务状况、经济效益出发，采取科学的测算方法，对与资本结构相关的诸因素进行综合分析，确定和选择企业最佳资本结构，并始终使企业的资本结构保持最适当的状态。

二、影响资本结构的因素

在现实中，影响资本结构的因素很多，除了资本成本、财务风险以外，还有如下一些重要因素：

（1）企业经营的长期稳定性。大多数企业，尤其是与人们社会生活密切相关的企业，有责任持续不断地向社会提供产品和服务，因此，它们对财务杠杆的运用必须限制在不危及长期稳定经营的范围之内。

（2）管理人员所持的态度。如果管理人员不愿使公司的控制权旁落，则可能不愿增发新股，而尽量采用债务融资。相反，如果管理人员不愿冒风险，那么，可能较少利用财务杠杆，尽量减低债务资本的比例。

（3）债权人和信用评级机构的态度。虽然企业对如何适当地运用财务杠杆都有自己的分析，但债权人和信用评级机构的态度实际上往往成为决定财务结构的关键因素。通常，企业都会与债权人和信用评级机构商讨其资本结构，并且对他们提出的意见予以充分重视。如果企业过高地运用财务杠杆，债权人未必会接受超额贷款的要求，或者在相当高的利率条件下才同意增加贷款。

（4）保持借债能力。企业应当努力维持随时可能发行债券的能力。为了维持借债能力，不少企业倾向于在正常情况下使用较少的借款，从而表现出完善的财务形象。这就短期效果而言可能不坏，但从长远观点看，却并非较好的选择。

（5）企业的增长率。在其他因素相同的情况下，发展速度较低，可以只通过留用利润补充资本，而发展较快的企业必须依赖于外部筹资。所以，增长率高的企业与低的企业相比，会倾向于使用更多的债务。

（6）企业的获利能力。企业的息税前利润最低应满足债务利息的要求，否则不可能运用财务杠杆。在实际工作中，获利水平相当高的企业往往并不使用大量的债务资本，因其可以利用较多留用利润来满足增资的需要。

（7）企业的现金流量状况。债务的利息和本金必然以现金支付，这就涉及企业的现金流量问题。企业现金流入量越大，举债筹资能力就越强。因此，企业产生现金流量的能力对提高全部资本结构中债务资本比率有着重要的作用。

（8）税收因素。利息费用可以减税，而股利则不能减税，因此，企业的所得税率越高，借款举债的好处就越大。所以，税收在客观上产生了一定刺激作用。

（9）行业差别。在实际工作中，不同行业以及同一行业的不同企业，在运用债务筹资的策略和方法上大不相同，从而也会使资本结构产生差别。在资本结构决策中，应掌握本企业所处行业资本结构的一般水准，以其作为确定本企业资本结构的参照，分析本企业与同行业其他企业的差别，以便决定本企业的资本结构比例。同时还必须认识到，资本结构不会停留在一个固定的水准上，随着时间的推移、情况的发展变化，资本结构也会发生一定的变动，这就需要根据具体情况进行合理的调整。

三、最佳资本结构的确定

（一）资本结构的定性决策

企业资本结构究竟应该如何安排与规划？这是一个极其复杂的问题，受许多因素的制约和影响。设计企业资本结构时，必须充分考虑诸因素，具体来说，主要分为外部因素和内部因素两大类。下面就从同资本结构相关的诸因素及其相互关系进行定性分析，探讨企业资本结构优化决策的一些定性原则和方法。

1. 对企业内部因素的决策分析

（1）企业未来销售的成长率和稳定性。企业未来的销售状况是设计资本结构的重要因素。如果企业的销售成长快，必然产生较多的现金流量，对投资者（无论是股权投资者还是债权投资者）都有很强的吸引力，使企业追加筹资比较容易。因此，销售成长率很高的企业一般可以设计较高的资产负债率，但是不能忽视销售增长的稳定性。如果企业的销售稳定，则可以较多地负担固定的债务费用；如果销售有周期性，则能否负担固定的债务费用不易把握，将冒较大的风险。

（2）企业投资项目性质和生产技术配备能力与结构。确定和保持合理的筹资来源结构，应从投资项目的建设周期、现金流量和企业自身实际生产经营能力、技术状况出发。投资项目建设周期短，现金净流量多，生产经营状况好，产品适销对路，资金周转快，资产负债比率可以适当高一些，并可提高短期资金的比例；而那些存货积压严重、资金周转缓慢的企业确定高资产负债比率是危险的。

（3）企业获利水平与股利决策。获利能力越大、财务状况越好、变现能力越强的企业，就越有能力负担财务上的风险。因此，随着企业变现能力、财务状况和获利能力的增进，举债融资就越有吸引力。

企业的股利决策其实也是一种融资政策。在西方财务理论的研究中，往往把资本结构和股利决策结合起来分析，不同的股利决策下可以设计不同的资本结构。如实施高股利决策和剩余股利决策，就应该与较高的负债经营相匹配。低股利决策和不规则股利决策下，应该慎重推行风险较高的资本结构。

(4) 资金使用结构。合理设计企业的资本结构还要考虑企业资金使用结构。重点是企业流动资产与固定资产的数量关系，因为固定资产的变现性比流动资产的变现性要差得多。同时也不能忽视有形资产与无形资产的结构比率，有时无形资产并不能成为负债经营和筹集长期资金的物资担保。

(5) 管理人员对企业权力和风险的态度。如果管理人员不愿使公司的控制权稀释，则可能不愿增发新股票，而尽量采用债务融资。如果管理人员讨厌风险，那么可能较少利用财务杠杆，尽量减少债务资金的比例。

2. 对企业外部因素的决策分析

(1) 不同社会经济环境和状况。企业要学会在不同的环境下采取随机应变的财务策略的本领。在社会经济增长条件下或政府鼓励投资时期，提高企业负债率，多一些负债，充分利用债权人的资金来从事投资和经营活动，可以增强企业发展能力，获得较高的经济效益，企业有能力承担较大还款和付息压力，也就是可以冒较大的筹资风险。反之，在经济衰退时期，应当采取紧缩负债经营的政策，减少遭受损失和破产的风险，谋求较低的盈利。

(2) 企业所处的行业状况。企业的行业属性是决定其资本结构水平的重要因素。如钢铁、金融、地产等行业，破产风险较小。即使企业破产，其投资本金的损失也不会太大，故可以保持较高的资产负债水平；而电子、化工等高科技行业，投资风险较大，保持太高的资产负债率或太多的流动负债是不明智的。在竞争激烈行业中的企业，其负债经营比率应低一点，谋取稳定的财务状况；否则，应该高一些。

(3) 金融市场的运行状态。现代企业财务尤其是筹资与金融市场水乳交融，企业资本结构决策的重要的外部因素就是金融市场的运行状态。如果货币市场相对资本市场来说发达、完备、健全，企业可以适当提高流动负债的比重，因为增加流动负债的规模可适当降低企业筹资成本；反之，就需扩大长期资金的规模，以减少筹资风险。金融市场活跃、股价高涨时期以股本筹资为主。

(4) 在企业的所有者、债权人、经营者、社会等有关方面能够接受和承担的风险防范范围。一般来说，企业举债经营比率偏高，对整个社会经济发展有不利的影响，容易导致企业本身经济效益下降、亏损和破产，加剧整个社会经济发展的不稳定性，引起通货膨胀，不利于产业结构的转变。因此，企业财务结构应依企业所有者、债权人、社会大众等社会各方面普遍能够接受的风险而定。

(二) 资本结构的定量决策

资金结构的优化旨在寻求最优资金结构，使企业综合资金成本最低，企业风险最小，企业价值最大。下面介绍三种常用的优化资金结构的方法。

1. 资本成本比较法

当企业选择不同筹资方案时，可以采用比较综合资金成本的方法选定一个资金结构较优的方案。

【例 4-12】 某企业计划年初的资金结构如表 4-6 所示。

表 4-6

资金来源	金额（万元）
普通股 4 万股（筹资费率 2%）	800
长期债券年利率 10%（筹资费率 2%）	300
长期借款年利率 9%（无筹资费用）	100
合计	1 200

该企业普通股每股面额 200 元，今年期望股息为 20 元/股，预计以后每年股利率将增加 3%。该企业所得税税率为 25%。该企业现拟增资 300 万元，有以下两个方案可供选择：

甲方案：发行长期债券 300 万元，年利率 11%，筹资费率 2%。由于发行债券增加了财务风险，使普通股市价跌到每股 180 元，每股股息增加到 24 元，以后每年需增加 4%。

乙方案：发行长期债券 150 万元，年利率 11%，筹资费率 2%，另发行股票 150 万元，筹资费率 2%，普通股每股股息增加到 24 元/股，以后每年仍增加 3%，普通股市价上升到每股 230 元。

要求：（1）计算年初综合资金成本；
（2）试做出增资决策。

解：依上述资料分别计算如下：

（1）年初综合资金成本。

$$\text{普通股资金成本} = \frac{20}{200 \times (1-2\%)} + 3\% = 13.20\%$$

$$\text{长期债券资金成本} = \frac{10\% \times (1-25\%)}{1-2\%} = 7.65\%$$

$$\text{长期借款资金成本} = 9\% \times (1-25\%) = 6.75\%$$

$$\text{综合资金成本} = 13.20\% \times \frac{800}{1\,200} + 7.65\% \times \frac{300}{1\,200} + 6.75\% \times \frac{100}{1\,200} = 11.26\%$$

（2）甲方案综合资金成本。

$$\text{新债券资金成本} = \frac{11\% \times (1-25\%)}{1-2\%} = 8.42\%$$

$$\text{普通股资金成本} = \frac{24}{180 \times (1-2\%)} + 4\% = 17.61\%$$

$$\text{综合资金成本} = 17.61\% \times \frac{800}{1\,500} + 7.65\% \times \frac{300}{1\,500} + 8.42\% \times \frac{300}{1\,500} + 6.75\% \times \frac{100}{1\,500}$$
$$= 13.06\%$$

（3）乙方案综合资金成本。

$$\text{新债券资金成本} = \frac{11\% \times (1-25\%)}{1-2\%} = 8.42\%$$

$$\text{普通股资金成本} = \frac{24}{230 \times (1-2\%)} + 3\% = 13.65\%$$

$$\text{综合资金成本} = 13.65\% \times \frac{800+150}{1\,500} + 7.65\% \times \frac{300}{1\,500} + 8.42\% \times \frac{150}{1\,500} + 6.75\%$$

$$\times \frac{100}{1\,500}$$

$$= 11.47\%$$

由以上计算结果可知,乙方案的综合资金成本低于甲方案,应采用乙方案增资。

对于比较综合资金成本这一方法的使用应注意:①增资后会引起普通股市价等改变,普通股股东认同的投资价值是股票市价,原先的买价是沉没成本,他们按市价要求投资收益,按风险要求价值补偿,我们这样计算普通服的资金成本体现了"投资者的期望收益就是受资者的资金成本"。增资后,普通股的资金成本没有新、老之分,因为新、老普通股股东持有的股票"同股同权"是一样的。但新、老债券是有区别的,必须分别计算资金成本。②增资后的资金比重本例是用账面价值确定的,需要时也可换用市场价值或目标价值,这在前面的章节中已经论述过。③本方法确定的只能是有限备选方案中资金结构最优者,因而只是较优方案,不可能认定这就是最优方案。④个别资金成本的计算并不一定令人信服。首先,个别资金成本的计算建立在预测的基础上;其次,个别资金成本的计算分考虑资金时间价值和不考虑资金时间价值两种方法;最后,权益资金成本的计算始终是一个难题。

2. 比较普通股每股盈余法

从普通股股东的利益这一角度考虑资金结构的优化,可以采用比较普通股每股盈余。

【例 4-13】某企业现有权益资金 500 万元(普通股 100 万股,每股面值 5 元)。企业拟再筹资 500 万元,现有三个方案可供选择。A 方案:发行年利率为 12% 的长期债券;B 方案:发行年股息率为 10% 的优先股;C 方案:增发普通股 100 万股。预计当年可实现息税前利润 200 万元,所得税税率 25%。据此选择最优资金结构。

解:各方案的每股盈余分别为:

$$\text{EPS}_A = \frac{(200 - 500 \times 12\%) \times (1 - 25\%)}{100} = 1.05 \text{(元)}$$

$$\text{EPS}_B = \frac{200 \times (1 - 25\%) - 500 \times 10\%}{100} = 1 \text{(元)}$$

$$\text{EPS}_C = \frac{200 \times (1 - 25\%)}{100 + 100} = 0.75 \text{(元)}$$

由以上计算结果可知,A 方案的每股盈余最大,应采用 A 方案筹资。

3. 无差别点分析法

无差别点分析是对不同资金结构的获利能力分析。无差别点是指使不同资金结构的每股利润相等的息税前利润点。这一点是两种资金结构优劣的分界点。无差别点分析可称 EBIT—EPS 分析。

【例 4-14】某企业现有资金结构全部为普通股 1 000 万元,每股 100 元,折合 10 万股。现拟增资 200 万元,有甲、乙两种筹资方案可供选择。甲方案:发行普通股 2 万股,每股 100 元。乙方案:发行普通股 1 万股,每股 100 元;另发行债券 100 万元,债券年利率 10%。该企业所得税税率为 25%。

要求:做 EBIT—EPS 分析。

解:设 x 为该企业的息税前利润。

$$\text{EPS}_\text{甲} = \frac{x \times (1 - 25\%)}{10 + 2}$$

$$EPS_乙 = \frac{(x - 100 \times 10\%) \times (1 - 25\%)}{10 + 1}$$

令 $EPS_甲 = EPS_乙$，得：

$$\frac{x \times (1 - 25\%)}{10 + 2} = \frac{(x - 100 \times 10\%) \times (1 - 25\%)}{10 + 1}$$

$$x = 120（万元）$$

此时

$$EPS_甲 = EPS_乙 = 6（元）$$

当企业息税前利润小于 120 万元时选择甲方案集资，大于 120 万元时选择乙方案集资。其如图 4-3 所示。

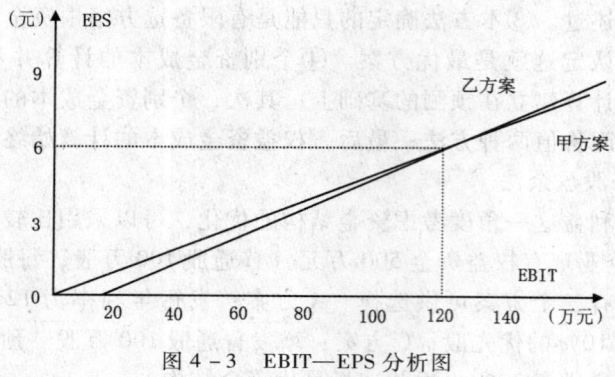

图 4-3　EBIT—EPS 分析图

上述三种优化资金结构的方法适用于不同的情况。比较综合资金成本适用于个别资金成本已知或可计算的情况；比较普通股每股盈余适用于息税前利润可明确预见的情况；无差别点分析适用于息税前利润不能明确预见，但可估测大致范围的情况。

四、资本结构的调整

（一）资本结构调整的原因

影响资本结构变动的因素既有主观的，也有客观的，但就某一具体企业来讲，影响资本结构变动或调整的直接原因可归纳如下：

（1）成本过高。原有资本结构的加权平均资本成本过高，从而使利润下降。它是资本结构调整的主要原因之一。

（2）风险过大。虽然负债筹资能降低成本、提高利润，但风险较大。如果筹资风险过大，以至于企业无法承担，则破产成本会直接抵减因负债筹资而取得的杠杆收益，企业此时也需进行资本结构调整。

（3）弹性不足。所谓弹性，是指企业进行资本结构调整时原有结构应有的灵活性，包括融资期限弹性、各筹资方式间的转换弹性等。其中，期限弹性针对负债筹资方式是否具有展期性、提前收兑性等而言；转换弹性针对负债与负债间、负债与资本间、资本与资本间是否具有可转换性而言。弹性不足时，企业调整资本结构也很难；反过来，也正是由于弹性不足而促使企业要进行资本结构的调整。弹性大小是判断企业资本结构是否健全的标志之一。

（4）约束过严。不同筹资方式下，投资者对筹资方式的使用约束是不同的。约束过严，有损于企业的财务自主权,有损于企业的灵活调度与使用资金。正因为如此,有时企业宁愿承担较高的代价而选择那些使用约束相对较宽的筹资方式。这也是促使企业进行结构调整的动因之一。

(二) 资本结构调整的方式

(1) 存量调整。存量调整是指在不改变现有资产规模的基础上,根据目标资本结构要求,对现有资本结构进行必要的调整。其具体方式如下:①债务资本过高时,将部分债务资本转化为权益资本。如将可转换债券转换为普通股。②债务资本过高时,将长期债务收兑或提前归还,而筹集相应的权益资本。③权益资本过高时,通过减资并增加相应的负债额来调整资本结构。

(2) 增量调整。增量调整是指企业通过追加筹资量,从而增加总资产的方式来调整资本结构。其具体方式如下:①债务资本过高时,通过追加权益资本投资来改善资本结构,如直接增资等。②债务资本过低时,通过追加负债筹资规模来提高负债筹资比重。③权益资本过低时,可通过筹集权益资本来扩大投资,提高权益资本比重。

(3) 减量调整。减量调整是指企业通过减少资本总额的方式来调整资本结构。其具体方式如下:①权益资本过高时,通过减资来降低其比重。例如,股份公司可回购部分普通股票等。②债务资本过高时,利用税后留存归还债务以减少总资产,并相应减少债务比重。

【本章小结】

1. 企业筹资是指企业由于生产经营、对外投资和调整资本结构等活动对资金的需要,采取适当的方式,获取所需资金的一种行为。企业筹资可以按不同的标准进行分类。

2. 筹资渠道,即资金筹集渠道,是指企业取得资金的来源。筹资方式是指如何取得资金。

3. 影响企业筹资数量的因素有很多,比如法律方面的限定,企业经营和投资方面的因素等。筹资数量预测方法包括:筹资数量的定性预测法和筹资数量的定量预测法销售百分比法,是根据销售增长与资产增长之间的关系,预测未来资金需要量的方法。

$$对外筹资的数量 = \frac{A}{S_0} \times \Delta S - \frac{B}{S_0} \times \Delta S - P \times E \times S_1$$

4. 吸收直接投资(以下简称"吸收投资")指企业按照"共同投资、共同经营、共担风险、共享利润"的原则直接吸收国家、法人、个人投入资金的一种筹资方式。

5. 股票是指股份有限公司发行的、用以证明投资者的股东身份和权益并据以获得股利的一种可转让的书面证明。股票的具体形式是股票证书,具有以下性质:法定性、收益性和风险性。

6. 留存收益的筹资特点:①不用发生筹资费用;②维持公司的控制权分布;③筹资数额有限。

7. 长期银行借款筹资是指企业向银行借入的使用期限超过一年的借款。主要用于购建固定资产和满足长期流动资金占用的需要。优点:①筹资速度快。②成本较低。③弹性较大。④便于利用财务杠杆效应。缺点:①财务风险高。②限制条款多。③筹资数额有限。

8. 公司债券又称企业债券，是企业依照法定程序发行，约定在一定期限内还本付息的债券。

9. 股票和债券都是有价证券，股票是股份公司公开发行用以证明出资人和股东身份的凭证，而债券是政府或企业为了筹集资金而公开发行的并且承诺在限定的时间内还本付息的证券。它们既存在共同之处，又有本质上的区别。

10. 租赁是一种契约行为，即约定资产的所有者（出租人）在一定的时期内，将资产交付承租人使用，承租人则在规定的期限内分期支付租金，并享有对资产的使用权。可以分为经营租赁与融资租赁两大类。

【思考题】

1. 什么是资本成本，计算资本成本有何意义？
2. 影响资本成本的因素有哪些？应该如何降低资本成本？
3. 什么是财务杠杆和经营杠杆？简述杠杆的基本原理。
4. 如何规避财务风险？
5. 什么是资本结构？影响资本结构的因素有哪些？
6. 什么是最佳资本结构，如何进行资本结构的定性决策？

【练习题】

1. 某公司的目标资本结构如下：优先股15%，普通股60%，负债25%。普通股股本由已发行的股票和利润留存组成。该公司投资者期望未来的收益和股息按9%的固定增长率增长，上一期股息为3元/股，本期股票价格为50元/股。政府债券收益率为11%，平均股票期望收益率为14%，公司的β系数是1.51。优先股为按100元/股的价格发行的新优先股，股息11元/股，每股发行成本为价格的5%。负债是按12%年息率发行的新债券，发行成本忽略不计。公司的所得税税率为25%。

试计算各类资本的成本，分别用资本资产定价模型和折现现金流法估算普通股的成本，并求出公司的加权平均资本成本 WACC。

2. 某公司生产系列产品，平均每件价格100元，单位变动成本60元/件，固定成本60万元。回答以下问题：

（1）当销售量为2万件、3万件和4万件时，公司的利息和税前利润 EBIT 为多少？
（2）计算上述三种情况下的经营杠杆系数。
（3）分析销售量增加时，经营杠杆系数的变化。

3. 某公司现有普通股100万股，公司的 EBIT 为300万元，年利息50万元，所得税税率为25%。回答以下问题：

（1）现在公司的每股收益 EPS 为多少？财务杠杆系数为多少？
（2）如果公司 EBIT 增加50%，那么 EPS 变化的百分比为多少？计算此时的财务杠杆系数。
（3）比较（1）、（2）两种计算结果，并做出解释。

4. 某股份公司产销甲产品,其生产经营情况为:产销量1万件,单位售价为50元,单位变动成本为25元,固定成本总额15万元。资金构成情况:普通股股本50万元;优先股股本14.4万元,年股利率10%;长期债券30万元,年利率12%,所得税税率为25%。

要求:计算该股份公司的经营杠杆系数、财务杠杆系数、综合杠杆系数。

5. 某企业年初的资金结构如表4—7所示。

表4—7

资金来源	金额(万元)
长期债券(年利率8%)	500
优先股(年股息率10%)	200
普通股(8万股)	800
合　　计	1 500

普通股每股面值100元,今年期望每股股息12元,预计以后每年股息率将增加3%,发行各种证券的筹资费率均为1%,该企业所得税税率为25%。

该企业拟增资500万元,有两个备选方实可供选择。方案一:发行长期债券500万元,年利率为9%,此时企业原普通股每股股息将增加到15元,以后每年的股息率仍可增加3%。由于加大了财务风险,普通股市价将跌到每股90元。方案二:发行长期债券200万元,年利率为9%,同时发行普通股300万元,普通股每股股息将增加到14元,以后每年的股息率仍将增长3%,企业信誉提高,普通股市价将升至每股105元。

要求:(1) 计算该企业年初综合资金成本率。

(2) 分别计算方案一、方案二的综合资金成本率并做出决策。

6. 某企业计划年初的资金结构如表4—8所示。

表4—8

资金来源	金额(万元)
长期债券(年利率10%)	200
优先股(年股息率10%)	200
普通股(6万股,面值100元)	600
合　　计	1 000

本年度该企业拟考虑增资200万元,有两种筹资方案。甲方案:发行普通股2万股,面值100元;乙方案:发行长期债券200万元,年利率12%。增资后预计计划年度息税前利润可达到120万元,所得税税率为25%。问该企业应采用哪一方案筹资?

要求:分别采用比较每股利润及无差别点分析两种方法决策。

第五章　项目投资决策

【案例导读】

葡萄酒厂的扩建

康元葡萄酒厂是生产葡萄酒的中型企业。该厂生产的葡萄酒酒香醇正，价格合理，长期以来供不应求。为了扩大生产能力，康元葡萄酒厂准备新建一条生产线。张晶是该厂助理会计师，主要负责筹资和投资工作。总会计师王冰要求张晶搜集建设新生产线的有关资料，并对投资项目进行财务评价，以供厂领导决策考虑。张晶经过十天的调查研究，得到以下有关资料：投资新的生产线需一次性投入 1 000 万元，建设期 1 年，预计可使用 10 年，报废时无残值收入；生产建设期满后，工厂还需垫支流动资金 200 万元；该生产线投入使用后，预计可使工厂第 1—5 年的销售收入每年增长 1 000 万元，第 6—10 年的销售收入每年增长 800 万元，耗用的人工和原材料等成本为收入的 60%；所得税税率为 25%；$i=8\%$。

请你帮助张晶完成以下工作（按直线法提折旧）：

（1）预测新的生产线投入使用和该工厂未来 10 年增加的净利润。
（2）预测该项目各年的现金净流量。
（3）计算该项目的净现值，以评价项目是否可行。

【学习目标】

☐ 了解项目投资的含义、特点和程序
☐ 熟悉项目投资现金流量的估算原则和估算方法
☐ 掌握项目投资评价指标的特点和计算方法以及各指标之间的相互关系
☐ 了解项目投资评价标准的选择
☐ 熟悉独立和互斥方案下的投资决策方法
☐ 掌握资本限量情况下的投资决策程序

第一节 项目投资概述

一、投资的概念和种类

投资,是指特定经济主体(包括国家、企业和个人)为了在未来可预见的时期内获得收益或使资金增值,在一定时期内向一定对象投放资金的经济行为。

根据不同的划分标准,投资可分为以下类型:

(1)按投资行为的介入程度,分为直接投资和间接投资。直接投资是指投资人直接将资金交给被投资对象使用,比如企业内部直接用于生产经营的各种货币资金、实务资产、无形资产等,以及企业持有的各种股权性资产,如持有子公司或联营公司股份等。间接投资指通过购买被投资对象发行的金融工具而将资金间接转移交付给被投资对象使用的投资,如企业购买特定投资对象发行的股票、债券等。

(2)按投入领域的不同,分为生产性投资和非生产性投资。生产性投资是指企业将资金投入生产经营活动所需要的资产,如机器设备、存货等。这些资产是企业进行生产经营活动的基础条件,企业利用这些资产可以增加价值,为股东创造财富。非生产性投资是指将资金投入非物质生产领域,不能形成生产能力,但能形成社会消费或服务能力。

(3)按投资的方向不同,分为对内投资和对外投资。对内投资是将资金投资在公司内部,购置各种生产经营用的资产的投资。对外投资是指公司以现金、实物、无形资产等方式,或者以购买股票、债券等有价证券方式向其他单位的投资。对内投资都是直接投资,对外投资主要是间接投资。

(4)其他分类方法。按照不同投资项目之间的相互关系,可以将投资分为独立项目投资、相关项目投资和互斥项目投资。独立项目的选择要求既不要求也不排除其他的投资项目。若接受某一个项目就不能投资于另一个项目,并且反过来亦如此,则这些项目互为互斥项目。若某一项目的实施必须依赖于其他项目,这些项目就是相关项目。按照投资内容的不同,分为固定资产投资、无形资产投资、流动资金投资、房地产投资、有价证券投资等多种形式。

本章所讨论的投资,是属于直接投资范畴的企业内部投资,即项目投资。

二、项目投资的特点与意义

项目投资,是指以特定建设项目为投资对象的一种长期投资行为。与其他形式的投资相比,项目投资具有以下特点:投资金额大,即需要一次性投入大笔资金以形成投资项目的初始投资,又要有相当数量的营运资本来保证项目运营过程中对流动资金的需要;回收时间长,投资决策要考虑的因素多而且复杂;风险大,投资项目一经建成,想改变相当困难。

在市场经济条件下,公司能否把筹集到的资金投放到合适的项目上,对企业的发展十分重要。

对投资者而言,项目投资具有以下几方面的积极意义:

（1）提升投资者经济实力。投资者通过将资金投资到合适的项目中获得收益，从而扩大其资本积累规模，增强抵御风险的能力。

（2）提高投资者市场竞争能力。在市场经济中，越来越多的企业逐步向多元化发展，投资项目的竞争也是市场竞争的一方面。只有具备核心竞争力的投资项目才能取得成功，提升企业的市场竞争力。

（3）增强投资者创新能力。投资者通过自主研发，结合投资项目，实现科技成果的商品化和产业化，从而获得技术的不断创新。

（4）是实现财务管理目标的基本前提。企业财务管理的目标是不断提高企业价值，因此必须进行投资，在投资中获益，增加利润，降低风险。

（5）是公司发展生产的必要手段。在市场经济迅速发展的今天，企业无论进行简单再生产还是实现扩大再生产，都必须进行一定的投资。企业只有通过一系列的投资活动，才能增强实力、广开财源。

对整个社会来说，项目投资还是社会资本积累功能的主要突进，扩大社会再生产的重要手段，进而为社会提供更多的就业机会，满足社会需求的不断增长。

三、投资管理程序

对任何投资机会的评价都包括以下几个基本步骤：

（1）提出各种投资方案。这需要在把握良好投资机会的情况下，根据企业的具体情况而定。一般新产品方案来自营销部门，设备更新的建议来自于生产部门等。

（2）估计各个方案的相关现金流量，包括现金流入量、现金流出量、净现金流量等。

（3）计算投资方案的价值指标，如净现值、内涵报酬率等。

（4）投资方案的比较与选择。在财务可行性评价的基础上，对可供选择的多个投资方案进行比较和选择。

（5）投资方案的再评价。在投资方案的执行过程中，应注意原来做出的投资决策是否合理、是否正确。要根据情况的变化随时做出新的评价调整。这项工作很重要，但只有少数企业对投资项目进行跟踪审计。

四、投资评价的基本原理

项目投资评价的基本原理是：投资项目的报酬率超过资本成本时，企业的价值将增加；投资项目的报酬率小于资本成本时，企业的价值将减少。

值得注意的是：此处的资本成本是公司的加权平均资本成本。当投资项目的风险与公司现有资产的平均系统风险相同时，公司的资本成本是比较合适的比较标准，若两者不同时，应该衡量项目本身的风险，确定项目的资本成本，作为评估的比较标准。

第二节 项目投资现金流量

一、现金流量的概念

所谓现金流量,在投资决策中是指一个项目引起的企业现金支出和现金收入增加的数量。这里的"现金"是广义的现金,不仅包括各种货币资金,而且还包括项目需要投入的企业现有的非货币资源的变现价值。例如,一个项目需要使用原有的厂房、设备和材料等,则相关的现金流量是指它们的变现价值,而不是其账面价值。

二、现金流量估计的基本原则

在确定投资项目相关的现金流量时,应遵循的最基本的原则是:只有增量现金流量才是与项目相关的现金流量。所谓增量现金流量,是指接受或拒绝某一个投资项目后,企业总现金流量因此发生的变动。只有那些由于采纳某个项目引起的现金支出增加额,才是该项目的现金流出;只有那些由于采纳某个项目引起的现金流入增加额,才是该项目的现金流入。

进行投资决策时,应考虑主要问题见表5-1。

表 5-1

区分相关成本和非相关成本	相关成本是与特定决策有关的、在分析评价时必须加以考虑的成本。例如,未来成本、机会成本等。非相关成本是指无论新项目是否实施都已经发生了的费用。例如,沉没成本、账面成本等往往是非相关成本。
不要忽视机会成本	在投资方案的选择中,如果选择了一个投资方案,则必须放弃投资于其他途径的机会,其他投资机会可能取得的收益是实行本方案的一种代价,被称为"这项投资方案的机会成本"。例如,利用企业原有的厂房,则厂房的变现价值也是该项目的现金流出。
对营运资本的影响	新项目的实施还需要营运资本,如存货等。所谓营运资本的需要,是指增加的经营性流动资产与增加的经营性流动负债之间的差额。

三、现金流量的构成

按照现金流动的方向,可以将投资活动的现金流量分为现金流入量、现金流出量和净现金流量。一个方案的现金流入量是指该方案引起的企业现金收入的增加额;现金流出量是指该方案引起的企业现金支出的增加额;净现金流量是指一定时间内现金流入量和现金流出量的差额。流入量大于流出量,净流量为正值;反之,净流量为负值。

按照现金流量的发生时间,投资活动的现金流量可以分为初始现金流量、营业现金流量和终结点现金流量。

(一)初始现金流量

初始现金流量一般包括以下几个部分:

(1)投资前费用。投资前费用是指在正式投资之前为做好各项准备工作而花费的费用,主要包括勘察设计费、技术资料费、土地购入费和其他费用。

（2）设备购置和安装费用。设备购置费用是指为购买投资项目所需各项设备而花费的费用，以及安装各种设备所需的费用。

（3）营运资金的垫支。投资项目建成后，引起了对流动资产需求的增加，这部分应列入该方案的现金流出量。只有在营业终了或者出售时才能收回这些资金。

（4）原有固定资产的变价收入扣除相关税金后的净收益。这是因为如果涉及项目利用企业现有的"非货币性资源"，则需要考虑非货币性资源的机会成本（考虑机会成本的前提是非货币性资源的用途不是唯一的）。如果非货币性资源的用途是唯一的，比如项目需要使用企业现有的旧厂房，但旧厂房如果该项目不使用将闲置，则不需做以上考虑。

（5）不可预见费。不可预见费是指在投资项目正式建设之前不能完全估计到的，但又很可能发生的一系列费用，如设备价格的上涨等。

【例5-1】某企业准备建一条新的生产线，经过认真调查研究和分析，预计各项支出如下：投资前费用2万元；设备购置费用100万元；设备安装费用20万元；投产时需要垫支营运资金10万元；不可预见费用按上述总支出的3%计算，则该生产线的投资总额为：

$$(20\,000 + 1\,000\,000 + 200\,000 + 100\,000) \times (1 + 3\%) = 1\,359\,600\ (元)$$

【例5-2】2013年AB公司在准备新建一项目，经调查研究和分析后发现，预计2013年应收账款相应增加2 000元，应付账款相应增加400元；项目所需的设备市价为95 000元，则该项目的初始投资额为：

$$95\,000 + 2\,000 - 400 = 96\,600\ (元)$$

（二）营业现金流量（经营期现金流量）

营业现金流量一般以年为单位进行计算。这里，现金收入一般是指营业现金收入，暗含的假设是本年形成的应收账款与本年收到上年的应收账款数额相同。现金支出是指营业现金支出和所缴纳的税金。年营业现金净流量（NCF）公式表达如下：

直接法：营业现金流量 = 营业收入 - 付现成本 - 所得税

间接法：营业现金流量 = 营业收入 - （营业成本 - 折旧） - 所得税

= 税后净利 + 折旧与摊销

分算法：营业现金流量 = 营业收入 - （营业成本 - 折旧） - （营业收入 - 营业成本）× 所得税税率

= 收入 ×（1 - 税率） - 付现成本 ×（1 - 税率） + 折旧 × 税率

= 税后收入 - 税后付现成本 + 折旧 × 所得税税率

折旧对投资决策的影响实际上是由所得税引起的，这是因为折旧是在所得税前扣除的一项费用，因此可以起到抵减所得税的作用，这种作用称之为"折旧抵税"或"税收挡板"。凡是可以在税前扣除的项目，都可以起到减免所得税的作用。

【例5-3】某企业对一个资本投资项目进行评价。预计投产后第一年项目自身产生的现金净流量为2万元，但由于该项目与企业其他项目具有竞争关系，会导致其他项目收入减少4 000元。假设企业所得税税率为25%，则该资本投资项目第一年的现金净流量为：

$$20\,000 - 4\,000 \times (1 - 25\%) = 17\,000\ (元)$$

（三）终结现金流量

终结现金流量主要包括：①固定资产的残值收入或变价收入（扣除需要上缴的税金等

支出后的净收入）；②原有垫支在各种流动资产上的资金的回收；③停止使用的土地的变价收入等。

【注意】由于折旧对现金流量的影响体现在对所得税的影响上，因此，计算现金流量时，必须按照税法的规定计算年折旧额以及账面价值，即：

账面价值 = 固定资产原值 - 按照税法规定计提的累计折旧

【例 5-4】在计算投资项目的未来现金流量时，报废设备的预计净残值为 18 000 元，按税法规定计算的净残值为 2 万元，所得税税率为 25%。则设备报废引起的预计现金流入量为：

18 000 + (20 000 - 18 000) × 25% = 18 500（元）

四、现金流量的计算

1. 全部现金流量的计算

了解了项目投资的现金流量构成，下面介绍企业投资项目投资全部现金流量的计算。

【例 5-5】AB 公司正在考虑购买一个价值为 925 000 元的新设备。按照税法规定，这个设备将在 5 年内按照直线折旧法无残值折旧。在第 5 年末的时候，该设备的市场价值为 9 万元。应用该设备后，每年可节省税前 30 万元的订单处理成本，而且，该设备可以一次性节省 125 000 元的运营成本。F 公司适用的所得税税率为 25%。试计算该项目每年的税后现金净流量。

解：年折旧额 = 925 000/5 = 185 000（元）

建设期的现金净流量 = -925 000 + 125 000 = -800 000（元）

第 1~4 年的现金净流量 = 300 000 × (1 - 25%) + 185 000 × 25% = 271 250（元）

第 5 年的现金净流量 = 90 000 × (1 - 25%) - 125 000 + 271 250 = 213 750（元）

【例 5-6】AB 公司准备购入一台设备以扩大生产能力。现有甲、乙两个方案可供选择。甲方案需投资 2 万元，使用寿命为 5 年，采用直线法计提折旧，5 年后设备无残值，5 年中每年的销售收入为 12 000 元，每年的付现成本为 4 000 元。乙方案需投资 24 000 元，采用直线法计提折旧，使用寿命也为 5 年，5 年后有残值收入 4 000 元。5 年中每年的销售收入为 16 000 元，付现成本第 1 年为 6 000 元，以后随着设备陈旧逐年增加修理费 800 元，另需垫支营运资金 6 000 元。假设所得税税率为 25%。试计算两个方案的现金流量。

解：为计算现金流量，必须先计算两个方案的年折旧额。

（1）甲方案：

每年折旧额 = 20 000/5 = 4 000（元）

第 0 期现金流量净额 = -20 000（元）

第 1~5 期现金流量净额 = 12 000 × (1 - 25%) - 4 000 × (1 - 25%) + 4 000 × 25%
= 7 000（元）

（2）乙方案：

每年折旧额 = (24 000 - 4 000)/5 = 4 000（元）

第 0 期现金流量净额 = -24 000 + (-6 000) = -30 000（元）

第 1 期现金流量净额 = 16 000 × (1 - 25%) - 6 000 × (1 - 25%) + 4 000 × 25%
= 8 500（元）

第 2 期现金流量净额 = 16 000 × (1 − 25%) − (6 000 + 800) × (1 − 25%) + 4 000 × 25% = 7 900（元）

第 3 期现金流量净额 = 16 000 × (1 − 25%) − (6 000 + 1 600) × (1 − 25%) + 4 000 × 25% = 7 300（元）

第 4 期现金流量净额 = 16 000 × (1 − 25%) − (6 000 + 2 400) × (1 − 25%) + 4 000 × 25% = 6 700（元）

第 5 期现金流量净额 = 16 000 × (1 − 25%) − (6 000 + 3 200) × (1 − 25%) + 4 000 × 25% + 4 000 + 6 000
= 16 100（元）

在解答该题时，也可以使用表格，如表 5-2、表 5-3 所示。

甲方案每年折旧额 = 20 000/5 = 4 000（元）

乙方案每年折旧额 = (24 000 − 4 000)/5 = 4 000（元）

表 5-2　　　　　　　　　投资项目的营业现金流量　　　　　　　　　单位：元

年　份	1	2	3	4	5
甲方案：					
销售收入（1）	12 000	12 000	12 000	12 000	12 000
付现成本（2）	4 000	4 000	4 000	4 000	4 000
折旧（3）	4 000	4 000	4 000	4 000	4 000
税前利润（4）	4 000	4 000	4 000	4 000	4 000
(4) = (1) − (2) − (3)					
所得税（5）=（4）×25%	1 000	1 000	1 000	1 000	1 000
税后净利（6）=（4）−（5）	3 000	3 000	3 000	3 000	3 000
营业现金流量（7）	7 000	7 000	7 000	7 000	7 000
(7) = (1) − (2) − (5)					
乙方案：					
销售收入（1）	16 000	16 000	16 000	16 000	16 000
付现成本（2）	6 000	6 800	7 600	8 400	9 200
折旧（3）	4 000	4 000	4 000	4 000	4 000
税前利润（4）	6 000	5 200	4 400	3 600	2 800
(4) = (1) − (2) − (3)					
所得税（5）=（4）×25%	1 500	1 300	1 100	900	700
税后净利（6）=（4）−（5）	4 500	3 900	3 300	2 700	2 100
营业现金流量（7）	8 500	7 900	7 300	6 700	6 100
(7) = (1) − (2) − (5)					

表 5-3　　　　　　　　　甲、乙投资项目的现金流量　　　　　　　　　单位：元

年份 t	0	1	2	3	4	5
甲方案：						
固定资产投资	−20 000					
营业现金流量		7 000	7 000	7 000	7 000	7 000

续表

年份 t	0	1	2	3	4	5
现金流量合计	-20 000	6 400	6 400	6 400	6 400	6 400
乙方案：						
固定资产投资	-24 000					
营运资金垫支	-6 000					
营业现金流量		8 500	7 900	7 300	6 700	6 100
固定资产残值						4 000
营运资金回收						6 000
现金流量合计	-30 000	8 500	7 900	7 300	6 700	16 100

在表 1 和表 2 中。t=0 代表第一年年初，t=1 代表第一年年末，t=2 代表第二年年末……在现金流量的计算中，为了简化计算，一般都假定各年投资在年初一次进行，各年营业现金流量在各年年末一次发生，并假设终结现金流量是最后一年年末发生的。

2. 投资决策中使用现金流量的原因

传统的财务会计评价企业的经济效益时采用权责发生制，以收入减去成本后的利润作为收益。在长期投资决策中，以现金流入作为项目的收入，以现金支出作为项目的支出，以净现金流量作为项目的净收益，并在此基础上评价投资项目的经济效益。投资决策以现金流量作为评价项目经济效益的基础，主要有以下两个方面原因：

（1）采用现金流量有利于科学地考虑货币的时间价值因素。不同时间的资金具有不同的价值，而项目投资往往时间比较长。因此，在衡量方案优劣时，应根据各投资项目寿命周期内各年的现金流量，按照资本成本，结合资金的时间价值来确定。

（2）采用现金流量能使投资决策更符合客观实际情况。在长期决策中，利润不能作为评价项目投资收益的基础，一方面是因为利润的计算没有一个统一的标准，在一定程度上要受存货、股价、费用摊销和不同折旧方法的影响，使得利润的计算带有更大的主观随意性，以此作为决策的主要依据不太可靠；另一方面，利润反映的并不是实际的现金流量，若以未实际收到现金作为收益，具有较大的风险，容易高估投资项目的经济收益。

第三节 项目投资决策的指标体系

投资项目使用的基本方法是现金流量折现法，包括净现值法、获利指数、内涵报酬率法等。这类指标的使用，体现了折现现金流量的思想，即把未来现金流量折现，使用现金流量的现值作为各种指标，并据以决策。此外，还包括一些辅助方法，包括回收期法、会计报酬率法。

（一）净现值法

净现值（Net Present Value，NPV）是指特定项目未来现金流入的现值和初始投资额的现值之间的差额,它是评估项目是否可行的重要指标。按照这种方法,所有未来现金流入和流出都要用资本成本折成现值,然后用流入的现值减去初始投资的现值得出净现值。其计算公式为:

$$NPV = \sum_{t=0}^{n} \frac{NCF_t}{(1+i)^t}$$

式中,n 为项目期限;NCF_t 为第 t 年的现金净流量;i 为折现率(公司要求的报酬率或资本成本)。

1. 净现值的评价标准

净现值法所依据的原理是:假设原始投资是按资本成本借入的,当净现值为正数时,偿还本息后该项目还有剩余收益;当净现值为零时,偿还本息后没有收益;当净现值为负数时,不足以偿还本息。即:如果 NPV>0,表明投资报酬率大于资本成本,该项目可以增加股东财富,应予采纳;如果 NPV=0,表明投资报酬率等于资本成本,不增加股东财富,没有必要采纳;如果 NPV<0,表明投资报酬率小于资本成本,该项目将减损股东财富,应予放弃。

【例5-7】设企业资本成本为10%,某项目的现金流量如表5-4所示。

表5-4   单位:元

年份	0	1	2	3
现金流量	(90 000)	12 000	60 000	60 000

要求:计算该项目的净现值。

解:该项目净现值 = 12 000 × (P/F, 10%, 1) + 60 000 × (P/F, 10%, 2) + 60 000 × (P/F, 10%, 3) - 90 000
= 12 000 × 0.9091 + 60 000 × 0.8264 + 60 000 × 0.7513 - 90 000
= 15 570(元)

2. 净现值法的决策规则

净现值法的决策规则是:在只有一个备选方案时,净现值为正则采纳;在有几个备选方案的互斥项目决策中,应选用净现值是正值中的最大者。

【例5-8】设某企业的资本成本为10%,有三项投资项目,A项目寿命期为2年,B和C项目的寿命期为3年。其他资料如表5-5所示。

表5-5   各项目的现金流量   单位:万元

年份	0	1	2	3
A项目	-6 000	1 180	3 972	
B项目	-27 000	360	1 800	1 800
C项目	-3 600	1 380	1 380	1 380

$$NPV_A = -6\ 000 + \frac{1\ 180}{1+10\%} + \frac{3\ 972}{(1+10\%)^2} = 350.82(万元)$$

$$NPV_B = -27\,000 + \frac{360}{1+10\%} + \frac{1\,800}{(1+10\%)^2} + \frac{1\,800}{(1+10\%)^3} = 347.25 \text{（万元）}$$

$$NPV_C = -3\,600 + \frac{1\,380}{1+10\%} + \frac{1\,380}{(1+10\%)^2} + \frac{1\,380}{(1+10\%)^3} = -168.15 \text{（万元）}$$

A、B 两项投资的净现值为正数，说明这两个项目的投资报酬率均超过资本成本 10%，都可以采纳。C 项目净现值为负数，说明该项目的报酬率达不到 10%，应该拒绝。

由于 A 项目的净现值大于 B 项目的净现值，似乎 A 项目比 B 好，但联系投资考虑，两个项目的投资额和期限都不同，没有直接可比性。

3. 净现值法的优缺点

净现值法的优点是：具有广泛的适用性，在理论上也比其他方法更完善；考虑了货币的时间价值，能够反映各种投资方案的净收益。

净现值法的缺点是：反映的是一个项目按现金流量计量的净收益现值，它是金额的绝对值，在比较投资额不同的项目时有一定的局限性；不能揭示投资方案本身可能达到的实际报酬率；计算净现值时，需要预先设定折现率，指标大小会受折现率高低的影响，折现率的高低甚至会影响方案的优先次序。

（二）现值指数法

所谓现值指数（Profitability Index，PI），也称为"获利指数"，是未来现金流量现值与初始投资额的现值的比值。它可以看成是 1 元的初始投资渴望获得的现值净收益。其计算公式为：

现值指数（PI）＝未来现金流入的现值/初始投资额的现值

这一方法使不同投资额的方案之间具有可比性，可以准确地反映各投资方案的经济效果。

1. 现值指数的决策规则

PI > 1：项目产生的现金流量的现值超过了期初的投资额，增加了股东财富，予采纳。

PI = 1：项目的实施并没有增加股东财富，没必要采纳。

PI < 1：项目产生的现金流量的现值小于期初的投资额，减少了股东财富，不予采纳。

现值指数与净现值的关系如下：

若净现值 = 0，则现值指数 = 1；

若净现值 > 0，则现值指数 > 1；

若净现值 < 0，则现值指数 < 1。

【例 5 - 9】 接上例，计算各个项目的现值指数。

$$PI_A = \left(\frac{1\,180}{1+10\%} + \frac{3\,972}{(1+10\%)^2} \right) \div 6\,000 = 1.08$$

$$PI_B = \left(\frac{360}{1+10\%} + \frac{1\,800}{(1+10\%)^2} + \frac{1\,800}{(1+10\%)^3} \right) \div 27\,000 = 1.17$$

$$PI_C = \left(\frac{1\,380}{1+10\%} + \frac{1\,380}{(1+10\%)^2} + \frac{1\,380}{(1+10\%)^3} \right) \div 3\,600 = 0.95$$

现值指数是相对数，反映投资的效率，B 项目的效率最高；净现值是绝对数，反映投资的效益，A 项目的效益最大。两者各有自己的用途。在评估时要注意，比率高的项目绝对数不一定大，反之也一样，这不同于利润与利润率。

那么，是否可以认为 B 项目比 A 项目好呢？不一定。因为它们持续的时间不同，下一节再进一步讨论这个问题。

2. 现值指数法的优缺点

现值指数法的优点：考虑了资金的时间价值，能够真实地反映投资项目的盈利能力；现值指数是相对数，有利于在初始额不同的投资方案之间进行比较。

现值指数法的缺点：只代表了获得收益的能力，而不代表实际可能获得的财富；消除了投资额的差异，但没有消除项目寿命期限的差异。

3. 净现值和现值指数的比较

只有当初始投资不同时，净现值和现值指数才会产生差异。这是由于净现值是个绝对数，表示投资的效益或者说是能给公司带来的财富；而现值指数是个相对数，表示投资的效率，因而评价结果可能会不一致。

最高净现值符合企业的最大利益，也就是说净现值越高，企业的收益越大。因而在没有资金限制的情况下的互斥选择决策中，应选用净现值较大的投资决策。

（三）内涵报酬率法

内涵报酬率（Internal Rate of Return，IRR），是指能够使未来现金流入流量现值等于初始投资额现值的折现率，或者说是使投资项目净现值为零的折现率。内涵报酬率是根据项目的现金流量计算的，是项目本身的盈利能力。如果以内涵报酬率为贷款利率，通过借款来投资项目，那么，付息后将没有收益。内涵报酬率的计算公式为：

$$\frac{NCF_1}{1+r} + \frac{NCF_2}{(1+r)^2} + \cdots + \frac{NCF_n}{(1+r)^n} - C = 0$$

或

$$\sum_{t=0}^{n} \frac{NCF_t}{(1+IRR)^t} = 0$$

式中，NCF_t 为第 t 年的净现金流量；r 为内涵报酬率；n 为项目期限；C 为初始投资额。

1. 内涵报酬率的决策规则

如果 IRR > 资本成本或必要报酬率，说明该项目的报酬率超过了投资者所要求的必要报酬率，能增加企业价值，则该项目可以接受。

如果 IRR ≤ 资本成本或必要报酬率，则该项目不能增加企业价值，不能被接受。

2. 内涵报酬率的计算

每年的 NCF 相同时，利用年金现值表来计算。

（1）计算年金现值系数。其计算公式为：

$$年金现值系数 = \frac{初始投资额}{每年的 NCF}$$

每年的 NCF × 年金现值系数 − 初始投资额 = 0

（2）查年金现值系数表，在相同的期数内，找出与上述年金现值系数相邻近的较大和较小的两个折现率。

（3）根据上述两个邻近的折现率和已知的年金现值系数，采用插值法计算该投资方案的内涵报酬率。

【例 5 – 10】已知某投资项目的有关资料如表 5 – 6 所示。

表 5-6 单位：万元

年份	0	1	2	3
现金净流量	-6 000	2 300	2 300	2 300

要求：计算该项目的内含报酬率。

解：(1) 净现值 = $2\,300 \times (P/A, i, 3) - 6\,000$；令净现值 =0，得出：

$(P/A, i, 3) = 6\,000/2\,300 = 2.609$

(2) 查年金现值系数表，当贴现率 =7% 时，年金现值系数 =2.624；当贴现率 =8% 时，年金现值系数 =2.577。由此可以看出，该方案的内含报酬率在 7%~8% 之间。

(3) 采用内插法确定内含报酬率：

$$\frac{8\% - 7\%}{2.577 - 2.624} = \frac{IRR - 7\%}{2.609 - 2.624}$$

$IRR = 7.32\%$

每年的 NCF 不相等时，需要使用逐步测试法。

第一步，估计一个贴现率，并以此折现率计算净现值。

如果净现值为正，说明项目本身的内含报酬率超过了估计的贴现率，需提高贴现率来进一步测试；如果净现值为负，则说明项目本身的内含报酬率低于估计的贴现率，应降低贴现率再进行测试，经过如此反复测算，找到净现值由正到负并且比较接近于零的两个折现率。

第二步，根据上述两个邻近的折现率用插值法，计算出方案的实际内涵报酬率。

【例 5-11】 已知某投资项目的有关资料如表 5-7 所示。

表 5-7 单位：元

年份	0	1	2
现金净流量	(20 000)	11 800	13 240

解：

$NPV = 11\,800 \times (P/F, i, 1) + 13\,240 \times (P/F, i, 2) - 20\,000$

采用逐步测试法：

(1) 使用 18% 进行测试：

$NPV = -499$

(2) 使用 16% 进行测试：

$NPV = 9$

经过以上试算，可以看出该方案的内含报酬率在 16%~18% 之间，采用内插法确定 IRR 如表 5-8 所示。

表 5-8 单位：元

贴现率	净现值
16%	9
IRR	0
18%	-499

$$\frac{\text{IRR} - 18\%}{16\% - 18\%} = \frac{0 - (-499)}{9 - (-499)}$$

IRR = 16.04%

3. 非常规项目的现金流量的内涵报酬率

非常规项目的现金流量形式在某些方面与常规项目有所不同,如现金流出不发生在期初,或者期初和以后各期有多次现金流出等。对于具有非常规现金流量的项目,根据内含报酬率的计算方法,就会得出多个内含报酬率的问题。例如,在项目存续期间需要一次或多次大修理的项目就属于这种情况。

【例 5-12】某项目各年的净现金流量如表 5-9 所示。该项目要求的折现率为 9%。

要求:计算该项目的内含报酬率,并判断该项目是否可行。

表 5-9   单位:元

时间	0	1	2
净现金流量	-10 000	25 000	-15 400

解:该项目为非常规项目,其内涵报酬率计算如下:

$$\text{NPV} = -10\ 000 + \frac{25\ 000}{1 + \text{IRR}} - \frac{15\ 400}{(1 + \text{IRR})^2} = 0$$

解方程得:

$\text{IRR}_1 = 10\%$,$\text{IRR}_2 = 40\%$

由于该项目要求的折现率为 9%,而两个内含报酬率均大于 9%,因此,很容易得出该项目可行的结论。但是,当折现率为 9% 时,该项目的净现值为:

$$\text{NPV} = -10\ 000 + \frac{25\ 000}{1 + 9\%} - \frac{15\ 400}{(1 + 9\%)^2} = -26.09$$

由于净现值为负,所以该项目不可行。

因此,对于非常规项目,内涵报酬率的决策规则失去作用,盲目使用内涵报酬率决策规则会出现严重的错误。一般来说,对于有多个内涵报酬率的投资项目,内涵报酬率的个数不会多于项目各期现金流量中正负号变化的次数。而常规项目只有一个内涵报酬率,因为各期期望现金流量中正负号只变化了一次。

对于这种非常规项目,如果使用净现值法就不会出现上述的问题,这也体现了净现值法具有广泛适用性的特点。

4. 内涵报酬率的优缺点

内涵报酬率的优点:考虑了货币的时间价值,反映了投资项目真实的报酬率,特别是对于新项目来说,由于风险较大,项目的资本成本不确定,从而很难确定项目的净现值,这时使用内含报酬率法可较方便地做出投资决策。

内涵报酬率的缺点:计算过程比较复杂,特别是对于每年 NCF 不相等的投资项目,一般要经过多次测算;该方法只适用于常规项目,对于非常规项目不能做出正确的决策。因此,内含报酬率法一般不宜单独采用,应与净现值法配合使用。

(四) 投资回收期法

投资回收期(Payback Period, PP),是指投资引起的现金流入累计到与投资额相等所需要的时间。它代表收回投资所需的年限。回收期越短,方案越有利。

回收期的计算方法是逐年计算出累计现金流量,直至为 0 时。其计算公式为:

$$\sum_{t=0}^{PP} NCF_t = 0$$

式中,NCF_t 为各年现金净流量;PP 为回收期。

回收期法的评价标准是目标回收期,目标回收期由企业事先确定。如果项目的回收期小于等于目标回收期,项目就可被接受。

1. 回收期的计算方法

原始投资一次支出,每年现金净流入量相等时。其计算公式为:

    回收期 = 原始投资额/每年现金净流入量

当投资项目各年净现金流量不相等时,要计算各期累计的净现金流量,然后与原始投资额比较,确定回收期。

【例 5 - 13】某企业目前有两个投资项目,各自所需的投资额均为 12 000 元,各个项目在各年所能提供的净现金流量如表 5 - 10 所示。

要求:分别计算各项目的投资回收期。

表 5 - 10　　　　　　　　　　各项目的现金流量　　　　　　　　　　单位:元

时间	1	2	3	4
项目 A	4 000	4 000	4 000	4 000
项目 B	5 500	4 000	3 500	4 000

解:A 项目各年净现金流量相等,则:

    投资回收期 = 12 000 ÷ 4 000 = 3(年)

B 项目各年净现金流量不相等,可先计算各年累计净现金流量,见表 5 - 11。

表 5 - 11　　　　　　　　B 项目的投资回收期的计算　　　　　　　　单位:元

期间	现金流量	累计现金流量
0	-12 000	-12 000
1	5 500	-6 500
2	4 000	-2 500
3	3 500	1 000
4	4 000	5 000

从表 5 - 11 可知,项目 B 的回收期在第 2 年和第 3 年之间,在第 2 年末,还有 2 500 元未收回,而第 3 年的现金流量为 3 500 元,则:

$$投资回收期 = 2 + \frac{2\ 500}{3\ 500} = 2.71(年)$$

说明经过 2.71 年可收回全部投资。如果目标回收期是 3 年,则可接受该项目。

2. 投资回收期的优缺点

投资回收期的优点:概念容易理解,计算也比较简单;投资回收期法的指导思想是回收期越短,企业收回原始投资越快,可使企业保持较强的流动性。

投资回收期的缺点:没有考虑资金的时间价值,也没有考虑多期现金流量中包含的风险;目标回收期的选择缺乏客观依据;没有考虑回收期以后的现金流,也就是没有衡量盈利性;可能会使公司接受短期项目,放弃有战略意义的长期项目。

现以例5-14说明投资回收期法的缺陷。

【例5-14】假设有两个方案的预计现金流量,如表5-12所示。

要求:试计算投资回收期,并比较两个方案的优劣。

表5-12　　　　　　　　　两个方案预计的现金流量　　　　　　　　单位:元

年 份	0	1	2	3	4	5
A方案现金流量	-10 000	4 000	6 000	6 500	6 500	6 500
B方案现金流量	-10 000	4 000	6 000	7 000	7 000	7 000

两个方案的回收期相同,都是两年,如果用投资回收期来评价,两者的投资回收期相等,但实际上B方案明显优于A方案。

3. 折现回收期法

为了克服回收期法不考虑时间价值的缺点,人们提出了折现投资回收期法,也称为"动态回收期法",是指在考虑资金时间价值的情况下,以项目现金流入量抵偿全部投资所需要的时间。其计算公式为:

$$\sum_{t=0}^{n} \frac{NCF_t}{(1+i)^t} = 0$$

式中,i为折现率;NCF_t为各年的现金流量。

【例5-15】以例5-13的B项目为例,假定折现率为10%,如表5-13所示。

要求:计算B方案的动态投资回收期。

表5-13　　　　　　　　　折现回收期的计算　　　　　　　　　单位:元

期间	各年现金流量	折现系数	折现后的净现金流量	累计折现后的净现金流量
0	-12 000	1	-12 000	-12 000
1	5 500	0.909	4 999.5	-7 000.5
2	4 000	0.826	3 304	-3 696.5
3	3 500	0.751	2 628.5	-1 068
4	4 000	0.683	2 732	1 664

从表5-13可知,项目B的折现回收期在第3年和第4年之间。

折现回收期 = 3 + 1 068/2 732 = 3.391(年)

可见,考虑了时间价值后,项目的折现回收期要比投资回收期长。但是,和投资回收期法一样,折现回收期法不考虑回收期后的现金流量,可能做出错误的投资决策。

(五) 会计报酬率法

会计报酬率是以平均会计收益率为决策指标的一种投资评价方法。它在计算时使用会计报表上的数据,以及普通会计的收益和成本观念。其计算公式为:

$$\text{平均会计收益率} = \frac{\text{年平均净收益}}{\text{原始投资额}} \times 100\%$$

会计报酬率的评价标准是预定的投资报酬率,如果当年的会计报酬率大于期望的投资报酬率,则该投资方案是可行的,而且会计报酬率越大,投资方案越好。

【例5-16】 现有三个项目,投资额均为14 000元,其各年的净收益如表5-14所示。
要求:计算各方案的平均会计收益率。

表5-14　　　　　　　　　　　各项目净收益　　　　　　　　　　　　单位:元

期间	1	2	3	4
A项目	4 000	3 600	3 000	2 500
B项目	3 500	3 500	3 500	3 500
C项目	2 000	3 000	3 000	5 000

各方案的收益率为:

$$\text{项目 A} = \frac{(4\,000 + 3\,600 + 3\,000 + 2\,500) \div 4}{14\,000} \times 100\% = 23.39\%$$

$$\text{项目 B} = \frac{3\,500}{14\,000} \times 100\% = 25\%$$

$$\text{项目 C} = \frac{(2\,000 + 3\,000 + 3\,000 + 5\,000) \div 4}{14\,000} \times 100\% = 23.21\%$$

如果预期的投资报酬率为24%,则项目B可行,而项目A和项目C均不可行。

会计报酬率法的优点:是衡量盈利性的简单方法,使用的概念易于理解;使用财务报告的数据,容易取得;考虑了整个项目寿命期的全部利润;将有关项目的平均净收益同其投资额紧密地联系起来。

会计报酬率法的缺点:没有考虑资金时间价值因素的影响,把不同时期的货币价值看作具有相同的价值;只考虑净收益的作用,而没有全面考虑折旧和摊销对净现金流量的影响。

第四节　特殊项目的投资决策

对公司而言,面临的最大挑战就是固定资产投资决策,如购买新设备、投资大型项目等。这类投资的期限长,约束了财务资源,一旦将资金投出,再进行资金的变更将十分困难。本节专门讨论固定资产更新的项目投资决策,互斥项目投资决策以及资本限额决策。

一、固定资产更新决策

固定资产更新是对技术上或是经济上不宜继续使用的旧资产,用新的资产进行更换,或用先进的技术对原有的设备进行局部改造。

固定资产更新决策主要研究的问题有:决定是否更新,即继续使用旧资产还是更换新资产;如果市场上没有比现有设备更适用的设备,那么就继续使用旧设备。由于旧设备总可以通过修理继续使用,所以固定资产更新决策实际上是对继续使用旧设备与购置新设备所做出的选择。

1. 新旧设备使用寿命相同的情况

在新旧设备尚可使用年限相同的情况下,可以采用差量分析法来进行投资决策。

【例 5-17】AB 公司准备用一台新的效率更高的设备来代替旧设备,以减少成本,增加收益。旧设备采用直线法计提折旧,新设备采用年数总和法计提折旧,公司的所得税税率为 25%,资金成本为 10%,不考虑营业税的影响,其他情况见表 5-15 所示。试做出继续使用旧设备还是更换新资产的决策。

表 5-15　　　　　　　　　设备更新的相关数据　　　　　　　　　单位:元

项　目	旧设备	新设备
原价	25 000	35 000
可用年限	10	4
已用年限	6	0
尚可使用年限	4	4
税法规定残值	0	3 500
目前变现价值	10 000	35 000
每年可获得的收入	20 000	30 000
每年付现成本	10 000	9 000
每年折旧额:	直线法	年数总和法
第 1 年	2 500	12 600
第 2 年	2 500	9 450
第 3 年	2 500	6 300
第 4 年	2 500	3 150

解:

(1) 初始投资的差量 = 35 000 - 10 000 = 25 000 元

(2) 计算各年营业现金流量的差量(见表 5-16)。

表 5-16　　　　　　　　　营业现金流量的差量　　　　　　　　　单位:元

项　目	第 1 年	第 2 年	第 3 年	第 4 年
销售收入的差量(1)	10 000	10 000	10 000	10 000
付现成本的差量(2)	-1 000	-1 000	-1 000	-1 000
折旧额的差量(3)	10 100	6 950	3 800	650
税前利润差量(4) = (1) - (2) - (3)	900	4 050	7 200	10 350
所得税的差量(5) = (4) ×25%	225	1 012.5	1 800	2 587.5
税后净利差量(6) = (4) - (5)	675	3 037.5	5 400	7 762.5
营业现金净流量差量(7) = (6) + (3)	10 775	9 987.5	9 200	8 412.5

(3) 计算两个方案的现金流量差量（见表5-17）。

表 5-17

项目	第0年	第1年	第2年	第3年	第4年
初始投资差量	-25 000				
营业净现金流量差量		10 775	9 987.5	9 200	8 412.5
终结点现金流量差量					3 500
现金流量	-25 000	10 775	9 987.5	9 200	11 912.5
现值系数	1	0.909	0.826	0.751	0.683

(4) 计算净现值的差量：
$\Delta NPV = 10\,775 \times 0.909 + 9\,987.5 \times 0.826 + 9\,200 \times 0.751 + 11\,912.5 \times 0.683 - 25\,000$
$= 8\,089.59$（元）

固定资产更新后，将增加净现值8 089.59元，故应进行更新。

2. 新旧设备使用寿命不同的情况

多数情况下，新设备的使用年限要长于旧设备，此时的固定资产更新问题就演变成两个或两个以上寿命不同的投资项目的选择问题。通过前面的学习我们已经知道，对于寿命不同的项目不能用净现值、内涵报酬率及现值指数直接进行比较，此时应该设法将其在相同的寿命期限内进行比较。而且，固定资产更新决策的特点是：设备更换并不改变企业的生产能力，不会增加企业的现金流入，更新改造决策的现金流量主要是现金流出，即并且使有少量的残值变现收入，也属于支出的抵减，而非实质上的现金流入增加。因此，对于这种情况我们可以比较两种方案的成本，即平均年成本。对于新旧设备尚可使用年限相同的情况也可以使用该方法，只不过是比较现金流出总现值，即总成本。

【例5-18】某企业考虑用一台新的、效率更高的设备来代替旧设备，以减少成本、增加收益。该企业的所得税税率为25%，资本成本均为10%，其余相关数据如表5-18所示。

表 5-18　　　　　　　　　　　　　新旧设备资料　　　　　　　　　　　　单位：万元

	新设备	旧设备
原值	400	480
已经使用年限	0	3
尚可使用年限	8	5
年折旧额	50	60
目前变现价值		280
最终残值	40	20
年运行成本	37.5	52.5

由于没有适当的现金流入，无论哪个项目都不能计算净现值和内含报酬率。可以假设新旧设备下产品的收入相同，那么成本较低的项目是好项目。因此，应当通过计算各个设备的

平均年成本,即获得1年的生产能力所付出的代价。

要求:据此来对固定资产更新做出决策(见表5-19)。

表5-19　　　　　　　　　　新旧设备的现金流量　　　　　　　　　　单位:万元

	新设备	旧设备
①设备投资(或变价收入)	-400	-280
②变现净损失减税	—	-5
③每年运行成本	-37.5	-52.5
④年折旧抵税	12.5	15
⑤年运行净流量=③+④	-25	-37.5
⑥残值变价收入价值	40	20
⑦残值净收益纳税	-10	-5

说明:旧设备的变现净损失减税 = [280 - (480 - 3×60)] ×25% = -5(万元)

$$新设备的成本总现值 = -400 - 25 \times (P/A, 10\%, 8) + (40 - 10) \times (F/P, 10\%, 8)$$
$$= -519.38(万元)$$
$$旧设备的成本总现值 = -280 - 5 - 37.5 \times (P/A, 10\%, 5) + (20 - 5) \times (F/P, 10\%, 5)$$
$$= -417.84(万元)$$
$$使用新设备的年平均成本 = 519.38/(P/A, 10\%, 8) = 97.36(万元)$$
$$继续使用旧设备的年平均成本 = 417.84/(P/A, 10\%, 5) = 110.22(万元)$$

由上述计算可知,使用新设备的平均年成本较低,故应该采用新设备更换旧设备。

3. 固定资产更新决策的注意问题

从决策性质看,固定资产更新属于相互排斥的投资项目决策,而不是一个更换固定资产的特定项目。也就是说,不能将旧设备的变现价值作为购置新设备的一项现金流入。如果购置新设备,将形成一系列的现金流出;如果继续使用旧设备,现在出售旧设备的变现价值以及因出售旧设备的变现净损失而少缴纳的所得税都无法实现,它们共同成为继续使用旧设备的机会成本。

二、互斥项目的投资决策

互斥项目,是指接受一个项目就必须放弃另一个项目的情况。

如果一个项目的所有评价指标,包括净现值、内含报酬率、回收期和会计收益率均比另一个项目好一些,我们在选择时不会有什么困扰。问题是这些评价指标出现矛盾时,尤其是评估的基本指标净现值和内含报酬率出现矛盾时,我们应该如何选择?

如果项目的寿命期相同、但投资额不同引起的矛盾,则比较净现值,净现值大的方案为优。原因是净现值衡量的是可以给股东带来的财富。股东需要的是实实在在的报酬,而不是报酬的比率。

三、资本限额决策

前面所讲的是互斥项目的投资决策问题,接下来讨论独立投资项目的投资决策问题。所谓独立项目,是指被选项目之间相互独立,采用一个项目不会影响另外项目的采用或不采用。

对企业来说,如果资金充足,净现值为正或内含报酬率大于资本成本的项目,都可以增加股东财富,都应当被采用。但是实际上企业的资本预算规模往往受到资金有限的约束,这种状况称为"资本限额"。这时需要考虑将有限的资本分配给哪些项目。

在资本限额的情况下,为了使企业获得最大利益,应该选择那些使净现值最大的投资组合。具体决策程序如下:

第一,以各方案现值指数的大小排序,现值指数最大的排在第1位,其他依次排列,逐次计算累计投资额,并与限定的投资总额进行比较。

第二,如果截止到第 j 个项目时,累计投资总额恰好等于限定的投资总额,则第1至第 j 个项目的组合就是最优投资组合。

第三,若在排序过程中未能找到最优组合,那么就要对第二步进行修正。修正的过程是:对所有项目在资本限额内进行各种可能的组合,然后计算出各种可能的加权平均现值指数。

【例 5-19】某企业现有以下7个投资方案可供选择,若7个方案都投资,需要初始投资额 650 万元,但该企业规定的资本限额为 400 万元,请问应选择哪几个项目投资(见表 5-20)。

表 5-20　　　　　　　　　　　可供选择的投资项目　　　　　　　　　　　单位:万元

项目编号	初始投资额	净现值	现值指数
A	25	5	1.20
B	50	65	2.30
C	50	55	2.10
D	75	50	1.67
E	125	40	1.32
F	150	200	2.33
G	175	75	1.43
合计	650	490	

对该7个方案的现值指数进行排序,结果如表 5-21。

表 5-21

项目编号	现值指数	初始投资额	净现值	累计投资额	累计净现值
F	2.33	150	200	150	200
B	2.30	50	65	200	265
C	2.10	50	55	250	320
D	1.67	75	50	325	370
G	1.43	175	75	500	445
E	1.32	125	40	625	485
A	1.20	25	5	650	490

当按顺序进行到项目 D 时，累计投资额等于 325 万元。因此，企业应选择第 F、B、C、和 D 项目进行投资。累计净现值为 370 万元。

第五节　风险投资决策

前面几节的分析都假设项目的现金流量是确知的，但实际上投资项目总是有风险的，而且长期投资决策涉及时间长，项目未来的现金流量总会具有某种程度的不确定性，如何处置项目的风险是一个很复杂的问题。

对风险投资分析有两类基本方法：第一类称为风险调整法，即对项目的风险因素进行调整，主要包括调整未来现金流量和调整贴现率两个方面的内容，前者是调整净现值计算公式的分子，后者是调整净现值计算公式的分母；第二类方法是对项目的基础状态的不确定性进行分析，主要是情景分析，这类方法通过研究投资基础状态变动对投资分析结果的影响程度。

（一）肯定当量法——调整现金流量法

肯定当量法，是把不肯定的现金流量用肯定当量系数调整为肯定的现金流量，然后用无风险的报酬率作为贴现率，计算其肯定当量净现值。其计算公式为：

$$肯定当量净现值 = \sum_{t=0}^{n} \frac{a_t \times 现金流量期望值}{(1 + 无风险报酬率)^t}$$

式中，a_t 是 t 年现金流量的肯定当量系数，介于 0~1 之间。

将有风险的现金流量乘以肯定当量系数，得到肯定当量现金流量，或者说去掉了现金流量中有风险的部分，使之成为"安全"的现金流量。由于现金流量中已经没有任何风险，因此只能用无风险报酬率进行贴现。

经验研究表明，现金流量的变异系数与其肯定当量系数之间存在着一定的关系，其关系如表 5-22 所示。对于不肯定的现金流量来说，可首先判断其概率分布，计算出该现金流量的期望值和标准差，而其标准差与期望值之比即为变异系数。然后利用表 5-20 查出其相应的肯定当量系数，从而把不肯定的现金流量换算为肯定的现金流量。

表 5-22　　　　　　　　　现金流量的变异系数与其肯定当量系数

变异系数（标准离差率）	肯定当量系数	
0~0.07	1	
0.08~0.15	0.9	
0.16~0.23	0.8	
0.24~0.32	0.7	
0.33~0.42	0.6	
0.43~0.54	0.5	
0.55~0.70	0.4	
……	……	

（二）风险调整贴现率法

风险调整贴现率法是更为实际、更为常用的风险处置方法。这种方法的基本思路是对高风险的项目采用较高的贴现率计算净现值。其计算公式为：

$$调整后净现值 = \sum_{t=0}^{n} \frac{预期现金流量}{(1+风险调整折现率)^t}$$

风险调整贴现率是投资者要求的必要报酬率，项目风险越大，投资者要求的必要报酬率越高。这种方法的理论根据是资本资产定价模型。其计算公式为：

$$风险调整贴现率 = 无风险报酬率 + 项目的 \beta \times (市场平均报酬率 - 无风险报酬率)$$

【例 5-20】当前的无风险报酬率为 4%，市场平均报酬率为 10%，A 项目的预期股权现金流量风险大，其 β 值为 1.25；B 项目的预期股权现金流量风险小，其 β 值为 0.65。

要求：计算 A 项目和 B 项目的风险调整贴现率。

A 项目的风险调整折现率 = 4% + 1.25 × (10% - 4%) = 11.5%

B 项目的风险调整折现率 = 4% + 0.65 × (10% - 4%) = 7.9%

按照风险调整贴现率分别计算两个项目的净现值。与前述方法一致。不再赘述。

调整现金流量法和风险调整贴现率法的评价如下：

（1）调整现金流量法在理论上受到好评。该方法对时间价值和风险价值分别进行调整。先调整风险，然后把肯定现金流量用无风险报酬率进行折现。

（2）风险调整贴现率法在理论上受到批评。采用单一的贴现率同时完成风险调整和时间调整，这种做法意味着风险随着时间推移而加大，可能与事实不符，夸大了远期现金流量的风险。

（三）情景分析法

情景分析法实际上是一种变异的敏感性分析，主要考察一些可能出现的不同情景，然后在每种情景下来对各个变量进行估计。

情景分析一般设定三种情况：基准情景，即最可能出现的情况；最坏情况，即所有变量都处于不利水平；最好情况，即所有变量都处于最理想的情况。通常假定基准情况出现的概率为 50%，最坏和最好情况的概率各为 25%。实际的概率分布可能并非如此，但这样的估计并不妨碍我们发现风险分析中的主要问题。

【例 5-21】假设某投资项目需购买一台设备，支付金额 240 万元，设备寿命期 6 年，没有残值，采用直线折旧法。项目的资本成本是 10%，所得税税率是 25%。其他信息如表 5-23 所示。

表 5-23　　　　　　　　　　　　投资项目相关信息　　　　　　　　　　　　单位：万元

项　目	基准	最坏	最好
概率	0.5	0.25	0.25
销售量（万件）	7	6	8
单价（元）	8.5	8.2	8.7
单位变动成本（元/件）	6	6.5	5.5
每年固定成本（不含折旧）（万元）	6	7	5
每年折旧（万元）	4	4	4

说明：年金现值系数（P/A, 10%, 6） = 4.3553。

基准情况：税前利润 =7×(8.5-6)-6-4=7.5（万元）

所得税 =7.5×25% =1.875（万元）

净利润 = 税前利润 - 所得税 =7.5-1.875=5.625（万元）

年营业现金流量 = 净利润 + 折旧 =5.625+4=9.625（万元）

年营业现金流量的总现值 =9.626/（P/A，10%，6）=41.92（万元）

净现值 =41.92-24=17.92（万元）

最坏情况：税前利润 =6×(8.2-6.5)-7-4=-0.8（万元）

所得税 =0

净利润 = 税前利润 =-0.8（万元）

年营业现金流量 = 净利润 + 折旧 =-0.8+4=3.2（万元）

年营业现金流量的总现值 =3.2/（P/A，10%，6）=13.937（万元）

净现值 =13.937-24=-10.063（万元）

最好情况：税前利润 =8×(8.7-5.5)-5-4=16.6（万元）

所得税 =16.6×25% =4.15（万元）

净利润 = 税前利润 - 所得税 =16.6-4.15=12.45（万元）

年营业现金流量 = 净利润 + 折旧 =12.45+4=16.45（万元）

年营业现金流量的总现值 =16.45/（P/A，10%，6）=71.645（万元）

净现值 =71.645-24=47.645（万元）

预期净现值 =17.92×0.5+（-10.063×0.25）+47.645×0.25=18.36（万元）

由计算可知，项目的净现值在 -10.63 万元 ~47.645 万元之间波动，最坏情景的净现值为 -10.63 万元，最好情景的净现值为 47.645 万元。期望净现值为 18.36 万元，总体上项目有望盈利。

情景分析的局限性在于只考虑有限的几个离散状况，其分析结果不能完全反映项目的风险状况，估计几个情景的出现概率有一定的主观性，需要经验和判断。

【本章小结】

项目投资是指以特定建设项目为投资对象的一种长期投资行为。与其他形式的投资相比，项目投资具有以下特点：投资金额大、回收时间长、风险大。

项目投资评价的基本原理是：投资项目的报酬率超过资本成本时，企业的价值将增加；投资项目的报酬率小于资本成本时，企业的价值将减少。同时把现金流量来作为项目价值评价的一个重要考虑因素。

确定投资项目相关的现金流量时，应遵循的最基本的原则是：只有增量现金流量才是与项目相关的现金流量。所谓增量现金流量，是指接受或拒绝某一个投资项目后，企业总现金流量因此发生的变动。

按照现金流动的方向，可以将投资活动的现金流量分为现金流入量、现金流出量和净现金流量。按照现金流量的发生时间，投资活动的现金流量可以分为初始现金流量、营业现金流量和终结点现金流量。

投资项目使用的基本方法是现金流量折现法，包括净现值法、现值指数法、内涵报酬率法等。这类指标的使用，体现了折现现金流量的思想，即把未来现金流量折现，使用现金流量的现值作为各种指标，并据以决策。此外，还包括一些辅助方法，包括回收期法、会计报酬率法。

在固定资产投资决策中，对于新旧设备尚可使用年限相同时可以采用差量分析法来进行投资决策。对于寿命不同的项目不能用净现值法、内涵报酬率及现值指数直接进行比较，此时应该设法将其在相同的寿命期限内进行比较。

【思考题】

1. 项目投资决策一般包括哪些程序？决策时应注意哪些因素？
2. 项目投资评价指标中非折现指标和折现指标包括哪些？
3. 在何种情况下，净现值法、现值指数法和内部报酬率法的决策结果一致？在何种情况下会出现分歧？
4. 在没有资金限量的情况下，哪个投资决策指标最优？为什么？
5. 所得税对投资项目的现金流量有哪些影响？
6. 在投资资本金额受到限制的情况下，应该如何进行投资决策？

【练习题】

1. 某公司要进行一项投资，需投入600万元，并在第一年垫支营运资金50万元，采用直线法计提折旧。项目寿命期为5年，每年销售收入为360万元，付现成本120万元。假设企业所得税税率25%，资金成本率10%。

要求：计算该项目的投资回收期和净现值。

2. 某企业投资15 500元购入一台设备。该设备预计残值为500元，可使用3年，折旧按直线法计算。设备投产后，每年销售收入增加额分别为1万元、2万元、15 000元，除折旧外的费用增加额分别为4 000元、12 000元、5 000元。假设企业适用的所得税税率为25%，要求的最低投资报酬率为10%，目前年税后利润为2万元。

要求：

（1）假设企业经营无其他变化，计算未来3年每年的税后利润；
（2）计算该投资方案的净现值。

3. 某公司有一投资项目，该项目投资总额为6万元，其中，54 000元用于设备投资，6 000元用于流动资金垫付。预期该项目当年投资后可使销售收入增加，为第一年3万元，第二年45 000元，第三年6万元。每年追加的付现成本为第一年1万元，第二年15 000元，第三年1万元。该项目有效期为3年，项目结束收回流动资金6 000元。假设该公司所得税税率为25%，固定资产无残值，采取直线法提折旧，公司要求的最低报酬率为10%。

要求：

（1）计算确定该项目的税后现金流量；
（2）计算该项目的净现值；
（3）计算该项目的回收期；

（4）如果不考虑其他因素，你认为该项目是否应该被接受？

4. 假设某公司计划开发一种新产品，该产品的寿命期为5年，开发新产品的成本及预计收入为：需投资固定资产24万元，需垫支流动资金20万元，5年后可收回固定资产残值为3万元，用直线法提折旧。投产后，预计每年的销售收入可达24万元，每年需支付直接材料、直接人工等变动成本128 000元，每年的设备维修费为1万元。该公司要求的最低投资收益率为10%，适用的所得税税率为25%。假定财务费用（利息）为0。

要求：请用净现值法和内部收益率法对该项新产品是否值得开发做出分析评价（现值系数取三位小数）。

第六章　证券投资决策

【案例导读】

沃伦·巴菲特的价值投资

沃伦·巴菲特（Warren Buffett），全球著名的投资商，生于美国内布拉斯加州的奥马哈市。在2008年的《福布斯》排行榜上财富超过比尔·盖茨，成为世界首富。2011年沃伦·巴菲特以净资产500亿美元位列福布斯榜第3名。

巴菲特从小就极具投资意识，他钟情于股票和数字的程度远远超过了家族中的任何人。他满肚子都是挣钱的想法，5岁时就在家门口摆地摊兜售口香糖，稍大后带领小伙伴到球场捡"大款"用过的高尔夫球，然后转手倒卖，生意颇为红火；上中学时，除利用课余做报童外，他还与伙伴合伙将弹子球游戏机出租给理发店老板，挣取外快。

巴菲特是有史以来最伟大的投资家，他依靠股票、外汇市场的投资，成为世界上数一数二的富翁。他倡导的价值投资理论风靡世界。价值投资并不复杂，巴菲特曾将其归结为三点：把股票看成许多微型的商业单元；把市场波动看作你的朋友，而非敌人（利润有时候来自对朋友的愚忠）；购买股票的价格应低于你所能承受的价位。"从短期来看，市场是一架投票计算器。但从长期看，它是一架称重器。"——事实上，掌握这些理念并不困难，但很少有人能像巴菲特一样数十年如一日地坚持下去。巴菲特似乎从不试图通过股票赚钱，他购买股票的基础是：假设次日关闭股市或在5年之内不再重新开放。在价值投资理论看来，一旦看到市场波动而认为有利可图，投资就变成了投机，没有什么比赌博心态更影响投资。

问题：

(1) 巴菲特的价值投资理念是什么？
(2) 投资与投机的区别是什么？

【学习目标】

□ 掌握股票投资的价值评估和决策方法
□ 掌握债券投资的价值评估和决策方法
□ 掌握证券组合投资的价值评估和决策方法
□ 熟悉基金投资的操作程序

第一节 证券投资概述

企业除了直接将资金投入生产经营活动进行直接投资外,还常常将资金投放于有价证券,进行证券投资。证券投资相对于项目投资而言,变现能力强,少量资金也能参与投资,便于随时调用和转移资金,这为企业有效利用资金、充分挖掘资金的潜力提供了十分理想的途径。证券投资已经成为企业投资的重要组成部分。

一、证券投资的概念和目的

(一)证券的概念及特点

证券是指具有一定票面金额,代表财产所有权和债权,可以有偿转让的凭证,如股票、债券等。

证券具有流动性、收益性和风险性三个特点。流动性又称变现性,是指证券可以随时抛售取得现金。收益性是指证券持有者凭借证券可以获得相应的报酬。证券收益一般由当前收益和资本利得构成。以股息、红利或利息所表示的收益称为"当前收益"。由证券价格上升(或下降)而产生的收益(或亏损),称为"资本利得"或"差价收益"。风险性是指证券投资者达不到预期的收益或遭受各种损失的可能性。证券投资既有可能获得收益,更有可能带来损失,具有很强的不确定性。流动性与收益性往往成反比,而风险性则一般与收益性成正比。

(二)证券投资的概念和目的

证券投资是指企业为获取投资收益或特定经营目的而买卖有价证券的一种投资行为。不同企业进行证券投资的目的各有不同,但总的来说有以下几个方面:

(1)充分利用闲置资金,获取投资收益。企业正常经营过程中有时会有一些暂时多余的资金闲置,为了充分有效地利用这些资金,可购入一些有价证券,在价位较高时抛售,以获取较高的投资收益。

(2)为了控制相关企业,增强企业的竞争能力。企业有时从经营战略上考虑需要控制某些相关企业,可通过购买该企业的大量股票,取得对被投资企业的控制权,以增强企业的竞争能力。

(3)为了积累发展基金或偿债基金,满足未来的财务需求。企业如欲在将来扩建厂房或归还到期债务,可按期拨出一定数额的资金投入一些风险较小的证券以便到时售出,满足所需的整笔资金的需求。

(4)满足季节性经营对现金的需求。季节性经营的公司在某些月份资金有余,而有些月份则会出现资金短缺,可在资金剩余时购入有价证券,短缺时售出。

二、证券投资的种类

要了解证券投资的种类,首先要了解证券的种类。

(一)证券的种类

1. 按证券体现的权益关系分类

按证券体现的权益关系分类,可分为所有权证券、信托投资证券和债权证券。所有权证券是一种既不定期支付利息,也无固定偿还期的证券,它代表着投资者在被投资企业所占权益的份额,在被投资企业盈利且宣布发放股利的情况下,才可能分享被投资企业的部分净收益,股票是典型的所有权证券。信托投资证券是由公众投资者共同筹集、委托专门的证券投资机构投资于各种证券,以获取收益的股份或收益凭证,如投资基金。债权证券是一种必须定期支付利息并要按期偿还本金的有价证券,各种债券如国库券、企业债券、金融债券都是债权性证券。所有权证券的投资风险要大于债权性证券,投资基金的风险低于股票投资而高于债券投资。

2. 按证券的收益状况分类

证券按收益状况分类,可分为固定收益证券和变动收益证券。固定收益证券是指在证券票面上规定有固定收益率,投资者可定期获得稳定收益的证券,如优先股股票、债券等。变动收益证券是指证券票面无固定收益率,其收益情况随企业经营状况而变动的证券。变动收益证券风险大,投资报酬相对较高;固定收益证券风险低,投资报酬相对较低。

3. 按证券发行主体分类

证券按发行主体分类,可分为政府证券、金融证券和公司证券三种。政府证券是指中央或地方政府为筹集资金而发行的证券,如国库券等;金融证券是指银行或其他金融机构为筹集资金而发行的证券;公司证券又称"企业证券",是工商企业发行的证券。

4. 按证券到期日的长短分类

按证券到期日的长短分类,可分为短期证券和长期证券。短期证券是指一年内到期的有价证券,如银行承兑汇票、商业本票、短期融资券等。长期证券是指到期时间在一年以上的有价证券,如股票、债券等。

(二)证券投资的分类

(1)债券投资。债券投资是指企业将资金投入各种债券,如国债、公司债和短期融资券等。相对于股票投资,债券投资一般风险较小,能获得稳定收益,但要注意投资对象的信用等级。

(2)股票投资。股票投资是指企业购买其他企业发行的股票,如普通股、优先股股票。股票投资风险较大,收益也相对较高。

(3)组合投资。组合投资是指企业将资金同时投放于债券、股票等多种证券,这样可分散证券投资风险,组合投资是企业证券投资的常用投资方式。

(4)基金投资。基金是投资者的钱和其他许多人的钱合在一起,然后由基金公司的专家负责管理,用来投资于多家公司的股票或者债券。基金按受益凭证可否赎回分为封闭式基金与开放式基金。封闭式基金在信托契约期限未满时,不得向发行人要求赎回;而开放式基金是投资者可以随时要求基金公司收购所买基金(即赎回),当然目标应该是卖出价高于买入价,同时在赎回的时候要承担一定的手续费。而投资者的收益主要来自于基金分红。与封闭式基金普遍采取的年终分红所不同,根据行情和基金收益状况的不定期分红是开放式基金的主流分红方式。基金投资由于由专家经营管理,风险相对较小,正越来越受广大投资者的青睐。

三、证券投资的一般程序和需考虑的因素

(一) 证券投资的一般程序

(1) 合理选择投资对象。合理选择投资对象是证券投资成败的关键,企业应根据一定的投资原则,认真分析投资对象的收益水平和风险程度,以合理地选择投资对象,将风险降低到最低限度,取得较好的投资收益。

(2) 委托买卖。由于投资者无法直接进场交易,买卖证券业务需委托证券商代理。企业可通过电话委托、电脑终端委托、递单委托等方式委托券商代为买卖有关证券。

(3) 成交。证券买卖双方通过中介券商的场内交易员分别出价委托,若买卖双方的价位与数量合适,交易即可达成,这个过程称为"成交"。

(4) 清算与交割。清算交割是证券交易成交后的收付了结手续。它是买卖双方的证券商通过交易所将彼此买入卖出证券的数量和价款分别予以轧抵,其应收、应付证券和应收、应付差额在预先约定的时间内进行收付的行为。清算是指成交后对应收或应付的证券和价款分别同交易所进行轧抵的差额计算过程。交割则是在预先约定的时间内,证券商按清算交割单上应收、应付差额数集中与交易所办理转账与交接的过程。清算交割完毕,买方付出价款,取回证券;卖方交出证券,得到价款,这时买卖双方交易才最终完成。

(5) 办理证券过户。证券过户只限于记名证券的买卖业务。当企业委托买卖某种记名证券成功后,必须办理证券持有人的姓名变更手续。

(二) 证券投资需考虑的因素

(1) 证券的收益性。进行证券投资,很重要的一个目的是获得投资收益。对于债券投资,其收益主要表现为利息收入,且利息收入的时间和金额均为已知。因此进行债券投资,收益较为稳定,但收益率也比较低。对于股票投资,其收益表现为股利收入和价差收益,收益的时间及金额都难以预先确定。因此,进行股票投资风险较大,但收益往往也大得多。

(2) 证券的风险性。如上所述,股票投资的风险较债券投资的风险要大。企业选择证券投资时,可根据各种证券的收益能力和风险程度综合权衡,看其收益性是否满足企业的要求,风险程度是否在企业可接受的水平。也可进行证券投资组合,在尽可能满足企业收益性要求的前提下,降低投资风险。

(3) 证券的流动性。证券投资的一大特点就是流动性较强,在企业需要时,能通过证券市场将证券转化为现金。但是证券的可转让性也有高有低,其转让的难易程度包括转让的时间长短及转让价格的高低。证券的转让时间取决于证券市场的情况、证券的种类及转让数量的多少。当证券市场发达,交易活跃,持有的证券是经营良好、信誉可靠的企业所发行,数额也不大时,证券的可转让性较强,转让价格也较高。因此,企业选择有价证券作为短期投资时,其流动性应是重点考虑的因素之一,应选择信誉良好、实力雄厚的企业发行的证券进行投资。

第二节 债券投资

债券投资是企业作为债权人,通过买进政府、各金融机构及其他企业发行的各类债券以

获得投资收益的行为。

一、债券投资的目的

从财务管理的角度来讲，企业进行债券投资的目的大体包括以下几个方面：

（1）获取投资收益。债券投资作为企业对外间接投资的一种，与对外直接投资相比，不但能获得利息收益和价差收益，而且债券投资的利息收益具有更大的稳定性。

（2）降低现金短缺的风险。现代财务管理通常将企业持有的有价证券看作是现金的替代品，并在现金流出超过现金流入时将其出售来增加现金流入，以保持现金流量的平衡，减少现金短缺风险。

（3）满足未来的投资需求。现代财务管理通常将有价证券投资看作是为未来重大投资项目积累所需资金的一种手段，即当企业预计在未来有一重大投资项目（如建造厂房、增加设备）需要大额现金时，将目前从生产经营中节余的资金用来购买中长期有价证券，待将来需要资金时再将其转化成现金。

（4）与股票投资相结合，降低证券投资风险。现代财务理论认为，企业作为投资者，投资于债券较投资于股票的风险要小。其原因是：债券投资者可以获得稳定的利息，不承担被投资企业的经营风险。因此，企业进行或增加债券投资，能够起到降低整个证券投资风险的作用。

二、债券的估价

（一）债券投资的成本分析

1. 债券投资成本的概念与内容

债券投资成本是指企业在进行债券投资的过程中所发生的全部现金流出，包括债券的买价成本和交易费用两部分。债券的买价成本是企业买入债券时向债券出售人所支付的价格。债券的买价成本是企业进行债券投资的原始投资额。交易费用是企业买卖债券时支付给为债券交易提供帮助的单位的报酬，以及向国家缴纳的与债券交易有关的税款的总称，与买价成本相比，交易费用仅是债券投资成本较小的部分。交易费用与买价成本一起构成企业债券投资的总投资额。目前，我国债券交易费用收费项目及收费标准见表 6-1。①

表 6-1　　　　　　　　　　债券交易费用项目表

		国债	企业债	可转债
沪市	佣金	不超过成交金额的 0.02%，起点 1 元。		
	经手费	无	无	无
	监管费	无	无	无
深市	佣金	不超过成交金额的 0.02%。		
	经手费	成交金额在 100 万元以下（含）每笔收 0.1 元；成交金额在 100 万元以上每笔收 10 元。		按成交金额双边收取 0.04‰。
	监管费	按成交金额双边收取 0.01‰。		按成交金额双边收取 0.01‰（从交易经手费中扣除，不另收）。

---

① 参见《交易费用：上海证券交易所收费及代收税费一览表》与《深圳证券交易所收费（及代收税费）明细表》，表 6-1 是根据这两表进行整理而成。

2. 债券投资成本的计算

债券投资成本的计算，严格地讲，应包括买价成本的计算和交易费用的计算两部分。由于债券投资者的买价成本实际上就是债券发行公司的发行价格，而债券发行价格的计算在书中前面已做阐述，故在此不再赘述。

（二）债券的估价

债券的价值，又称"债券的内在价值"。根据资产的收入资本化定价理论，任何资产的内在价值都是在投资者预期的资产可获得的现金收入的基础上进行贴现决定的。运用到债券上，债券的价值是指进行债券投资时，投资者预期可获得的现金流入的现值。债券的现金流入主要包括利息和到期收回的本金或出售时获得的现金两部分。当债券的购买价格低于债券价值时，才值得购买。

1. 计算债券价值的基本模型

债券价值的基本模型主要是指按复利方式计算的每年定期付息、到期一次还本情况下的债券的估价模型。其计算公式为：

$$V = \sum_{t=1}^{n} \frac{i \times F}{(1+K)^t} + \frac{F}{(1+K)^n}$$

$$= i \cdot F(P/A, K, n) + F \cdot (P/F, K, n)$$

$$= I \cdot (P/A, K, n) + F \cdot (P/F, K, n)$$

式中，V 为债券价值；i 为债券票面利息率；I 为债券利息；F 为债券面值；K 为市场利率或投资人要求的必要收益率；n 为付息总期数。

【例 6-1】凯利公司债券面值为 1 000 元，票面利率为 6%，期限为 3 年。某企业要对这种债券进行投资，当前的市场利率为 8%，问债券价格为多少时才能进行投资？

解：V = 1 000 × 6% × (P/A, 8%, 3) + 1 000 × (P/F, 8%, 3)
　　 = 60 × 2.577 1 + 1 000 × 0.793 8
　　 = 948.43（元）

该债券的价格必须低于 948.43 元时才能进行投资。

2. 一次还本付息的单利债券价值模型

我国很多债券属于一次还本付息、单利计算的存单式债券。其价值模型为：

$$V = F(1 + i \cdot n) / (1 + K)^n$$

$$= F(1 + i \cdot n) \cdot (P/F, K, n)$$

公式中符号的含义同前式。

【例 6-2】凯利公司拟购买另一家公司的企业债券作为投资，该债券面值 1 000 元，期限 3 年，票面利率 5%，单利计息，当前市场利率为 6%。问该债券发行价格为多少时才能购买？

解：V = 1 000 × (1 + 5% × 3) × (P/F, 6%, 3)
　　 = 1 000 × 1.15 × 0.839 6
　　 = 965.54（元）

该债券的价格必须低于 965.54 元时才适宜购买。

3. 零息债券的价值模型

零息债券的价值模型是指到期只能按面值收回，期内不计息债券的估价模型。其计算公式为：
$$P = F/(1+K)^n = F \times (P/F, K, n)$$
公式中的符号含义同前式。

【例6-3】某债券面值1 000元，期限3年，期内不计息，到期按面值偿还，市场利率为6%。问价格为多少时，企业才能购买？

解：$V = 1\,000 \times (P/F, 6\%, 3) = 1\,000 \times 0.8396 = 839.6$（元）

该债券的价格只有低于839.6元时，企业才能购买。

三、债券的收益率

1. 短期债券收益率的计算

短期债券由于期限较短，一般不用考虑货币时间价值，只需考虑债券价差及利息，将其与投资额相比，即可求出短期债券收益率。其基本计算公式为：

$$K = \frac{S_1 - S_0 + I}{S_0}$$

式中，S_0为债券购买价格；S_1为债券出售价格；I为债券利息；K为债券投资收益率。

【例6-4】某企业于2002年5月8日以920元购进一张面值1 000元、票面利率5%、每年付息一次的债券，并于2003年5月8日以970元的市价出售。问该债券的投资收益率是多少？

解：$K = (970 - 920 + 50)/920 \times 100\% = 10.87\%$

该债券的投资收益率为10.87%。

2. 长期债券收益率的计算

长期债券由于涉及时间较长，需要考虑货币时间价值，其投资收益率一般是指购进债券后一直持有至到期日可获得的收益率，它是使债券利息的年金现值和债券到期收回本金的复利现值之和等于债券购买价格时的贴现率。

（1）一般债券收益率的计算。一般债券的价值模型为：

$$V = I \cdot (P/A, K, n) + F \cdot (P/F, K, n)$$

式中，V为债券的购买价格；I为每年获得的固定利息；F为债券到期收回的本金或中途出售收回的资金；K为债券的投资收益率；n为投资期限。

由于无法直接计算收益率，必须采用逐步测试法及内插法来计算，即：先设定一个贴现率代入上式，如计算出的V正好等于债券买价，该贴现率即为收益率；如计算出的V与债券买价不等，则须继续测试，再用内插法求出收益率。

【例6-5】某公司2008年1月1日用平价购买一张面值为1 000元的债券，其票面利率为8%，每年1月1日计算并支付一次利息。该债券于2013年1月1日到期，按面值收回本金，计算其到期收益率。

解：$I = 1\,000 \times 8\% = 80$（元）

$F = 1\,000$（元）

设收益率为$i = 8\%$，则：

$$V = 80 \times (P/A, 8\%, 5) + 1\,000 \times (P/F, 8\%, 5) = 1\,000 （元）$$

用8%计算出来的债券价值正好等于债券买价，所以该债券的收益率为8%。可见，平价发行的每年复利计息一次的债券,其到期收益率等于票面利率。

如该公司购买该债券的价格为 1 100 元,即高于面值,则该债券收益率应为多少?

要求出收益率,必须使下式成立:

$$1\ 100 = 80 \times (P/A, i, 5) + 1\ 000 \times (P/F, i, 5)$$

通过前面计算已知,i = 8%时,上式等式右边为 1 000 元。由于利率与现值呈反向变化,即现值越大,利率越小。而债券买价为 1 100 元,收益率一定低于 8%,降低贴现率进一步试算。

用 $i_1 = 6\%$ 试算:

$$\begin{aligned}V_1 &= 80 \times (P/A, 6\%, 5) + 1\ 000 \times (P/F, 6\%, 5) \\ &= 80 \times 4.2124 + 1\ 000 \times 0.7473 \\ &= 1\ 084.29\ (元)\end{aligned}$$

由于贴现结果仍小于 1 100 元,还应进一步降低贴现率试算。

用 $i_2 = 5\%$ 试算:

$$\begin{aligned}V_2 &= 80 \times (P/A, 5\%, 5) + 1\ 000 \times (P/F, 5\%, 5) \\ &= 80 \times 4.3295 + 1\ 000 \times 0.7835 \\ &= 1\ 129.86\ (元)\end{aligned}$$

用内插法计算:

$$i = 5\% + \frac{1\ 129.86 - 1\ 100}{1\ 129.86 - 1\ 084.29} \times (6\% - 5\%) = 5.66\%$$

如果债券的购买价格为 1 100 元时,债券的收益率为 5.66%。

(2) 一次还本付息的单利债券收益率的计算。

【例 6-6】某公司 2001 年 1 月 1 日以 1 020 元购买一张面值为 1 000 元,票面利率为 10%,单利计息的债券,该债券期限 5 年,到期一次还本付息,计算其到期收益率。

解:一次还本付息的单利债券价值模型为:

$$V = F(1 + i \cdot n) \cdot (P/F, K, n)$$

$$1\ 020 = 1\ 000 \times (1 + 5 \times 10\%) \times (P/F, K, 5)$$

$$(P/F, K, 5) = 1\ 020 \div 1\ 500 = 0.68$$

查复利现值表,5 年期的复利现值系数等于 0.68 时,K = 8%。

如果此时查表无法直接求得收益率,则可用内插法计算。

债券的收益率是进行债券投资时选购债券的重要标准,它可以反映债券投资按复利计算的实际收益率。如果债券的收益率高于投资人要求的必要报酬率,则可购进债券;否则就应放弃此项投资。

四、债券投资风险分析

尽管债券的利率一般是固定的,债券投资仍然和其他投资一样是有风险的。债券投资的风险包括违约风险、利率风险、购买力风险、流动性风险和再投资风险。

1. 违约风险

违约风险是指债券的发行人不能履行合约规定的义务,无法按期支付利息和偿还本金的风险。不同种类的债券风险是不同的。政府债券是以国家财政为担保,一般不会违约,可以看作无风险的债券。通常人们所说的政府债券是无风险债券时,所指的无风险就是无违约风险,但其他风险还是存在的。除政府债券外,其他债券一般都存在违约风险,只不过风险大小不同而已。通常人们认为金融债券的风险要比公司债券的风险小,但经济生活中,也不乏金融机构破产的例子。

评价一种债券违约风险大小,经常要参考信用评级机构对债券所做的信用评级,高信用等级的债券违约风险要比低信用等级的债券小。但是,信用评级是以企业的现有资料为基础做出的,在未来较长的时期内,企业的经营状况可能会发生变化,其债券的信用等级也会有所改变,因此,投资者还应密切关注以后的债券信用等级变化情况。

避免违约风险的方法就是不买质量差、信用等级低的债券。

2. 利率风险

利率风险是指由于市场利率变化而引起的债券价格下跌,使投资者遭受损失的风险。在完全市场经济条件下,利率由货币市场的供求情况决定。资本供大于求,利率下降;反之,利率上升。利率上升会减少消费和投资,从而引起债券市场价格下跌;利率下降会刺激消费和投资,引起债券市场价格上升。此外,利率还会被政府用来作为调控国民经济的货币政策工具,因此市场利率的变化有时难以预见,会给债券投资者带来很大的风险。

虽然市场利率上升会导致债券价格下跌,但是当市场利率上升幅度相同时,不同期限的债券市价下跌的幅度却并不相同。

【例6-7】某公司于20×1年7月1日投资于A、B两债券,两债券的面值均为1 000元,票面利率均为12%,而债券期限分别为1年和10年。不同市场利率下A、B债券的市场价格计算结果如表6-2所示。

通过表6-2中市场利率与债券市价的关系可知,短期债券市价对利率变动的反应很不敏感。当市场利率为12%时,与票面利率相等,两种债券的市价均为1 000元,等于其面值;当市场利率升至20%时,长期债券市价降为664.6元,跌幅为35.5%,而短期债券市价仅下跌了6.7%;当市场利率降至5%时,长期债券市价升为1 540.50元,升幅为54%,而短期债券市价仅上升了6.7%。可见债券期限越长,其价格对市场利率变动的反应越灵敏。因此,即使两种债券违约风险相同,期限较长的债券因利率上升所蒙受的损失仍大于期限较短的债券,这就是短期债券利率一般低于长期债券利率的原因。

减少利率风险的办法是分散债券的到期日。

表6-2 不同期限债券市价与利率关系比较 单位:元

市场利率(i)	债券市价 1年期(V_1)	债券市价 10年期(V_2)
5%	1 066.67	1 540.50
10%	1 018.18	1 122.85
12%	1 000.00	1 000.00
15%	973.92	924.26
20%	933.33	664.60

3. 购买力风险

购买力风险，也称为"通货膨胀风险"，是指由于通货膨胀而使债券到期或出售时所获得的现金的购买力减少的风险。通货膨胀会使物价上涨，同样多的货币只能购买比以前少的物品。通货膨胀一般对债务人有利，而对债权人不利，因为投资于债券只能得到一笔固定的利息收益，但由于货币贬值，这笔现金收入的购买力会下降。一般而言，在通货膨胀情况下，固定收益证券要比变动收益证券承受更大的购买力风险，因此普通股票被认为比公司债券和其他有固定收益的证券能更好地避免购买力风险。然而，如果发生过度的通货膨胀，任何资本市场都无法避免购买力风险，投资者会纷纷将资金投资于房地产等保值能力较强的实物资产，从而导致各种证券价格下跌，加大了风险。

减少购买力风险的对策就是在通货膨胀期间投资于实物资产和普通股票。

4. 流动性风险

流动性风险是指债券能否顺利地按目前合理的市场价格出售的风险。也就是说，如果投资者遇到了另一个更好的投资机会，他想出售现有资产以便再投资，但短期内找不到价格合理的买主，要把价格降到很低才能找到买主，或者要等很长时间才能找到买主，他不是丧失新的机会就是蒙受降价损失。例如，某人购买一种冷门债券，当他想在短期内出售时就只好折价。如果他当初买的是国库券，因为国库券有一个比较活跃的市场，可以在极短的时间内以合理的市价将其售出。

降低流动性风险的办法就是购买期限较短、质量较优的债券。

5. 再投资风险

购买短期债券，而没有购买长期债券，会有再投资风险。例如，长期债券的利率为12%，短期债券的利率为10%，为减少利率风险而买了短期债券。在短期债券到期收回现金时，如果利率降低至8%，你只能找到报酬率大约为8%的投资机会，还不如当初投资长期债券，现在仍可获得12%的收益。

减少再投资风险的对策就是提高预测未来利率的准确率，如果能准确地预测未来利率将下降，则应投资长期债券。

五、债券投资的优缺点

1. 债券投资的优点

（1）投资收益稳定。进行债券投资一般可按时获得固定的利息收入，收益稳定。

（2）投资风险较低。相对于股票投资而言，债券投资风险较低。政府债券有国家财力作后盾，通常被视为"无风险证券"。企业破产时，企业债券的持有人对企业的剩余财产有优先求偿权，因而风险较低。

（3）流动性强。大企业及政府债券很容易在金融市场上迅速出售，流动性较强。

2. 债券投资的缺点

（1）无经营管理权。债券投资者只能定期取得利息，无权影响或控制被投资企业。

（2）购买力风险较大。由于债券面值和利率是固定的，如投资期间通货膨胀率较高，债券面值和利息的实际购买力会降低。

第三节 股票投资

股票投资是指企业通过买进其他公司发行的股票成为该公司的股权人（即投资人），以获得投资收益或控制其他公司的投资行为。

一、股票投资的目的

（1）控制或控股股票发行公司。企业作为股票的购买者，通过大量买进另一家公司所发行的股票以取得对发行股票公司的控制权。一般来说，若企业所掌握的发行公司的股权在50%以上，它就取得了对发行公司的绝对控制权。事实上，在股票流通市场日益发达的今天，股权日趋分散，尤其是规模大的股份公司拥有众多的股东，因此，若企业能掌握对方20%~30%的股权，就可以对发行股票的公司起到牵制甚至控制的作用。

（2）降低自身的经营风险。企业通过买进多家公司所发行的股票以增强自身经营的稳定性以及实现自身经营的多元化。譬如，买进原材料供应商所发行的股票，就可以获得稳定的原材料供应；买进产品使用商或产品经销商所发行的股票，就可以获得通畅的产品销路；买进非同一行业公司发行的股票，就可以实现经营的多元化。在市场竞争日益激烈的情况下，稳定的经营条件和合理多元化的经营方向，通常被认为是降低经营风险的最为有力的手段。

（3）获得投资收益。以股票投资作为中长期投资手段，以弥补主营业务利润的不足。尤其是我国的一些上市公司通过发行股票募集大量资金后，本公司投资需求不旺，只有将资金大量地用于投资其他公司的股票，以期从其他公司分得利润。

二、股票的估价

（一）股票投资的成本分析

1. 股票投资成本的构成

股票投资成本是指企业在进行股票投资过程中所发生的全部现金流出，包括股票的买价成本和交易费用两部分。

（1）买价成本，是指企业买入股票时向股票出售人所支付的价格。买价成本既可以是股票在发行市场上的发行价，也可以是股票在二级市场上的交易价。

（2）交易费用，是指企业买卖股票时支付给为股票交易提供服务的单位的报酬及向国家缴纳的与股票交易有关的税款的总称，包括佣金、过户费、印花税和委托手续费，前三者的含义和收取办法与债券买卖相同。委托手续费是企业在办理委托买卖股票时向交易所和经纪商所支付的一项费用，在我国，委托手续费的收费标准由交易所和经纪商共同制定并征得主管机关认可后执行的，因此委托手续费标准不统一。一般来说，交易所所在地费用较低，异地则较高。股票交易费用随着经济形势的发展和变化，具体比例情况会不断调整。目前，我国股票交易的收费项目及收费标准见表6-3。[①]

表6-3 股票交易费用标准

收费项目	深圳A股	上海A股	深圳B股	上海B股
印花税	对出让方按成交金额的1‰征收,对受让方不再征税	成交金额的0.1%（出让方单边缴纳）	对出让方按成交金额的1‰征收,对受让方不再征税	成交金额的0.1%（出让方单边缴纳）
佣金	成交金额的0.087%,双向收取	成交金额的0.087%,双向收取	不得高于成交金额的0.3%,也不得低于代收的证券交易监管费和证券交易经手费,起点5港元	3‰；起点1美元
过户费	成交金额的0.375%,双向收取	成交金额的0.375%,双向收取	无	无
委托费	无	5元（按每笔收费）	无	无
结算费	无	无	0.5‰（上限500港元）	0.5‰

2. 股票投资成本的计算

股票投资成本的计算,包括买价成本的计算和交易费用的计算。由于股票投资者的买价成本实际上等于股票的发行价格或股票市场价格,而股票发行价格和市价都是基于股票的内在价值再考虑市场供求等因素确定的。

（二）股票的估价

股票的价值又称"股票的内在价值",是指股票预期能够提供的所有未来现金流量的现值。股票带给投资者的现金流入包括两部分：股利收入和股票出售时的资本利得。因此,股票的内在价值由一系列的股利和将来出售股票时售价的现值所构成,通常当股票的市场价格低于股票内在价值时才适宜投资。

(1) 股票价值的基本模型为：

$$V = \sum_{t=1}^{n} \frac{d_t}{(1+K)^t} + \frac{V_n}{(1+K)^n}$$

式中,V为股票内在价值；d_t为第t期的预期股利；K为投资人要求的必要资金收益率；V_n为未来出售时预计的股票价格；n为预计持有股票的期数。

股票价值的基本模型要求无限期地预计历年的股利,如果持有期是个未知数的话,上述模型实际上很难计算。因此,应用的模型都是假设股利零增长或固定比例增长时的价值模型。

(2) 股利零增长、长期持有的股票价值模型为：

$$V = d/K$$

式中,V为股票内在价值；d为每年固定股利；K为投资人要求的资金收益率。

[①] 参见《交易费用：上海证券交易所收费及代收税费一览表》与《深圳证券交易所收费（及代收税费）明细表》,表6-3根据这两个表整理而成。

第六章 证券投资决策

【例6-8】 凯利公司拟投资购买并长期持有某公司股票。该股票每年分配股利2元，必要收益率为10%。问该股票价格为多少时适合购买？

解：$V = d \div K = 2 \div 10\% = 20$（元）

股票价格低于20元时才适合购买。

（3）长期持有股票，股利固定增长的股票价值模型为：

$$V = d_0(1+g)/(K-g) = d_1/(K-g)$$

式中，d_0 为上年股利；d_1 为本年股利；g 为每年股利增长率。

【例6-9】 凯利公司拟投资某公司股票，该股票上年每股股利为2元，预计年增长率为2%，必要投资报酬率为7%。问该股票价格为多少时可以投资？

解：$V = d_0(1+g)/(K-g) = 2 \times (1+2\%)/(7\% - 2\%) = 40.8$（元）

该股票价格低于40.8元时才可以投资。

（4）非固定成长股票的价值。有些公司的股票在一段时间里高速成长，在另一段时间里为正常固定增长或固定不变，这样我们就要分段计算，才能确定股票的价值。

【例6-10】 某企业持有A公司股票，其必要报酬率为12%，预计A公司未来3年股利高速增长，成长率为20%，此后转为正常增长，增长率为8%。公司最近支付的股利是2元，计算该公司的股票价值。

解：首先，计算非正常增长期的股利现值，见表6-4。

表6-4

年份	股利（元）	现值因素	现值（元）
1	2×1.2=2.4	0.8929	2.1430
2	2.4×1.2=2.88	0.7972	2.2959
3	2.88×1.2=3.456	0.7118	2.4600
合计（3年股利现值）			6.8989

其次，按固定股利成长模型计算固定增长部分的股票价值。

$$V_3 = \frac{d_3 \times (1+g)}{K-g} = \frac{3.456 \times 1.08}{0.12 - 0.08} = 93.312\text{（元）}$$

由于这部分股票价值是第3年年底以后的股利折算的内在价值，需将其折算为现值：

$$V_3 \times (P/F, 12\%, 3) = 93.312 \times 0.7118 = 66.419\text{（元）}$$

最后，计算股票目前的内在价值：

$$V = 6.8989 + 66.419 = 73.32\text{（元）}$$

三、股票投资的收益率

（一）股票投资收益的概念与内容

股票投资收益在理论上解释为企业在进行股票投资的过程中所发生的全部现金流入。在实践中，股票投资收益是指股票投资净收益，即全部现金流入与现金流出之间的差额，二者之间的正差额为投资收益，负差额为投资损失。

确定股票投资的净收益与确定债券投资的净收益相比，对交易费用的处理方法是不相同的。由于债券投资的收益较低，交易费用对净收益的影响非常大，因而在计算债券投资净收益时，将由交易费用形成的现金流出从全部现金流入中减去。由于股票投资的收益相对较高，交易费用对净收益的影响不甚明显，因而在计算净收益时，不将交易费用形成的现金流出从全部现金流入中减去，而是将其与销售费用、管理费用一样对待，作为期间费用处理。

股票投资收益一般包括股利收益和资本利得两项内容。

（1）股利收益，是股票投资者定期从发行公司分得的利润。股利收益的高低取决于发行股票的公司盈余状况及其股利政策。

（2）资本利得，是股票投资者售出股票时的市场价格高于其购入时的市场价格的部分。显然，资本利得源于股票市场价格变动，而引起股票市场价格变动的根本原因是股票发行公司的经营业绩。

（二）股票投资收益率及其计算

1. 短期股票收益率的计算

如果企业购买的股票在一年内出售，其投资收益主要包括股票投资价差及股利两部分，不须考虑货币时间价值，其收益率计算公式如下：

$$股票投资预期收益率 = 股利收益率 + 股价升值收益率$$

或

$$R = \frac{D}{P_0} + \frac{P_1 - P_0}{P_0}$$

式中，R 为预期收益率；D 为股利收益；P_0 为买入股票时的市场价格，即买价成本；P_1 为卖出股票时的市场价格；$P_1 - P_0$ 为股价升值收益；D/P_0 为股利收益率；$(P_1 - P_0)/P_0$ 为股价升值收益率。

【例6-11】2002年3月10日，凯利公司购买某公司每股市价为20元的股票，2003年1月，凯利公司每股获现金股利1元。2003年3月10日，凯利公司将该股票以每股22元的价格出售，问投资收益率为多少？

解：$K = (22 - 20 + 1) / 20 \times 100\% = 15\%$

该股票的收益率为15%。

2. 股票长期持有，股利固定增长的收益率的计算

股票的内部收益率是指股票投资的未来现金流入量现值等于目前的购买价格时的贴现率。股票的内部收益率高于投资者所要求的最低报酬率时，投资者愿意购买该股票。站在发行股票的公司角度上看，股票的内部收益率就是股权资本成本，因此，股票内部收益率的计算方法与股权资本成本相同。根据固定成长的股票估价模型，我们知道：$V = D_1 / (K - g)$，用股票的购买价格代替股票的内在价值，则有：

$$R_s = \frac{D_1}{P_0} + g$$

式中，R_s 为内部收益率；D_1 为第一期的股利额；P_0 为股票的购买价格；g 为股利年增长率。

从上式可以看出，股票投资内部收益率由两部分构成：一部分是预期股利收益率 D_1/P_0，另一部分是股利增长率 g。

【例6-12】有一只股票的价格为40元，预计下一期的股利是2元，该股利将以每年大

约10%的速度持续增长。该股票的预期收益率为多少？

解：K = 2/40 + 10% = 15%

该股票的收益率为15%。

3. 一般情况下股票投资收益率的计算

一般情况下，企业进行股票投资可以取得股利，股票出售时也可收回一定的资金，只是股利不同于债券利息，股利是经常变动的，股票投资的收益率是使各期股利及股票售价的复利现值等于股票买价时的贴现率。即：

$$V = \sum_{t=1}^{n} \frac{d_t}{(1+K)^t} + \frac{V_n}{(1+K)^n}$$

式中，V为股票的买价；d_t为第t期的股利；K为投资收益率；V_n为股票出售价格；n为持有股票的期数。

【例6-13】凯利公司于2000年6月1日投资600万元购买某种股票100万股，在2001年、2002年和2003年的5月30日分得每股现金股利分别为0.6元、0.8元和0.9元，并于2003年5月30日以每股8元的价格将股票全部出售。试计算该项投资的收益率。

解：用逐步测试法计算，先用20%的收益率进行测算：

V = 60/(1+20%) + 80/(1+20%)² + 890/(1+20%)³
　= 60×0.8333 + 80×0.6944 + 890×0.5787
　= 620.59（万元）

由于620.59万元比600万元大，再用24%测试：

V = 60/(1+24%) + 80/(1+24%)² + 890/(1+24%)³
　= 60×0.8065 + 80×0.6504 + 890×0.5245
　= 567.23（万元）

然后用内插法计算如下：

K = 20% + (620.59 - 600)/(620.59 - 567.23) × 4%
　= 21.54%

4. 股票预期投资收益率的计算

资本资产定价模型是用于计算确定一项投资预期收益率的模型（关于CAPM的详细阐述请参见本章第四节），因此，可以用来计算股票预期投资收益率。其计算公式为：

$$R = R_f + \beta_i(R_m - R_f)$$

式中，R为投资收益率；R_f为无风险收益率；β_i为某只股票的β系数；R_m为股票投资的平均收益率。

【例6-14】某公司股票β系数为1.5，已知股票投资的平均收益率为10%，无风险收益率为3%。问投资该公司股票的预期收益率为多少？

根据资本资产定价模型，投资该公司股票的预期收益率为：

R = 3% + 1.5 × (10% - 3%) = 13.5%

四、股票投资的风险分析

众所周知，股票投资是一种高风险的投资。根据风险与收益均衡的原则，股票投资风险的存在可能给投资者带来更高的收益，但也可能带来更大的损失。因此，投资者进行股票投资时，必须了解投资过程中存在的风险，并对其进行深入、全面的分析，以获得满意的投资效果。

股票投资风险按其性质不同，可分为系统性风险和非系统性风险两大类。

1. 系统性风险

系统性风险又称为"不可分散风险"，是指由于全局性因素的变化，导致股票市场上所有股票的收益发生变动的风险。经济的、政治的和社会的变动是系统风险的根源，它们会影响所有的股票。平均而言，普通股票的总风险中大约有一半是系统风险。系统风险主要有以下几种不同的形式：

（1）购买力风险。购买力风险，又称"通货膨胀风险"，是指由于通货膨胀引起的投资者实际收益的不确定。通货膨胀对证券价格有两种截然不同的影响。通胀之初，公司、企业的房地产、机器设备等固定资产账面价值因通货膨胀而水涨船高，物价上涨不但使企业存货能高价售出，而且可以使企业从以往低价购入的原材料上获利，名义资产增值与名义盈利增加，使公司股票的市场价格上涨。同时，预感到通胀可能加剧的人们，为保值也会抢购股票，刺激股价短暂上扬。然而，当通货膨胀持续上升一段时期以后，便会使股票价格走势逆转，并给投资者带来负效益。公司资产虚假增值显露出来，新的生产成本因原材料等价格上升而提高，公司利润相应减少，投资者开始抛售股票，转而寻找其他金融资产保值方式，所有这些都将使股票市场需求萎缩，供大于求，股票价格自然也会显著下降。严重的通货膨胀还会使投资者持有的股票贬值，抛售股票得到的货币收入的实际购买力下降。

（2）利率风险。由于利率是经济运行过程中的一个重要经济杠杆，利率变动会给股票市场带来明显的影响。一般来说，银行利率上升，股票价格下跌，反之亦然。其主要原因有两方面：第一，人们持有金融资产的基本目的是获取收益，在收益率相同时，乐于选择安全性高的金融工具，在通常情况下，银行储蓄存款的安全性要远远高于股票投资，所以，一旦银行存款利率上升，资金就会从证券市场流出，从而使证券投资需求下降，股票价格下跌，投资收益率因此减少；第二，银行贷款利率上升后，信贷市场银根紧缩，公司资金流动不畅，利息成本提高，生产发展与盈利能力都会随之削弱，公司财务状况恶化，造成股票市场价格下跌。

（3）汇率风险。汇率与证券投资风险的关系主要体现在两个方面：一是本国货币升值有利于以进口原材料为主从事生产经营的企业，不利于产品主要面向出口的企业，因此，投资者看好前者，看淡后者，引发不同公司股票价格的涨落。本国货币贬值的效应正好相反。二是对于货币可以自由兑换的国家来说，汇率变动也可能引起资本的输出与输入，从而影响国内货币资金和证券市场供求状况。

（4）宏观经济风险。宏观经济风险主要是由于宏观经济因素的变化、经济政策变化、经济的周期性波动以及国际经济因素的变化给股票投资者可能带来的意外收益或损失。

宏观经济因素的变动会给证券市场的运作以及股份制企业的经营带来重大影响，如经济体制转轨、企业制度改革、加入世界贸易组织、人民币自由兑换等等，莫不如此。

国家的经济政策对整个国家的经济发展有着十分重要的作用。经济政策从多方面影响到证券投资。财政政策将直接影响到国债的发行规模，而国债的发行量以及市场价格水平同股票价格又有着十分明显的联动效应，譬如，1995年底、1996年初我国股市持续低迷就与当时传说1996年国债发行量将进一步增加有关；税收政策通常从企业收益与消费者投资实际所得两方面影响股市；金融管理政策是证券市场最敏感的一个因素，严格的管理法规有助于市场交易的正常进行，不健全的法规则可能为不正当交易提供契机。此外，政策的连续性与稳定性也至关重要，随意地发布重大信息必然会造成市场的不正常波动。

经济的周期性波动也会给投资者带来较大的风险。一般认为，现代市场经济中的经济周期大体包括四个阶段：复苏、繁荣、危机和萧条。在经济复苏和繁荣时期，社会总需求、总投资旺盛，经济增长率上升，就业率和个人收入水平也有较大的提高，与此同时，证券市场筹资与投资十分活跃，证券投资收益看好。然而，在经济萧条，特别是危机时期，由于社会经济活动处于停滞不前、甚至萎缩和倒退状态，证券市场也必然受到冲击。这样就可能出现两种情况：一方面，资金需求减少，市场交易规模随之缩小；另一方面，股票价格大幅度波动并呈现跌势，投资者实际收益下降，甚至出现亏损。我国经济发展也存在着明显的波动，经济过热与经济紧缩交替出现，也在一定程度上造成了股票市场的周期性波动。

国际经济因素的变化也会影响股市的稳定。市场经济发展到今天，出现国际联动的效应，一国经济发生的问题会在国际上引起连锁反应。如1987年纽约股市暴跌，很短时间内就殃及伦敦、法兰克福、东京等主要国际证券市场，酿成一场全球性的股灾。

（5）社会、政治风险。稳定的社会、政治环境是经济正常发展的基本保证，对证券投资者来说也不例外。倘若一国政治局势出现大的变化，如政府更迭、国家首脑健康状况出现问题、国内动乱、对外政治关系发生危机时，都会在证券市场上产生反响。此外，政界人士参与证券投机活动和证券从业人员内幕交易一类的政治、社会丑闻，也会对证券市场的稳定构成很大威胁。

社会、政治领域中的不确定因素对股票投资的冲击，还表现在"国家风险"上。对于那些在海外从事直接投资的股份制企业来说，当地社会、政治环境是否安定至关重要，一旦所在国发生社会政治动乱，不仅在海外投资的利益会受到损失，而且其在国内的股票价格也会受到不利影响，换句话说，这种国家风险将会转移到公司普通股股东身上。

（6）市场风险。市场风险是股东所面临的所有风险中最难对付的一种，它给持股人带来的后果有时是灾难性的。在股票市场上，行情瞬息万变，并且很难预测行情变化的方向和幅度。收入正在节节上升的公司，其股票价格却下降了，这种情况我们经常可以看到；还有一些公司，经营状况不错，收入也很稳定，它们的股票却在很短的时间内上下剧烈波动。出现这类反常现象的原因，主要是投资者对股票的一般看法或对某些种类或某一组股票的看法发生变化所致。投资者对股票收益的预期发生变化所引起的大多数普通股票收益的易变性，称为"市场风险"。

各种政治的、社会的和经济的事件都会对投资者的态度产生影响，投资者会根据他们自己对这些事件的看法做出判断和反应。市场风险经常引发于某个具体事件，但投资者作为一个群体的情绪波动往往导致滚雪球效应。几种股票的价格上升可能带动整个股市上升，而股市的最初下跌可能使很多投资者动摇，在害怕蒙受更大损失的心理支配下，大量抛售股票，使股市进一步下跌，最后发展到整个股市狂跌，使千百万股票投资者蒙受重大损失。1987年10月19日及其以后几天中的世界股市暴跌就是一个例子，提起"黑色星期一"，至今仍使许多人谈股色变。

2. 非系统风险

非系统风险又称为"可分散风险"，是指因某种因素的变化导致股票市场上个别股票收益变动的风险,如管理能力、消费偏好、罢工之类的因素会造成一个公司利润的变动。非系统因素影响的是一个公司或一个行业,而不是整个证券市场。非系统风险的主要形式有以下几种:

(1) 财务风险。财务风险是指由于股票发行公司筹集了负债性的资金而导致的较小的息税前利润变动引起较大的每股收益变动的风险。股票发行公司资本结构中负债所占比重越大,则其财务风险就越大,反之则越小。

(2) 经营风险。经营风险是指公司在未来获取经营利润过程中由于存在不确定性而产生的风险。经营风险主要是在生产经营活动中产生的,其原因有:①市场销售。由于市场需求的变化、市场价格的波动,造成企业生产数量的变化,这种产销量的不确定性使企业的风险增大。②生产成本。由于原材料的供应和价格、工人的劳动积极性和机器的生产率、工人的工资和奖金具有不确定性,因而产生风险。③生产技术。设备发生事故、产品发生质量问题、新技术取代旧技术等,这些事情的出现很难估计,从而会产生风险。

(3) 流动性风险。流动性风险是指由于将资产变成现金方面的潜在困难而造成的投资者收益的不确定。一种股票在不做出大的价格让步的情况下卖出的困难越大,则拥有该种股票的流动性风险程度就越大。在流通市场上交易的各种股票当中,流动性风险差异很大,有些股票极易脱手,市场交易量很大,如美国的通用汽车公司、埃克森石油公司股票,每天成交成千上万手,表现出极大的流动性,这类股票,投资者可轻而易举地卖出,流动性风险较小。而另一些股票在投资者急着要将它们变现时很难脱手,除非忍痛贱卖,在价格上做出很大牺牲。

五、股票投资的优缺点

1. 股票投资的优点

(1) 投资收益高。股票投资风险大,收益也高,只要选择得当,就能取得优厚的投资收益。

(2) 购买力风险低。与固定收益的债券相比,普通股能有效地降低购买力风险。因为通货膨胀率较高时,物价普遍上涨,股份公司盈利增加,股利也会随之增加。

(3) 拥有经营控制权。普通股股票的投资者是被投资企业的股东,拥有一定的经营控制权。

2. 股票投资的缺点

(1) 收入不稳定。普通股股利的有无、多少,须视被投资企业经营状况而定,很不稳定。

(2) 价格不稳定。股票价格受众多因素影响,极不稳定。

(3) 求偿权居后。企业破产时,普通股投资者对被投资企业的资产求偿权居于最后,其投资有可能得不到全额补偿。

第四节 证券投资组合

证券投资组合又叫"证券组合",是指进行证券投资时,不将所有的资金都投向单一的某种证券,而是有选择地投向一组证券。这种同时投资多种证券的方式叫作"证券的投资组合"。

一、证券投资组合的意义

投资风险存在于各个国家的各种证券中,并随经济环境的变化而不断变化。简单地把资金全部投向一种证券,便要承受巨大的风险,一旦失误,满盘皆输。因此,在证券市场上经常可听到这样一句名言:"不要把全部鸡蛋放在一个篮子里。"证券投资组合是证券投资的重要手段,可以帮助投资者全面捕捉获利机会,降低投资风险。

二、证券投资组合的风险与收益率

由于证券投资组合能够降低风险,因此,绝大多数法人投资者都喜欢同时投资于多种证券。所以,企业财会人员必须了解证券投资组合的风险与收益率。

(一)证券投资组合的风险

证券投资组合的风险可以分为两种性质完全不同的风险,即非系统性风险和系统性风险。

1. 非系统性风险

非系统性风险又叫"公司特别风险",是指某些因素对单个证券造成经济损失的可能性,如罢工、诉讼失败、公司在市场竞争中失败等。这种风险,可通过证券持有的多样化来抵消,即多买几家公司的股票,其中某些股票收益上升,另一些股票的收益下降,从而有效地抵消风险。因此,这种风险亦称为"可分散风险"。

假设将 W 和 M 股票构成一证券组合,每种股票在证券组合中各占 50%。它们的收益率和风险情况见表 6-5。

表 6-5　　　完全负相关的两种股票构成的证券组合的收益情况

年（t）	W 股票 K_W（%）	M 股票 K_M（%）	WM 组合 K_P（%）
1977	40	-10	15
1978	-10	40	15
1979	35	-5	15
1980	-5	35	15
1981	15	15	15
平均收益率（K）	15	15	15
标准离差（δ）	22.6	22.6	0.00

根据表 6-5 的资料,可以绘制出两种股票以及由它们构成的证券组合收益率图,如图 6-1 所示。

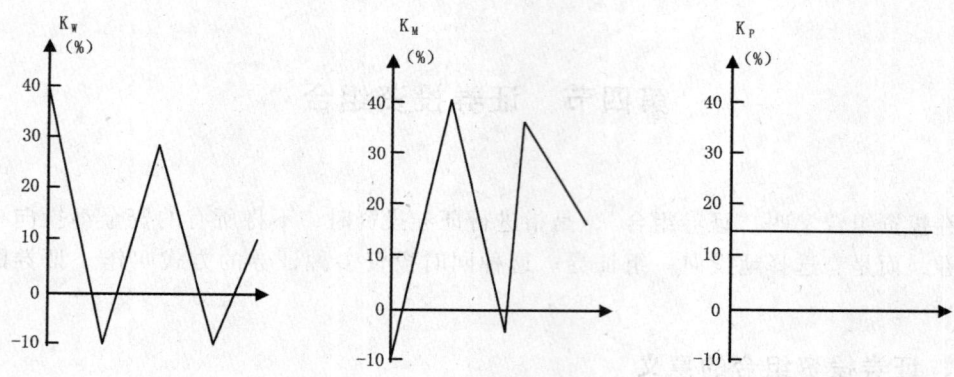

图 6-1 两种完全负相关股票的收益图

从表 6-5 和图 6-1 可以看出，如果分别持有两种股票，都有很大风险，但如果把它们组合成一个证券组合，则没有什么风险。

W 股票和 M 股票之所以能结合起来组成一个无风险的证券组合，是因为它们的收益变化正好成相反的循环——当 W 股票的收益下降时，M 股票的收益正好上升；反之亦然。我们把股票 W 和 M 叫作完全负相关。这里，相关系数 r = -1.0。

与完全负相关相反的是完全正相关（r = 1.0），两个完全正相关的股票的收益将一起上升或下降，由这样两种股票组成的证券组合不能抵消任何风险。

从以上分析可知，当两种股票完全负相关（r = -1.0）时，所有的非系统风险都可以分散掉；当两种股票完全正相关（r = 1.0）时，从降低风险的角度来看，无法分散风险。实际上，大部分股票都是正相关的，但又不完全正相关。一般来说，随机取两种股票，相关系数为 +0.6 左右的最多，而对绝大多数的两种股票而言，r 将位于 +0.5～+0.7 之间。在这种情况下，把两种股票组合成证券组合能降低风险，但不能完全消除风险，不过，如果股票种类较多，则能分散掉大部分非系统风险。只有当股票种类足够多时，才能把所有的非系统性风险分散掉。

2. 系统性风险

系统性风险又称"不可分散风险"或"市场风险"，是指由于某些因素给市场上所有证券带来的经济损失的可能性，如宏观经济状况的变化、国家税制的变化、国家财政政策和货币政策的变化、世界能源状况的改变等等，都会使股票收益发生变动。这些风险影响到所有的证券，它不能通过证券组合分散掉。对投资者来说，这种风险是无法消除的，故称"不可分散风险"。由于不同企业之间存在差异性，这种风险对不同的企业有着不同的影响。某企业不可分散风险的程度通常用 β 系数来计量。其计算公式为：

$$\beta = \frac{某种股票的风险程度}{市场上全部股票的平均风险程度}$$

从上式可以看出，作为整体的证券市场的 β 系数为 1。如果某种股票的风险情况与整个证券市场的风险情况一致，则这种股票的 β 系数等于 1；如果某种股票的 β 系数大于 1，说明其风险大于整个市场的风险；如果某种股票的 β 系数小于 1，说明其风险小于整个市场的风险。

β 系数还有多种计算方式，因为风险报酬率与风险程度成正比，所以：

$$\beta = \frac{某种股票的风险报酬率}{市场上全部股票的平均风险报酬率}$$

或

$$\beta = \frac{某种股票的风险报酬率}{市场上全部股票的平均必要报酬率 - 无风险报酬率}$$

或

$$\beta = \frac{某种股票的必要报酬率 - 无风险报酬率}{市场上全部股票的平均必要报酬率 - 无风险报酬率}$$

β系数实际计算过程十分复杂，需要大量的参考数据，一般只有上市公司的股票才能计算β系数。

因此，在实际工作中一般投资者自己不计算β系数，而是由咨询机构定期计算并公布。表6-6列示了国内几家上市公司的β系数。

表6-6　　　　　　　　　　国内几家上市公司的β系数

股票代码	公司名称	β系数
600886	首钢股份	0.5915
600887	伊利股份	0.6216
600742	一汽四环	0.7076
600874	渤海化工	1.1660
600871	仪征化纤	1.2528
600872	中山火炬	1.3548

从以上分析可知，单个证券的β系数可以由有关的投资服务机构提供。那么，投资组合的β系数该怎样计算呢？投资组合的β系数是单个证券β系数的加权平均数，权数为各种证券在投资组合中所占的比重。其计算公式为：

$$\beta_P = \sum_{i=1}^{n} X_i \beta_i$$

式中，β_P为证券组合的β系数；X_i为证券组合中第i种股票所占的比重；β_i为第i种股票的系数；n为证券组合中股票的数量。

至此，我们可把上面的分析总结如下：

（1）一种股票的风险由两部分组成，它们是可分散风险和不可分散风险。

（2）可分散风险可通过证券组合来降低。

（3）股票的不可分散风险由市场变动所引发，它对所有股票都有影响，不能通过证券组合消除。不可分散风险是通过β系数来测量的。

（二）证券投资组合的风险收益

投资者进行证券组合投资与进行单项投资一样，都要求对承担的风险进行补偿，股票的风险越大，要求的收益就越高。但是，与单项投资不同，证券组合投资要求补偿的风险只是不可分散风险，而不要求对可分散风险进行补偿。如果有可分散风险的补偿存在，善于科学地进行投资组合的投资者将购买这类股票，并提高其价格，其最后的收益率只反映不能分散的风险。因此，证券组合的风险收益是投资者因承担不可分散风险而要求的，超过时间价值的那部分额外收益。其计算公式为：

　　某种股票的风险报酬率 = β × (市场上全部股票的平均必要报酬率 - 无风险报酬率)

即：

$$R_P = \beta_P \cdot (K_m - R_F)$$

式中，R_P 为某股票或某证券组合的风险收益率；β_P 为证券组合的 β 系数；K_m 为所有股票的平均必要收益率，也就是由市场上所有股票组成的证券组合的收益率，简称"市场收益率"；R_F 为无风险收益率，一般用政府公债的利息率来衡量。

【例 6 – 15】 华强公司持有由甲、乙、丙三种股票构成的证券组合，它们的 β 系数分别是 2.0、1.0 和 0.5，它们在证券组合中所占的比重分别为 60%、30% 和 10%，股票的市场收益率为 14%，无风险收益率为 10%。试确定这种证券组合的风险收益率。

解：（1）确定该证券组合的 β 系数。

$$\beta_P = \sum_{i=1}^{n} X_i \beta_i = 60\% \times 2.0 + 30\% \times 1.0 + 10\% \times 0.5 = 1.55$$

（2）计算该证券组合的风险收益率。

$$R_P = \beta_P \cdot (K_m - R_F) = 1.55 \times (14\% - 10\%) = 6.2\%$$

计算出风险收益率后，便可根据投资额和风险收益率计算出风险收益的数额。

从以上计算中可以看出，在其他因素不变的情况下，风险收益取决于证券组合的 β 系数，β 系数越大，风险收益就越大；反之亦然。

【例 6 – 16】 沿用上例，华强公司为降低风险，售出部分甲股票，买进部分丙股票，使甲、乙、丙三种股票在证券组合中所占的比重变为 10%、30% 和 60%，试计算此时的风险收益率。

解： 此时证券组合的 β 值为：

$$\beta_P = \sum_{i=1}^{n} X_i \beta_i = 10\% \times 2.0 + 30\% \times 1.0 + 60\% \times 0.5 = 0.80$$

此时的证券组合的风险收益率应为：

$$R_P = \beta_P \cdot (K_m - R_F) = 0.80 \times (14\% - 10\%) = 3.2\%$$

从以上计算可以看出，调整各种证券在证券组合中的比重可改变证券组合的风险程度、风险收益率和风险收益额。

三、资本资产定价模型

在西方金融学和财务管理学中，有许多模型是论述风险和收益率的关系，其中一个最重要的模型为资本资产定价模型（Capital Asset Pricing Model, CAPM）。这一模型为：

$$K_i = R_F + \beta_i \cdot (K_m - R_F)$$

因为：

$$\beta = \frac{某种股票的必要报酬率 - 无风险报酬率}{市场上全部股票的平均必要报酬率 - 无风险报酬率}$$

所以：

　　某种股票的必要收益率 = 无风险报酬率 + β × (市场上的所有股票的平均必要报酬率 - 无风险报酬率)

即：

$$K_i = R_F + \beta_i \cdot (K_m - R_F)$$

式中，K_i 为第 i 种股票或第 i 种证券组合的必要收益率；R_F 为无风险收益率；β_i 为第 i 种股票或第 i 种证券组合的 β 系数；K_m 为所有股票或所有证券的平均必要收益率。

资本资产定价模型通常用图形加以表示，叫"证券市场线"（SML）。它说明必要收益率 K 与不可分散风险 β 系数之间的关系。如图 6-2 所示。

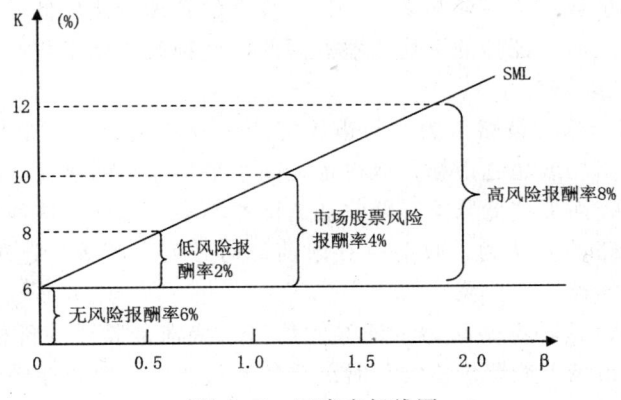

图 6-2　证券市场线图

从图 6-2 中可看到，无风险收益率为 6% 时，β 系数不同的股票有不同的风险收益率：当 β=0.5 时，风险收益率为 2%；当 β=1.0 时，风险收益率为 4%；当 β=2.0 时，风险收益率为 8%。也就是说，β 值越高，要求的风险收益率也越高；在无风险收益率不变的情况下，风险收益率也就越高。

【例 6-17】顺达公司股票的 β 系数为 2.0，无风险利率为 6%，市场上所有股票的平均收益率为 10%，那么，顺达公司股票的收益率应为：

$$K_i = R_F + \beta_i \cdot (K_m - R_F) = 6\% + 2.0 \times (10\% - 6\%) = 14\%$$

也就是说，顺达公司股票的投资收益率达到或超过 14% 时，投资者才肯进行投资。如果低于 14%，投资者就不会购买顺达公司的股票。

【例 6-18】接上例，若顺达公司预计下年每股支付股利 2 元，以后每年以 4% 的增长率增长。问该股票的内在价值应为多少？

解：股票价值 $V = \dfrac{d_1}{K-g} = \dfrac{2}{14\% - 4\%} = 20$（元）

计算结果说明，投资者认为顺达公司股票最多值 20 元。换句话说，如果顺达公司股票的市场价格低于 20 元时，投资者才肯进行投资。如果高于 20 元，投资者就不会购买顺达公司的股票。

四、证券投资组合的策略与方法

从以上分析我们知道，通过证券投资组合能有效地分散风险。那么，企业进行证券投资组合时应采取什么策略，采用何种方法呢？现简要说明如下：

（一）证券投资组合策略

在证券组合理论的发展过程中，有各种各样的派别出现，从而也形成了不同的组合策

略。现介绍其中最常见的几种:

(1) 保守型策略。这种策略认为,最佳证券投资组合策略是要尽量模拟市场现状,将尽可能多的证券包括进来,以便分散全部可分散风险,得到与市场所有证券的平均收益同样的收益。1976年,美国先锋基金公司创造的指数信托基金便是这一策略的最典型代表。这种基金投资于标准普尔(Standard and Poor's)股票价格指数中所包含的全部500种股票,其投资比例与500家企业价值比重相同。这种投资组合的好处在于:①能分散全部可分散风险;②不需要高深的证券投资专业知识;③证券投资的管理费比较低。但这种组合获得的收益不会高于证券市场上所有证券的平均收益。因此,此种策略属于收益不高、风险不大的策略,故称之为"保守型策略"。

(2) 冒险型策略。这种策略认为,与市场完全一样的组合不是最佳组合。只要投资组合做得好,就能击败市场或超越市场,取得远远高于平均水平的收益。在这种组合中,一些成长型的股票比较多,而那些低风险、低收益的证券不多。另外,这种组合的随意性强,变动频繁。采用这种策略的人认为,收益就在眼前,何必死守苦等。这种策略收益高,风险大,故称为"冒险型策略"。

(3) 适中型策略。这种策略认为,证券的价格,特别是股票的价格,是由特定企业的经营业绩来决定的。市场上股票价格的一时沉浮并不重要,只要企业经营业绩好,股票一定会升到其本来的价值水平。采用这种策略的人,一般都善于对证券进行分析,如行业分析、公司业绩分析、财务分析等。通过分析,选择高质量的股票和债券组成投资组合。适中型策略如果做得好,可获得较高的收益,且不会承担太大风险。但进行这种组合的人必须具备丰富的投资经验,拥有进行证券投资的各种专业知识。因为其投资策略风险虽不太大,而收益却比较高,所以是一种最常用的投资组合策略。各种金融机构、投资基金和企事业单位在进行证券投资时一般都采用此种策略。

(二) 证券投资组合的方法

进行证券投资组合的方法有很多,最常见的方法通常有以下几种:

(1) 选择足够数量的证券进行组合。这是一种最简单的证券投资组合方法。在采用这种方法时,不是进行有目的的组合,而是随机选择证券。随着证券数量的增加,可分散风险就会逐步减少,当数量足够时,大部分可分散风险都能分散掉。根据投资专家估计,在美国纽约证券市场上,随机地购买40种股票,其大多数可分散风险都能分散掉。为了有效地分散风险,每个投资者拥有股票的数量最好不少于14种。我国股票种类还不太多,同时投资于10种股票基本上就能达到分散风险的目的。

(2) 把风险大、风险中等、风险小的证券放在一起进行组合。这种组合方法又称"1/3法",即将全部资金的1/3投资于风险大的证券;1/3投资于风险中等的证券;1/3投资于风险小的证券。一般而言,风险大的证券对经济形势的变化比较敏感,当经济处于繁荣时期时,风险大的证券能获得高额收益;当经济衰退时,风险大的证券却会遭受巨额损失。相反,风险小的证券对经济形势的变化不十分敏感,一般都能获得稳定收益,而不致遭受损失。因此,这种1/3的投资组合法是一种进可攻、退可守的组合法,虽不会获得太高的收益,但也不会承担太大的风险,是一种常见的组合方法。

(3) 把投资收益呈负相关的证券放在一起进行组合。把收益呈负相关的股票组合在一起能有效地分散风险。例如,某企业同时持有一家汽车制造公司的股票和一家石油公司的股票，当石油价格大幅度上升时，这两种股票便会呈负相关。因为油价上涨，石油公司的收益会增加；但油价的上升，又会影响汽车的销量，使汽车公司的收益降低。总之，只要选择得当，这样的组合对降低风险有重要意义。

第五节 基 金 投 资

一、投资基金及其特点

投资基金是众多不确定的投资者将不同的出资份额汇集起来，交由专业投资机构进行操作，所得的收益由投资者按出资比例分配的一种投资工具。投资基金实行的是一种集合投资制度，集资方式主要是向投资者发行有价证券，将分散的小额资金汇集为一个较大的基金进行投资运作。

与其他投资方式比较，投资基金具有如下特点：

（1）共同投资。投资主体是不特定的广大社会投资者，为了共同的投资目标和投资利益自愿按一定的组织方式（公司型或契约型），将各自分散的小额资金组成一定规模的集合或共同投资基金。

（2）专家经营。投资基金以专家代理经营方式连接投资基金供需双方，能实现最佳的投资效益，使投资者得到回报。

（3）组合投资。现代投资理论认为，组合投资能分散风险，提高投资效益，实现投资多元化、多样化。一般社会个人投资者由于精力、资金有限难以做到组合投资。

（4）风险共担。投资基金由具有丰富经验的专家经营管理，投资风险由投资人共同承担，因此其风险比个人投资要小得多。

（5）共同收益。投资基金的收益来源于投资的利润，利润只在投资者中间分配，基金经营管理者除按合同收取劳务费用和经营奖励外，不参加利润分配。

（6）证券化筹资。投资基金以有价证券方式筹资，可以在证券市场流通，具有较好的分割性、变现力。

二、投资基金的种类

投资基金种类很多，可以按照不同的标准进行分类，通常有以下几种分类方式。

1. 按照投资基金的组织形式不同，分为契约型投资基金和公司型投资基金

（1）契约型投资基金，也称为"信托型投资基金"，是指基金发起人通过发行受益证券的形式筹集投资基金，受益证券由证券机构或金融机构认购包销，并向社会公开发行。投资人购买受益证券即成为该基金的受益人，在约定的存续时间内凭所持证券分享红利。

（2）公司型投资基金，是指基金发起人通过组织基金公司的形式发行投资基金股份。投资人购买基金股份即成为基金公司的股东，享有决议权、利益分配权和剩余财产分配权。

2. 按照投资基金能否赎回，分为封闭型投资基金和开放型投资基金

（1）封闭型投资基金，是指在基金的存续时间内，不允许证券持有人赎回基金证券，

不得随意增减基金证券，证券持有人只能通过证券交易所买卖证券。这种基金证券的资产比较稳定，便于经营，但价格受市场供求关系的影响较大。公司型的封闭型投资基金，其经营业绩对基金股东来说至关重要。在其经营业绩好时，股东可以通过超过基金净资产价值的证券价格而获得较高的收益；但在其经营业绩不好时，投资人则会承担较大的亏损，因此其风险也较大。

（2）开放型投资基金，是指在基金的存续时间内允许证券持有人申购或赎回所持有的单位或股份。基金发行新证券时，一般按基金的净资产价值加手续费出售基金证券；持有人赎回基金证券时，则按净资产价值减除一定比例的手续费作为赎回价格。开放型投资基金由于允许赎回，因此其资产经常处于变动之中，一般要求投资于变现能力较强的证券。

3. 按照投资基金的投资对象不同，分为股权式投资基金和证券投资基金

（1）股权式投资基金是指以合资或参股的形式投资于实业，以获取投资收益为主要目的，可以参与被投资企业的经营，但一般不起控制支配作用。股权式投资基金的流动性和变现能力较差，一般采用封闭型投资基金。

（2）证券投资基金是指以投资于已经公开发行上市的股票和债券为主的投资基金。这种投资基金流动性较好，容易变现，采用开放型投资基金。我国1997年11月14日发布《证券投资基金管理暂行办法》中的投资基金就属于证券投资基金，按规定，一个基金投资于股票、债券的比例不得低于该基金资产总值的80%。

三、投资基金的价格

（一）投资基金价格

投资基金证券（基金券）作为一种有价证券的价格，包括发行价格和市场交易价格两种基本类型。基金证券的发行价格是指基金发行时，由基金发行人所定的初始价格。基金证券的市场交易价格是基金证券在基金市场挂牌买卖的价格，包括开盘价、收盘价、最低价、最高价。

1. 发行价格

基金证券的发行价格由三部分组成：（1）基金的面值；（2）基金的发起与招募费用；（3）基金销售费。一般基金的发起与招募费用占基金发起总额的2%~5%，分摊到基金的销售价格内。基金的销售费按基金营业收入的1%~4%一次计提，并从招募费中列支。

封闭型基金的发行总额固定，存续期限也固定，投资者不能要求投资公司赎回基金券，也不能随时申购。因此，世界上大多数国家和地区都允许封闭型基金上市，以满足投资者的流动性要求。封闭型基金也有发行价格和交易价格两种；开放型基金可随时办理申购和赎回或转移，只有交易价格一种。

按买卖价的具体形式划分，封闭型基金的价格有面值、净值和市价三种。在发行阶段，发行价格一般为基金面值，为平价发行。基金发行期满后至基金上市日之前，此时基金的价格是按资产的净值计算；基金上市交易后，基金价格由交易双方在证券市场通过公开竞价方式确定，按市价买卖。

面值、净值、市价是封闭型投资基金价格的构成内容。面值、净值是市价的基础，市价是面值和净值的市场表现形式。面值、净值属于价值范畴，市价属价格范畴。面值是基金券的账面价值，净值是基金券的实际价值，市价是基金券的现实价格。对投资者来说，基金封

闭以后，面值已无实际意义，关注的应是净值。当基金上市交易时，投资者关心的是基金的市价以及市价后的净值。面值、净值主要由基金自身内在价值和收益等状况所决定，市价则由供求关系决定。

2. 交易价格

封闭型基金的交易价格由基金的市场供求关系确定。封闭型基金发行期满后就封闭起来，基金总金额和总股份不再变动，资金也不能进出。投资者如想将手头基金券变现，只能到证券交易市场脱手，而不能要求投资公司赎回。想购买该基金券的投资者，也只能通过经纪人在证券交易市场买入。

开放型基金可随时买卖，其报价分"卖出"和"买入"两种。卖出价是投资者认购基金单位的价格，买入价是投资者向基金公司沽出基金单位的价格。无论是卖出价还是买入价，都是根据基金单位的资产净值来确定。

（二）投资基金价格波动分析

1. 道·琼斯理论

证券市场的基金价格和股票一样瞬息万变、不断波动。分析基金波动的理论和工具之一是道·琼斯理论。其理论认为，在证券市场中，有价证券的价格变动按其持续时间、波动幅度等可分为三种情况，即主要趋势、次要运动和日常波动。

（1）主要趋势。这种趋势是指基金价格发生了长时期的、持续的、幅度较大的涨跌，时间在一年以上的趋势，又叫"长期趋势"。当基金出现长期上涨时，称为"多头市场"；当基金价格出现长期下跌时，称为"空头市场"。多头市场基金价格上涨的峰值一个高于一个，空头市场基金价格下跌的谷底一个低于一个。一般地说，空头市场持续的时间比多头市场要短。

（2）次要运动。主要趋势像潮水，次要趋势（又称"次级趋势"、"中期趋势"）像海浪，一般逆潮水而动，在多头市场或空头市场期间分别提供矫正和复苏媒介，这种矫正或复苏能使呈价格主要趋势的基金价格下降或上升 $1/3 \sim 2/3$。基金价格在主要趋势中发生回跌和反弹所持续的时间一般在 3 周到几个月。一般认为，持续 3 周以上的回跌和反弹就可看作次要运动形成。

（3）日常波动。日常被动又叫"短期趋势"，是指基金价格在几天以内的上升或下降。有时基金在几天内上下波动几次，有时则指单向的上升或下降变化。如果连续发生三个或三个以上同向变化的短期趋势，则可构成一个次要运动。当一个日常波动出现后，下一个日常波动趋势变动应是投资者应当注意的问题，如果是和前几个波动同向，就要注意到有可能形成中期趋势，从而调整自己的投资策略。

2. 基金价格变动与股票价格变动

投资基金交易在证券交易市场进行，基金的投资对象主要是股票、债券等有价证券。从长期趋势来看，基金价格变动与股票价格变动具有联动关系。即基金价格受股市影响，两者的变动趋势基本一致。

（1）投资基金主要投资于有价证券，基金管理公司一般是按一定比例将基金资产投资于股票。股票投资上的盈利状况直接影响基金的净值，从而影响基金价格。当股市上涨，基金公司盈利增加，净值也增加，基金价格就上涨，反之，则下跌。对于开放型基金，基金价格直接按净值计算，股价上涨，投资基金资产净值增加，基金价格也随之增加；反之，则下降。

（2）基金价格和股票价格相互拉动，呈同步变动。股价大幅上升，投资者大量入市，基金和股票同处于一个市场中，投资者自然将部分资金投入基金交易，推动基金价格上升。基金价格大幅度上升，也会带动部分资金流入股市，推动股票上涨。

（3）基金价格与绩优股价格高度相关。投资基金实行组合投资策略，有相当一部分资金投入绩优股，绩优股价格率先上涨时，基金投资收益马上增加，基金价格也由于受到投资者青睐而一起上涨；当市场反转时，绩优股价格常常是最后下跌，基金价格也会在最后才下跌。

（三）投资基金的优缺点

1. 投资基金的优点

将资金投向投资基金的最大优点是能够在不承担太大风险的情况下获得较高的收益。这是因为：

（1）投资基金具有专家理财优势。投资基金管理人都是投资方面的专家，他们在投资前均进行多种研究，这能够降低风险、提高收益。

（2）投资基金具有资金规模优势。我国的投资基金一般拥有资金 20 亿元以上，西方大型投资基金一般拥有资金百亿美元以上，这种资金优势可以进行充分的投资组合，能够降低风险、提高收益。

2. 投资基金的缺点

将资金投向投资基金的缺点主要有：

（1）无法获得很高的投资收益。投资基金在投资组合过程中，在降低风险的同时也丧失了获得巨大收益的机会。

（2）在大盘整体大幅度下跌的情况下，进行基金投资也可能会损失较多，投资人承担较大风险。

【本章小结】

1. 证券是指具有一定票面金额，代表财产所有权和债权，可以有偿转让的凭证。证券具有流动性、收益性和风险性三个特点。证券投资可分为债券投资、股票投资、基金投资及组合投资等。

2. 企业进行证券投资，首先必须进行证券投资的收益评价。评价证券收益水平主要有两个指标：证券的价值和收益率。债券的价值是指进行债券投资时投资者预期可获得的现金流入的现值。短期债券收益率的计算只需考虑债券价差及利息，将其与投资额相比，即可求出短期债券收益率。对于长期债券，其投资收益率一般是指购进债券后一直持有至到期日可获得的收益率，是使债券利息的年金现值和债券到期收回本金的复利现值之和等于债券购买价格时的贴现率。股票的内在价值由一系列的股利和将来出售股票时售价的现值所构成，通常当股票的市场价格低于股票内在价值才适宜投资。短期股票收益率 = 预期资本利得收益率 + 股利收益率。一般股票投资的收益率是使各期股利及股票售价的复利现值等于股票买价时的贴现率。

3. 风险性是证券投资的基本特征之一。风险按是否可以通过投资组合加以回避及消除，分为系统性风险与非系统性风险。系统性风险,包括市场风险、利率风险、购买力风险以及自然因素导致的社会风险等。非系统性风险属个别风险,能够通过投资多样化来抵消,又称"可分散风险"或"公司特别风险",包括行业风险、企业经营风险、企业违约风险等。单一证券投资风险的衡量一般包括算术平均法与概率测定法两种。为了规避风险,可采用证券投资组合的方式。证券投资组合的策略有三种:冒险型策略、保守型策略和适中型策略。β值是用来测定一种证券的收益随整个证券市场平均收益水平变化程度的指标。证券投资组合的风险收益是投资者因承担系统性风险而要求的超过货币时间价值的那部分额外收益。其计算公式为:

$$Rp = p \cdot (Km - R_f)$$

4. 证券投资的必要收益率等于无风险收益率加上风险收益率,即:

$$K_i = R_F + \beta_i \cdot (K_m - R_F)$$

这就是资本资产计价模型(CAPM)。

【思考题】

1. 股票投资的特点是什么?
2. 债券投资的特点是什么?
3. 简述证券估价的内容。
4. 证券投资风险、策略的内容是什么?

【练习题】

1. 某投资者于2009年1月1日以1 180元购入一张面值为1 000元,票面利率为10%,每年1月1日付息,到期日为2014年1月1日的债券。该投资者持有债券至到期日,当时市场利率为8%。

要求:

(1) 计算该债券价值;

(2) 计算该债券收益率。

2. 某企业计划用一笔长期资金投资购买股票,现有A、B两种股票可供选择。A股票现行市价为每股8元,上年每股股利为0.15元,预计以后每年以6%的增长率增长。B股票现行市价为每股7元,上年每股股利为0.6元,采用固定股利政策。该企业所要求的投资必要报酬率为8%。

要求:

(1) 利用股票估价模型,分别计算A、B两种股票的内在价值。

(2) 如该企业只投资一种股票,请对这两种股票做出分析与决策。

3. 某企业于2010年5月5日投资800元购进一张面值1 000元,票面利率8%,每年付息一次的债券,并于2011年5月5日以850元的价格出售。

要求:计算该债券的投资收益率。

4. 无风险证券的收益率为6%,市场平均收益率为12%。

要求：

（1）市场风险收益率为多少？

（2）如果某一投资计划的β系数为0.6，其预期投资收益率为10%，是否应该投资？

（3）如果某证券的必要收益率为15%，则其β系数为多少？

5. 某企业持有甲、乙、丙三种股票构成的证券组合，其β系数分别为1.8、1.5和0.7，在证券组合中所占比重分别为50%、30%和20%，股票的市场收益率为10%，无风险收益率为5%。

要求：

（1）该证券组合的β系数为多少？

（2）该证券组合的风险收益率是多少？

（3）该证券组合的必要收益率应为多少？

6. 某企业股票目前支付的股利为每股1.92元，股票的必要收益率为9%，有关资料如下：（1）股利增长率为-4%；（2）股利零增长；（3）股利固定增长率为4%。

要求：

（1）计算上述互不相关情况下股票的价值。

（2）假设该股票为增长率4%的固定增长股票，当时股票市价为45元，你作为投资者是否应购买该股票？

（3）假设该股票为零增长股票，按每股1.92元的股利计算，已知该股票价值为25元，则该股票的必要收益率是多少？

7. 某企业欲利用闲置资金对外投资，可供选择的A、B两种股票的相关资料如表6-7所示。

表6-7　　　　　　　　A、B公司股票报酬率及概率分布

经济趋势	概率分布	收益率	
		A股票	B股票
繁荣	0.2	40%	70%
一般	0.6	20%	20%
衰退	0.2	0	-20%

要求：

（1）分别计算A、B股票的期望报酬率；

（2）分别计算A、B股票的标准差；

（3）分别计算A、B标准离差率；

（4）若想投资于风险较小的股票，做出你的合理选择。

8. 某投资者准备将其投资额中的30%购买A公司发行的、面值为5 000元、票面利率为10%、期限5年、每年付息一次的债券，同期市场利率为8%，当时该债券的市场价格为5 200元；以70%的资金购买B公司股票，该股票未来两年的股利将超常增长，成长率为10%，此后转为正常增长，增长率为4%，最近一期的股利为每股3元，该股票β系数为2，市场平均收益率为10%，国库券年利率为5%。

要求：
（1）该投资者是否应购买 A 公司债券？
（2）B 公司股票的必要收益率是多少？
（3）投资于 B 公司股票可能接受的价格是多少？

第七章　企业价值评估

【案例导读】

苹果树的价值

从前有一个聪明的老人，拥有一棵苹果树。这棵树长得很好，不需要怎么照顾，每年都果实累累，全部卖掉可得 100 美元。老人想要退休，换个新环境住，决定把树卖掉。他在《华尔街日报》的商业机会版刊登广告，说希望按"最好的出价"卖树。第一个人看了广告后出价 50 美元，他说，这是他把树砍了卖给别人当柴烧所能得到的收入。老人斥责他出的价格只是这棵树的残余价值，并不是苹果树的真正价值。接下来，第二个人上门拜访老人，出价 100 美元买树。他认为苹果成熟后卖掉收获量，正好是这个价格。但是，老人告诉他：100 美元显然不是正确的价格，因为他忽略了以后各年苹果收获的价格。

第三个人是刚从商学院辍学出来的年轻人。他计划在因特网上卖苹果并估计这棵树至少能再活 15 年。如果按每年卖苹果得到 100 美元的收入，总收入将是 1 500 美元，因此，这个年轻人出 1 500 美元买这棵树。这位仁慈的老人听完后，劝年轻人从商学院多学些财务知识，因为他从根本上忽略了货币的时间价值，今天的 100 美元和未来的 100 美元根本就不是等价的。

不久以后来了一位富有的医生，他想参考市场报价来买这棵苹果树，因为上一位买主出价 1 500 美元买树，他想它一定有那个价值，所以他的报价也是 1 500 美元。老人认为，如果真的有个市场，经常交易苹果树，售价或许能作为参考，让交易者晓得它们的价值。但是，现实中不仅没有这样的市场，就算有，把价格当作价值，这样的交易也是不能真正达成的。

下面前来的买主是一个会计专业的学生，这个聪明的学生自信满满地打算通过查看老人的账簿给出价格。经过查阅老人仔细保存的记录，这位学生指出：老人 10 年前是用 75 美元买下这棵树的，而且这 10 年之中也没有摊提折旧，这根本不符合公认的会计原则。因此，他只能根据这棵树的账面价值 75 美元来购买这棵树。老人听完后很生气，摇着头责备道："唉，你们这些学生，学得多，懂得少。这棵树的账面价值确实是 75 美元没错，但任何笨蛋都知道它的价值远高于此。"

最后一位买主是个刚从商学院毕业的年轻证券营业员。首先，她也阅读了老人的账簿，然后，根据盈余的现值算出了苹果树的价值，准备出价。这位年轻的女士向老人说道："虽然去年出售苹果树所产生的费用,如施肥、修树、使用工具、采摘、运送到镇内出售的成本,而且这棵树的买价和税收也应作为费用的一部分。另一方面,你没有根据公认的会计原则来计算折旧、摊销费用,再加上有些年头这棵树结的苹果比其他年头少,苹果的价格也时高时低,成本也并非每年完全相同,100美元根本不能作为种植果树的利润所得。因此,根据账簿记录计算,这棵果树的实际盈余应该是45美元。"紧接着,她一边在纸上计算一边和老人继续说道:"我必须算出拥有一棵树,平均每年获得45美元的价值。换句话说,拿钱投资这棵树,我需要计算这项投资每年创造45美元的所得对我有多少价值。另外,合理和正确的报酬才是定价的关键所在,我在观察与这棵苹果树相当的投资机会后得出价值等于225美元。"

老人听完这位年轻人的分析后低头思考了许久,然后笑着对她说道:"怪不得你们这些华尔街上的聪明人能赚那么多钱,因为你们是以低于真实价值的价格买别人的财产。我想,我可以让你同意我的树价值比你算的高。"老人不紧不慢地说道:"你把算出的45美元称作利润,也就是我以前赚到的盈余。我想,或许它不像你想的那么重要。在我看来,这些盈余是会计师编造出来的。"她觉得有趣,问道:"那什么东西才重要?"老人答道:"现金,我谈的是你能够支出、储蓄或留给子女的钱。这棵树可以活好几年,扣除成本后仍有收入。我们要算的是未来,不是过去。"聪明的营业员问道:"假使我们能就未来收入和成本的可能范围取得一致的看法,在存在不确定性风险的情况下,如果现金流量为40美元的几率是25%,50美元的几率是50%,60美元的几率是25%,情况会如何?"老人充满自信地回答道:"取其平均值,最佳估计值是50美元。"紧接着,老人拿出计算器和折现系数表继续说道:"假使我们同意以15%的折现率把距今1年的50美元收入,以及将来其他的收入折算成现值。对于风险这么高的投资来说,大致上是采用这种折现率。你可以去问问我的邻居,他昨天才卖掉草莓园。根据我的数字,预期每年利润的现值是268.05美元,而今天的木材价值是2.44美元,所以总值是270.49美元。我只收整数270美元。"

年轻女士思考了几分钟后对老人说:"你实在有点滑头,但不管我们是用你喜欢的折现现金流量或我提议的盈余现值法来计算价值,只要两个十分完美,我们应该会得到完全相同的结论。我愿意出250美元。""好吧,成交。"老人同意她的出价。"我没说过要最高的出价,而是要最好的出价。"这位有才华的营业员也满意地点点头。

老人与树的故事告诉我们,市场参与者从不同的角度观察,采用不同的估计方法会导致价值的估计结果存在很大的差异。那么,请问:

1. 到底什么是价值?如何正确理解价值创造的过程?
2. 企业应该如何进行估值呢?

【学习目标】

☐ 理解企业价值评估的对象
☐ 掌握企业价值评估的基本原理
☐ 熟悉企业价值评估的方法

第一节 企业价值评估的目的和对象

当我们作为投资者面对经济波动时,是否都有这样的疑问:股票的价格是如何确定的?当前的股价能持续保持多久?股价今后又会如何发展?这些问题在我们了解了股市的波动与上市公司内在价值(或股票内在价值)的估计方法有什么联系后,也许就会明朗很多。

企业在经营活动中涉及的主体有:所有者、管理者、政府和职工。站在不同主体的角度来看企业价值都有不同的含义:从管理者与职工的角度,工作越稳定舒适、薪酬越高意味着企业的价值越高;从政府角度来说,企业创造的就业机会越多、上缴的税收越多,企业的价值就越高;而对企业核心主体——所有者来说,企业内在价值年平均增长率越高,企业的价值就越高。价值评估在企业的经营决策中发挥着极为重要的作用。企业的各项经营决策必须有利于增加企业价值。现实经济生活中,常常会出现把企业作为一个整体进行转让或合并的情况,如企业的兼并、购买、出售、重组联营、股份经营、合资合作经营、担保等,这些情况都需要对企业的整体价值进行评估来确认合资或者出卖的价格。然而,这里的购买价格绝不是仅仅由对企业的各项资产价值和债务价值的公允评估值直接加减而得出的。因为人们兼并或者买卖企业是为了通过日后的经营来持续获得收益,那么该企业利用自有资产去获取利润能力的高低就体现了这个企业的价值。

企业价值评估简称企业估值,目的是分析和衡量一个企业或者一个经营单位的公平市场价值,并提供有关信息以帮助投资人和管理当局改善决策。

价值评估是一种经济"评估"方法。"评估"一词不同于"计算"。评估是一种定量分析,但它并不是完全客观和科学的。一方面它使用许多定量分析模型,具有一定的科学性和客观性;另一方面它又使用很多主观估计的数据,带有一定的主观估计性质。

一、企业价值评估的目的

价值评估的目的是帮助投资人和管理当局改善决策。其主要用途表现在以下三个方面:

(一)价值评估可以用于投资分析

价值评估是基本分析的核心内容。投资人信奉不同的投资理念,有的人相信技术分析,有的人相信基本分析。相信基本分析的人认为企业价值与财务数据之间存在函数关系,这种关系在一定时间内是稳定的,证券价格与价值的偏离经过一段时间的调整会向价值回归。他们据此原理寻找并且购进被市场低估的证券或企业,以期获得高于必要报酬率的收益。在完善的市场中,市场价值与内在价值相等,价值评估没有什么实际意义。通常认为:市场只在一定程度上有效,即价值评估不否认市场的有效性,但是不承认市场的完善性。价值评估正是利用市场的缺点寻找被低估的资产。当评估价值与市场价格相差悬殊时必须十分慎重,评估人必须令人信服地说明评估值比市场价格更好的原因。

(二)价值评估可以用于战略分析

战略管理是指涉及企业目标和方向、带有长期性、关系企业全局的重大决策和管理。战略管理可以分为战略分析、战略选择和战略实施。战略分析是指使用定价模型清晰地说明经营设想和发现这些设想可能创造的价值，目的是评估企业目前和今后增加股东财富的关键因素是什么。价值评估在战略分析中起核心作用。例如，收购属于战略决策，收购企业要估计目标企业的合理价格，在决定收购价格时要对合并前后的价值变动进行评估，以判断收购能否增加股东财富，以及依靠什么来增加股东财富。

（三）价值评估可以用于以价值为基础的管理

如果把企业的目标设定为增加股东财富，而股东财富就是企业的价值，那么，企业决策正确性的根本标志是能否增加企业价值。不了解一项决策对企业价值的影响，就无法对决策进行评价。从这种意义上来说，价值评估是改进企业一切重大决策的手段。为搞清楚财务决策对企业价值的影响，需要清晰地描述财务决策、企业战略和企业价值之间的关系。在此基础上实行以价值为基础的管理，依据价值最大化原则制订和执行经营计划，通过度量价值的增加来监控经营业绩并确定相应报酬。

企业价值评估提供的信息不仅是企业价值一个数字，还包括评估过程产生的大量信息。例如，企业价值是由哪些因素驱动的，销售净利率对企业价值的影响有多大，提高投资资本报酬率对企业价值的影响有多大等。即使企业价值的最终评估值不是很准确，这些中间信息也是很有意义的。因此，不要过分关注最终结果而忽视评估过程产生的其他信息。

企业价值受企业状况和市场状况的影响，随时都会变化。价值评估依赖的企业信息和市场信息也在不断流动，新信息的出现随时可能改变评估的结论。因此，企业价值评估提供的结论有很强的时效性。

二、企业价值评估的对象

企业价值评估的首要问题是明确"要评估的是什么"，也就是价值评估的对象是什么。价值评估的一般对象是企业整体的经济价值。企业整体的经济价值是指企业作为一个整体的公平市场价值。

企业整体价值可以分为实体价值和股权价值、持续经营价值和清算价值、少数股权价值和控股权价值等类别。

（一）企业的整体价值

企业的整体价值观念主要体现在以下四个方面：

1. 整体不是各部分的简单相加

企业作为整体虽然是由部分组成的，但不是各部分的简单相加，而是有机的结合。这种有机结合，使得企业总体具有各部分所没有的整体性功能，所以整体价值不同于各部分的价值。这就如同收音机是各种零件的有序结合，使得收音机具有整体功能，这种功能是任何一个零件都不具备的，所以收音机的价值不同于零件的价值。企业的整体性功能，表现为它可以通过特定的生产经营活动为股东增加财富，这是任何单项资产所不具有的。企业是有组织的资源，资源的结合方式不同，就可以产生不同效率的企业。

企业单项资产价值的总和不等于企业整体价值。会计报表反映的资产价值，都是单项资产的价值。资产负债表的"资产总计"是单项资产价值的合计，而不是企业作为整体的价值。

企业整体能够具有价值，在于它可以为投资人带来现金流量。这些现金流量是所有资产联合起来运用的结果，而不是资产分别出售获得的现金流量。

2. 整体价值来源于要素的结合方式

企业的整体价值来源于各部分之间的联系。只有整体内各部分之间建立有机联系时，才能使企业成为一个有机整体。各部分之间的有机联系是企业形成整体的关键。一堆建筑材料不能称为房子，厂房、机器和人简单地加在一起也不能称之为企业，关键是按一定的要求将它们有机地结合起来。相同的建筑材料，可以组成差别巨大的建筑物。因此，企业资源的重组即改变各要素之间的结合方式，可以改变企业的功能和效率。

3. 部分只有在整体中才能体现出其价值

企业是整体和部分的统一。部分依赖于整体，整体支配部分。部分只有在整体中才能体现出其价值，一旦离开整体，这个部分就失去了作为整体中一部分的意义，这就如同人的手臂一旦离开人体就失去了手臂的作用一样。企业的一个部门在企业整体中发挥其特定作用，一旦将其从整体中剥离出来，它就具有了另外的意义。企业的有些部分是可以剥离出来单独存在的，如一台设备；有些部分是不能单独存在的，如商誉。可以单独存在的部分，其单独价值不同于作为整体一部分的价值。因此，一个部门被剥离出来，其功能会有别于其原来作为企业一部分时的功能和价值，剥离后的企业也会不同于原来的企业。

4. 整体价值只有在运行中才能体现出来

企业的整体功能，只有在运行中才能得以体现。企业是一个运行着的有机体，一旦成立就有了独立的"生命"和特征，并维持其整体功能。如果企业停止运营，整体功能随之丧失，不再具有整体价值，它就只剩下一堆机器、存货和厂房，此时企业的价值是这些财产的变现价值，即清算价值。

（二）企业的经济价值

经济价值是指一项资产的公平市场价值，通常用该资产所产生的未来现金流量的现值来计量。

对于习惯于使用会计价值和历史成交价格的会计师，特别要注意区分会计价值与经济价值、现时市场价值与公平市场价值。

1. 会计价值与市场价值

会计价值是指资产、负债和所有者权益的账面价值。会计价值与市场价值是两回事。例如，青岛海尔电冰箱股份有限公司2000年的资产负债表显示，股东权益的账面价值为28.9亿元，总股份数为5.65亿股。该股票全年平均市价为20.79元/股，市场价值约为117亿元，与股权的会计价值相差悬殊。

会计计量大多使用历史成本。例如，某项资产以1 000万元的价格购入，该价格客观地计量了资产的价值，并且有原始凭证支持，会计师就将它记入账簿。过了几年，由于技术进步、更新，该资产的市场价值已经大大低于1 000万元，或者由于通货膨胀，其价值已远高于最初的购入价格，记录在账面上的历史成交价格与现实的市场价值已经毫不相关了，会计师仍然不修改他的记录。

会计师选择历史成本而舍弃现行市场价值的理由有两点：（1）历史成本具有客观性，可以重复验证，而这也正是现行市场价值所缺乏的。会计师以及审计师的职业地位，需要客观性的支持。（2）如果说历史成本与投资人的决策不相关，那么现行市场价值也同样与投资人决策不相关。投资人购买股票的目的是获取未来收益，而不是企业资产的价值。企业的资产不是被出售，而是被使用并在产生未来收益的过程中消耗殆尽。与投资人决策相关的信息，是资产在使用中可以带来的未来收益，而不是其现行市场价值。由于财务报告采用历史成本报告资产价值，其符合逻辑的结果之一是否认资产收益和股权成本，只承认已实现收益和已发生费用。

历史成本计价受到很多批评：（1）制定经营或投资决策必须以现实的和未来的信息为依据，历史成本会计提供的信息是面向过去的，与管理人员、投资人和债权人的决策缺乏相关性。（2）历史成本不能反映企业真实的财务状况，资产的报告价值是未分配的历史成本（或剩余部分），并不是可以支配的资产或可以抵偿债务的资产。（3）现实中的历史成本计价会计缺乏方法上的一致性，其货币性资产不按历史成本反映，非货币性资产在使用历史成本计价时也有很多例外，所以历史成本会计是各种计价方法的混合，不能为经营和投资决策提供有用的信息。（4）历史成本计价缺乏时间上的一致性。资产负债表把不同会计期间的资产购置价格混合在一起，使之缺乏明确的经济意义。

由于历史成本计价存在上述缺点，各国会计准则的制定机构陆续引入公允价值、可变现净值、重置成本等多种计量，以改善财务报告信息与报告使用人决策的相关性。

其实，会计报表数据的真正缺点，主要不是没有采纳现实价格，而在于没有关注未来。会计准则的制定者不仅很少考虑现有资产可能产生的未来收益，而且把许多影响未来收益的资产和负债项目从报表中排除。表外的资产包括良好管理、商誉、忠诚的顾客、先进的技术等；表外的负债包括未决诉讼、过时的生产线、低劣的管理等。因此，价值评估通常不使用历史购进价格，只有在其他方法无法获得恰当的数据时才将其作为质量不高的替代品。

按照未来售价计价，也称未来现金流量计价。从时间属性上来看，未来售价属于未来价格（成本属于历史价格）。它也经常被称为资本化价值即一项资产未来现金流量的现值。

未来价格计价有以下特点：未来现金流量现值面向的是未来，而不是历史或现在，符合决策面向未来的时间属性。经济学家认为，未来现金流量的现值是资产的一项最基本的属性，是资产的经济价值。只有未来售价计价符合企业价值评估的目的。因此，除非特别指明，企业价值评估的"价值"是指未来现金流量现值。

2. 区分现时市场价格与公平市场价值

企业价值评估的目的是确定一个企业的公平市场价值。所谓"公平的市场价值"，是指在公平的交易中，熟悉情况的双方，自愿进行资产交换或债务清偿的金额。资产被定义为未来的经济利益。所谓"经济利益"，其实就是现金流入。资产就是未来可以带来现金流入的资源。由于不同时间的现金不等价，需要通过折现处理，因此，资产的公平市场价值就是未来现金流入的现值。

要区分现时市场价格与公平市场价值。现时市场价格是指按现行市场价格计量的资产价值，它可能是公平的，也可能是不公平的。

首先，作为交易对象的企业，通常没有完善的市场，也没有现成的市场价格。非上市企业或者其一个部门，由于没有在市场上出售，价格也就不得而知。对于上市企业来说，每天参加交易的只是少数股权，多数股权不参加日常交易。因此，市价只是少数股东认可的价格，未必代表公平价值。

其次，以企业为对象的交易双方，存在比较严重的信息不对称。人们对于企业的预期会有很大差距，成交的价格不一定是公平的。

再次，股票价格是经常变动的，人们不知道哪一个是公平的。

最后，评估的目的之一是寻找被低估的企业，也就是价格低于价值的企业。如果用现时市价作为企业的估值，则企业的价值与价格相等，我们什么有意义的信息也得不到。

（三）企业整体经济价值的类别

我们已经明确了价值评估的对象是企业的总体价值，但这还不够，还需要进一步明确是"哪一种"整体价值。

1. 实体价值与股权价值

当一家企业收购另一家企业的时候，可以收购卖方的资产，而不承担其债务；或者购买其股份，同时承担其债务。例如，A企业以10亿元的价格买下了B企业的全部股份，并承担了B企业原有的5亿元的债务，收购的经济成本是15亿元。通常，人们说A企业以10亿元收购了B企业，这种说法其实并不准确。对于A企业的股东来说，他们不仅需要支付10亿元现金（或者印制价值10亿元的股票换取B企业的股票），而且要以书面契约形式承担5亿元的债务。实际上，他们需要支付15亿元，10亿元现在支付，另外5亿元将来支付。因此，他们用15亿元购买了B企业的全部资产。可见，企业的资产价值与股权价值是不同的。

企业全部资产的总体价值，称为"企业实体价值"。企业实体价值是股权价值与净债务价值之和。

$$企业实体价值 = 股权价值 + 净债务价值$$

股权价值在这里不是指所有者权益的会计价值（账面价值），而是股权的公平市场价值。净债务价值也不是指它们的会计价值（账面价值），而是净债务的公平市场价值。

大多数企业购并是以购买股份的形式进行的。因此，评估的最终目标和双方谈判的焦点是卖方的股权价值。但是，买方的实际收购成本等于股权成本加上所承接的债务。

2. 持续经营价值与清算价值

企业能够给所有者提供价值的方式有两种：一种是由营业所产生的未来现金流量的现值，称为持续经营价值（简称"续营价值"）；另一种是停止经营、出售资产产生的现金流，称为清算价值。这两者的评估方法和评估结果有明显区别。我们必须明确拟评估的企业是一个持续经营的企业还是一个准备清算的企业，评估的价值是其持续经营价值还是其清算价值。在大多数的情况下，评估的是企业的持续经营价值。

一个企业的公平市场价值，应当是其持续经营价值与清算价值中较高的一个。一个企业持续经营的基本条件，是其持续经营价值超过清算价值。依据理财的"自利原则"，当未来现金流的现值大于清算价值时，投资人会选择持续经营。如果现金流量下降，或者资本成本提高，使得未来现金流量现值低于清算价值时，则投资人会选择清算。

一个企业的持续经营价值已经低于其清算价值，本应当进行清算。但也有例外，那就是控制企业的人拒绝清算，企业得以持续经营。这种持续经营，摧毁了股东本来可以通过清算得到的价值。

3. 少数股权价值与控股权价值

企业的所有权和控制权是两个极为不同的概念。首先，少数股权对于企业事务发表的意见无足轻重，只有获取控制权的人才能决定企业的重大事务。我国的多数上市企业"一股独大"，大股东决定了企业的生产经营，少数股权基本上没有决策权。其次，从世界范围来看，多数上市企业的股权高度分散化，没有哪一个股东可以控制企业，此时，有效控制权被授予董事会和高层管理人员，所有股东只是"搭车的乘客"，不满意的乘客可以"下车"，但是无法控制"方向盘"。

在股票市场上交易的只是少数股权,大多数股票并没有参加交易。掌握控股权的股东,不参加日常的交易。我们看到的股价,通常只是少数已经交易的股票价格,它们衡量的只是少数股权的价值。少数股权与控股股权的价值差异,明显地出现在收购交易当中。一旦控股权参加交易,股价会飙升,甚至达到少数股权价值的数倍。在评估企业价值时,必须明确拟评估的对象是少数股权价值,还是控股权价值。

买入企业的少数股权和买入企业的控股权,是完全不同的两回事。买入企业的少数股权,是承认企业现有的管理和经营战略,买入者只是一个旁观者。买入企业的控股权,投资者获得改变企业生产经营方式的充分自由,或许还能增加企业的价值。这两者如此不同,以至于可以认为:同一企业的股票在两个分开来的市场上交易。一个是少数股权市场,它交易的是少数股权代表的未来现金流量;另一个是控股权市场,它交易的是企业控股权代表的现金流量。获得控股权,不仅意味着取得了未来现金流量的索取权,而且同时获得了改组企业的特权。在两个不同市场里交易的,实际上是不同的资产。

从少数股权投资者来看,V(当前)是企业股票的公平市场价值。它是现有管理和战略条件下企业能够给股票投资人带来的现金流量现值。对于谋求控股权的投资者来说,V(新的)是企业股票的公平市场价值。它是企业进行重组,改进管理和经营战略后可以为投资人带来的未来现金流量的现值。新的价值与当前价值的差额称为控股权溢价,它是由于转变控股权而增加的价值。

控股权溢价 = V(新的) - V(当前)

总之,在进行企业价值评估时,首先要明确拟评估的对象是什么,搞清楚是企业实体价值还是股权价值,是持续经营价值还是清算价值,是少数股权价值还是控股权价值。它们是不同的评估对象,有不同的用途,需要使用不同的方法进行评估。

第二节 企业价值评估方法

一、企业价值评估方法

财政部针对企业价值评估提出四种方法,分别为现金流贴现法、相对比率法、EVA法和实物期权法。

1. 现金流贴现法

现金流贴现法就是把企业未来特定期间内的现金流量还原为当前现值。从投资人、企业的角度来看,现金流贴现法是评估企业价值最直接、最有效的方法。企业价值的高低主要取决于其未来的获利能力,而不是现实存量资产的多少。由于企业价值的精髓还是其未来的盈利能力,只有企业具备这种能力,它的价值才会被市场认同,因此理论界通常把现金流贴现法作为价值评估的首选方法。

2. 相对比率法

相对比率法是通过类比公司的市盈率作为倍数,乘以被评估企业的当期收益,从而计算出企业的市场价值。鉴于我国目前证券市场的发育程度不够,因此采用此种方法存在一定的局限性。上市公司需要政府的层层审批,因此寻找较多的可比上市公司较为困难,不过相对比率法可作为一种评估企业价值的辅助方法。

3. EVA 法

EVA 衡量的是一个年度内公司经营活动创造的经济利润。理性的投资者都希望自己所投入的资产获得的收益超过资产的机会成本,即获得增量收益;否则,他就会想方设法将已投入的资本转移到其他方面去。EVA 不仅是近年来在国外比较流行的用于评价企业经营管理状况和管理水平的重要指标,而且还被引入价值评估领域,用于评估企业价值。具体地说,EVA 就是指企业税后营业净利润与全部投入资本成本之间的差额。如果差额为正,说明企业创造了价值,创造了财富;如果为负,说明企业价值发生损失;如果为零,说明企业的利润仅能满足债权人和投资者预期获得的利益。EVA 指标最重要的特点就是从股东角度重新定义企业的利润,考虑了企业投入所有资本的成本,因此它能全面衡量企业生产经营的真正盈利或创造的价值,对全面准确评价企业经济效益有着重要意义。

企业价值应等于投资资本加上未来年份 EVA 的现值,即:

企业价值 = 投资资本 + 预期 EVA 的现值

其中预期 EVA 现值的计算与现金流量贴现法一样可采用单阶段、两阶段和三阶段模型。

4. 实物期权法

期权定价法在企业价值评估中是对收益法的一种补充。实物期权是金融期权理论对实务资产期权的延伸,其定价过程仍然可以按照金融期权定价的基本思路进行。期权定价法吸取了 EVA 法中的思想,改变了对风险的传统认识,在传统的现金流量折现法不太适用或很难使用时,它可以独辟蹊径达到理想的效果。

20 世纪 70 年代以后发展起来的期权定价理论给以现金流量为基本方法的企业价值评估提供了一种新的思路。所谓期权,是赋予其持有者在特定时间或者特定时间以前,按照特定价格买进或卖出一项资产的权利的一份契约。股票是在实务中最常见的期权契约的基础资产。期权理论研究表明,期权总价值是由期权的"内在价值"和"时间价值"两部分构成的。其中,内在价值是期权的执行价格与资产的市价之差;时间价值是期权应具有的超出基本的内在价值的价值。当资产市价与执行价格相等时,期权的时间价值最大。1973 年,布莱克与斯科尔斯两教授在二项式期权定价模型的基础上,运用无风险完全套期保值和模拟投资组合,提出了著名的 Black – Scholes 期权定价模型。

二、现金流量折现模型

现金流量折现模型是企业价值评估使用最广泛、理论上最健全的模型,主导着当前实务和教材。它的基本思想是增量现金流量原则和事件价值原则,也就是任何资产的价值是其产生的未来现金流量按照含有风险的折现率计算的现值。

企业也是资产,具有资产的一般特征。但是,它又与实物资产有区别,是一种特殊的资产。企业价值评估与项目价值评估既有类似之处,也有明显区别。

从某种意义上来说,企业也是一个大项目,是一个由若干项目组成的复合项目,或者说是一个项目组合。因此,企业价值评估与投资项目评价有许多类似之处:(1)无论是企业还是项目,都可以给投资主体带来现金流量,现金流越大则经济价值越大;(2)它们的现金流都具有不确定性，其价值计量都要使用风险概念；（3）它们的现金流都是陆续产生的，其价值计量都要使用现值概念。因此，我们可以使用前面介绍过的现金流量折现法对企业价值进行评估。净现值不过是项目产生的企业价值增量，它们在理论上是完全一致的。

企业价值评估与投资项目评价也有许多明显区别：（1）投资项目的寿命是有限的，而企业的寿命是无限的。因此，要处理无限期现金流折现问题。（2）典型的项目投资有稳定的或下降的现金流，而企业通常将收益再投资并产生增长的现金流，它们的现金流分布有不同特征。（3）项目产生的现金流属于投资人，而企业产生的现金流仅在决策层决定分配它们时才流向所有者，如果决策层决定向较差的项目投资而不愿意支付股利，则少数股东除了将股票出售外别无选择。这些差别，也正是企业价值评估比项目评价更困难的地方，或者说是现金流量折现模型用于企业价值评估需要解决的问题。

（一）现金流量折现模型的参数和种类

1. 现金流量折现模型的参数

任何资产都可以使用现金流量折现模型来估价：

$$价值 = \sum_{t=1}^{n} \frac{现金流量_t}{(1+资本成本)^t}$$

该模型有三个参数：现金流量、资本成本和时间序列（n）。

模型中的"现金流量"，是指各期的预期现金流量。对于投资者来说，企业现金流量有三种：股利现金流量、股权现金流量和实体现金流量。

模型中的"资本成本"，是计算现值使用的折现率。折现率是现金流量风险的函数，风险越大则折现率越大。因此，折现率和现金流量要相互匹配。股权现金流量只能用股权资本成本来折现，实体现金流量只能用企业的加权平均资本成本来折现。

模型中的时间按序列"n"，是指产生现金流量的时间，通常用"年"数来表示。从理论上来说，现金流量的持续年数应当等于资源的寿命。企业的寿命是不确定的，通常采用持续经营假设，即假设企业将无限期地持续下去。预测无限期的现金流量数据是很困难的，时间越长，远期的预测越不可靠。为了避免预测无限期的现金流量，大部分估值将预测的时间分为两个阶段。第一阶段是有限的、明确的预测期，称为"详细预测期"，简称"预测期"，在此期间需要对每年的现金流量进行详细预测，并根据现金流量模型计算其预测期价值；第二阶段是预测期以后的无限时期，称为"后续期"或"永续期"，在此期间假设企业进入稳定状态，有一个稳定的增长率，可以用简便方法直接估计后续期价值。后续期价值也被称为"永续价值"或"残值"。这样，企业价值被分为两部分：

企业价值＝预测期价值＋后续期价值

其中，后续期价值＝现金流量$_{t+1}$÷资本成本×（P/F, i, t）

2. 现金流量折现模型的种类

依据现金流量的不同种类，企业估值的现金流量折现模型也可分为股利现金流量折现模型（简称股利现金流量模型）、股权现金流量折现模型（简称股权现金流量模型）和实体现金流量折现模型（简称实体现金流量模型）三种。

（1）股利现金流量模型。股利现金流量模型的基本形式是：

$$股权价值 = \sum_{t=1}^{\infty} \frac{股利现金流量_t}{(1+股权资本成本)^t}$$

股利现金流量是企业分配给股权投资人的现金流量。

(2) 股权现金流量模型。股权现金流量模型的基本形式是：

$$股权价值 = \sum_{t=1}^{\infty} \frac{股权现金流量_t}{(1+股权资本成本)^t}$$

股权现金流量是一定期间企业可以提供给股权投资人的现金流量，它等于企业实体现金流量扣除对债权人支付后剩余的部分，也可以称为"股权自由现金流量"。

$$股权现金流量 = 实体现金流量 - 债务现金流量$$

有多少股权现金流量会作为股利分配给股东，取决于企业的筹资和股利分配政策。如果把股权现金流量全部作为股利分配，则上述两个模型相同。

(3) 实体现金流量模型。实体现金流量模型的基本形式是：

$$实体价值 = \sum_{t=1}^{\infty} \frac{实体自由现金流量}{(1+加权平均资本成本)^t}$$

实体现金流量是企业全部现金流入扣除成本费用和必要的投资后的剩余部分，它是企业一定期间可以提供给所有投资人（包括股权投资人和债权投资人）的税后现金流量。

$$实体价值 = 股权价值 + 净债务价值$$

其中，$$净债务价值 = \sum_{t=1}^{\infty} \frac{偿还债务现金流量}{(1+等风险债务成本)^t}$$

在数据假设相同的情况下，三种模型的评估结果是相同的。由于股利分配政策有较大变动，股利现金流量很难预计，所以，股利现金流量模型在实务中很少被使用。如果假设企业不保留多余的现金，而将股权现金全部作为股利发放，则股权现金流量等于股利现金流量，股权现金流量模型可以取代股利现金流量模型，避免了对股利政策进行估计的麻烦。因此，大多数的企业估值使用股权现金流量模型或实体现金流量模型。

（二）现金流量折现模型参数的估计

现金流量模型的参数包括预测期的年数、各期的现金流量和资本成本。这些参数是相互影响的，需要整体考虑，不可以完全孤立地看待和处理。资本成本的估计在前面的章节已经介绍过，这里主要说明现金流量的估计和预测期的确定。

未来现金流量的数据需要通过财务预测取得。财务预测可以分为单项预测和全面预测。单项预测的主要缺点是容易忽视财务数据之间的联系，不利于发现预测假设的不合理之处。全面预测是指编制成套的预计财务报表，通过预计财务报表获取需要的预测数据。由于计算机的普遍应用，人们越来越多地使用全面预测。

1. 预测销售收入

预测销售收入是全面预测的起点，大部分财务数据与销售收入有内在联系。

销售收入取决于销售数量和销售价格两个因素，但是财务报表不披露这两项数据，企业外部的报表使用人无法得到价格和销量的历史数据，也就无法分别预计各种产品的价格和销量。他们只能直接对销售收入的增长率进行预测，然后根据基期销售收入和预计增长率计算预测期的销售收入。销售增长率的预测以历史增长率为基础，根据未来的变化进行修正。在修正时，要考虑宏观经济、行业状况和企业的经营战略。如果预计未来在这三个方面不会发生明显变化，则可以按上年增长率进行预测。如果预计未来有较大变化，则需要根据其主要影响因素调整销售增长率。

【例7-1】D公司目前正处在高速增长的时期,20×0年的销售增长了12%。预计20×1年可以维持12%的增长率,20×2年开始逐步下降,每年下降2个百分点,20×5年下降1个百分点,即增长率为5%,20×6年及以后各年按5%的比率持续增长,如表7-1所示。

表7-1　　　　　　　　　　　　　D公司的销售预测

年份	基期	20×1	20×2	20×3	20×4	20×5	20×6	20×7	20×8	20×9	2×10
销售增长率	12%	12%	10%	8%	6%	5%	5%	5%	5%	5%	5%

2. 确定预测期间

预测的时间范围涉及预测基期、详细预测期和后续期。

(1) 预测的基期。基期是指作为预测基础的时期,通常是预测工作的上一个年度。基期的各项数据被称为基数,它们是预测的起点。基期数据不仅包括各项财务数据的金额,还包括它们的增长率以及反映各项财务数据之间联系的财务比率。

确定基期数据的方法有两种:一种是以上年实际数据作为基期数据;另一种是以修正后的上年数据作为基期数据。如果通过历史财务报表分析认为,上年财务数据具有可持续性,则以上年实际数据作为基期数据。如果通过历史财务报表分析认为,上年的数据不具有可持续性,就应适当进行调整,使之适合未来的情况。

D公司的预测以20×0年为基期,以经过调整的20×0年的财务报表数据为基数。该企业的财务预测将采用销售百分比法,需要根据历史数据确定主要报表项目的销售百分比,作为对未来进行预测的假设。

(2) 详细预测期和后续期的划分。实务中的详细预测期通常为5~7年,如果有疑问还应当延长,但很少超过10年。企业增长的不稳定时期有多长,预测期就应当有多长。这种做法与竞争均衡理论有关。

竞争均衡理论认为,一个企业不可能永远以高于宏观经济增长的速度发展下去。如果是这样,它迟早会超过宏观经济总规模。这里的"宏观经济"是指该企业所处的宏观经济系统,如果一个企业的业务范围仅限于国内市场,宏观经济增长率是指国内的预期经济增长率;如果一个企业的业务范围是世界性的,宏观经济增长率则是指世界的经济增长速度。竞争均衡理论还认为,一个企业通常不可能在竞争的市场中长期取得超额利润,其净投资资本报酬率会逐渐恢复到正常水平。净投资资本报酬率是指税后经营净利润与净投资资本(净负债加股东权益)的比率,它反映企业净投资资本的盈利能力。如果一个行业的净投资资本报酬率较高,就会吸引更多的投资并使竞争加剧,导致成本上升或价格下降,使得净投资资本报酬率降低到社会平均水平。如果一个行业的净投资资本报酬率较低,就会有一些竞争者退出该行业,减少产品或服务的供应量,导致价格上升或成本下降,使得净投资资本报酬率上升到社会平均水平。一个企业具有较高的净投资资本报酬率,往往会比其他企业更快地扩展投资,增加净投资资本总量。如果新增投资与原有投资的盈利水平相匹配,则能维持净投资资本报酬率。但是,通常企业很难做到这一点,竞争使盈利的增长跟不上投资的增长,因而净投资资本报酬率最终会下降。实践表明,只有很少的企业具有长时间的可持续竞争优势,它们都具有某种特殊的因素,可以防止竞争者进入。绝大多数企业都会在几年内恢复到正常的报酬率水平。

竞争均衡理论得到了实证研究的有力支持。各企业销售收入的增长率往往趋于恢复到正常水平。拥有高于或低于正常水平的企业，通常在3~10年中恢复到正常水平。

判断企业进入稳定状态的主要标志有两个：①具有稳定的销售增长率，它大约等于宏观经济的名义增长率；②具有稳定的净投资资本报酬率，它与资本成本接近。

预测期和后续期的划分不是事先主观确定的，而是在实际预测过程中根据销售增长率和净投资资本报酬率的变动趋势确定的。

续前【例7-1】，通过销售预测观察到D公司的销售增长率和净投资资本报酬率在20×5年恢复到正常水平（见表7-2）。销售增长率稳定在5%，与宏观经济的增长率接近；净投资资本报酬率稳定在12.13%，与其资本成本12%接近。因此，该企业的预测期确定20×1—20×5年，20×6年及以后年度为后续期。

表7-2　　　　　　　　　D公司的销售增长率和净投资资本报酬率　　　　　　　单位：万元

年份	基期	20×1	20×2	20×3	20×4	20×5	20×6	20×7	20×8	20×9	2×10
销售增长率（%）	12	12	10	8	6	5	5	5	5	5	5
税后经营净利润	36.96	41.4	45.53	49.18	52.13	54.73	57.47	60.34	63.36	66.53	69.86
净投资资本	320.00	358.40	394.24	425.78	451.33	473.89	497.59	522.47	548.59	576.02	604.82
期初净投资资本报酬率（%）		12.94	12.71	12.47	12.24	12.13	12.13	12.13	12.13	12.13	12.13

3. 预计现金流量

有关项目说明如下：

（1）实体现金流量。

①营业现金毛流量。营业现金毛流量是指在净经营性长期资产和经营营运资本不变时，企业可以提供给投资人的现金流量总和。

营业现金毛流量 = 税后经营净利润 + 折旧与摊销
　　　　　　　= 41.40 + 26.88 = 68.28（万元）

公式中的"折旧与摊销"，是指在计算利润时已经扣减的固定资产折旧和长期资产摊销数额。

②营业现金净流量，是指营业现金毛流量扣除经营营运资本增加后的剩余现金流量。在净经营性长期资产不变时，营业现金净流量是企业可以提供给投资人（包括股东和债权人）的现金流量。

营业现金净流量 = 营业现金毛流量 - 经营营运资本增加
　　　　　　　= 68.28 - 14.40
　　　　　　　= 53.88（万元）

③实体现金流量，是营业现金净流量扣除资本支出后的剩余部分。它是企业在满足经营活动所需投资后，可以支付给债权人和股东的现金流量。

实体现金流量 = 营业现金净流量 - 资本支出
　　　　　　= 53.88 - (24 + 26.88)
　　　　　　= 3.00（万元）

第七章 企业价值评估

公式中的"资本支出",是指用于购置各种长期经营资产的支出,减去经营长期负债增加额。购置长期经营资产支出的一部分现金可以由经营长期负债提供,其余的部分必须由企业实体现金流量提供(扣除)。因此,营业现金净流量扣除了资本支出,剩余部分才可以提供给投资人。

为了简化,假设D公司没有长期经营负债。因此,资本支出等于购置长期资产的现金流出,即等于净经营性长期资产增加额与本期折旧与摊销之和,具体见表7-3。

由于资本支出和经营营运资本增加都是企业的投资现金流出,因此,它们的合计称为"净经营资产总投资"。

表7-3　　　　　　　　D公司的预计现金流量表　　　　　　　单位:万元

年份	基期	20×1	20×2	20×3	20×4	20×5	20×6
税后经营净利润	36.96	41.40	45.53	49.18	52.13	54.73	57.47
加:折旧与摊销	24.00	26.88	29.57	31.93	33.85	35.54	37.32
营业现金毛流量	60.96	68.28	75.10	81.11	85.98	90.28	94.79
减:经营营运资本增加		14.40	13.44	11.83	9.58	8.46	8.89
营业现金净流量		53.88	61.66	69.28	76.40	81.81	85.90
减:净经营性长期资产增加		24.00	22.40	19.71	15.97	14.10	14.81
折旧与摊销		26.88	29.57	31.93	33.85	35.54	37.32
实体现金流量		3.00	9.69	17.64	26.58	32.17	33.78
债务现金流量:							
税后利息费用		4.77	5.24	5.66	6.00	6.30	6.62
减:短期借款增加		7.68	7.17	6.31	5.11	4.51	4.74
长期借款增加		3.84	3.58	3.15	2.55	2.26	2.37
债务现金流量		-6.75	-5.51	-3.80	-1.66	-0.47	-0.49
股权现金流量:							
股利分配		9.75	15.20	21.44	28.24	32.64	34.27
减:股权资本发行		0.00	0.00	0.00	0.00	0.00	0.00
股权现金流量		9.75	15.20	21.44	28.24	32.64	34.27
融资现金流量总计		3.00	9.69	17.64	26.58	32.17	33.78

净经营资产总投资 = 经营营运资本增加 + 资本支出

本年在发生投资支出的同时,还通过"折旧与摊销"收回一部分现金。因此,"净"的投资现金流出是本期净经营资产总投资减去"折旧与摊销"后的剩余部分,称之为"本期净经营资产净投资"。

净经营资产净投资 = 净经营资产总投资 - 折旧与摊销
　　　　　　　　 = 经营营运资本增加 + 资本支出 - 折旧与摊销
　　　　　　　　 = 14.40 + 50.88 - 26.88
　　　　　　　　 = 38.40(万元)

净经营资产净投资是股东和债权人提供的,可以通过净经营资产的增加来验算。

净经营资产净投资 = 期末净经营资产 − 期初净经营资产

= （期末净负债 + 期末股东权益）− （期初净负债 + 期初股东权益）

= 358.40 − 320.00

= 38.40（万元）

因此，实体现金流量的公式也写成：

实体现金流量 = 税后经营净利润 − 本期净经营资产净投资

= 41.40 − 38.40 = 3.00（万元）

（2）债务现金流量。企业与债权人之间的现金流动包括利息支付、借款的偿还和借入。由于金融资产是"负的负债"，可以抵减负债，所以在计算债务现金流量时应包括金融资产的变动。

债务现金流量 = 税后利息费用 − 净负债增加

= 4.77 − 7.68 − 3.84

= − 6.75（万元）

（3）股权现金流量。企业与股东的现金流动包括股利分配、股份发行和股份回购。

股权现金流量 = 股利分配 − 股份资本发行 + 股份回购

= 9.75 − 0 + 0

= 9.75（万元）

（4）现金流量的平衡关系。由于企业提供的现金流量就是投资人得到的现金流量，因此，实体现金流量等于债务现金流量与股权现金流量之和。"实体现金流量"是从企业角度观察的，企业产生剩余现金用正数表示，企业吸收投资人的现金则用负数表示。"融资现金流量"是从投资人角度观察的实体现金流量，投资人得到现金用正数表示，投资人提供现金则用负数表示。实体现金流量应当等于融资现金流量。

实体现金流量 = 融资现金流量 = 债务现金流量 + 股权现金流量

= − 6.75 + 9.75

= 3（万元）

现金流量的这种平衡关系，给我们提供了一种检验现金流量计算是否正确的方法。

4. 后续期现金流量增长率的估计

后续期价值的估计方法有许多种，包括永续增长模型、剩余收益模型、价值驱动因素模型、价格乘数模型、延长预测期法、账面价值法、清算价值法、重置成本法等。这里只讨论永续增长模型。

永续增长模型如下：

后续期价值 = 现金流量$_{t+1}$ ÷（资本成本 − 现金流量增长率）

现金流量的预计在前面已经讨论过，这里说明现金流量增长率估计。

在稳定状态下，实体现金流量、股权现金流量和销售收入的增长率相同。因此，可以根据销售增长率估计现金流量增长率。

我们先看一下 D 公司的例子，它在 20×6 年进入永续增长阶段。如果我们把预测期延长到 2×10 年，就会发现后续期的销售增长率、实体现金流量增长率和股权现金流量增长率是相同的（见表 7−4）。

第七章 企业价值评估

表 7-4　　　　　　　　D 公司 20×6—2×10 年现金流量预测　　　　　　单位：万元

年　　份	20×6	20×7	20×8	20×9	2×10
税后经营净利润	57.47	60.34	63.36	66.53	69.86
加：折旧与摊销	37.32	39.18	41.14	43.20	45.36
=营业现金毛流量	94.79	99.53	104.51	109.73	115.22
减：净经营资产增加	23.69	24.88	26.12	27.43	28.80
折旧与摊销	37.32	39.18	41.14	43.20	45.36
=实体现金流量	33.78	35.47	37.24	39.10	41.06
融资流动：					
税后利息费用	6.62	6.95	7.30	7.66	8.04
减：短期借款增加	4.74	4.98	5.22	5.49	5.76
减：长期借款增加	2.37	2.49	2.61	2.74	2.88
=债务现金流量	-0.49	-0.52	-0.53	-0.57	-0.60
股利分配	34.27	35.98	37.78	39.67	41.65
减：股权资本发行	0.00	0.00	0.00	0.00	0.00
=股权现金流量	34.27	35.98	37.78	39.67	41.65
融资现金流量合计	33.78	35.47	37.24	39.10	41.06
现金流量增长率：					
实体现金流量增长率（%）	5	5	5	5	5
债务现金流量增长率（%）	5	5	5	5	5
股权现金流量增长率（%）	5	5	5	5	5

为什么这三个增长率会相同呢？因为在"稳定状态下"，经营效率和财务政策不变，即资产税后经营净利润率、资本结构和股利分配政策不变，财务报表将按照稳定的增长率在扩大的规模上被复制。影响实体现金流量和股权现金流量的各因素都与营业收入同步增长。因此，现金流量增长率与销售增长率相同。

那么，销售增长率如何估计呢？

根据竞争均衡理论，后续期的销售增长率大体上等于宏观经济的名义增长率。如果不考虑通货膨胀因素，宏观经济的增长率大多在2%~6%之间。

极少数企业凭借其特殊的竞争优势，可以在较长时间内超过宏观经济增长率。判定一个企业是否具有特殊的、可持续的优势，应当掌握具有说服力的证据，并且被长期的历史所验证。即使是具有特殊优势的企业，后续期销售增长率超过宏观经济的幅度也不会超过2%。绝大多数可以持续生存的企业，其销售增长率可以按宏观经济增长率估计。D 公司就属于这种情况，我们假设其永续增长率为5%。

（三）现金流量折现模型的应用

1. 股权现金流量模型

根据现金流量分布的特征，股权现金流量模型分为两种类型：永续增长模型和两阶段增长模型。

（1）永续增长模型。永续增长模型假设企业未来长期稳定、可持续地增长。在永续增长的情况下,企业价值是下期现金流量的函数。

永续增长模型的一般表达式如下:

$$股权价值 = \frac{下期股权现金流量}{股权资本成本 - 永续增长率}$$

永续增长模型的特例是永续增长率等于零,即零增长模型。

$$股权价值 = \frac{下期股权现金流量}{股权资本成本}$$

永续增长模型的使用条件:企业必须处于永续状态。所谓永续状态是指企业有永续的增长率和净投资资本报酬率。使用永续增长模型,企业价值对增长率的估计值很敏感,当增长率接近折现率时,股票价值趋于无限大。因此,对于增长率和股权成本的预测质量要求很高。

【例 7-2】A 公司是一个规模较大的跨国公司,目前处于稳定增长状态。20×1 年每股收益为 13.7 元。根据全球经济预期,长期增长率为 6%。预计该公司的长期增长率与宏观经济相同。为维持每年 6% 的增长率,需要每股股权成本本年净投资 11.2 元。据估计,该企业的股权资本成本为 10%。请计算该企业 20×1 年每股股权现金流量和每股股权价值。

每股股权现金流量 = 每股收益 - 每股股权本年净投资
            = 13.7 - 11.2 = 2.5(元/股)

每股股权价值 =(2.5 × 1.06)/(10% - 6%)= 66.25(元/股)

如果估计增长率为 8%,而每股股权本年净投资不变,则每股股权价值发生很大变化:

每股股权价值 =(2.5 × 1.08)/(10% - 8%)= 135(元/股)

如果考虑到为支持 8% 的增长率需要增加本年净投资,则股权价值不会增加很多,假设每股股权本年净投资需要相应地增加到 12.4731 元,则:

每股股权现金流量 = 13.7 - 12.4731 = 1.2269(元/股)

每股股权价值 =(1.2269 × 1.08)/(10% - 8%)= 66.25(元/股)

因此,在估计增长率时一定要考虑与之相适应的每股股权本年净投资。

(2)两阶段增长模型。两阶段增长模型的一般表达式:

$$股权价值 = 预测期股权现金流量现值 + 后续期价值的现值$$

假设预测期为 n,则:

$$\frac{股权}{价值} = \sum_{t=1}^{n} \frac{股权现金流量_t}{(1 + 股权资本成本)^t} + \frac{股权现金流量_{n+1}}{(股权资本成本 - 永续增长率)(1 + 股权资本成本)^n}$$

两阶段增长模型的使用条件:两阶段增长模型适用于增长呈现两个阶段的企业。第一个阶段为超常增长阶段,增长率明显快于永续增长阶段;第二个阶段具有永续增长的特征,增长率比较低,是正常的增长率。

2. 实体现金流量模型

在实务中,大多使用实体现金流量模型。主要原因是股权成本受资本结构的影响较大,估计起来比较复杂。债务增加时,风险上升,股权成本会上升,而上升的幅度不容易测定。加权平均资本成本受资本结构的影响较小,比较容易估计。债务成本较低,增加债务比重使加权平均资本成本下降。与此同时,债务增加使风险增加,股权成本上升,使得加权平均资本成本上升。在无税和交易成本的情况下,两者可以完全抵消,这就是资本结构无关论。在有税和交易成本的情况下，债务成本的下降也会大部分被股权成本的上升所抵消，平均资本成本对资本结构变化不敏感，估计起来比较容易。

实体现金流量模型，如同股权现金流量模型一样，也可以分为两种：
（1）永续增长模型：

$$\text{实体价值} = \frac{\text{下期实体现金流量}}{\text{加权平均资本成本} - \text{永续增长率}}$$

（2）两阶段增长模型：

实体价值 = 预测期实体现金流量现值 + 后续期价值的现值

设预测期为 n，则：

$$\text{实体价值} = \sum_{t=1}^{n} \frac{\text{实体现金流量}_t}{(1 + \text{加权平均资本成本})^t} + \frac{\text{实体现金流量}_{n+1}}{(\text{加权平均资本成本} - \text{永续增长率})(1 + \text{加权平均资本成本})^n}$$

三、相对价值评估方法

现金流量折现模型在概念上很健全，但是在应用时会碰到较多的技术问题。有一种相对容易的估计方法，就是相对价值法，也称价格乘数法或可比交易价值法等。

这种方法是利用类似企业的市场定价来估计目标企业价值的一种方法。它的假设前提是存在一个支配企业市场价值的主要变量（如净利润等）。市场价值与该变量（如净利润等）的比值，各企业是类似的、可以比较的。

其基本做法是：首先，寻找一个影响企业价值的关键变量（如净利润）；其次，确定一组可以比较的类似企业，计算可比企业的市价/关键变量的平均值（如平均市盈率）；最后，根据目标企业的关键变量（如净利润）乘以得到的平均值（平均市盈率），计算目标企业的评估价值。

相对价值法是将目标企业与可比企业对比，用可比企业的价值衡量目标企业的价值。如果可比企业的价值被高估了，则目标企业的价值也会被高估。实际上，所得结论是相对于可比企业来说的，以可比企业价值为基准，是一种相对价值，而非目标企业的内在价值。

例如，你准备购买商品住宅，出售者报价 50 万元，你如何评估这个报价呢？一个简单的办法就是寻找一个类似地段、类似质量的商品住宅，计算每平方米的价格（价格与面积的比率），假设是 0.5 万元/平方米，你拟购置的住宅是 80 平方米，利用相对价值法评估它的价值是 40 万元，于是你认为出售者的报价高了。你对报价高低的判断是相对于类似商品住宅说的，它比类似住宅的价格高了。实际上，也可能是类似住宅的价格偏低。

这种做法很简单，真正使用起来却并不简单。因为类似商品住宅与你拟购置的商品住宅总有"不类似"的地方，类似商品住宅的价格也不一定是公平市场价格。准确的评估还需要对计算结果进行另外的修正，而这种修正比一般人想象的要复杂，它涉及每平方米价格的决定因素问题。

现金流量折现模型的假设是明确显示的，而相对价值法的假设是隐含在比率内部的，因此实际应用时并不简单。

相对价值模型分为两大类，一类是以股票市价为基础的模型，包括每股市价/每股收益、每股市价/每股净资产、每股市价/每股销售收入等模型。另一类是以企业实体价值为基础的模型，包括实体价值/息税折旧摊销前利润、实体价值/税后经营净利润、实体价值/实体现金流量、实体价值/投资资本、实体价值/销售收入等模型；我们这里只讨论三种最常用的股票市价模型。

1. 市盈率模型

（1）基本模型。市盈率是指普通股每股市价与每股收益的比率。运用市盈率估值的模型如下：

$$\text{目标企业每股价值} = \text{可比企业市盈率} \times \text{目标企业每股收益}$$

该模型假设每股市价是每股收益的一定倍数。每股收益越大，则每股价值越大。同类企业有类似的市盈率，所以目标企业的每股价值可以用每股收益乘以可比企业市盈率计算。

（2）模型原理。为什么市盈率可以作为计算股价的乘数呢？影响市盈率高低的基本因素有哪些？

根据股利折现模型，处于稳定状态企业的每股价值为：

$$\text{市盈率} = \frac{\text{每股市价}}{\text{每股收益}}$$

$$\text{每股价值 } P_0 = \frac{\text{每股股利}_1}{\text{股权成本} - \text{增长率}}$$

两边同时除以每股收益$_0$：

$$\frac{P_0}{\text{每股收益}_0} = \frac{\text{每股股利}_1/\text{每股收益}_0}{\text{股权成本} - \text{增长率}}$$

$$= \frac{[\text{每股收益}_0 \times (1+\text{增长率}) \times \text{股利支付率}]/\text{每股收益}_0}{\text{股权成本} - \text{增长率}}$$

$$= \frac{\text{股利支付率} \times (1+\text{增长率})}{\text{股权成本} - \text{增长率}} = \text{本期市盈率}$$

上述根据当前市价和同期净收益计算的市盈率，称为本期市盈率，简称市盈率。

这个公式表明，市盈率的驱动因素是企业的增长潜力、股利支付率和风险（股权资本成本的高低与其风险有关）。这三个因素类似的企业，才会具有类似的市盈率。可比企业实际上应当是这三个比率类似的企业，同业企业不一定都具有这种类似性。

如果把公式两边同除的当前"每股收益$_0$"，换为预期下期"每股收益$_1$"，其结果称为"内在市盈率"或"预期市盈率"：

$$\frac{P_0}{\text{每股收益}_1} = \frac{\text{每股股利}_1/\text{每股收益}_1}{\text{股权成本} - \text{增长率}}$$

$$\text{内在市盈率} = \frac{\text{股利支付率}}{\text{股利成本} - \text{增长率}}$$

在影响市盈率的三个因素中，关键是增长潜力。所谓"增长潜力"类似，不仅指具有相同的增长率，还包括增长模式的类似性，如同为永续增长，还是同为由高增长转为永续低增长。

上述内在市盈率模型是根据永续增长模型推导的。如果企业符合两阶段模型的条件，也可以通过类似的方法推导出两阶段情况下的内在市盈率模型。它比永续增长的内在市盈率模型形式复杂，但仍然由这三个因素驱动。

（3）模型的适用性。

市盈率模型的优点：首先，计算市盈率的数据容易取得，并且计算简单；其次，市盈率把价格和收益联系起来，直观地反映投入和产出的关系；最后，市盈率涵盖了风险补偿率、增长率、股利支付率的影响，具有很高的综合性。

市盈率模型的局限性：如果收益是负值，市盈率就失去了意义。因此，市盈率模型最适合连续盈利，并且 β 值接近于 1 的企业。

【例 7-3】甲企业今年的每股收益是 0.5 元，分配股利 0.35 元/股，该企业净利润和股利的增长率都是 6%，β 值为 0.75。政府长期债券利率为 7%，股票的风险补偿率为 5.5%。问该企业的本期净利市盈率和预期净利市盈率各是多少？

乙企业与甲企业是类似企业，今年实际净利为 1 元，根据甲企业本期市盈率对乙企业估值，其股票价值是多少？乙企业预期明年净利是 1.06 元，根据甲企业预期市盈率对乙企业估值，其股票价值是多少？

甲企业股利支付率 = 每股股利 ÷ 每股收益
　　　　　　　　　= 0.35 ÷ 0.5
　　　　　　　　　= 70%

甲企业股权成本 = 无风险报酬率 + β × 市场风险溢价
　　　　　　　 = 7% + 0.75 × 5.5%
　　　　　　　 = 11.125%

甲企业本期市盈率 = [股利支付率 × (1 + 增长率)] ÷ (资本成本 − 增长率)
　　　　　　　　 = [70% × (1 + 6%)] ÷ (11.125% − 6%)
　　　　　　　　 = 14.48

甲企业预期市盈率 = 股利支付率 ÷ (资本成本 − 增长率)
　　　　　　　　 = 70% ÷ (11.125% − 6%)
　　　　　　　　 = 13.66

乙企业股票价值 = 目标企业本期每股收益 × 可比企业本期市盈率
　　　　　　　 = 1 × 14.48
　　　　　　　 = 14.48（元/股）

乙企业股票价值 = 目标企业预期每股收益 × 可比企业预期市盈率
　　　　　　　 = 1.06 × 13.66
　　　　　　　 = 14.48（元/股）

通过这个例子可知：如果目标企业的预期每股收益变动与可比企业相同，则根据本期市盈率和预期市盈率进行估值的结果相同。

值得注意的是：在估值时目标企业本期净利必须要乘以可比企业本期市盈率，目标企业预期净利必须要乘以可比企业预期市盈率，两者必须匹配。这一原则不仅适用于市盈率，也适用于市净率和市销率；不仅适用于未修正的价格乘数，也适用于后面所讲的各种修正的价格乘数。

2. 市净率模型

(1) 基本模型。市净率是指每股市价与每股净资产的比率。

这种方法假设股权价值是净资产的函数，类似企业有相同的市净率，净资产越大则股权价值越大。因此，股权价值是净资产的一定倍数，目标企业的价值可以用每股净资产乘以市净率计算。

目标企业每股价值 = 可比企业市净率 × 目标企业每股净资产

(2) 模型原理。

市净率是由哪些因素决定的？

如果把股利折现模型的两边同时除以同期每股净资产，就可以得到市净率：

$$\frac{P_0}{每股净资产_0} = \frac{[每股股利_0 \times (1+增长率)]/每股净资产_0}{股权成本 - 增长率}$$

$$= \frac{\frac{每股股利_0}{每股收益_0} \times \frac{每股收益_0}{每股净资产_0} \times (1+增长率)}{股权成本 - 增长率}$$

$$= \frac{权益净利率_0 \times 股利支付率 \times (1+增长率)}{股权成本 - 增长率}$$

$$= 本期市净率$$

该公式表明，驱动市净率的因素有权益净利率、股利支付率、增长率和风险，其中权益净利率是关键因素。这四个比率类似的企业，会有类似的市净率。不同企业市净率的差别，也是由这四个不同比率引起的。

如果把公式中的"每股净资产$_0$"换成预期下期的"每股净资产$_1$"，可以得出内在市净率，或称预期市净率。

$$\frac{P_0}{每股净资产_1} = \frac{[每股股利_0 \times (1+增长率)]/每股净资产_1}{股权成本 - 增长率}$$

$$= \frac{\frac{每股股利_0}{每股收益_0} \times \frac{每股收益_1}{每股净资产_1} \times (1+增长率)}{股权成本 - 增长率}$$

$$= \frac{股利支付率 \times 权益净利率_1}{股权成本 - 增长率}$$

$$= 内在市净率$$

(3) 模型的适应性。市净率估值模型的优点：首先，净利为负值的企业不能用市盈率进行估值，而市净率极少为负值，可用于大多数企业。其次，净资产账面价值的数据容易取得，并且容易理解。再次，净资产账面价值比净利稳定，也不像利润那样经常被人为操纵。最后，如果会计标准合理并且各企业会计政策一致，市净率的变化可以反映企业价值的变化。

市净率的局限性：首先，账面价值受会计政策选择的影响，如果各企业执行不同的会计标准或会计政策，市净率会失去可比性。其次，固定资产很少的服务性企业和高科技企业，净资产与企业价值的关系不大，其市净率比较没有什么实际意义。最后，少数企业的净资产是负值，市净率没有意义，无法用于比较。

因此，这种方法主要适用于需要拥有大量资产、净资产为正值的企业。

【例7-4】表7-5中列出了20×0年汽车制造业6家上市企业的市盈率和市净率，以及全年平均实际股价。请你用这6家企业的平均市盈率和市净率评价江铃汽车的股份，哪一个更接近实际价格？为什么？

按市盈率估值 = 0.06 × 30.23 = 1.81（元/股）

按市净率估值 = 1.92 × 2.89 = 5.55（元/股）

表 7 - 5

公司名称	每股收益（元）	每股净资产（元）	平均价格（元）	市盈率	市净率
上海汽车	0.53	3.43	11.98	22.6	3.49
东风汽车	0.37	2.69	6.26	16.92	2.33
一汽四环	0.52	4.75	15.4	29.62	3.24
一汽金杯	0.23	2.34	6.1	26.52	2.61
天津汽车	0.19	2.54	6.8	35.79	2.68
长安汽车	0.12	2.01	5.99	49.92	2.98
平均				30.23	2.89
江铃汽车	0.06	1.92	6.03		

市净率的评价更接近于实际价格。因为汽车制造业是一个需要大量资产的行业。由此可见，合理选择模型的种类对于正确估值是很重要的。

3. 市销率模型

（1）基本模型。市销率是指每股市价与每股销售收入的比率。

$$市销率 = \frac{每股市价}{每股销售收入}$$

这种方法是假设影响每股价值的关键变量是销售收入，每股价值是每股销售收入的函数，每股销售收入越大则每股价值越大。既然每股价值是每股销售收入的一定倍数，那么目标企业的每股价值可以用每股销售收入乘以可比企业市销率估计。

（2）模型原理。

市销率是由哪些财务比率决定的？

如果将股利折现模型的两边同时除以每股销售收入，则可以得出市销率：

$$\frac{P_0}{每股收入_0} = \frac{[每股股利_0 \times (1+增长率)]/每股收入_0}{股权成本 - 增长率}$$

$$= \frac{\frac{每股股利_0}{每股收益_0} \times \frac{每股收益_0}{每股收入_0} \times (1+增长率)}{股权成本 - 增长率}$$

$$= \frac{销售净利率_0 \times 股利支付率 \times (1+增长率)}{股权成本 - 增长率}$$

$$= 本期市销率$$

根据上述公式可以看出，市销率的驱动因素是销售净利率、股利支付率、增长率和股权成本。其中，销售净利率是关键因素。这四个比率相同的企业，会有类似的市销率。

如果把公式中的"每股收入$_0$"换成预期下期的"每股收入$_1$"，则可以得出内在市销率的计算公式：

$$\frac{P_0}{每股收入_1} = \frac{每股股利_1/每股收入_1}{股权成本 - 增长率}$$

$$= \frac{\dfrac{每股股利_1}{每股收益_1} \times \dfrac{每股收益_1}{每股收入_1}}{股权成本 - 增长率}$$

$$= \frac{销售净利率_1 \times 股利支付率}{股权成本 - 增长率}$$

$$= 内在市销率$$

（3）模型的适用性。

市销率估值模型的优点：首先，它不会出现负值，对于亏损企业和资不抵债的企业，也可以计算出一个有意义的价值乘数。其次，它比较稳定、可靠，不容易被操纵。最后，市销率对价格政策和企业战略变化敏感，可以反映这种变化的后果。

市销率估值模型的局限性：不能反映成本的变化，而成本是影响企业现金流量和价值的重要因素之一。

因此，这种方法主要适用于销售成本率较低的服务类企业，或者销售成本率趋向的传统行业的企业。

【例 7-5】甲公司是一个大型连锁超市，具有行业代表性。该公司目前每股销售收入为 83.06 美元，每股收益为 3.82 美元。公司采用固定股利支付率政策，股利支付率为 74%。预期净利润和股利的长期增长率为 6%。该公司的 β 值为 0.75，假设无风险报酬率为 7%，平均风险股票报酬率为 12.5%。乙公司也是一个连锁超市企业，与甲公司具有可比性，目前，每股销售收入为 50 美元。请根据市销率模型估计乙公司的股票价值。

销售净利率 = 3.82 ÷ 83.06 = 4.6%

股权成本 = 7% + 0.75 × (12.5% - 7%) = 11.125%

$$市销率 = \frac{4.6\% \times 74\% \times (1 + 6\%)}{11.125\% - 6\%} = 0.704$$

乙公司股票价值 = 50 × 0.704 = 35.20（美元）

【本章小结】

1. 企业价值评估的对象是企业整体的经济价值。企业的整体价值主要体现在以下四个方面：(1) 整体不是各部分的简单相加；(2) 整体价值来源于要素的结合方式；(3) 部分只有在整体中才能体现出其价值；(4) 整体价值只有在运行中才能体现出来。企业的经济价值是指一项资产的公平市场价值，通常用该资产所产生的未来现金流量的现值来计量，它既不是会计价值，也不是市场价值。

2. 企业价值评估的方法有：(1) 现金流贴现法；(2) 相对比率法；(3) EVA 法；(4) 实物期权法。

3. 现金流量折现模型的有 3 种：股利现金流量模型、股权现金流量模型和实体现金流量模型。

4. 现金流量折现模型参数的估计。

【思考题】

1. 怎样理解价值评估的一般对象是企业整体的经济价值？
2. 企业价值评估的方法有哪几种？
3. 现金流量折现模型有几种？考虑的参数有哪几个？

【练习题】

1. A公司是一个规模较大的跨国公司，目前处于稳定增长状态。2017年每股收益为13.7元。根据全球经济预期，长期增长率为6%，预计该公司的长期增长率与宏观经济相同，为了维持每年6%的增长率，需要每股股权本年净投资11.2元。据估计，该企业的股权资本成本为10%。请计算该企业2017年每股股权现金流量和每股股权价值。

2. 企业今年的每股净利为0.5元，分配股利0.35元/股，该企业净利润和股利的增长率都是6%，β值为0.75。政府长期债券利率为7%，股票市场的平均风险附加率为5.5%。

要求：

（1）计算该企业的本期市盈率和预期市盈率；

（2）如果乙企业与甲企业是类似企业，今年的实际每股收益为1元，未来每股收益增长率是6%，分别采用本期市盈率和预期市盈率计算乙企业股票价值。

第八章 营运资金管理

【案例导读】

徐工集团的现金流问题

徐州工程机械集团有限公司（以下简称"徐工集团"）成立于1989年3月，1997年4月被国务院批准为全国120家试点企业集团，是国家520家重点企业之一，国家863/CIMS应用示范试点企业。其主要产品有：工程起重机械、筑路机械、路面及养护机械、压实机械、铲土运输机械、高空消防设备、特种专用车辆、工程机械专用底盘等系列工程机械主机和驱动桥、回转支承、液压件等基础零部件产品，大多数产品市场占有率居国内第一位。其中，70%的产品为国内领先水平，20%的产品达到国际当代先进水平。建立了以国家级技术中心为核心的研发体系，徐工集团技术中心在国家企业技术中心评价中名列全国第15位。建立了覆盖全国的营销网络，近百个国外徐工集团代理商为全球用户提供全方位营销服务。

徐工集团2011年上半年实现营业收入195.15亿元，同比增长43.54%；归属于上市公司股东的净利润2.29亿元，同比增长61.70%；基本每股收益1.08元。公司的营业收入和净利润连续三个季度持续上升，但是公司的现金流不断恶化。上半年经营活动产生的现金流量净额为-9.16亿元，投资活动产生的现金流量净额-11.6亿元。公司应收票据、应收账款和其他应收款累计达107亿元之多，占营业收入的55%，其中，应收账款97.7亿元，较年初增加58亿元。公司短期借款还增加了21亿元，此外，公司应付票据规模也较大，占流动负债的比例达到36%。

徐工集团也在半年报中坦言，当前公司的主要问题是：一是应收账款增幅较大，经营风险加大。二是售后服务与备件供应不能完全满足市场需求。三是下属的公司中有一半处于严重的亏损状态。四是无论徐工集团还是其旗下的上市公司徐工科技都面临着资金面吃紧的状况，2002—2008年，大部分年份投资与筹资活动现金流量净额均为负数，经营活动产生的现金流量无法满足投资活动的资金需求，更无法满足徐工集团进一步扩大生产规模以投资于未来发展，在激烈的竞争中巩固行业地位的巨额资金需求。五是行业内柳工、三一重工成为后起之秀，抢占了徐工的市场份额，徐工科技的市场地位随之回落，其盈利状况在装载机制造类上市公司中落在了末尾。微薄的盈利空间不足以支撑公司的竞争与发展。六是长期过于依赖银行贷款的融资结构导致徐工集团的高资产负债率，若继续采取债务融资会给公司带来很大的财务风险。这使得徐工迫切需要通过资本市场获得权益融资补充营运资金，并缓解偿债压力。

问题：

（1）徐工集团在利润持续增长的情况下为什么现金流会出现问题？

（2）徐工集团在营运资金管理方面可能出现了什么问题？

（3）徐工集团可以从哪些方面加强营运资金管理？

【学习目标】

☐ 了解营运资金的概念及管理原则

☐ 掌握现金持有动机、现金管理的意义，掌握确定最佳现金持有量的计算方法，熟悉现金管理日常控制

☐ 掌握应收账款的功能、成本及其管理目标，掌握信用政策和管理方法

☐ 掌握存货的功能与成本，熟悉存货规划及控制方法，掌握经济批量、再订货点和保险储备的计算

第一节 营运资金管理概述

一、营运资金的含义

营运资金是指企业投放在流动资产上的资金，包括现金、有价证券、应收账款、存货等占用的资金，在金额上等于流动资产减去流动负债后的余额。营运资金的管理既包括流动资产的管理，也包括流动负债的管理。

（一）流动资产

流动资产是指可以在1年以内或超过1年的一个营业周期内变现或运用的资产，流动资产具有占用时间短、周转速度快、变现能力强等特点。企业拥有较多的流动资产，可在一定程度上降低财务风险，但是流动资产相对来讲收益率比较低，因此企业应合理确定流动资产占用金额。流动资产按不同的标准可进行不同的分类，常见分类方式如下：

（1）按占用形态不同，分为现金、交易性金融资产、应收账款、预付款项和存货等。

（2）按在生产经营过程中所处的环节不同，分为生产领域中的流动资产、流通领域中的流动资产以及其他领域的流动资产。

（3）以流动资产的表现形态不同，分为货币性流动资产和实物形态的流动资产。货币性流动资产以货币形态存在，包括结算资产（诸如各种应收、预付款与应收票据等）和货币资产；实物形态流动资产包括原材料、包装物、在产品、库存商品等。

（二）流动负债

流动负债是指需要在1年或者超过1年的一个营业周期内偿还的债务。流动负债又称"短期负债"，具有成本低、偿还期短、风险大的特点。流动负债按不同标准可做不同分类，最常见的分类方式如下：

（1）以应付金额是否确定为标准，分为应付金额确定的流动负债和应付金额不确定的

流动负债。应付金额确定的流动负债是指那些根据合同或法律规定到期必须偿付，并有确定金额的流动负债。应付金额不确定的流动负债是指那些要根据企业生产经营状况，到一定时期或具备一定条件才能确定的流动负债，或应付金额需要估计的流动负债。

（2）以流动负债的形成情况为标准，分为自然性流动负债和人为性流动负债。自然性流动负债是指不需要正式安排，由于结算程序或有关法律法规的规定等原因而自然形成的流动负债；人为性流动负债是指根据企业对短期资金的需求情况，通过人为安排所形成的流动负债。

（3）以是否支付利息为标准，分为有息流动负债和无息流动负债。

（三）营运资金的特点

为了有效地管理企业的营运资金，必须研究营运资金的特点，以便有针对性地进行管理。营运资金一般具有如下特点：

（1）营运资金的来源具有灵活多样性。与筹集长期资金的方式相比，企业筹集营运资金的方式较为灵活多样，通常有银行短期借款、短期融资券、商业信用、应交税费、应交利润、应付职工薪酬、应付费用、预收货款、票据贴现等多种外部融资方式。

（2）营运资金的数量具有波动性。流动资产的数量会随企业内外条件的变化而变化，时高时低，波动很大。季节性企业如此，非季节性企业也如此。随着流动资产数量的变动，流动负债的数量也会相应发生变动。

（3）营运资金的周转具有短期性。企业流动资产占用的资金通常会在一年或一个营业周期内收回。根据这一特点，营运资金可以用商业信用、银行短期借款等短期筹资方式来加以解决。

（4）营运资金的实物形态具有变动性和易变现性。企业营运资金的实物形态是经常变化的，一般按照现金、材料、在产品、库存商品、应收账款、现金的顺序转化。为此，进行流动资产管理时，必须在各项流动资产上合理配置资金数额，做到结构合理，以促进资金周转顺利进行。此外，交易性金融资产、应收账款、存货等流动资产一般具有较强的变现能力，如果遇到意外情况，企业出现资金周转不灵、现金短缺时，便可迅速变卖这些资产以获取现金。这对财务上应付临时性资金需求具有重要意义。

二、营运资金的管理原则

企业的营运资金在全部资金中占有相当大的比重，而且周转期短，形态易变，是企业财务管理工作的一项重要内容。实证研究表明，财务经理的大量时间都用于营运资金的管理。企业进行营运资金管理应遵循以下原则：

（一）保证合理的资金需求

企业应认真分析生产经营状况，合理确定营运资金的需要数量。企业营运资金的需求数量与企业生产经营活动有直接关系。一般情况下，当企业产销两旺时，流动资产会不断增加，流动负债也会相应增加；而当企业产销量不断减少时，流动资产和流动负债也会相应减少。营运资金的管理必须把满足正常合理的资金需求作为首要任务。

（二）提高资金使用效率

加速资金周转是提高资金使用效率的主要手段之一。提高营运资金使用效率的关键是采取得力措施，缩短营业周期，加速变现过程，加快营运资金周转。因此，企业要千方百计地加速存货、应收账款等流动资产的周转，用有限的资金服务于更大的产业规模，为企业取得更好的经济效益提供条件。

(三) 节约资金使用成本

在营运资金管理中，必须正确处理保证生产经营需要和节约资金使用成本二者之间的关系。要在保证生产经营需要的前提下，遵守勤俭节约的原则，尽力降低资金使用成本。一方面，要挖掘资金潜力，盘活全部资金，精打细算地使用资金；另一方面，积极拓展融资渠道，合理配置资源，筹措低成本资金，服务于生产经营。

(四) 保持足够的短期偿债能力

偿债能力的高低是企业财务风险高低的标志之一。合理安排流动资产与流动负债的比例关系，保持流动资产结构与流动负债结构的适配性，保证企业有足够的短期偿债能力是营运资金管理的重要原则之一。流动资产、流动负债以及二者之间的关系能较好地反映企业的短期偿债能力。流动负债是在短期内需要偿还的债务，而流动资产则是在短期内可以转化为现金的资产。因此，如果一个企业的流动资产比较多，流动负债比较少，说明企业的短期偿债能力较强；反之，则说明短期偿债能力较弱。但如果企业的流动资产太多，流动负债太少，也不是正常现象，这可能是因流动资产闲置或流动负债利用不足所致。

三、营运资金战略

企业必须建立一个框架用来评估营运资金管理中的风险与收益的平衡，包括营运资金的投资和融资战略，这些战略反映企业的需要以及对风险承担的态度。一个财务管理者必须做两个决策：一是需要拥有多少营运资金；二是如何为营运资金融资。在实践中，这些决策一般同时进行，而且相互影响。

(一) 流动资产的投资战略

由于销售水平、成本、生产时间、存货补给时订货到交货的时间、顾客服务水平、首款和支付期限等方面存在不确定性，因此，流动资产的投资决策至关重要。对于不同的产业和企业规模，流动资产与营业收入比率的变动范围非常大。

企业的不确定性和风险忍受程度决定了其在流动资产账户上的投资水平。流动资产通常随着营业收入的变化而变化，但风险则与销售的稳定性和可预测性相关。营业收入越不稳定，越不可预测，则投资于流动资产上的资金就应越多，以保证有足够的存货满足顾客的需要。

稳定性和可预测性的相互作用非常重要。即使营业收入不稳定，但可以预测，如属于季节性变化，那么将没有显著的风险。然而，如果营业收入不稳定且难以预测，例如石油和天然气开采业以及许多建筑业企业，就会存在显著的风险，从而必须保证一个高的流动资产水平，维持较高的流动资产与销售收入比率。如果营业收入既稳定又可预测，则只需维持较低的流动资产投资水平。

一个企业必须选择与其业务需要和管理风格相符合的流动资产投资战略。如果企业管理政策趋于保守，就会选择较高的流动资产水平，保证更高的流动性（安全性），但盈利能力也更低；然而，如果管理者偏向于为了更高的盈利能力而承担风险，那么将以一个低水平的流动资产与销售收入比率来运营。下面就紧缩的或较低流动性的投资战略与宽松的或更高流动性的投资战略进行介绍。

1. 紧缩的流动资产投资战略

在紧缩的流动资产投资战略下，企业维持低水平的流动资产与销售收入比率。利用适时制（JIT）存货管理技术，尽可能紧缩原材料等存货投资。另外，尚未结清的应收账款和现金余额保持在最低水平。

紧缩的流动资产投资战略可能伴随着更高风险，这些风险可能源于更紧的信用和存货管理，或源于缺乏现金用于偿还应付账款。此外，紧缩的信用政策可能减少企业销售收入，而紧缩的产品存货政策则不利于顾客进行商品选择，从而影响企业销售。

只要不可预见的事件没有损坏企业的流动性而导致严重的问题发生，紧缩的流动资产投资战略就会提高企业效益。

2. 宽松的流动资产投资战略

在宽松的流动资产投资战略下，企业通常会维持高水平的流动资产与销售收入比率。也就是说，企业将保持高水平的现金、高水平的应收账款（通常来自于宽松的信用政策）和高水平的存货（通常源于补给原材料或不愿意因为产成品存货不足而失去销售）。对流动资产的高投资可能导致较低的投资收益率，但由于较高的流动性，企业的营运风险较小。

3. 如何选择流动资产投资战略

一个企业选择何种流动资产投资战略取决于该企业对风险和收益的权衡。银行和其他借款人对企业流动性水平非常重视，因为流动性包含了这些债权人对信贷扩张和借款利率的决策。他们还考虑应收账款和存货的质量，尤其是当这些资产被用来当作一项贷款的抵押品时。

许多企业由于上市和短期借贷较为困难，通常采用紧缩的投资战略。此外，一个企业的流动资产战略可能还受产业因素的影响。在销售边际毛利较高的产业，如果从额外销售中获得的利润超过额外应收账款所增加的成本，宽松的信用政策可能为企业带来更为可观的收益。

流动资产投资战略的另一个影响因素是那些影响企业政策的决策者。财务管理人员较之运营或销售经理通常具有不同的流动资产管理观点。运营经理通常喜欢高水平的原材料存货以便满足生产所需；相似地，销售经理也喜欢高水平的库存商品存货以便满足顾客的需要，而且喜欢宽松的信用政策以刺激销售。相反，财务管理人员喜欢使存货和应收账款最小化，以便使流动资产融资成本最小化。

（二）流动资产的融资战略

一个企业对流动资产的需求数量一般会随着产品销售的变化而变化。例如，产品销售季节性很强的企业，当销售处于旺季时，流动资产的需求一般会更旺盛，可能是平时的几倍；当销售处于淡季时，流动资产需求一般会减弱，可能是平时的几分之一；即使当销售处于最低水平时，也存在对流动资产最基本的需求。在企业经营状况不发生很大变化的情况下，流动资产的最基本的需求具有一定的刚性和相对稳定性，我们可以将其界定为流动资产的永久性水平。当销售发生季节性变化时，流动资产将会在永久性水平的基础上增加或减少。因此，流动资产可以被分解为两部分：永久性部分和波动性部分。检验各项流动资产变动与销售之间的相关关系，将有助于我们较准确地估计流动资产的永久性和波动性部分，便于我们制定应对流动资产需求的融资政策。

从以上分析可以看出，流动资产的永久性水平具有相对稳定性，是一种长期的资金需求,需要通过长期负债融资或权益性资金解决;而波动性部分的融资则相对灵活,最经济的办法是通过低成本的短期融资解决其资金需求,如1年期以内的短期借款或发行短期融资券等融资方式。

融资决策主要取决于管理者的风险导向,还受到利率在短期、中期、长期负债之间的差异的影响。财务人员必须知道如下两种融资方式的融资成本哪个更为昂贵:一是连续地从银行或货币市场借款;二是通过获得一个固定期限贷款或通过资本市场获得资金,从而将融资成本锁定在中期或长期的利率上。

融资决策分析方法可以划分为:期限匹配融资战略、保守融资战略和激进融资战略。这些政策的分析方法如表8-1所示。表8-1中的第一行将流动资产分为永久性和波动性两类,并描述了短期和长期融资的这三种策略的混合。任何一种方法在特定的时间都可能是合适的,这取决于收益曲线的形状、利率的移动、未来利率的预测,尤其是管理者的风险承受力。

表8-1 可供选择的流动资产融资政策

资产划分	固定资产	永久性流动资产	波动性流动资产
期限匹配	长期来源		短期来源
保守政策	长期来源		短期来源
激进政策	长期来源		短期来源

1. 期限匹配融资战略

在期限匹配融资战略中,永久性流动资产和固定资产以长期融资方式(负债或权益)来融通,波动性流动资产用短期来源融通。这意味着,在给定的时间,企业的融资数量反映了当时的波动性流动资产的数量。当波动性资产扩张时,信贷额度也会增加,以支持企业的扩张;当资产收缩时,它们的投资将会释放出资金,这些资金将会用于弥补信贷额度的下降。

2. 保守融资战略

在保守融资战略中,长期融资支持固定资产、永久性流动资产和某部分波动性流动资产。公司通常以长期融资来源来为波动性流动资产的平均水平融资,短期融资仅用于融通剩余的波动性流动资产。这种战略通常最小限度地使用短期融资。因为这种战略在需要时将会使用成本更高的长期负债,所以往往比其他途径具有较高的融资成本。

对短期融资相对较低的依赖导致了较高的流动性比率,但由于总利息费用更高,这种战略也会导致利润更低。然而,如果长期负债以固定利率为基础,而短期融资方式以浮动或可变利率为基础,则利率风险可能降低。

3. 激进融资战略

在激进融资战略中,企业以长期负债和权益资金为所有的固定资产融资,仅对一部分永久性流动资产使用长期融资方式融资。短期融资方式支持剩下的永久性流动资产和所有的临时性流动资产。这种战略比其他战略使用更多的短期融资。短期融资方式通常比长期融资方式具有更低的成本。然而,过多地使用短期融资方式会导致较低的流动比率和更高的流动性风险。

由于经济衰退、企业竞争环境的变化以及其他因素,企业必须面对业绩惨淡的经营年度。当销售下跌时,存货将不会那么快转换成现金,这将导致现金短缺。曾经及时支付的顾客可能会延迟支付,这会进一步加剧现金短缺。企业可能会发现它对应付账款的支付已经超过信用期限。由于销售下降以及利润下跌对固定营业费用的影响,会计利润将降低。

在这种环境下,企业需要与银行重新安排短期融资协议,但此时企业对于银行来说似乎很危险。银行可能会向企业索要更高的利率,但可能企业无法支付这么高的利息,从而导致企业在关键时刻筹集不到急需的资金。

企业依靠大量的短期负债来解决资金困境,这会导致企业每年都必须更新短期负债协议,进而产生更多的风险。然而,在融资协议中,有许多变异的协议可以弱化这种风险。例如,多年期(通常3~5年)滚动信贷协议,这种协议允许企业以短期为基础进行借款。这种类型的借款协议不像传统的短期借款那样会降低流动比率,企业还可以利用衍生融资产品来对紧缩投资政策的风险进行套期保值。

第二节 现 金 管 理

现金有广义、狭义之分。广义的现金是指在生产经营过程中以货币形态存在的资金,包括库存现金、银行存款和其他货币资金等。狭义的现金仅指库存现金。这里所讲的现金是指广义的现金。

保持合理的现金水平是企业现金管理的重要内容。现金是变现能力最强的资产,可以用来满足生产经营开支的各种需要,也是还本付息和履行纳税义务的保证。拥有足够的现金,对于降低企业的风险、增强企业资产的流动性和债务的可清偿性有着重要的意义。但库存现金是唯一的不创造价值的资产,对其持有量不是越多越好。即使是银行存款,其利率也非常低。因此,现金存量过多,它所提供的流动性边际效益便会随之下降,从而使企业的收益水平下降。

除了应付日常的业务活动之外,企业还需要拥有足够的现金偿还贷款、把握商机以及防备不时之需。企业必须建立一套管理现金的方法,持有合理的现金数额。企业必须编制现金预算,以衡量企业在某段时间内的现金流入量与流出量,以便在保证企业经营活动所需现金的同时,尽量减少企业的现金数量,提高资金收益率。

一、持有现金的动机

持有现金是出于三种需求:交易性需求、预防性需求和投机性需求。

(一)交易性需求

企业的交易性需求是企业为了维持日常周转及正常商业活动所需持有的现金额。企业每日发生许多支出和收入,这些支出和收入在数额上不相等、时间上不匹配,使企业需要持有一定现金来调节,以使生产经营活动能持续进行。

在许多情况下,企业向客户提供的商业信用条件和它从供应商那里获得的信用条件不同,使企业必须持有现金。如供应商提供的信用条件是30天付款,而企业迫于竞争压力,则向顾客提供45天的信用期,这样,企业必须筹集够15天的营运资金来维持企业运转。

另外,企业业务的季节性要求企业逐渐增加存货以等待季节性的销售高潮。这时,一般会发生季节性的现金支出,企业现金余额下降;随后又随着销售高潮到来,存货减少,而现金又逐渐恢复到原来水平。

(二) 预防性需求

预防性需求是指企业需要维持充足现金以应付突发事件。这种突发事件可能是政治环境变化,也可能是企业的某大客户违约导致企业突发性偿付等。尽管财务主管试图利用各种手段来较准确地估算企业需要的现金数,但这些突发事件会使原本很好的财务计划失去效果。因此,企业为了应付突发事件,有必要维持比日常正常运转所需金额更多的现金。

为应付意料不到的现金需要,企业掌握的现金额取决于:①企业愿意承担现金风险的程度;②企业预测现金收支可靠的程度;③企业临时融资的能力。希望尽可能减少风险的企业倾向于保留大量的现金余额,以应付其交易性需求和大部分预防性需求。另外,企业会与银行维持良好关系,以备现金短缺之需。

(三) 投机性需求

投机性需求是企业为了抓住突然出现的获利机会而持有的现金,这种机会大都是一闪即逝,如证券价格的突然下跌,企业若没有用于投机的现金,就会错过这一机会。

除了上述三种基本的现金需求以外,还有许多企业把补偿性余额作为现金来持有。补偿性余额是企业同意保持的账户余额,它是企业对银行所提供借款或其他服务的一种补偿。

二、目标现金余额的确定

(一) 成本模型

成本模型强调的是:持有现金是有成本的,最优的现金持有量是使得现金持有成本最小化的持有量。模型考虑的现金持有成本包括如下项目:

1. 机会成本

现金的机会成本,是指企业因持有一定现金余额而丧失的再投资收益。再投资收益是企业不能同时用该现金进行有价证券投资所产生的机会成本,这种成本在数额上等于资金成本。例如,某企业的资本成本为10%,年均持有现金50万元,则该企业每年的现金机会成本为5万元（50×10%）。放弃的再投资收益即机会成本,属于变动成本,它与现金持有量的多少密切相关,即现金持有量越大,机会成本越大,反之就越少。

2. 管理成本

现金的管理成本,是指企业因持有一定数量的现金而发生的管理费用,如管理者的工资、安全措施费用等。一般认为这是一种固定成本,这种固定成本在一定范围内和现金持有量之间没有明显的比例关系。

3. 短缺成本

现金短缺成本是指在现金持有量不足,又无法及时通过有价证券变现加以补充所给企业造成的损失,包括直接损失与间接损失。现金的短缺成本随现金持有量的增加而下降,随现金持有量的减少而上升,即与现金持有量负相关。

成本分析模式是根据现金有关成本,分析预测其总成本最低时现金持有量的一种方法。其计算公式为:

最佳现金持有量 = min（管理成本 + 机会成本 + 短缺成本）

式中，管理成本属于固定成本，机会成本是正相关成本，短缺成本是负相关成本。因此，成本分析模式是要找到机会成本、管理成本和短缺成本所组成的总成本曲线中最低点所对应的现金持有量，把它作为最佳现金持有量，如图 8-1 所示。

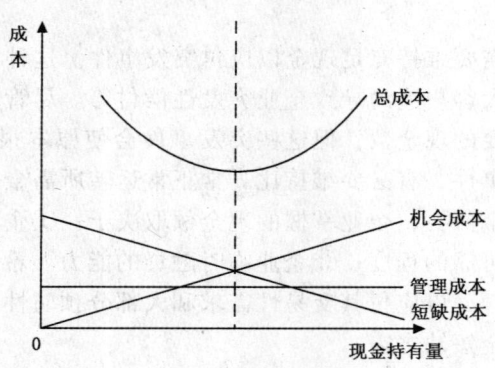

图 8-1 成本模式

在实际工作中运用成本分析模式确定最佳现金持有量的具体步骤为：
（1）根据不同现金持有量测算并确定有关成本数值。
（2）按照不同现金持有量及其有关成本资料编制最佳现金持有量测算表。
（3）在测算表中找出总成本最低时的现金持有量，即最佳现金持有量。

【例 8-1】 昌华公司有四种现金持有方案，假设公司资本收益率为 10%。各方案的机会成本、管理成本、短缺成本如表 8-2 所示。

表 8-2   单位：元

方案 项目	甲	乙	丙	丁
机会成本	25 000	50 000	75 000	100 000
管理成本	50 000	50 000	50 000	50 000
短缺成本	50 000	6 850	3 800	0
总成本	125 000	106 850	128 800	150 000

将以上各方案的总成本加以比较可知，乙方案的总成本最低，也就是说当企业持有 5 万元现金时，各方面的总代价最低，对企业最合算，故 5 万元是该企业的最佳现金持有量。

由成本分析模型可知，如果减少现金持有量，则增加短缺成本；如果增加现金持有量，则增加机会成本。改进上述关系的一种方法是：当拥有多余现金时，将现金转换为有价证券；当现金不足时，将有价证券转换成现金。但现金和有价证券之间的转换也需要成本，为转换成本。转换成本是指企业用现金购入有价证券以及用有价证券换取现金时付出的交易费用，即现金同有价证券之间相互转换的成本，如买卖佣金、手续费、证券过户费、印花税、实物交割费等。转换成本可以分为两类：一是与委托金额相关的费用；二是与委托金额无关，只与转换次数有关的费用，如委托手续费、过户费等。证券转换成本与现金持有量呈反向变动关系,有价证券变现额的多少必然对有价证券的变现次数产生影响,即现金持有量越少,进行证券变现的次数越多,相应的转换成本就越大。

(二) 随机模型(米勒—欧尔模型)

在实际工作中,企业现金流量往往具有很大的不确定性。米勒和欧尔设计了一个在现金流入、流出不稳定情况下确定现金最优持有量的模型。他们假定每日现金净流量的分布接近正态分布,每日现金流量可能低于也可能高于期望值,其变化是随机的。由于现金流量波动是随机的,只能对现金持有量确定一个控制区域,定出上限和下限。当企业现金余额在上限和下限之间波动时,则将部分现金转换为有价证券;当现金余额下降到下限时,则卖出部分证券(见图8-2)。

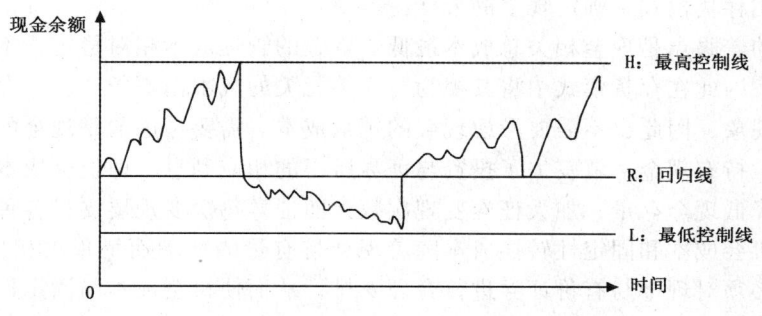

图8-2 随机模型

图8-2显示了随机模型,该模型有两条控制线和一条回归线。最低控制线L取决于模型之外的因素,其数额是由现金管理部经理综合考虑短缺现金的风险程度、公司借款能力、公司日常周转所需资金、银行要求的补偿性余额等因素的基础上确定的。回归线R可按下列公式计算:

$$R = \left(\frac{3b\delta^2}{4i}\right)^{\frac{1}{3}} + L$$

式中,b为证券转换为现金或现金转换为证券的成本;δ为公司每日现金流变动的标准差;i为以日为基础计算的现金机会成本。

最高控制线H的计算公式为:

$$H = 3R - 2L$$

【例8-2】设某公司现金部经理决定L值应为12 000元,估计公司现金流量标准差δ为1 000元,持有现金的年机会成本为15%,换算为i值是0.00039,b=150元。根据该模型,可求得:

$$R = \left(\frac{3 \times 150 \times 1\,000^2}{4 \times 0.00039}\right)^{\frac{1}{3}} + 12\,000 = 16\,607 \text{(元)}$$

$$H = 3 \times 16\,607 - 2 \times 10\,000 = 29\,821 \text{(元)}$$

该公司目标现金余额为16 607元。如现金持有额达到29 821元,则买进13 214元的证券;若现金持有额降至1万元,则卖出6 607元的证券。

运用随机模型求货币资金最佳持有量符合随机思想,即企业现金支出是随机的,收入是无法预知的,所以,适用于所有企业现金最佳持有量的测算。另一方面,随机模型建立在企业的现金未来需求总量和收支不可预测的前提下,因此,计算出来的现金持有量比较保守。

(三) 存货模型

存货模式是将现金看作企业的一项特殊存货,按照存货的经济批量原理确定最佳现金持有量的方法。这一模式是由美国经济学家 William. J. Baumol 首先提出,故又称"鲍莫模式"。

运用存货模式确定最佳现金持有量时,以下列假设为前提:①企业所需要的现金可通过证券变现取得,且证券变现的不确定性很小;②企业预算期内现金需求总量可以预测;③预算期内现金支出数额比较稳定、波动较小,而且每当现金余额接近于零时,短期证券可以随时转换为现金;④证券的利息率和每次固定性交易费用可以获悉。如果这些条件得到满足,企业便可以利用存货模式来确定现金的最佳持有量。

存货模式的着眼点是现金相关总成本最低。现金的管理成本相对稳定,不随现金持有量的变化而变化,因此在存货模式中将其视为与决策无关的成本而不予考虑。存货模式假定不存在现金短缺现象,因此也不需要考虑现金的短缺成本。需要考虑的是现金的机会成本和固定性转换成本。持有现金,就丧失了投资与证券所得的相应利息,即机会成本;若要降低机会成本,就要降低现金存量,加大证券变现次数,而证券每次变现要支付各种佣金和手续费等转换成本。机会成本和固定性转换成本随着现金持有量的变动而呈现出相反的变动趋势,这就要求企业必须对现金与有价证券进行合理安排,从而使机会成本与固定性转换成本保持最佳组合。换言之,能够使现金管理的机会成本与固定性转换成本之和保持最低的现金持有量,就是最佳现金持有量。

设 T 为一个周期内现金总需求量;F 为每次转换有价证券的固定成本;Q 为最佳现金持有量(每次证券变现的数量);K 为有价证券利息率(机会成本);TC 为现金管理相关总成本。则:

$$TC = \frac{Q}{2} \times K + \frac{T}{Q} \times F$$

现金管理相关总成本、机会成本和固定性转换成本与现金持有量的关系可用图 8 - 3 来表示。

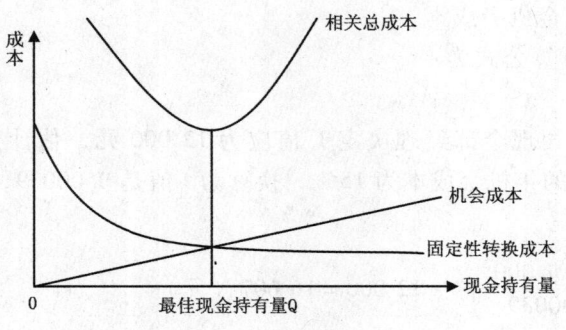

图 8 - 3 存货模型

从图 8 - 3 可以看出,现金管理的相关总成本与现金持有量呈 U 形曲线关系。当持有现金的机会成本与证券变现的转换成本相等时,现金管理的相关总成本最低,此时的现金持有量为最佳现金持有量,即:

$$Q = \sqrt{\frac{2TF}{K}}$$

同时可得到最低现金管理相关总成本的计算公式：

$$TC = \sqrt{2TFK}$$

【例 8 – 3】 某企业现金收支状况比较稳定，预计全年（按 360 天计算）现金需求总量为 20 万元，现金与有价证券的转换成本为每次 400 元，有价证券的年利率为 10%，则：

最佳现金持有量 $Q = \sqrt{\dfrac{2 \times 200\,000 \times 400}{10\%}} = 40\,000$（元）

最低现金管理相关总成本 $TC = \sqrt{2 \times 200\,000 \times 400 \times 10\%} = 4\,000$（元）

其中：

机会成本 =（40 000 ÷ 2）× 10% = 2 000（元）

转换成本 =（200 000 ÷ 40 000）× 400 = 2 000（元）

存货模式的优点是计算结果比较精确，但它是以现金流入间隔发生和现金支出持续均匀发生，以及企业能够随时进行有价证券交易为前提的。当企业现金收支波动较大或者短期证券交易限制较多时，该模式的运用就受到了限制。

（四）现金周转模型

现金周转模型以现金周转期来确定最佳现金持有量，是现金从投入生产经营到最终再转化为现金的一个全过程。该模式可以用来计算最佳现金持有量，其主要步骤有：

第一，确定现金周转期。现金周转期是指公司从购买材料支付现金至销售商品收回现金的时间，即现金周转一次所需要的天数。

为了确定企业的现金周转期，我们要了解营运资金的循环过程：首先，企业要购买原材料，但是并不是购买原材料的当天就马上付款，这一延迟的时间段就是应付账款周转期。企业对原材料进行加工最终转变为库存商品并将之卖出。这一时间段被称之为应收账款周转期。而现金周转期，就是指介于公司支付现金与收到现金之间的时间段，也就是存货周转期与应收账款周转期之和减去应付账款周转期。具体循环过程如图 8 – 4 所示。

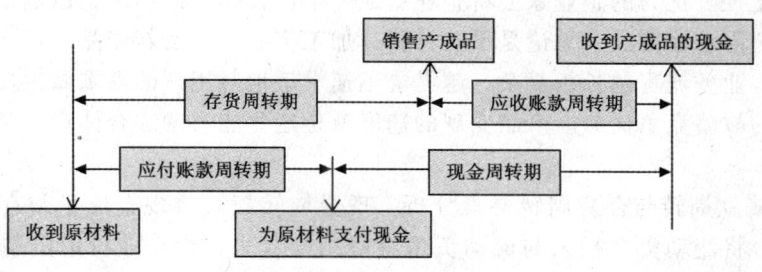

图 8 – 4 现金周转期模型

用公式来表示就是：

现金周转期 = 存货周转期 + 应收账款周转期 – 应付账款周转期

其中：

存货周转期 = 平均存货/每天的销货成本

应收账款周转期 = 平均应收账款/每天的销货收入

应付账款周转期 = 平均应付账款/每天的购货成本

要减少现金周转期，可以从以下方面着手：加快制造与销售库存商品来减少存货周转期；加速应收账款的回收来减少应收账款周转期；减缓支付应付账款来延长应付账款周转期。

第二，确定现金周转率。现金周转率是指一年或一个营业周期内现金的周转次数，其计算公式为：

$$现金周转率 = \frac{1}{现金周转期} \times 计算期天数$$

现金周转率与现金周转期互为倒数。周转期越短，则周转次数越多，在一定现金需求额下，现金持有量就越少。

第三，确定最佳现金持有量。其计算公式为：

最佳现金持有量 = 期间现金总需求量/现金周转率

【例 8 – 4】 经测算，昌华公司年现金需求量为 720 万元，原材料购买和产品销售均采用赊销方式，应收账款的平均收账天数为 60 天，应付账款的平均付款天数为 30 天，存货平均周转天数为 90 天。一年假定按 360 天计算，那么：

现金周转期 = 60 + 90 – 30 = 120（天）

现金周转率 = 360/120 = 3（次）

最佳现金持有量 = 720/3 = 240（万元）

利用现金周转模型要注意下列问题：

(1) 公式中的时间要素分析。同其他现金管理模式相比，现金周转模式加入了时间因子，即周转期，在信息技术和网络技术飞速发展的时代，所有企业成本降低的努力将使低成本竞争战略逐渐失去往日的辉煌，时间已成为现代企业竞争中的战略要素。由于时间因子被纳入财务管理人员的视野，从基于成本的竞争模式转向基于时间的竞争模式，在考虑和实施一种理财理念、一个投资项目、一类产品、一项技术方法时，基于时间的竞争模式不只是考虑成本因素，更重要的是关注时间与成本之间的有效均衡，在有效均衡中寻找企业价值最大化实现的有效途径。优秀的企业家会将企业看成一个巨大的反馈回路，以确定用户需求为起点，以满足用户需求为终点，无论是采购材料、加工产品、开发新产品，还是将产品推向市场、提供服务，业务流程越长越复杂，越需要迅速灵敏地对用户的需求做出反应，也就越能形成高附加值的战略竞争优势。产品变现的速度就是这些能力的综合体现，是基于时间竞争的体现。

(2) 应收账款周转与存货周转要素分析。现金周转模式将现金流量与存货管理、销售管理连接起来，将流动资金投入与流动负债融资结合起来，为企业价值创造提供了战略线索。如何加速存货和应收账款的周转不仅是企业日常管理需要解决的问题，更是企业战略经营的集中体现。按照存货和应收账款管理的传统思维模式，存货周转率过高，可能是因为没有经济批量订货，这样将加大企业经营成本，影响企业的获利能力；应收账款周转过快，可能是因销售信用政策过严，使企业丧失部分市场份额而得不偿失所造成的。但战略思维将打破这种思维惯性，为什么不可以既保持较高的存货周转率、持续降低经营成本又加快应收账款变现速度，而且不影响企业竞争能力和盈利能力呢？现代战略管理理念以及现代信息技术为存货与应收账款周转的战略提供了支持。物流管理、价值链管理、战略联盟、电子货币交易等使企业有条件、有能力在存货和应收账款管理方面展开战略运营。

存货周转管理与应收账款周转管理的不同之处在于：存货周转管理存在于企业的内部，是企业内部的管理；应收账款周转管理存在于企业外部，是涉及客户关系的管理。内部管理相对容易，受市场变化影响较小，各种物流管理技术和信息技术的发展为存货周转管理提供了强有力的支撑。如何在物流管理和信息管理方面进行投资，也是企业战略经营的集中体现。

（3）应付账款周转要素分析。应付账款周转管理是关于企业如何应用商业信用管理的问题。获得更长时间的免费信用需要企业其他资源的支持，如市场品牌、竞争地位、核心能力、财务实力等，这些是企业长期战略经营所形成的。有了这些强有力的资源支撑，企业在与供货商的博弈中可以处于优势地位，可以延长付款时间，甚至可以对存货实现零库存管理。

三、现金收支模式

（一）收支两条线的管理模式

"收支两条线"原本是政府为了加强财政管理和整顿财政秩序对财政资金采取的一种管理模式。当前，大多数企业，特别是大型集团企业，也纷纷采用"收支两条线"资金管理模式。

1. 企业实行收支两条线管理模式的目的

企业作为追求价值最大化的营利组织，实施"收支两条线"主要出于两个目的：第一，对企业范围内的现金进行集中管理，减少现金持有成本，加速资金周转，提高资金使用效率；第二，以实施收支两条线为切入点，通过高效的价值化管理来提高企业效益。

2. 收支两条线资金管理模式的构建

构建企业"收支两条线"资金管理模式，可从规范资金的流向、流量和流程三个方面入手。

（1）资金的流向方面：企业"收支两条线"要求各部分或分支机构在内部银行或当地银行设立两个账户（收入户和支出户），并规定所有收入的现金都必须进入收入户（外地分支机构的收入户资金还必须及时、足额地回笼到总部），收入户资金由企业资金管理部门（内部银行或财务结算中心）统一管理，而所有的货币性支出都必须从支出户里支付，支出户里的资金只能根据一定的程序由收入户划拨而来，严禁现金坐支。

（2）资金的流量方面：在收入环节上要确保所有收入的资金都进入收入户，不允许有私设的账外小金库。另外，还要加快资金的结算速度，尽量压缩资金在结算环节的沉淀量；在调节环节上通过动态的现金流量预算和资金收支计划实现对资金的精确调度；在支出环节上，根据"以支定收"和"最低限额资金占用"的原则，从收入户按照支出预算安排将资金定期划拨到支出户，支出户平均资金占用额应压缩到最低限度。有效的资金流量管理将有助于确保及时、足额地收入资金，合理控制各项费用支出和有效调剂内部资金。

（3）资金的流程方面：资金流程是指与资金流动有关的程序和规定，是收支两条线内部控制体系的重要组成部分，主要包括以下几个部分：①关于账户管理、货币资金安全性等规定；②收入资金管理与控制；③支出资金管理与控制；④资金内部结算与信贷管理与控制；⑤收支两条线的组织保障等。

需要说明的是：收支两条线作为一种企业的内部资金管理模式，与企业的性质、战略、管理文化和组织结构都有很大的关系。因此，企业构建收支两条线管理模式时，一定要注意与自己的实际相结合，以管理有效性为导向。

（二）收款管理

1. 收账的流动时间

一个高效率的收款系统能够使收款成本和收款浮动期达到最小，同时能够保证与客户汇款及其他现金流入来源相关信息的质量。在现销方式下，按照国家的相关规定，客户通常支付的不是现金，而是支票，从客户签发支票到支票进入公司账户一般需要一段时间。加速收现，就是要力求缩短此过程的现金入账时间。事实上，对于小型公司，此种管理可能无法引起管理层的重视，但对于规模巨大的跨国公司或大型企业来讲，加快收现的效益非常明显，公司对此不能忽视。

当然，加速收款存在收款系统成本。收款系统成本包括浮动期成本、管理收款系统的相关费用（例如银行手续费）及第三方处理费用或清算相关费用。获得资金之前，收款在途项目使企业无法利用这些资金，也会产生机会成本。信息的质量包括收款方得到的付款人的姓名、付款的内容和付款时间。信息要求及时、准确地到达收款人一方，以便收款人及时处理资金，做出发货的安排。

收款浮动期是指从支付开始到企业收到资金的时间间隔。收款浮动期主要是纸基（或称纸质）支付工具导致的，有下列三种类型：

（1）邮寄浮动期：从付款人寄出支票到收款人或收款人的处理系统收到支票的时间间隔。

（2）处理浮动期：是指支票的接受方处理支票和将支票存入银行以收回现金所花的时间。

（3）结算浮动期：是指通过银行系统进行支票结算所需的时间。

2. 邮寄的处理

纸基支付收款系统不要有两大类：一类是柜台存入体系；一类是邮政支付系统。这里主要讨论企业通过邮政收到顾客或其他商业伙伴支票的支付系统。一家企业可能采用内部清算处理中心或者一个锁箱来接收和处理邮政支付。具体采用哪种方式取决于两个因素：支付的笔数和金额。

企业处理中心处理支票和做存单准备都在企业内进行。这一方式主要为那些收到的付款金额相对较小而发生频率很高的企业所采用（例如公用事业企业和保险公司）。场内处理中心最大的优势在于对操作的控制。操作控制可以有助于：①对系统做出调整改变；②根据公司需要定制系统程序；③监控掌握客户服务质量；④获取信息；⑤更新应收账款；⑥控制成本。

3. 收款方式的改善

电子支付方式对比纸基支付方式是一种改进。电子支付方式提供了如下好处：①结算时间和资金可用性可以预计；②向任何一个账户或任何金融机构的支付具有灵活性，不受人工干扰；③客户的汇款信息可与支付同时传送，更容易更新应收账款；④客户的汇款从纸基方式转向电子方式，减少或消除了收款浮动期，降低了收款成本，收款过程更容易控制，并且提高了预测精度。

(三) 付款管理

付款管理的主要任务是尽可能延缓现金的支出时间。当然，这种延缓必须是合理合法的。

延缓付款是指在允许的范围，尽可能地延缓与控制公司的现金支出时间。实际中，公司多延迟一天付款，就有可能多获得收益，因此在对方的许可下，在不影响公司信誉的前提下，公司应尽量延缓现金支出的时间。

（1）使用现金浮游量。现金浮游量是指由于企业提高收款效率和延长付款时间所产生的企业账户上的现金余额和银行账户上的企业存款余额之间的差额。如果能正确预测浮游量并加以利用，可节约大量资本。当一个公司在同一个国家内有多个银行存款户时，则可选用一个能使支票流通在外的时间最长的银行来支付货款，以扩大浮游量。

利用现金的浮游量，公司可适当减少现金数量，达到节约现金的目的。但是，一家公司的利益就是另一家公司的损失，因而利用现金浮游量往往对供应商不利，又可能破坏公司和供应商之间的关系，这一因素应谨慎考虑。

（2）推迟应付款的支付。推迟应付款的支付是指企业在不影响自己的信誉的前提下，充分运用供货方所提供的信用优惠，尽可能地推迟应付款的支付期。有些支票公司虽已开出但顾客还没有到银行兑现，例如，公司采购原材料时，如果付款条件是"2/10，N/30"，则应安排在发票开出日期之后的第10天付款，这样，公司可以最大限度地利用现金又不丧失现金折扣。

（3）汇票代替支票。汇票分为商业承兑汇票和银行承兑汇票，与支票不同的是，承兑汇票并不是见票即付。这一方式的优点是推迟了企业调入资金支付汇票的实际所需时间，企业可以在银行中保持较少的现金余额。它的缺点是某些供应商可能并不喜欢用汇票付款，银行也不喜欢处理汇票，因为要耗费更多的人力。同支票相比，开具汇票银行会收取较高的手续费。

（4）改进员工工资支付模式。企业可以为支付工资专门设立一个工资账户，通过银行向职工支付工资。为了最大限度地减少工资账户的存款余额，企业要合理预测开出支付工资的支票到职工去银行兑现的具体时间。

（5）透支。透支是指企业开出支票的金额大于活期存款余额，实际上是银行向企业提供的信用。透支的限额由银行和企业共同商定。

（6）争取现金流出与现金流入同步。企业应尽量使现金流出与流入同步，这样可以降低交易性现金余额，同时可以减少有价证券转换为现金的次数，提高现金的利用效率，节约转换成本。

（7）使用零余额账户。企业与银行合作，保持一个主账户和一系列子账户，企业只在主账户保持一定的安全储备，而在一系列子账户不需要保持安全储备。当从某个子账户签发的支票需要现金时，所需要的资金立即从主账户划拨过来，从而使更多的资金可以用作他用。

企业若能有效控制现金支出，同样可带来大量的现金结余。控制现金支出的目标是在不损害企业信誉条件下，尽可能推迟现金的支出。

第三节 应收账款管理

一、应收账款的功能

企业通过提供商业信用，采取赊销、分期付款等方式可以扩大销售，增强竞争力，获得利润。应收账款作为企业为扩大销售和获取盈利的一种方式，也会发生一定的成本，企业需要在应收账款所增加的盈利和所增加的成本之间做出权衡。应收账款管理就是分析赊销的条件，使赊销带来的盈利增加大于应收账款的成本增加，最终使企业现金收入增加，企业价值上升。

应收账款的功能是指其在生产经营中的作用，主要有以下两个方面：

第一，增加销售。商业竞争是应收账款产生的直接原因。信用销售是促进销售的一种重要方式，实际是向顾客提供了两项交易：销售产品和在一定时期内提供资金。信用销售能够吸引客户的原因主要有以下两点：①在银根紧缩、市场疲软和资金匮乏的情况下，客户总是希望通过赊欠方式得到需要的材料物资和劳务。②许多客户希望保留一段时间的支付期以检验商品和复核单据。因此，在市场竞争激烈的情况下，如果某家企业不采用商业信用销售方式，市场就会萎缩，销售收入和利润就会减少，最终可能导致企业亏损甚至倒闭。

第二，减少存货。在大部分情况下，企业持有应收账款比持有存货更有优势。①从财务角度看，应收账款和存货都属于流动资产，但两者的性质是不同的。正常情况下，应收账款是一种可以确认为收入的债权，而存货除占用一部分资金外，其持有成本相对较高，如储存费用、保险费用、管理费用等，而赊销则可避免这些成本的产生。②从生产的目的来看，产品售出并因此获得利润是生产的目的，将生产出来的产品放在仓库里而未销售有违企业的目的。③从资信评级的角度看，存货的流动性要比应收账款差得多，虽然财务人员在计算流动比率时将存货和应收账款一视同仁，但在计算速动比率时将存货予以扣除。只有存货不是过时产品，而且与应收账款相比更易于抵押或典当来换取现金时，持有存货才比持有应收账款更具有优势。所以当企业的库存商品存货较多时，一般会采用优惠的信用条件进行赊销，将存货转化为应收账款，节约支出。

二、应收账款的成本

应收账款作为企业为增加销售和盈利进行的投资，必然会发生一定的成本。应收账款的成本主要有：

（1）应收账款的机会成本。应收账款会占用企业一定量的资金，而企业若不把这部分资金投放于应收账款，便可以用于其他投资并可能获得收益，例如，投资债券获得利息收入。这种因投放于应收账款而放弃其他投资所带来的收益，即为应收账款的机会成本。

（2）应收账款的管理成本。存在应收账款的资金占用，必将对其进行管理。管理成本主要是指在应收账款管理时所增加的费用，主要包括：调查顾客信用状况的费用、搜集各种信息的费用、账簿的记录费用、收账费用等。

（3）应收账款的坏账成本。在赊销交易中，债权人就有可能无法收回应收账款而发生损失，这种损失就是坏账成本。可以说，企业发生坏账成本是不可避免的，而此项成本一般与应收账款发生的数量成正比。

三、信用政策

为了确保企业能一致性地运用信用和保证公平性，企业必须保持恰当的信用政策，必须明确地规定信用标准、信用条件、信用期间和折扣条件。

（一）信用标准

信用认可标准代表企业愿意承担的最大的付款风险的金额，用来解决是否给予客户赊销形式、赊销的额度等问题。如果客户达不到信用标准，便不能销售或较少享受公司的信用销售，否则，就应该享受。信用标准的紧或松将直接影响公司的销售收入和销售利润。如果企业执行的信用标准过于严格，可能会降低对符合可接受信用风险标准客户的赊销额，因此会限制企业的销售机会；如果企业执行的信用标准过于宽松，可能会对不符合可接受信用风险标准的客户提供赊销，会增加随后还款的风险并增加坏账。这就需要公司在严紧与宽松之间进行权衡。通常公司可以从定量和定性两方面进行分析，分析的前提条件是查找相关的信用资料。

1. 信息来源

企业建立分析信用请求的方法时，必须考虑信息的类型、数量和成本。信息既可以从企业内部搜集，也可以从企业外部搜集。无论从哪里搜集信息，都必须将成本与预期的收益进行对比。企业内部产生的最重要的信用信息来源是信用申请人执行信用申请（协议）的情况和企业保存的有关信用申请人还款历史的记录。

企业还可以使用各种外部信息来源来帮助确定申请人的信誉。申请人的财务报表是该种信息主要来源之一。无论是经过审计的还是没有经过审计的财务报表，因为可以将这些财务报表及其相关比率与行业平均数进行对比，因此它们都提供了有关信用申请人的重要信息。

获得申请人付款状况的另一个信息来源是一些商业参考资料或申请人过去获得赊销的供货商，银行或其他贷款机构（如商业贷款机构或租赁公司）也可以提供申请人财务状况和可使用信息额度方面的标准化信息。一些地方性和全国性的信用评级机构搜集、评价和报告有关申请人信用状况的历史信息。这些信用报告包括诸如以下内容的信息：还款历史、财务信息、最高信用额度、可获得的最长信用期限和所有未了结的债务诉讼。由于还款状况的信息是以自愿为基础提供给评级机构的，因此评级机构所使用的样本量可能较小并且（或）不能准确反映企业还款历史的整体状况。

2. "5C"信用评价系统

信用评价取决于可以获得的信息类型、信用评价的成本与收益。传统的信用评价主要考虑以下五个因素：

（1）品质（Character）：指顾客或客户努力履行其偿债义务的可能性，是评估顾客信用品质的首要指标。品质是应收账款的回收速度和回收数额的决定因素。因为每一笔信用交易都隐含了客户对公司的付款承诺，如果客户没有付款的诚意，则该应收账款的风险势必加大。品质直接决定了应收账款的回收速度和回收数额，因而一般认为品行是信用评估最为重要的因素。

（2）能力（Capacity）：指顾客或客户的偿债能力，即其流动资产的数量和质量以及与流动负债的比例，其判断依据通常是客户的偿债记录、经营手段以及对客户工厂和公司经营方式所做的实际调查。

（3）资本（Capital）：指顾客或客户的财务实力和财务状况，表明顾客可能偿还债务的背景，如负债比率、流动比率、速动比率、有形资产净值等财务指标等。

（4）抵押（Collateral）：指顾客或客户拒付款项或无力支付款项时能被用作抵押的资产，一旦收不到这些顾客的款项，便以抵押品抵补，这对于首次交易或信用状况有争议的顾客或客户尤为重要。

（5）条件（Condition）：指可能影响顾客或客户付款能力的经济环境，及公司应对变化的能力。如顾客或客户在困难时期的付款历史、顾客或客户在经济不景气情况下对顾客的付款能力产生的影响有多大，需要对客户在过去处于经济环境困境时期的付款历史进行了解。

企业掌握客户以上五个方面的状况后，基本上可以对客户的信用进行综合评估了。对综合评价高的客户可以适当放宽标准，而对综合评价低的客户就要严格信用标准，甚至可以拒绝提供信用以确保经营安全。

【例8-5】江西某家大型物资贸易公司，在物资市场饱和、以赊销为主的经营状况下，他们2000年的销售收入4亿元，而呆账损失只有4 000多万元。这个成绩来自于该企业的信用等级管理。他们根据"5C"分析法对客户进行评估后将其分为三类：A级客户，公司可以继续满足其赊销的要求；B级客户，即回款不及时的客户提出的赊销要求，公司要严格调查以往的销售记录和原始档案后决定；C级客户，即让公司出现呆账的，公司则拒绝赊销交易。

3. 信用的定量分析

进行商业信用的定量分析可以从考察信用申请人的财务报表开始。通常使用比率分析法评价顾客的财务状况。常用的指标有：流动性和营运资本比率（如流动比率、速动比率以及现金对负债总额比率）、债务管理和支付比率（利息保障倍数、长期债务对资本比率、带息债务对资产总额比率，以及负债总额对资产总额比率）和盈利能力指标（销售回报率、总资产回报率和净资产收益率）。

将这些指标和信用评级机构及其他协会发布的行业标准进行比较可以洞察申请人的信用状况。定量信用评价法常被像百货店这样的大型零售商使用。信用评分包括以下四个步骤：

（1）根据信用申请人的月收入、尚未偿还的债务和过去受雇佣的情况将申请人划分为标准的客户和高风险的客户；

（2）对符合某一类型申请人的特征值进行加权平均以确定信誉值；

（3）确定明确的同意或拒绝给予信用的门槛值；

（4）对落在同意给予信用的门槛值或拒绝给予信用的门槛值之间的申请人进行进一步分析。

这些定量分析方法符合成本效益原则，也符合消费者信用方面的法律规定。判断分析是一种规范的统计分析方法，可以有效地确定区分按约付款或违约付款顾客的因素。

（二）信用条件

信用条件是销货企业要求赊购客户支付货款的条件，由信用期限和现金折扣两个要素组成。规定信用条件包括设计销售合同或协议来明确规定在什么情形下可以给予信用。企业必须建立信息系统或购买软件对应收账款进行监控,以保证信用条款的执行,并且查明顾客还款方式在总体和个体方面可能发生的变化。

1. 约束信用政策的因素

有许多因素影响企业的信用政策。在许多行业,信用条件和政策已经成为标准化的惯例,因此某一家企业很难采取与其竞争对手不同的信用条件。企业还必须考虑提供商业信用对现有贷款契约的影响。因为应收账款的变化可能会影响流动比率,可能会导致违反贷款契约中有关流动比率的约定。

2. 对流动性的影响

公司的信用条件、营业收入和收账方式决定了其应收账款的水平。应收账款的占用必须要有相应的资金来源,因此企业对客户提供信用的能力与其自身的借款能力相关。不适当地管理应收账款可能会导致顾客延期付款而导致流动性问题。然而,当应收账款用于抵押贷款或作为债务担保工具或出售时,应收账款也可以成为流动性的来源。

3. 提供信用的收益和成本

一方面,因为提供信用可以增加营业收入,所以商业信用可能会增加企业的收益。另一方面,提供信用也有成本。应收账款的主要成本是持有成本。一般来说,企业根据短期借款的边际成本或加权平均成本(WACC)确定应收账款的持有成本。运营和维持企业信用部门的成本也是非常高的,其成本包括人员成本、数据处理成本和还款处理成本、信用评估成本和从第三方购买信用信息的成本。

监管逾期账款和催收坏账的成本影响企业的利润。根据相关会计准则的规定,不能收回的应收账款应该确认为坏账损失。多数企业根据过去的收款情况来估计坏账损失的数额并建立"坏账准备"账户,同时将坏账费用计入当期损益。信用政策的一个重要方面就是确定坏账费用和注销坏账费用的时间和金额。

催收逾期账款的成本可能很高。企业可以通过购买各种类型的补偿坏账损失的保险来降低坏账的影响。在评价赊销潜在的盈利能力时,必须对保险费进行成本效益分析。

(三)信用期间

信用期间是企业允许顾客从购货到付款之间的时间,或者说是企业给予顾客的付款期间。例如,若某企业允许顾客在购货后的50天内付款,则信用期为50天,信用期过短,不足以吸引顾客,会使营业收入下降;信用期过长,对营业收入增加固然有利,但只顾及销售增长而盲目放宽信用期,所得到的收益有时会被增长的费用抵消,甚至造成利润减少。因此,企业必须慎重研究,确定恰当的信用期。

信用期的确定主要是分析改变现行信用期对收入和成本的影响。延长信用期,会使营业收入增加,产生有利影响;与此同时,应收账款、收账费用和坏账损失增加,会产生不利影响。当前者大于后者时,可以延长信用期,否则不宜延长。如果缩短信用期,情况与此相反。

【例8-6】昌华公司目前采用30天按发票金额(即无现金折扣)付款的信用政策,拟将信用期间放宽至60天,仍按发票金额付款。假设该风险投资的最低报酬率为15%,其他有关数据如表8-3所示。

表 8-3　　　　　　　　　　　　　　　信用期决策数据

项　目	信用期间（30 天）	信用期间（60 天）
年销售量（件）	100 000	120 000
年营业收入（单价5元）	500 000	600 000
年销售成本（元）：		
变动成本（每件4元）	400 000	480 000
固定成本（元）	50 000	50 000
毛利（元）	50 000	70 000
可能发生的收账费用（元）	3 000	4 000
可能发生的坏账损失（元）	5 000	9 000

说明："年"字样要特别注意，不能理解为"30 天内销售 10 万件"及"60 天内销售 12 万件"，正确的理解应为：在 30 天信用期和 60 天信用期两种销售政策下，年销售量分别为 10 万件和 12 万件。

解： 在分析时，先计算放宽信用期得到的收益，然后计算增加的成本，最后根据两者比较的结果做出判断。

（1）收益增加。

收益的增加 = 销售量的增加 × 单位边际贡献
          = (120 000 - 100 000) × (5 - 4) = 20 000（元）

（2）应收账款占用资金机会成本增加的计算。这一成本的大小通常与企业维持赊销业务所需要的资金数量（即应收账款占用资金）、资金成本有关。

①应收账款平均余额 = 日营业收入 × 信用期间或平均收现期

若顾客主动遵守信用，没有延期付款的则为信用期，如果顾客拖延付款，则为平均收现期。

②应收账款占用资金 = 应收账款平均余额 × 变动成本率

③应收账款占用资金的机会成本 = 应收账款占用资金 × 资本成本
= 应收账款平均余额 × 变动成本率 × 资本成本
= 日营业收入 × 信用期间或平均收现期 × 变动成本率 × 资本成本
= （全年营业收入 × 变动成本率）/360 × 信用期间或平均收现期 × 资本成本

改变信用期间导致的机会成本增加 = 60 天信用期机会成本 - 30 天信用期机会成本

$$= \frac{600\,000}{360} \times 60 \times \frac{480\,000}{600\,000} \times 15\% - \frac{500\,000}{360} \times 30 \times \frac{400\,000}{500\,000} \times 15\% = 7\,000（元）$$

（3）收账费用和坏账费用损失增加。

收账费用增加 = 4 000 - 3 000 = 1 000（元）

坏账损失增加 = 9 000 - 5 000 = 4 000（元）

（4）改变信用期的税前损益。

改变信用期间的税前损益 = 收益增加 – 成本费用增加
$$= 20\,000 - 7\,000 - 1\,000 - 4\,000 = 8\,000\,（元）$$

由于收益的增加大于成本增加，故应采用 60 天信用期。

（四）折扣条件

现金折扣是企业对顾客在商品价格上的扣减。向顾客提供这种价格上的优惠，主要目的在于吸引顾客为享受优惠而提前付款，缩短企业的平均收款期。另外，现金折扣也能招揽一些视折扣为减价出售的顾客前来购货，扩大销售量。

折扣的表示常用如"5/10、3/20、N/30"这样的符号。这三个符号的含义分别为："5/10"表示 10 天内付款，可享受 5% 的价格优惠，即只需支付原价的 95%，如原价为 1 万元，只需支付 9 500 元；"3/20"表示 20 天内付款，可享受 3% 的价格优惠，即只需支付原价的 97%，若原价为 1 万元，则只需支付 9 700 元；"N/30"表示付款的最后期限为 30 天，此时付款无优惠。

企业采用什么现金折扣，要与信用期间结合起来考虑。比如，要求顾客最迟不超过 30 天付款，若希望顾客 20 天、10 天付款，能给予多大折扣？或者给予 5%、3% 的折扣，能吸引顾客在多少天内付款？不论是信用期间还是现金折扣，都可能给企业带来收益，但也会增加成本。现金折扣带给企业的好处前面已经讲过，它使企业增加的成本，则指的是价格折扣损失。当企业给予顾客某种现金折扣时，应当考虑折扣所能带来的收益与成本孰高孰低，权衡利弊。

因为现金折扣是与信用期间结合使用的，所以确定折扣的方法与程序实际上与前述确定信用期间的方法与程序一致，只不过要把所提供的延期付款时间和折扣综合起来，计算各方案的延期与折扣能取得多大的收益增量，再计算各方案带来的成本变化，最终确定最佳方案。

【例 8 – 7】 沿用上述信用期决策数据，假设该公司在放宽信用期的同时，为了吸引顾客尽早付款，提出了"1/30，N/60"的现金折扣条件，估计会有一半的顾客（按 60 天信用期所能实现的销售量计算）将享受现金折扣优惠。

解：（1）收益的增加：

收益的增加 = 销售量的增加 × 单位边际贡献
$$= (120\,000 - 100\,000) \times (5 - 4) = 20\,000\,（元）$$

（2）应收账款占用资金的机会成本增加：

30 天信用期机会成本 $= \dfrac{500\,000}{360} \times 30 \times \dfrac{400\,000}{500\,000} \times 15\% = 5\,000\,（元）$

提供"1/30，N/60"现金折扣的机会成本 $= \dfrac{600\,000 \times 50\%}{360} \times 60 \times \dfrac{480\,000 \times 50\%}{600\,000 \times 50\%} \times 15\%$

$$+ \dfrac{600\,000 \times 50\%}{360} \times 30 \times \dfrac{480\,000 \times 50\%}{600\,000 \times 50\%} \times 15\%$$

$$= 6\,000 + 3\,000 = 9\,000\,（元）$$

应收账款占用资金的应计利息增加 = 9 000 – 5 000 = 4 000（元）

（3）收账费用和坏账损失增加：

收账费用增加 = 4 000 – 3 000 = 1 000（元）

坏账损失增加 = 9 000 – 5 000 = 4 000（元）

(4) 估计现金折扣成本的变化:

现金折扣成本增加 = 新的销售水平×新的现金折扣率×享受现金折扣的顾客比例 – 旧的销售水平×旧的现金折扣率×享受现金折扣的顾客比例

= 600 000×1%×50% – 500 000×0×0 = 3 000（元）

(5) 提供现金折扣后的税前损益:

收益增加 – 成本费用增加 = 20 000 – (4 000 + 1 000 + 4 000 + 3 000)

= 8 000（元）

由于可获得税前收益，故应当放宽信用期，提供现金折扣。

【例 8-8】 昌华公司目前采用 30 天按发票金额付款的信用政策。为了扩大销售，公司拟改变现有的信用政策，有两个可供选择的方案，有关数据如表 8-4 所示。

表 8-4

	当前	方案一	方案二
信用期	n/30	n/60	2/10, 1/20, n/30
年销售量（件）	72 000	86 400	79 200
销售单价（元）	5	5	5
边际贡献率	0.2	0.2	0.2
可能发生的收账费用（元）	3 000	5 000	2 850
可能发生的坏账损失（元）	6 000	10 000	5 400
平均存货水平（件）	10 000	15 000	11 000

解：如果采用方案二，估计会有 20% 的顾客（按销售量计算，下同）在 10 天内付款、30% 的顾客在 20 天内付款，其余的顾客在 30 天内付款。

假设该项投资的资本成本为 10%；一年按 360 天计算。如果采取方案一，其结果如表 8-5 所示。

表 8-5　　　　　　　　　　　　　　　方案一　　　　　　　　　　　　　　　　单位：元

	目前	方案一	方案一与目前的差额
销售收入	72 000×5 = 360 000	86 400×5 = 432 000	72 000
边际贡献	72 000	86 400	14 400
平均收账天数	30	60	
应收账款机会成本	$\frac{360\,000}{360}\times 30\times 0.8\times 10\% = 2\,400$	$\frac{432\,000}{360}\times 60\times 0.8\times 10\% = 5\,760$	3 360
存货应计利息	10 000×(5×0.8)×10% = 4 000	15 000×(5×0.8)×10 = 6 000	2 000
收账费用	3 000	5 000	2 000
坏账损失	6 000	10 000	4 000
折扣成本			0
净损益			5 040

如果采取方案二，其结果如表 8-6 所示。

表 8-6　　　　　　　　　　　　　　方案二　　　　　　　　　　　　　　单位：元

	目前	方案二	方案二与目前的差额
销售收入	72 000×5 = 360 000	79 200×5 = 396 000	36 000
边际贡献	72 000	79 200	7 200
平均收账天数	30	10×20% + 20×30% + 30×50% = 23	
应收账款机会成本	$\frac{360\,000}{360} \times 30 \times 0.8 \times 10\% = 2\,400$	$\frac{396\,000}{360} \times 23 \times 0.8 \times 10\% = 2\,024$	-376
收账费用	3 000	2 850	-150
坏账损失	6 000	5 400	-600
折扣成本		396 000×2%×20% + 396 000×1%×30% = 2 772	2 772
净损益			5 554

综上比较，昌华公司应该改变现有的信用条件，并且采取方案二。

四、应收账款的监控

实施信用政策时，企业应当监督和控制每一笔应收账款和应收账款总额。例如，可以运用应收账款周转天数衡量企业需要多长时间收回应收账款，也可以通过账龄分析表追踪每一笔应收账款，也可以采用 ABC 分析法来确定重点监控的对象等。

企业也必须对应收账款的总体水平加以监督，因为应收账款的增加会影响企业的流动性，还可能导致额外融资。此外，应收账款总体水平的显著变化可能表明业务方面发生了改变，这可能影响公司的融资需要和现金水平。企业管理部门需要分析这些变化，以确定其起因并采取纠正措施。可能引起重大变化的事件包括销售量的变化、季节性、信用标准政策的修改、经济状况的波动以及竞争对手采取的促销等行动。同时，对应收账款总额进行分析还有助于预测未来现金流入的金额和时间。

（一）应收账款周转天数

应收账款周转天数或平均收账期是衡量应收账款管理状况的一种方法。应收账款周转天数的计算方法为：将期末在外的应收账款除以该期间的平均日赊销额。应收账款周转天数提供了一个简单的指标，将企业当前的应收账款周转天数与规定的信用期限、历史趋势以及行业正常水平进行比较，可以反映企业整体的收款效率。然而，应收账款周转天数可能会被销售量的变动趋势和销售的剧烈波动以及季节性销售所破坏。

【例 8-9】下例提供了一个计算 90 天期应收账款周转天数的基本方法。在没有考虑该期间销售方式的情况下所计算出的平均每日营业收入为 3 444.44 元。

假设 20××年 3 月底的应收账款为 285 000 元，信用条件为在 60 天按全额付清货款，过去 3 个月的赊销情况为：

1 月份：90 000.00 元

2月份：105 000.00元

3月份：115 000.00元

应收账款周转天数计算如下：

$$平均日营业收入 = \frac{90\,000 + 105\,000 + 115\,000}{90} = 3\,444.44（元）$$

$$应收账款周转天数 = \frac{期末应收账款}{平均日营业收入} = \frac{285\,000}{3\,444.44} \approx 82.74（天）$$

$$平均逾期天数 = 应收账款周转天数 - 平均信用期天数$$
$$= 82.74 - 60 = 22.74（天）$$

（二）账龄分析表

账龄分析表将应收账款划分为未到信用期的应收账款和以30天为间隔的逾期应收账款，这是衡量应收账款管理状况的另外一种方法。企业既可以按照应收账款总额进行账龄分析，也可以分顾客进行账龄分析。账龄分析可以确定逾期应收账款，随着逾期时间的增加，应收账款收回的可能性变小。假定信用期限为30天，表8-7中的账龄分析表反映出30%的应收账款为逾期收款。

表8-7　　　　　　　　　　账龄分析表

账龄（天）	应收账款金额（元）	占应收账款总额的百分比（%）
0~30	1 750 000	70
31~60	375 000	15
61~90	250 000	10
91以上	125 000	5
合计	2 500 000	100

账龄分析表比计算应收账款周转天数更能揭示应收账款变化趋势，因为账龄分析表给出了应收账款分布的模式，而不仅仅是一个平均数。应收账款周转天数有可能与信用期限相一致，但是有一些账户可能拖欠很严重。因此，应收账款周转天数不能明确地表现出账款拖欠情况。当各个月之间的营业收入变化很大时，账龄分析表和应收账款周转天数都可能发出类似的错误信号。

（三）应收账款账户余额的模式

账龄分析表可以用于建立应收账款余额的模式，这是重要的现金流预测工具。应收账款余额的模式反映一定期间（如一个月）的赊销额在发生赊销的当月月末及随后的各月仍未偿还的百分比。企业收款的历史决定了其正常的应收账款余额的模式。企业管理部门通过将当前的模式和过去的模式进行对比来评价应收账款余额模式的变化。企业还可以运用应收账款账户余额的模式来进行应收账款金额水平的计划，衡量应收账款的收账效率以及预测未来的现金流。

【例8-10】表8-8说明1月份的销售在3月末应收账款为5万元。

第八章 营运资金管理

表8-8　　　　　　　　　各月份销售及收款情况　　　　　　　　　金额单位：元

1月份销售			250 000.00
1月份收款（营业收入的5%）	0.05×250 000	=	12 500.00
2月份收款（营业收入的40%）	0.40×250 000	=	100 000.00
3月份收款（营业收入的35%）	0.35×250 000	=	87 500.00
收款合计			200 000.00
1月份的销售仍未收回的应收账款	250 000 - 200 000	=	50 000.00

计算未收回应收账款的另一个方法是将销售3个月后未收回营业收入的百分比（20%）乘以营业收入25万元，即：

0.2×250 000 = 50 000（元）

（四）ABC 分析法

ABC 分析法是现代经济管理中广泛应用的一种"抓重点、照顾一般"的管理方法，又称"重点管理法"。它将企业的所有欠款客户按其金额的多少进行分类排队，然后分别采用不同的收账策略的一种方法，一方面能加快应收账款收回，另一方面能将收账费用与预期收益联系起来。

【例8-11】某企业应收账款逾期金额为260万元。为了及时收回逾期货款，企业采用ABC分析法来加强应收账款回收的监控。具体数据如表8-9所示。

表8-9　　　　　　　　欠款客户ABC分类法（共50家客户）

顾客	逾期金额（万元）	逾期期限	逾期金额所占比重（%）	类别
A	85	4个月	32.69	
B	46	6个月	17.69	A
C	34	3个月	13.08	
小计	165		63.46	
D	24	2个月	9.23	
E	19	3个月	7.31	
F	15.5	2个月	5.96	B
G	11.5	55天	4.42	
H	10	40天	3.85	
小计	80		30.77	
I	6	30天	2.31	
J	4	28天	1.54	C
…	…		…	
小计	15		5.77	
合计	260		100	

先按所有客户应收账款逾期金额的多少分类排队，并计算出逾期金额所占比重。从表8-9中可以看出，应收账款逾期金额在25万元以上的有3家，占客户总数的6%，逾期总

额为 165 万元，占应收账款逾期金额总额的 63.46%，我们将其划入 A 类，这类客户作为催款的重点对象。应收账款逾期金额在 10 万~25 万元的客户有 5 家，占客户总数的 10%，其逾期金额占应收账款逾期金额总数的 30.77%，我们将其划入 B 类。欠款在 10 万元以下的客户有 42 家，占客户总数的 84%，但其逾期金额仅占应收账款逾期金额总额的 5.77%，我们将其划入 C 类。

对这三类不同的客户，应采取不同的收款策略。例如，对 A 类客户，可以发出措辞较为严厉的信件催收或派专人催收，或委托收款代理机构处理，甚至可通过法律解决；对 B 类客户则可以多发几封信函催收，或打电话催收；对 C 类客户只需要发出通知其付款的信函即可。

五、应收账款日常管理

应收账款的日常管理是对已经发生的应收账款进行全面管理。这种管理应由专人负责，并深入到每一个客户。

（一）建立客户档案和业务追踪记录

公司一旦给予客户赊销，就应为每一个客户建立一个档案，说明客户与公司的业务往来情况，如订单的数量、每月的采购量、采购的品种等，以及客户以往信誉记录等内容。该档案应定期审查，不断充实。公司可以以此作为调整客户信用调查的资料与信用额度的依据。

公司对于发生的每一笔业务都应进行日常追踪，并进行全程记录，及时与客户联系并核对对账单，以保证账户记录的正确；款项一旦超期，应及时报告，一方面应将其载入客户档案，以便为及时调整信用额度提供依据，另一方面应查明原因，为采取相应的措施提供依据。对于客户的信用状况应进行信用调查。

信用调查是指搜集和整理反映客户信用状况的有关资料的工作。信用调查是企业应收账款日常管理的基础，是正确评价客户信用的前提条件。企业对顾客进行信用调查主要通过以下两种方法：

1. 直接调查

直接调查是指调查人员通过与被调查单位进行直接接触，通过当面采访、询问、观看等方式获取信用资料的一种方法。直接调查可以保证搜集资料的准确性和及时性，但也有一定的局限，往往获得的是感性资料，若不能得到被调查单位的合作，则会使调查工作难以开展。

2. 间接调查

间接调查是以被调查单位以及其他单位保存的有关原始记录和核算资料为基础，通过加工整理获得被调查单位信用资料的一种方法。这些资料主要来自以下几个方面：

（1）财务报表。通过财务报表分析，可以基本掌握一个企业的财务状况和信用状况。

（2）信用评估机构。因为专门的信用评估部门评估方法先进，评估调查细致，评估程序合理，所以可信度较高。

（3）银行。银行是信用资料的一个重要来源，许多银行都设有信用部，为其顾客服务，并负责对其顾客信用状况进行记录、评估。但银行的资料一般仅愿意在内部及同行进行交流，而不愿向其他单位提供。

（4）其他途径。如财税部门、工商管理部门、消费者协会等机构都可能提供相关的信用状况资料。

（二）评估客户信用

搜集好信用资料以后，就需要对这些资料进行分析、评价。企业一般采用"5C"系统来评价，并对客户信用进行等级划分。在信用等级方面，目前主要有两种：一种是三类九等，即将企业的信用状况分为 AAA、AA、A、BBB、BB、B、CCC、CC、C 九等，其中 AAA 为信用最优等级，C 为信用最低等级。另一种是三级制，即分为 AAA、AA、A 三个信用等级。

（三）收款的日常管理

应收账款发生后，企业应采取各种措施尽量争取按期收回款项，否则会因拖欠时间过长而发生坏账，使企业蒙受损失。因此，企业必须在对收账的收益与成本进行比较分析的基础上，制定切实可行的收账政策。通常企业可以采取寄发账单、电话催收、派人上门催收、法律诉讼等方式催收应收账款。

催收账款要发生费用，某些催款方式的费用还会很高。一般说来，收账的花费越大，收账措施越有力，可收回的账款应越多，坏账损失也就越小。因此，制定收账政策要在收账费用和所减少坏账损失之间做出权衡。制定有效、得当的收账政策很大程度上靠有关人员的经验；从财务管理的角度讲，也有一些数量化的方法可以参照。根据应收账款总成本最小化的原则，可以通过比较各收账方案成本的大小对其加以选择。

（四）应收账款保理

保理是保付代理的简称，是指保理商与债权人签订协议，转让其对应收账款的部分或全部权利与义务，并收取一定费用的过程。

保理又称"托收保付"，是指卖方（供应商或出口商）与保理商之间存在的一种契约关系；根据契约，卖方将其现在或将来的基于其与买方（债务人）订立的货物销售（服务）合同所产生的应收账款转让给保理商，由保理商提供下列服务中的至少两项：贸易融资、销售分户账管理、应收账款催收、信用风险控制与坏账担保。保理是一项综合性的金融服务方式，与单纯的融资或收账管理有本质区别。

应收账款保理是企业将赊销形成的未到期应收账款在满足一定条件的情况下转让给保理商，以获得银行的流动资金支持，加快资金的周转。保理可以分为有追索权保理（非买断型）和无追索权保理（买断型）、明保理和暗保理、折扣保理和到期保理。

有追索权保理是指供应商将债权转让给保理商，供应商向保理商融通资金后，如果购货商拒绝付款或无力付款，保理商有权向供应商要求偿还预付的现金，如购货商破产或无力支付，只要有关款项到期未能收回，保理商都有权向供应商进行追索，因而保理商具有全部"追索权"，这种保理方式在我国采用较多。无追索权保理是指保理商将销售合同完全买断，并承担全部的收款风险。

明保理是指保理商和供应商需要将销售合同被转让的情况通知购货商，并签订保理商、供应商、购货商之间的三方合同。暗保理是指供应商为了避免让客户知道自己因流动资金不足而转让应收账款，并不将债权转让情况通知客户，货款到期时仍由销售商出面催款，再向银行偿还借款。

折扣保理又称为"融资保理"，即在销售合同到期前，保理商将剩余未收款部分先预付给销售商，一般不超过全部合同额的 70%～90%。到期保理是指保理商并不提供预付账款融资，而是在赊销到期时才支付，届时不管货款是否收到，保理商都必须向销售商支付货款。

应收账款保理对于企业而言,其理财作用主要体现在:

(1)融资功能。应收账款保理的实质也是一种利用未到期应收账款这种流动资产作为抵押而获得银行短期借款的一种融资方式。对于那些规模小、销售业务少的公司来说,向银行贷款会受到很大的限制,而自身的原始积累又不能支撑企业的高速发展,通过保理业务进行融资可能是企业较为明智的选择。

(2)减轻企业应收账款的管理负担。推行保理业务是市场分工思想的运用,面对市场的激烈竞争,企业可以把应收账款让与专门的保理商进行管理,使企业从应收账款的管理中解脱出来,由专业的保理公司对销售企业的应收账款进行管理,他们具备专业技术人员和业务运行机制,会详细地对销售客户的信用状况进行调查,建立一套有效的收款政策,及时收回账款,使企业减轻财务管理负担,提高财务管理效率。

(3)减少坏账损失,降低经营风险。企业只要有应收账款,就有发生坏账的可能性,以往应收账款的风险都由企业单独承担,采用应收账款保理后,一方面可以提供信用风险控制与坏账担保,帮助企业降低其客户违约的风险;另一方面可以借助专业的保理商催收账款,能够在很大程度上降低坏账发生的可能性,有效地控制坏账风险。

(4)改善企业的财务结构。应收账款保理业务是将企业的应收账款与货币资金进行置换。企业通过出售应收账款,将流动性稍弱的应收账款置换为具有高度流动性的货币资金,增强了企业资产的流动性,提高了企业的债务清偿能力和盈利能力。

改革开放以后,我国开始试行保理服务业务,然而从整体上看,应收账款保理业务的发展在我国仍处于起步阶段,目前只有少数银行(如中国银行、交通银行、光大银行及中信银行等商业银行)公开对外宣称提供保理业务。随着市场的需要,竞争的加剧,保理业务在国内将会得到更好的发展。

第四节 存 货 管 理

一、存货的功能

存货是指企业在生产经营过程中为销售或者耗用而储备的物资,包括材料、燃料、低值易耗品、在产品、半成品、库存商品、协作件、包装物等。存货管理水平的高低直接影响着企业的生产经营能否顺利进行,并最终影响企业的收益、风险等状况。因此,存货管理是财务管理的一项重要内容。

存货管理的目标,就是要尽力在各种存货成本与存货效益之间做出权衡,在充分发挥存货功能的基础上,降低存货成本,实现两者的最佳组合。存货的功能是指存货在企业生产经营过程中起到的作用。具体包括以下几个方面:

(一)储存必要的原材料和在产品,可以保证生产正常进行

生产过程中需要的原材料和在产品,是生产的物质保证,为保障生产的正常进行,必须储备一定量的原材料,否则可能会造成生产中断、停工待料的现象。尽管有些企业自动化程

度很高,并借助电脑加强管理,提出"零存货"的管理目标,但要完全达到这一目标并非易事。存货在生产不均衡和商品供求关系波动时,可起到缓和矛盾的作用。即使生产能按事先规定好的程序来进行,但要每天都采购材料也不现实,经济上也不一定合算。所以,为了保证生产正常进行,储存适当的原材料是必需的。出于同样的原因,在产品也需要保持一定的储备。

(二) 储存必要的库存商品,有利于销售

一定数量的存货储备能够增加企业在生产和销售方面的机动性和适应市场变化的能力。企业的产品,一般不是生产一件出售一件,而是要组织成批生产、成批销售才经济合算。这是因为一方面顾客为节约采购成本和其他费用,一般要成批采购;另一方面,为了达到运输上所需要的最低批量也应组织成批发运。另外,为了应付市场上突然到来的需求,也应适当储存一些商品。

(三) 适当储存原材料和库存商品,便于组织均衡生产,降低产品成本

有的企业生产的产品属于季节性产品,有的企业产品需求很不稳定。如果根据需求状况时高时低地进行生产,有时生产能力可能得不到充分利用;有时又会出现超负荷生产,这些情况都会使生产成本提高。为了降低生产成本,实行均衡生产,就要储备一定的库存商品存货,也要相应地保持一定的原材料存货。

(四) 降低存货取得成本

一般情况下,当企业进行采购时,进货总成本与采购物资的单价和采购次数有密切关系。而许多供应商为鼓励客户多购买其产品,往往在客户采购量达到一定数量时,给予价格折扣,所以企业通过大批量集中进货,既可以享受价格折扣,降低购置成本,也因减少订货次数,降低了订货成本,使总的进货成本降低。

(五) 防止意外事件的发生

企业在采购、运输、生产和销售过程中,都可能发生意料之外的事故,保持必要的存货保险储备,可以避免和减少意外事件的损失。

二、存货的持有成本

(一) 取得成本

取得成本指为取得某种存货而支出的成本,通常用 TC_a 来表示。其又分为订货成本和购置成本。

1. 订货成本

订货成本指取得订单的成本,如办公费、差旅费、邮资、电话通讯费、运输费等支出。订货成本中有一部分与订货次数无关,如常设采购机构的基本开支等,称为固定的订货成本,用 F_1 表示;另一部分与订货次数有关,如差旅费、邮资等,称为订货的变动成本,用 K 表示;订货次数等于存货年需要量 D 与每次进货量 Q 之商。订货成本的计算公式为:

$$订货成本 = F_1 + \frac{D}{Q}K$$

2. 购置成本

购置成本指为购买存货本身所支出的成本,即存货本身的价值,经常用数量与单价的乘积来确定。年需要量用 D 表示,单价用 U 表示,于是购置成本为 DU。

订货成本加上购置成本，就等于存货的取得成本。用公式表示为：

取得成本 = 订货成本 + 购置成本

= 订货固定成本 + 订货变动成本 + 购置成本

$$TC_a = F_1 + \frac{D}{Q}K + DU$$

（二）储存成本

储存成本指为保持存货而发生的成本，包括存货占用资金所应计的利息、仓库费用、保险费用、存货破损和变质损失，等等，通常用 TC_C 来表示。

储存成本也分为固定成本和变动成本。固定成本与存货数量的多少无关，如仓库折旧、仓库职工的固定工资等，常用 F_2 表示。变动成本与存货的数量有关，如存货资金的应计利息、存货的破损和变质损失、存货的保险费用等，单位储存变动成本用 K_C 来表示。用公式表达的储存成本为：

储存成本 = 储存固定成本 + 储存变动成本

$$TC_C = F_2 + K_C \frac{Q}{2}$$

（三）缺货成本

缺货成本指由于存货供应中断而造成的损失，包括材料供应中断造成的停工损失、产成品库存缺货造成的拖欠发货损失和丧失销售机会的损失及造成的商誉损失等；如果生产企业以紧急采购代用材料解决库存材料中断之急，那么缺货成本表现为紧急额外购入成本。缺货成本用 TC_S 表示。

如果以 TC 来表示储备存货的总成本，它的计算公式为：

$$TC = TC_a + TC_C + TC_S = F_1 + \frac{D}{Q}K + DU + F_2 + K_C \frac{Q}{2} + TC_S$$

企业存货的最优化，就是使企业存货总成本即上式 TC 值最小。

三、最优存货量的确定

（一）经济批量模型

经济批量（Economic Order Quantity，EOQ），又称经济订货量，是指一定时期持有成本和订货成本总和最低的采购批量。从前述存货成本构成中可知，这两种成本高低与订货批量多少的关系是相反的。订购的批量大，储存的存货就多，会使持有成本上升，但由于订货次数减少，则会使订货成本降低；反之，如果降低订货批量，可降低持有成本，但由于订货次数增加，会使订货成本上升。也就是说，随着订购批量大小的变化，这两种成本是互为消长的。存货控制的目的，就是要寻找这两种成本合计数最低的订购批量，即经济订购批量（是指一定时期持有成本和订货成本总和最低的采购批量）。从前述存货成本构成中可知，这两种成本高低与订货批量多少的关系是相反的。订购的批量大，储存的存货就多，会使持有成本上升，但由于订货次数减少，则会使订货成本降低；反之，如果降低订货批量，可降低持有成本，但由于订货次数增加，会使订货成本上升。也就是说，随着订购批量大小的变化，这两种成本是互为消长的。存货控制的目的，就是要寻找这两种成本合计数最低的订购批量，即经济订购批量。存货模式如图 8-5 所示。

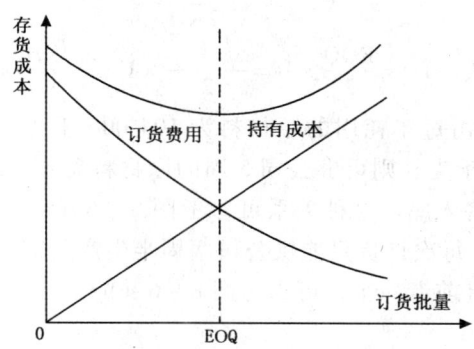

图 8-5 存货模式示意图

经济订货模型是建立在一系列严格假设基础上的。这些假设包括：
（1）能够及时补充存货，即企业在有订货需求时能够立即购得足够存货；
（2）所订购的全部存货能够一次到位，不需陆续入库；
（3）没有缺货成本；
（4）存货总需求量稳定且能准确预测；
（5）存货供应稳定且单价不变；
（6）企业现金充足，不会因为现金短缺而影响进货。

在上述假设的基础上，存货总成本的公式可以简化为：

$$TC = F_1 + \frac{D}{Q}K + DU + F_2 + K_c\frac{Q}{2}$$

式中，TC 为存货总成本；F_1 为固定订货成本；D 为存货需求量；K 为每批订货成本；U 为存货单位价格；F_2 为固定持有成本；K_c 为单位持有成本；Q 为每批订货量。

当 F_1、K、D、U、F_2、K_c 为常数时，TC 的大小取决于 Q。为了求出 TC 的极小值，对其进行求导演算，可得出下列公式：

$$经济批量（EOQ）= \sqrt{\frac{2KD}{K_c}}$$

这一公式称为经济订货批量基本模型，求出的每次订货批量，可使 TC 达到最小值。

这个基本模型还可以演变为其他形式：

每年最佳订货次数公式：$N^* = \dfrac{D}{EOQ} = \dfrac{D}{\sqrt{\dfrac{2KD}{K_c}}} = \sqrt{\dfrac{DK_c}{2K}}$

与批量有关的存货总成本公式：$TC(EOQ) = \dfrac{KD}{\sqrt{\dfrac{2KD}{K_c}}} + \dfrac{\sqrt{\dfrac{2KD}{K_c}}}{2} \times K_c = \sqrt{2KDK_c}$

最佳订货周期公式：$t^* = \dfrac{1}{N^*} = \dfrac{1}{\sqrt{\dfrac{DK_c}{2K}}}$

经济订货周期公式：$I^* = \dfrac{EOQ}{2} \times U = \dfrac{\sqrt{\dfrac{2KD}{K_C}}}{2} \times U = \sqrt{\dfrac{KD}{K_C}} \times U$

【例8-12】假设某公司每年耗用的原材料为104 000千克。即每周平均消耗2 000千克。如果每次订购10 000千克，则可够公司5周的原材料需要。5周以后，原材料存货降至零，同时一批新的订货又将入库。这种关系可参考图8-6（a）。现设公司决定改变每次订货量为5 000千克。这样，每次订货只能供公司两周半生产所需，订货的次数较前者增加了一倍，但平均库存水平只有前者一半，可参考图8-6（b）。

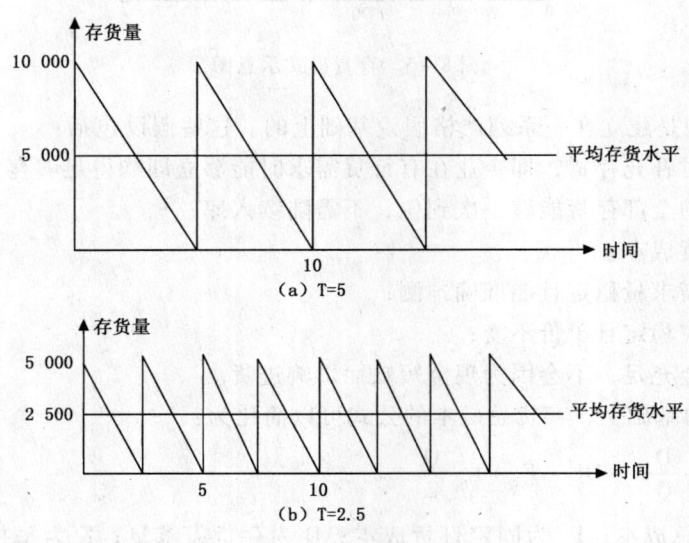

图8-6 存货水平与订货

在本例中，存货的相关成本表现为变动订货成本和变动持有成本。变动订货成本与订货次数成本成反比关系，而变动持有成本则与存货平均水平成正比关系。设公司每次订货费用为20元，存货年储存费率为每千克0.8元。则与订货批量有关的存货的年总成本TIC：

$$TIC = 20 \times \dfrac{104\,000}{Q} + \dfrac{Q}{2} \times 0.8$$

式中，Q为每次订货批量。

我们的目的是要使公司TIC最小化。由此例，我们可抽象出经济订货模型。存货的总成本为：

$$TIC = K \times \dfrac{D}{Q} + \dfrac{Q}{2} \times K_C$$

式中，TIC为与订货批量有关的每期存货的总成本；D为每期对存货的总需求；Q为每次订货批量；K为每次订货费用；K_C为每期单位存货持有费率。

使TIC最小的批量Q即为经济订货批量EOQ。利用数学知识，可推导出：

$$EOQ = \sqrt{\dfrac{2KD}{K_C}} \qquad TIC = \sqrt{2KDK_C}$$

从该公式我们可以算出，公司的经济订货批量和最小存货成本为：

$$EOQ = \sqrt{\frac{2 \times 104\,000 \times 20}{0.8}} = 2\,280.35 \text{（件）}$$

$$TIC = \sqrt{2KDK_c} = \sqrt{2 \times 20 \times 0.8 \times 104\,000} = 1\,824.28 \text{（元/件）}$$

有很多方法来扩展经济订货模型，以使其适用范围更广。事实上，许多存货模型研究都是立足于经济订货模型，但扩展了其假设。

（二）保险储备

前面讨论的经济订货量是以供需稳定为前提的。但实际情况并非完全如此，企业对存货的需求量可能发生变化，交货时间也可能会延误。在交货期内，如果发生需求量增大或交货时间延误，就会发生缺货。为防止由此造成的损失，企业应有一定的保险储备。图 8-7 显示了在具有保险储备时的存货水平。图 8-7 中，在再订货点，企业按 EOQ 订货。在交货期内，如果对存货的需求量很大，或交货时间由于某种原因被延误，企业可能发生缺货。为防止存货中断，再订货点应等于交货期内的预计需求与保险储备之和。即：

再订货点 = 预计交货期内的需求 + 保险储备

企业应保持多少保险储备才合适？这取决于存货中断的概率和存货中断的损失。较高的保险储备可降低缺货损失，但也增加了存货的持有成本。因此，最佳的保险储备应该是使缺货损失和保险储备的持有成本之和达到最低。

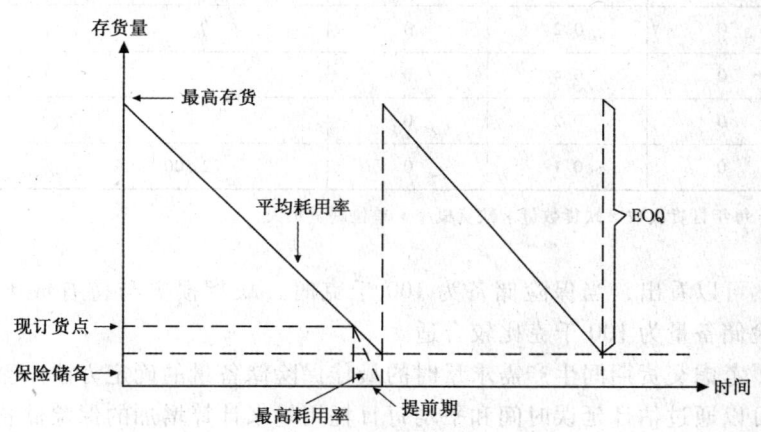

图 8-7 不确定需求和保险储备下的存货水平

【例 8-13】 信达公司计划年度耗用某材料 100 000 千克，材料单价 50 元，经济订货量 25 000 千克，全年订货 4 次（100 000/25 000），订货点为 1 200 千克。单位材料年持有成本为材料单价的 25%，单位材料缺货损失 24 元。在交货期内，生产需要量及其概率如表 8-10 所示。

表 8-10

生产需要量（千克）	概率
1 000	0.1
1 100	0.2
1 200	0.3
1 300	0.2
1 400	0.1

该公司最佳保险储备的计算如表8–11所示。

表 8–11　　　　　　　　　　　　保险储备分析　　　　　　　　　　　单位：千克，元

保险储备量	缺货量	缺货概率	缺货损失	保险储备的持有成本	总成本
0	0	0.1	0		
	0	0.2	0		
	0	0.4	0		
	100	0.2	1 920		
	200	0.1	1 920	0	3 840
100	0	0.1	0		
	0	0.2	0		
	0	0.4	0		
	100	0.1	960	1 250	2 210
200	0	0.1	0		
	0	0.4	0		
	0	0.2	0		
	0	0.1	0	2 500	2 500

注：缺货损失 = 每年订货次数 × 缺货数量 × 缺货概率 × 单位缺货损失

从表8–11可以看出，当保险储备为100千克时，缺货损失与持有成本之和最低。因此，该企业保险储备量为100千克比较合适。

上例说明了考虑交货期间生产需求量时的最佳保险储备量的确定方法。至于因延误供货引起的缺货，可以通过估计延误时间和平均每日耗用量来计算增加的保险储备量。

库存管理不仅需要各种模型帮助确定适当的库存水平，还需要建立相应的库存控制系统。库存控制系统可以简单，也可以很复杂。传统的库存控制系统有定量控制系统和定时控制系统两种，定量控制系统是指当存货下降到一定存货水平时即发出订货单，订货数量是固定的和事先决定的。定时控制系统是每隔一固定时期，无论现有存货水平多少，即发出订货申请，这两种系统都较简单和易于理解，但不够精确。现在许多大型公司都已采用了计算机库存控制系统。当库存数据输入计算机后，计算机即对这批货物开始跟踪。此后，每当有该货物取出时，计算机就及时做出记录并修正库存余额。当库存下降到订货点时，计算机自动发出订单，并在收到订货时记下所有的库存量。计算机系统能对大量种类的库存进行有效管理，这也是为什么大型企业愿意采用这种系统的原因之一。对于大型企业，其存货种类数以十万计，要使用人力及传统方法来对如此众多的库存进行有效管理，及时调整存货水平，避免出现缺货或浪费现象简直是不可能的，但计算机系统对此能做出迅速有效的反应。

四、存货的控制系统

伴随着业务流程重组的兴起以及计算机行业的发展,库存管理系统也得到了很大的发展。从 MRP(物料资源规划)发展到 MRP-Ⅱ(制造资源规划)、再到 ERP(企业资源规划),以及后来的柔性制造和供应链管理,甚至是外包(outsourcing)等管理方法的快速发展,都大大促进了企业库存管理方法的发展。这些新的生产方式把信息技术进一步融为一体,提高了企业的整体运作效率。以下将对两个典型的库存控制系统进行介绍。

(一) ABC 控制法

ABC 控制法就是把企业种类繁多的存货,依据其重要程度、价值大小或者资金占用等标准分为三大类:A 类高价值库存,品种数量占整个库存的 10%~15%,但价值占全部库存 50%~70%;B 类中等价值库存,品种数量占全部库存的 20%~25%,价值占全部库存的 15%~20%;C 类低价值库存,品种数量多,占整个库存的 60%~70%,价值约占全部库存的 10%~35%。针对不同类别的库存分别采用不同的管理方法,A 类库存应作为管理的重点,实行重点控制、严格管理;而对 B 类和 C 类库存的重视程度则可依次降低,采取一般管理。

(二) 适时制 (JIT) 库存控制系统

适时制库存控制系统,又称零库存管理。它最早是由丰田公司提出,并将其应用于实践,是指制造企业事先与供应商和客户协调好,只有当制造企业在生产过程中需要原料或零件时,供应商才会将原料或零件送来;而每当产品生产出来就被客户拉走。这样,制造企业的库存持有水平就可以大大下降。显然,适时制库存控制系统需要的是稳定而标准的生产程序以及与供应商的诚信,否则,任何一环出现差错将导致整个生产线的停止。目前,已有越来越多的公司利用适时制库存控制系统减少甚至消除对库存的需求——即实行零库存管理,比如,沃尔玛、丰田、海尔等。适时制库存控制系统进一步的发展被应用于企业整个生产管理过程中——集开发、生产、库存和分销于一体,大大提高了企业运营管理效率。

第五节 流动负债管理

流动负债融资,其资金使用期限一般不超过一年,主要解决公司的临时资金需求,具有融资速度快、融资风险高的特征。流动负债主要有三种来源:短期借款、短期融资券、商业信用,各种来源具有不同的获取速度、灵活性、成本和风险。

一、短期借款

短期银行借款筹资是指企业向银行借入的使用期限在一年以内的借款。短期银行信用筹资是企业一种重要的短期负债融资方式。

1. 短期银行借款的种类

(1) 按借款是否需要担保,银行借款可以分为信用借款、担保借款和票据贴现。信用借款是指以借款人的信誉为依据而获得的借款,企业取得这种借款,无需以财产做抵押。担保借款是指以一定的财产做抵押或以一定的保证人做担保为条件所取得的借款。票据贴现是指企业以持有的未到期的商业票据向银行贴付一定的利息而取得的借款。

（2）按借款的用途，银行借款可分为基本建设借款、专项借款和流动资金借款。基本建设借款是指企业因为从事新建、改建、扩建等基本建设项目需要资金时而向银行申请借入的款项。专项借款是指企业因为专门用途而向银行申请借入的款项：包括更新改造借款、大修理借款、科研开发借款、小型技术措施借款、出口专项借款、引进技术转让费、周转金借款、进口设备外汇借款、进口设备人民币借款以及国内配套设备借款等。流动资金借款是指企业为满足流动资金的需求而向银行申请借入的款项，包括流动基金借款、生产周转借款、临时借款、结算借款和卖方信贷。

（3）按提供贷款的机构分类，分为政策性银行贷款和商业银行贷款。政策性银行贷款一般是指执行国家贷款业务的银行向企业发放的贷款。如国家开发银行为满足企业承建国家重点建设项目的资金需要提供贷款；进出口信贷银行为大型设备的进出口提供买方或卖方信贷。商业银行贷款是指由各商业银行向工商企业提供的贷款。这类贷款主要为满足企业生产经营的资金需要。

2. 短期银行借款筹资的信用条件

按照国际通行做法，银行发放短期借款的信用条件，一般包括以下几个方面：

（1）信贷额度。信贷额度是银行对借款人规定的无担保贷款的最高额。信贷额度的有效期通常为一年，但根据情况也可延期一年。一般而言，企业在批准的信贷额度内，可随时使用银行借款，但是银行并不承担必须提供全部信贷限额的义务，如果企业信誉恶化，即使银行曾经同意按信贷限额提供贷款，企业也可能得不到借款，这时，银行不会承担法律责任。

（2）周转信贷协定。周转信贷协定是银行从法律上承诺向企业提供不超过某一最高限额的贷款协定。在协定的有效期内，只要企业借款总额未超过最高限额，银行必须满足企业任何时候提出的借款要求。企业享用周转协定，通常要对贷款限额的未使用部分付给银行一笔承诺费。

【例8-14】H公司与一家银行有周转信贷协定。在该协定下，它可以按8%的利率借到100万元贷款，但H公司必须为周转信贷协定中未被使用部分支付0.6%的承诺费。如果H公司在此协议下全年平均借款为60万元，那么借款的资金成本是多少？

解：在该融资中：

公司支付利息 = 600 000 × 8% × 12/12 = 48 000（元），还有协议费用（1 000 000 - 600 000）× 0.6% = 2 400（元）。它们是这次融资中付出的代价；贷款额度是100万元，但实际使用的资金为60万元；年限为12/12。

资金成本 =（48 000 + 2 400）/600 000 = 8.4%

（3）补偿性余额。补偿性余额是银行要求借款企业在银行中保持按贷款限额或实际借用额的一定百分比（通常为10%~20%）计算的最低存款余额。补偿性余额有助于银行降低贷款风险，补偿其可能遭受的风险。但对借款企业来说，补偿性余额则提高了借款的实际利率，加重了企业的利息负担。

【例8-15】某公司向银行借款100万元，期限1年，利率8%，银行要求企业保持20%的补偿性余额，该公司实际可用借款只有80万元，而实际支付利息8万元。则

该项借款的实际利率 = 8 ÷ 80 × 100% = 10%

此利率高于名义利率8%。

（4）借款抵押。银行向财务风险较大、信誉情况不确定的企业发放贷款，往往要求有抵押品作担保，以减少风险。借款的抵押品通常是借款企业的应收账款、存货、股票、债券等。银行接受抵押品后，将根据抵押品的账面价值决定贷款金额，一般为抵押品账面价值的30%~90%。这一比率的高低取决于抵押品的变现能力和银行的风险偏好。此外，银行管理抵押贷款比管理非抵押贷款更为困难，为此往往另外收取手续费。企业取得抵押借款还会限制其抵押财产的使用和将来的借款能力。

（5）偿还条件。无论何种借款，一般都会规定还款的期限。根据我国金融制度的规定，贷款到期后仍无能力偿还的，视为逾期贷款，银行将照章加收逾期罚息。贷款的偿还有到期一次偿还和在贷款期内分期等额偿还两种方式。一般说来，企业不希望采用后种方式，因为这会提高贷款的实际利率；而银行则不希望采用前种方式，因为这会加重企业还款时的财务负担，增加对银行的拒付风险，同时也会降低实际贷款利率。

（6）以实际交易为贷款条件。当企业发生经营性临时资金需求，向银行申请贷款以求解决时，银行则以企业将要进行的实际交易为贷款基础，单独立项、单独审批，最后做出决定并确定贷款的相应条件和信用保证。

除了上述的信用条件外，银行有时还要求企业为取得借款而做出其他承诺，如及时提供财务报表，保持适当资产流动性等。如企业违背所做出的承诺，银行可要求企业立即偿还全部贷款。

3. 短期银行借款的利率

利率是资金的增值和投入资金的价值之比。资金作为一种特殊的商品，在资金市场上的买卖是以利率为价值标准的，资金的融通实质上是资源通过利率这个价格体系在市场机制作用下实行再分配。

（1）利率的种类。

①按利率之间的变动关系，可把利率分成基准利率和套算利率。基准利率又称基本利率，是指在多种利率并存的条件下起决定作用的利率。套算利率是指基准利率确定后，各金融机构根据基准利率和借贷款项的特点而换算出的利率。例如，某金融机构规定贷款给AAA级、AA级、A级企业的利率，应分别在基准利率基础上加0.5%、1%和1.5%，若基准利率是8%，则AAA级、AA级、A级企业的贷款利率分别为8.5%、9%和9.5%，这便是套算利率。

②根据在借贷期内能否调整，可把利率分为固定利率和浮动利率。固定利率是指在借贷期内固定不变的利率。浮动利率是指在借贷期内可以调整的利率。根据借贷双方的约定，由一方在规定的时间依据某种市场利率进行调整。采用浮动利率可为债权人减少损失，但这种利率的计算手续繁杂，工作量比较大。

③根据利率变动与市场的关系，可把利率分成市场利率和官定利率。市场利率是指根据资金市场上的供求关系随市场规律而自由变动的利率。官定利率也叫法定利率，是由政府金融管理部门或中央银行确定的利率，是国家进行宏观调控的一种手段。

④根据银行贷款政策的不同分为优惠利率、浮动优惠利率、非优惠利率。优惠利率是银行向财力雄厚、经营状况好的企业贷款时收取的名义利率，是贷款利率的最低限；浮动优惠

利率是一种随其他短期利率的变动而浮动，随市场条件的变化而随时调整的优惠利率；非优惠利率是银行借款给一般企业时收取的高于优惠利率的利率，通常在优惠利率的基础上加一定的百分比。非优惠利率与优惠利率之间的差距，由贷款企业的信誉、与银行的往来关系以及当时的市场信贷状况决定。

（2）名义利率与实际利率。一般地，将没有任何特殊信用条件的、到期一次还本付息的借款利率称为名义利率。由于利息计算方式有单利和复利两种，因此对名义利率与实际利率关系的讨论也应分两种计息方式进行。

单利计息方式下的名义利率与实际利率。单利计息方式下，名义利率与实际利率的差别来自于特殊信用条款，如前述周转信贷协议、补偿性余额，还有其他特殊还本付息方式，如"贴现法"、"加息法"等导致的差别。该问题将在本章稍后的内容中专门讲解。复利计息方式下，名义利率与实际利率的差别来自于借款期内利息计付次数（即复利次数）的差别，其中一年复利一次条件下的利率为名义利率，一年内多次付息、2年以上付息一次等条件下的利率为实际利率。复利计息方式下实际利率的换算已在本书第二章中予以说明，请参阅相关内容。

4. 短期银行借款的利息支付方式与实际利率

短期银行借款的利息支付方式主要有收款法、贴现法、加息法三种。短期银行借款一般按照单利法计算利息，不同的利息支付方式下，借款企业的利息负担不同，因而其实际利率也存在差别。

（1）收款法及其实际利率。收款法又称利随本清法，是在借款到期时向银行支付全部本息的方法。银行向工商企业贷款大都采用这种方法收息。这种方法下的计算方法、还本付息方法、信用条件，与单利计息方式下的名义利率存在的条件完全相同，因此其借款的名义利率与实际利率相等。

（2）贴现法及其实际利率。贴现法是银行向企业发放贷款时，先从本金中扣除利息部分，而到期时借款企业再偿还全部本金的一种计息方法。采用这种方法，企业可利用的贷款额只有本金扣除利息后的差额部分，因此，其实际利率高于名义利率。

贴现法的实际利率可按以下公式计算：

【例8-16】某公司从银行取得一年期，年利率5%的借款100万元，年利息5万元，按贴现法付息，企业实际可利用资金95万元。该项借款的实际利率为：

$5\% \div (1 - 5\%) \approx 5.26\%$

或　$5 \div (100 - 5) \approx 5.26\%$

（3）加息法及其实际利率。加息法是指借款人在借款期内分期等额偿还全部本息的方法。由于贷款分期均衡偿还，借款企业实际上只平均使用了贷款本金的半数，却支付了全部利息，这样，企业负担的实际利率便高于名义利率约一倍。加息法的实际利率可按以下公式计算：

实际利率 = 2 × 名义利率

【例8-17】某企业借入年利率8%的一年期贷款40万元，按月等额偿还本息，实际支付年息32 000元，而一年内平均使用借款为20万元，其实际利率为2×8% = 16%（或32 000/200 000 = 16%）。

值得注意的是，上述实际利率的计算都未考虑其他特殊信用条款的要求，若有应将其一并考虑。如该例中，若银行要求10%的贷款补偿性余额，则实际利率应按下式计算：

$$实际利率 = \frac{名义利率}{1-名义利率-补偿性余额的比例} \times 100\%$$

$$= 5\% \div (1-5\%-10\%)$$

$$\approx 5.88\%$$

5. 短期银行借款的程序

现结合流动资金借款的特点说明如下：

（1）企业提出申请。向银行借入短期借款时，必须在批准的资金计划占用额范围内，按生产经营的需要，逐笔向银行提出申请。企业在申请书上应写明借款种类、借款数额、借款用途、借款原因、还款日期。另外，还要详细写明流动资金的占用额、借款限额、预计营业收入、销售收入资金率等有关指标。

（2）银行对企业申请的审查。银行接到企业提出的借款申请书后，应对申请书进行认真的审查。这主要包括如下几方面内容：

①审查借款的用途和原因，做出是否贷款的决策。

②审查企业的产品销售和物资保证情况，决定贷款的数额。

③审查企业的资金周转和物资耗用情况，确定借款的期限。

（3）签订借款合同。为了维护借贷双方的合法权益，保证资金的合理使用，企业向银行借入流动资金时，双方应签订借款合同。借款合同应包括如下四方面内容：

①借款合同的基本条款。这是借款合同的基本内容，主要强调双方的权利和义务，具体包括借款数额、借款方式、款项发放的时间、还款期限、还款方式、利息支付方式、利息率的高低等。

②保证条款。这是保证款项能顺利归还的一系列条款，包括借款按规定的用途使用、有关的物资保证、抵押财产、保证人及其责任等内容。

③违约条款。这是对双方若有违约现象时应如何处理的条款，主要载明对企业逾期不还或挪用贷款等如何处理和银行不按期发放贷款的处理等内容。

④其他附属条款。这是与借贷双方有关的其他一系列条款，如双方经办人、合同生效日期等条款。

（4）企业取得借款。借款合同签订后，如无特殊原因，银行应按合同规定的时间向企业提供贷款，企业便可取得借款。如果银行不按合同按期发放贷款，应偿付违约金。

（5）短期借款的归还。借款企业应依贷款合同的规定按时、足额支付贷款本息，贷款银行在短期贷款到期一个星期前，应当向借款企业发送还本付息通知单，借款企业应当及时筹备资金，按期还本付息。

不能按期归还借款的，借款人应当在借款到期日期之前向贷款人申请贷款展期，但是否同意展期由贷款人视情况决定。申请保证借款、抵押借款、质押借款展期的，还应当由保证人、抵押人、出质人出具同意的书面证明。

6. 短期银行借款筹资的利弊分析

（1）短期银行借款筹资的优点。

①取得简单。由于银行发放短期贷款的风险要小于长期贷款，故银行对申请短期贷款的企业所进行的审核较为简单，企业比较容易取得短期银行借款资金。

②使用灵活。对于与银行签订了信贷限额或周转信贷协议的企业而言，只要在贷款限额和有效期内，企业一般可以根据对短期资金的需求情况随借随还，灵活运用。

③资金成本低，短期银行借款的利率一般低于长期借款，资金成本更低。

（2）短期银行借款筹资的缺点。短期银行借款必须在短期内归还，往往给企业带来较大的还款压力，筹资风险大，特别是在带有诸多附加条件的情况下更使风险加剧。

二、短期融资券

（一）短期融资券及其分类

短期融资券（以下简称融资券），在西方称为商业本票，是由企业依法发行的无担保短期本票，是公司通过发行商业票据进行短期融资的一种方式。在我国，短期融资券是指企业依照《短期融资券管理办法》的条件和程序在银行间债券市场发行和交易的、约定在期限不超过1年内还本付息的有价证券。中国人民银行对融资券的发行、交易、登记、托管、结算、兑付进行监督管理。短期融资券按不同标准可作不同分类：

（1）按发行人分类，短期融资券分为金融企业的融资券和非金融企业的融资券。在我国，目前发行和交易的是非金融企业的融资券。

（2）按发行方式分类，短期融资券分为经纪人承销的融资券和直接销售的融资券。非金融企业发行融资券一般采用间接承销方式进行，金融企业发行融资券一般采用直接发行方式进行。

（二）短期融资券的发行条件

（1）发行人为非金融企业，发行企业均应经过在中国境内工商部门注册且具备债券评级能力的评级机构的信用评级，并将评级结果向银行间债券市场公示。

（2）发行和交易的对象是银行间债券市场的机构投资者，不向社会公众发行和交易。

（3）融资券的发行由符合条件的金融机构承销，企业不得自行销售融资券，发行融资券募集的资金用于本企业的生产经营。

（4）对企业发行的融资券施行余额管理，待偿还融资券余额不超过企业净资产的40%。

（5）融资券采用实名记账方式在中央国债登记结算有限公司（简称中央结算公司）登记托管，中央结算公司负责提供有关服务。

（6）融资券在债权债务登记日的次一工作日，即可以在全国银行间债券市场的机构投资人之间流通转让。

（三）短期融资券的发行程序

（1）公司做出发行短期融资券的决策；

（2）办理发行短期融资券的信用评级；

（3）向有关审批机构（中国人民银行）提出发行申请；

（4）审批机关对企业提出的申请进行审查和批准；

（5）正式发行短期融资券，取得资金。

（四）发行短期融资券筹资的特点

（1）短期融资券的筹资成本较低。相对于发行公司债券筹资而言，发行短期融资券的筹资成本较低。

（2）短期融资券筹资数额比较大。相对于银行借款筹资而言，短期融资券一次性的筹资数额比较大。

（3）发行短期融资券的条件比较严格。必须是具备一定信用等级的、实力强的企业，才能发行短期融资券筹资。

（五）短期融资券的优缺点

利用短期融资券融资的最大优点是利率比较低。由于短期融资券信誉极高、变现能力强，投资者通常乐于购买，因此其利率低于短期借款利率，有些可能要比给予信誉最好的借款者的银行借款的优惠利率还要低几个百分点。但利用短期融资券也有一定的缺点，最大的缺点是必须审批，而实务中的审批手续很麻烦。

三、商业信用

商业信用是指企业在商品或劳务交易中，以延期付款或预收货款方式进行购销活动而形成的借贷关系，是企业之间的直接信用行为，也是企业短期资金的重要来源。商业信用产生于企业生产经营的商品、劳务交易之中，是一种"自动性筹资"。

（一）商业信用的形式

1. 应付账款

应付账款是供应商给企业提供的一个商业信用。由于购买者往往在到货一段时间后才付款，商业信用就成为企业短期资金来源。比如企业规定对所有账单均见票后若干日付款，商业信用就成为随生产周转而变化的一项内在的资金来源。当企业扩大生产规模，其进货和应付账款相应增长，商业信用就提供了增产需要的部分资金。

商业信用条件常包括以下两种：（1）有信用期，但无现金折扣。如"N/30"表示30天内按发票金额全数支付。（2）有信用期和现金折扣，如"2/10，N/30"表示10天内付款享受现金折扣2%，若买方放弃折扣，30天内必须付清款项。

供应商在信用条件中规定有现金折扣，目的主要在于加速资金回收。企业在决定是否享受现金折扣时，应仔细考虑。通常，放弃现金折扣的成本是高昂的。

（1）放弃现金折扣的信用成本。事实上，公司展期融资可能是无代价融资，但也有可能是有代价融资，而在有代价融资的前提下，由于这种代价很大程度上具有潜在性，由此导致无法对其确切估算。因此人们在研究中，只分析放弃现金折扣条件下的成本代价。

如果供应商提供现金折扣信用条件，但买方放弃现金折扣，在信用期限内付款，则买方要承担因放弃折扣而造成的隐含利息成本，其成本代价如果用年利率表示，相应的资本成本（年成本率）计算公式如下：

$$\text{放弃现金折扣的信用成本} = \frac{\text{现金折扣}}{1-\text{现金折扣}} \times \frac{360}{\text{信用期限}-\text{折扣期限}}$$

$$= \frac{\text{现金折扣} \times 360}{(1-\text{现金折扣}) \times (\text{信用期限}-\text{折扣期限})}$$

倘若买方企业购买货物后在卖方规定的折扣期内付款，可以获得免费信用，这种情况下企业没有因为取得延期付款信用而付出代价。例如，某应付账款规定付款信用条件为"2/10，N/30"，是指买方在10天内付款，可获得2%的付款折扣，若在10~30天内付款，则无折扣；允许买方付款期限最长为30天。

【例8-18】 某企业按"2/10，N/30"的付款条件购入货物60万元。如果企业在10天以后付款，便放弃了现金折扣1.2万元（60万元×2%），信用额为58.8万元（60万元 - 1.2万元）。放弃现金折扣的信用成本为：

$$放弃折扣的信用成本 = \frac{现金折扣}{1-现金折扣} \times \frac{360}{信用期限-折扣期限}$$

$$= \frac{2\% \times 360}{(1-2\%) \times (30-10)} = 36.73\%$$

公式表明，放弃现金折扣的信用成本率与折扣百分比大小、折扣期长短和付款期长短有关，与货款额和折扣额没有关系。如果企业在放弃折扣的情况下，推迟付款的时间越长，其信用成本便会越小，但展期信用的结果是企业信誉恶化导致信用度的严重下降，日后可能招致更加苛刻的信用条件。

（2）放弃现金折扣的信用决策。企业放弃应付账款现金折扣的原因，可能是企业资金暂时的缺乏，也可能是基于将应付的账款用于临时性短期投资，以获得更高的投资收益。如果企业将应付账款额用于短期投资，所获得的投资报酬率高于放弃折扣的信用成本率，则应当放弃现金折扣。

【例8-19】公司采购一批材料，供应商报价为1万元，付款条件为3/10、2.5/30、1.8/50、N/90。目前企业用于支付账款的资金需要在90天时才能周转回来，在90天内付款，只能通过银行借款解决。如果银行利率为12%，确定公司材料采购款的付款时间和价格。

根据放弃折扣的信用成本率计算公式，10天付款方案，放弃折扣的信用成本率为13.92%；30天付款方案，放弃折扣的信用成本率为15.38%；50天付款方案，放弃折扣的信用成本率为16.50%。由于各种方案放弃折扣的信用成本率均高于借款利息率，因此初步结论是要取得现金折扣，借入银行借款以偿还货款。

10天付款方案，得折扣300元，用资9 700元，借款80天，利息258.67元，净收益41.33元；

30天付款方案，得折扣250元，用资9 750元，借款60天，利息195元，净收益55元；

50天付款方案，得折扣180元，用资9 820元，借款40天，利息130.93元，净收益49.07元。

总结论：第30天付款是最佳方案，其净收益最大。

【例8-20】某企业赊购价值10 000元的材料，供应商A给出的信用条件是2/10，N/30。试分别计算企业在第10天、第30天、第50天付款的商业信用成本。

（1）第10天付款时，商业信用成本为0。
（2）第30天付款时，则
$$放弃现金折扣的信用成本 = [2\%/(1-2\%)] \times [360/(30-10)]$$
$$= 36.7\%$$
（3）第50天付款时，则
$$放弃现金折扣的信用成本 = [2\%/(1-2\%)] \times [360/(50-10)]$$
$$= 18.37\%$$

上述案例和分析说明，如果买方企业放弃折扣而获得信用，其代价是较高的。然而，企业在放弃折扣的情况下，推迟付款的时间越长，其成本就会越小。

2. 应计未付款

应计未付款是企业在生产经营和利润分配过程中已经计提但尚未以货币支付的款项，主要包括应付工资、应缴税金、应付利润或应付股利等。以应付工资为例，企业通常以半月或月为单位支付工资，在应付工资已计但未付的这段时间，就会形成应计未付款。它相当于职工给企业的一个信用。应缴税金、应付利润或应付股利也有类似的性质。应计未付款随着企业规模的扩大而增加，企业使用这些自然形成的资金无需付出任何代价。但企业不是总能控制这些款项，因为其支付是有一定时间的，企业不能总拖欠这些款项。所以，企业尽管可以充分利用应计未付款，但并不能控制这些账目的水平。

3. 预收货款

预收货款，是指销货单位按照合同和协议规定，在发出货物之前向购货单位预先收取部分或全部货款的信用行为。购买单位对于紧俏商品往往乐于采用这种方式购货；销货方对于生产周期长，造价较高的商品，往往采用预收货款方式销货，以缓和本企业资金占用过多的矛盾。

（二）商业信用筹资的优缺点

1. 商业信用筹资的优点

（1）商业信用容易获得。商业信用的载体是商品购销行为，企业总有一批既有供需关系又有相互信用基础的客户，所以对大多数企业而言，应付账款和预售账款是自然的、持续的信贷形式。商业信用的提供方一般不会对企业的经营状况和风险作严格的考量，企业无需办理像银行借款那样复杂的手续便可取得商业信用，有利于应对企业生产经营之急需。

（2）企业有较大的机动权。企业能够根据需要，选择决定筹资的金额大小和期限长短，同样要比银行借款等其他方式灵活得多。甚至如果在期限内不能付款或交货时，一般还可以通过与客户的协商，请求延长时限。

（3）企业一般不用提供担保。通常，商业信用筹资不需要第三方担保，也不会要求筹资企业用资产进行担保。这样，在出现逾期付款或交货的情况时，可以避免像银行借款那样面临着抵押资产被处置的风险，企业的生产经营能力在相当长的一段时间内不会受到限制。

2. 商业信用筹资的缺点

（1）商业信用筹资成本高。尽管商业信用的筹资成本是一种机会成本，但由于商业信用筹资属于临时性筹资，其筹资成本比银行信用要高。

（2）容易恶化企业的信用水平。商业信用的期限短，还款压力大，对企业现金流量管理的要求很高。如果长期和经常性地拖欠账款，会造成企业的信誉恶化。

（3）受外部环境影响较大。商业信用筹资受外部环境影响较大，稳定性较差，即使不考虑机会成本，也是不能无限利用的。一是受商品市场的影响，如当求大于供时卖方可能停止提供信用。二是受资金市场的影响，当市场资金供应紧张或有更好的投资方向时，商业信用筹资就可能遇到障碍。

四、流动负债的利弊

(一) 流动负债的经营优势

理解流动负债（期限在1年或1年以内）和长期负债（期限在1年以上）的优势和劣势相当重要。除了成本和风险的不同，为流动资产融资时使用短期和长期负债之间还存在经营上的不同。

流动负债的主要经营优势包括：容易获得，具有灵活性，能有效地为季节性信贷需要进行融资。这创造了需要融资和获得融资之间的同步性。另外，短期借款一般比长期借款具有更少的约束性条款。如果仅在一个短期内需要资金，以短期为基础进行借款，可以使企业维持未来借款决策的灵活性。如果一个企业签订了长期借款协议，该协议规定了约束性条款、大量的预付成本和（或）信贷合约的初始费用，那么流动负债就不具有那种灵活性。

流动负债的一个主要使用方面是为季节性行业的流动资产进行融资。为了满足增长的需要，一个季节性企业必须增加存货和（或）应收账款。流动负债是为流动资产中的临时性、季节性增长进行融资的主要工具。

(二) 流动负债的经营劣势

流动负债的一个经营劣势是需要持续地重新谈判或滚动安排负债。贷款人由于企业财务状况的变化，或整体经济环境的变化，可能在到期日不愿滚动贷款，或重新设定信贷额度。而且，提供信贷额度的贷款人一般要求，用于为短期营运资金缺口而筹集的贷款，必须每年支付至少1~3个月的全额款项，这1~3个月被称为结清期。贷款人之所以这么做，是为了确认企业是否在长期负债是合适的融资来源时仍然使用流动负债。许多企业的实践说明，使用短期贷款来为永久性流动资产融资是一件危险的事情。

【本章小结】

1. 公司持有现金的目的在于满足交易性、预防性、投机性的需要；内容包括确定目标现金余额、编制现金预算、控制日常的现金收支、合理进行短期融资与投资四项内容。

2. 确定目标现金余额的方法有四种：成本分析模型、存货模型、随机模型和现金周转模型；从时间角度控制现金流量可以从加速收现、延缓付款、实施综合控制三方面进行。

3. 应收账款管理的相关成本包括：机会成本、管理成本和坏账成本三类。内容包括：制定适宜的应收账款信用政策和搞好应收账款的日常管理两方面。

4. 信用政策包括信用标准、信用条件和收账政策三方面内容。确定信用标准可以从定量和定性两方面进行分析；信用条件有信用期限、折扣期限和现金折扣三项内容构成；收账政策是公司对逾期未付款所采取的策略与行为规范。

5. 进行信用期限和现金折扣的决策需要计算不同方案的信用成本前收益与信用成本，最终通过比较不同方案的信用成本后收益进行决策，高者为优选方案。

6. 应收账款日常管理的工作内容主要有以下几项：建立客户档案和业务追踪记录、实施ABC分类管理、分析相关指标、及时确认坏账并积极处理。处理坏账时可以采用的方法有：贴现方式、债转股、以非现金资产收回债权、出售债权等。

7. 短期融资及短期负债融资，包括商业信用、应计项目、短期借款和短期融资券等融资方式。商业信用具体又包括应付账款、应付票据和预收款项三种；商业信用与应计项目都属于生产经营中自动生成融资方式，但二者有区别；应付账款融资按买方支付货款的时间不同，可进一步分为免费融资、有代价融资和展期融资三类。

8. 短期借款分为信用借款和抵押借款两类。信用借款为无担保借款，常常附带信用条件，主要有信贷额度、周转信贷协议和补偿性余额；抵押借款即担保借款，可以作为抵押品的有：借款公司的应收账款、应收票据、存货等。短期借款的利息支付主要有以下三种方法：一次支付法、贴现法和加息法。一次支付法下的实际利率与名义利率相等；贴现法和加息法下的实际利率高于名义利率。

9. 商业信用融资的优点是：容易取得、限制条件少；缺点是：融资期限短、有时表现出高资本成本、融资含有风险。与长期借款相比，短期借款融资的优点是：融资速度快、融资有弹性、融资成本低；短期借款融资的缺点是：财务风险高、融资数量有限。短期融资券的最大优点是利率很低，最大的缺点是必须审批，实务中的审批手续很麻烦，只有信誉极高的公司才可能利用这种融资方式。

10. 短期融资策略即短期融资组合策略，是指如何配置流动资产资本来源的政策。包括稳健型组合策略、激进型组合策略和折中型组合策略三种。

【思考题】

1. 什么是营运资本，如何计算营运资本？
2. 持有现金的目的是什么？以及影响公司现金持有量的因素有哪些？
3. 什么是信用政策？信用政策的组成部分包括什么？
4. 应收账款的成本包括哪些？如何计算应收账款机会成本？
5. 现金最佳持有量的确定有几种方法？分别加以叙述。
6. 存货的持有目的是什么？
7. 经济批量是什么含义，如何确定存货经济批量？
8. 商业信用融资的优点及缺点。
9. 讨论不同营运资金管理政策对公司风险和报酬的影响。

【练习题】

1. 昌华公司预计 1 个月内经营所需现金约为 400 万元，准备用短期有价证券变现取得，证券每次交易的固定成本为 100 元，证券市场年利率为 6%。

要求：计算最佳现金持有量及最小相关总成本。

2. 某公司为保障日常现金收支的需要，任何时候银行结算户存款和库存现金余额均不能低于 5 000 元，公司有价证券的年利率为 9%，每次固定转换成本平均为 72 元，根据历史资料测算出现金余额波动的标准差为 1 000 元。

要求：
（1）计算公司的最优现金返回线；
（2）计算公司现金控制的上限。

3. 某公司现金收支平衡，预计全年（360天计）现金需要量为25万元，现金与有价证券的转换成本为每次500元，有价证券年利率为10%。

要求计算：

（1）最佳现金持有量；

（2）最佳现金管理相关总成本、转换成本、持有机会成本；

（3）有价证券交易次数；

（4）有价证券交易间隔期。

4. 某公司的年赊销收入为720万元，平均收账期为60天，坏账损失为赊销额的10%，年收账费用为5万元。该公司认为通过增加收账人员等措施，可以使平均收账期降为50天，坏账损失降为赊销额的7%。假设公司的资金成本率为6%，变动成本率为50%。

要求：计算为使上述变更经济上合理，新增收账费用的上限（每年按360天计算）。

5. 某企业生产销售M产品，该产品单位售价5元，单位变动成本4元，固定成本为5 000元，预计信用期为30天，年销售量可达10 000件，可能发生的收账费用为3 000元，可能发生的坏账损失率为1%，若信用期为60天，年销售量可增加2 000件，但可能发生的收账费用为4 000元，增加销售部分的坏账损失率为1.5%，假定资金成本率为10%。

要求：根据上述情况，确定对企业有利的信用期。

6. 某公司的资本成本为6%，变动成本率为50%，有甲、乙两个信用政策的方案可供选择，拟对信用条件进行决策。甲方案：n/50，预计全年赊销额为720万元，坏账损失率为7%，收账费用为5万元。乙方案：n/60，预计全年赊销额为840万元，坏账损失率为8%，收账费用为9万元。

（1）该公司首先确定信用期限，你认为该选哪个方案？

（2）该公司在已选信用期限的基础上考虑现金折扣，出台丙方案：(3/30, n/60)，估计约有60%的客户将利用现金折扣，坏账损失率将降为5%，收账费用将降为7万元。你认为应该选择哪个方案？

第九章 股利分配

【案例导读】

花旗集团的股利决策

花旗集团是花旗银行的母公司,由于巨额房地产贷款损失和一些其他问题,于1991年第4季宣布暂停其股利支付。银行监管者开始着手银行的监管活动,并迫使花旗银行暂停股利支付,直到它的资本复原。从1990年末到1993年末,该集团控制的资本从160亿美元上升到235亿美元,并且其第一层杠杆资本比率(即第一层普通股股东权益与平均资产的比率)达到6.8%(最低要求为4%)。到1993年,花旗银行的状况大为改善,因此,花旗考虑重新开始支付股利。

在暂停股利支付前2年,花旗银行的股利分配方案如表9-1所示。

表9-1

季度	股利分配方案(美元)	季度	股利分配方案(美元)
1990.1	现金股利 0.405	1991.1	现金股利 0.25
1990.2	现金股利 0.445	1991.2	现金股利 0.25
1990.3	现金股利 0.445	1991.3	现金股利 0.25
1990.4	现金股利 0.445	1991.4	暂停支付(1991年10月15日)

花旗集团过去数年的每股盈余和1994年4月以后数年的预期每股盈余如表9-2所示。

表9-2

年份	1988	1989	1990	1991	1992	1993	1994	1995	1996
每股盈余(美元)	4.87	1.16	0.57	-3.32	1.35	3.53	6.00	6.50	7.50

花旗集团在重新确定现金股利时需要考虑可比同类银行的股利政策。表9-3是其他银行的一些相关信息。

表 9-3

银行	净值与资产比率（%）			股利支付率（%）		
	1991	1992	1993	1991	1992	1993
花旗银行	4.4	5.2	6.5			
纽约银行	7.4	8.6	8.9	131	36	32
美国商业银行	7.0	8.6	9.2	25	31	29
银行家信托公司	5.3	5.3	4.9	34	33	26
大通银行	5.5	6.8	8.0	38	35	63
化工银行	5.2	7.1	7.4	955	31	24
摩根银行	5.9	6.9	7.4	36	32	29
国民银行	5.9	6.6	6.3	195	33	33

请问：

1. 为什么花旗集团在 1991 年的第 4 季度暂停股利支付？
2. 为什么花旗集团宣布 1994 年恢复发放现金股利？市场将如何反应？
3. 根据目前已知信息，你建议花旗采用多高的股利支付率？如果你需要做出更有把握的建议，还必须了解哪些信息？

【学习目标】

- ☐ 掌握企业股利分配顺序
- ☐ 了解股利理论
- ☐ 掌握股利分配的主要政策
- ☐ 掌握影响股利政策的主要因素
- ☐ 掌握股票股利和股票回购

第一节 利润分配的原则和顺序

利润是收入扣除成本费用后的余额。由于成本费用包括的内容与表现的形式不同，利润所包含的内容与形式也有一定的区别。若成本费用不包括利息和所得税，则利润表现为息税前利润；若成本费用包括利息而不包括所得税，则利润表现为利润总额；若成本费用包括了利息和所得税，则利润表现为净利润。本章所指利润分配是指对股份有限公司净利润的分配。

利润分配是企业按照国家有关法律、法规以及企业章程的规定，在兼顾股东与债权人等其他利益相关者的利益关系基础上，将实现的利润在企业与企业所有者之间、企业内部的有关项目之间、企业所有者之间进行分配的活动。利润分配决策是股东当前利益与企业未来发展之间权衡的结果，将引起企业的资金存量与股东权益规模及结构的变化，也将对企业内部的筹资活动和投资活动产生影响。

一、利润分配的原则

利润分配是企业的一项重要工作,关系到企业、投资者等有关各方的利益,涉及企业的生存与发展。因此,在利润分配的过程中,应遵循以下原则:

(一) 依法分配原则

企业利润分配的对象是企业缴纳所得税后的净利润,这些利润是企业的权益,企业有权自主分配。国家有关法律、法规对企业利润分配的基本原则、一般次序和重大比例也作了较为明确的规定,其目的是保障企业利润分配的有序进行,维护企业和所有者、债权人以及职工的合法权益,促使企业增加累计,增强风险防范能力。国家有关利润分配的法律和法规主要有《公司法》、《外商投资企业法》等,企业在利润分配中必须切实执行上述法律、法规。利润分配在企业内部属于重大事项,企业的章程必须在不违背国家有关规定的前提下,对本企业利润分配的原则、方法、决策程序等内容做出具体而又明确的规定,企业在利润分配中也必须按规定办事。

(二) 资本保全原则

资本保全是责任有限的现代企业制度的基础性原则之一,企业在分配中不能侵蚀资本。利润的分配是对经营中资本增值额的分配,不是对资本金的返还。按照这一原则,一般情况下,企业如果存在尚未弥补的亏损,应首先弥补亏损,再进行其他分配。

(三) 充分保护债权人利益原则

按照风险承担的顺序及其合同契约的规定,企业必须在利润分配之前偿清所有债权人到期的债务,否则不能进行利润分配。同时,在利润分配之后,企业还应保持一定的偿债能力,以免产生财务危机,危及企业生存。此外,企业在债权人签订某些长期债务契约的情况下,其利润分配政策还应征得债权人的同意或审核方能执行。

(四) 多方及长短期利益兼顾原则

利益机制是制约机制的核心,而利润分配的合理与否是利益机制最终能否持续发挥作用的关键。利润分配涉及投资者、经营者、职工等多方面的利益,企业必须兼顾,并尽可能地保持稳定的利润分配。在企业获得稳定增长的利润后,应增加利润分配的数额或百分比。同时,由于发展及优化资本结构的需要,除依法必须留用的利润外,企业仍可以出于长远发展的考虑,合理留用利润。在积累与消费关系的处理上,企业应贯彻积累优先的原则,合理确定提取盈余公积金和分配给投资者利润的比例,使利润分配真正成为促进企业发展的有效手段。

二、利润分配的顺序

公司向股东分派股利,应按一定的顺序进行。按照我国《公司法》的有关规定,利润分配应按下列顺序进行:

第一,弥补以前年度亏损。企业在提取法定公积金之前,应先用当年利润弥补亏损。企业年度亏损可以用以下年度的税前利润弥补,下一年度不足弥补的,可以在五年之内用税前利润连续弥补,连续五年未弥补的亏损则用税后利润弥补。其中,税后利润弥补亏损可以用当年实现的净利润,也可以用盈余公积转入。

第二,计算可供分配的利润。将本年净利润(或亏损)与年初未分配利润(或亏损)

合并，计算出可供分配的利润。如果可供分配的利润为负数（即亏损），则不能进行后续分配；如果可供分配利润为正数（即本年累计盈利），则进行后续分配。

第三，计提法定公积金。按抵减年初累计亏损后的本年净利润计提法定公积金。提取公积金的基数，不一定是可供分配的利润，也不一定是本年的税后利润。只有不存在年初累计亏损时，才能按本年税后利润计算应提取数。这种"补亏"是按账面数字进行的，与所得税法的亏损后转无关，关键在于不能用资本发放股利，也不能在没有累计盈余的情况下提取公积金。法定公积金提取形成后，用于弥补公司亏损、扩大公司生产经营或者转为增加公司资本。公司分配当年税后利润时应当按照 10% 的比例提取法定公积金；当法定公积金累计额达到公司注册资本的 50% 时，可不再继续提取。

第四，计提任意公积金。任意公积金的提取由股东会或股东大会根据需要决定。

第五，向股东支付股利。公司向股东（投资者）支付股利（分配利润），要在提取公积金之后。股利的分配应以各股东持有股份的数额为依据，每一股东取得的股利与其持有的股份数成正比。股份有限公司原则上应从累计盈利中分派股利，无盈利不得支付股利，即所谓"无利不分"的原则。但在公司用公积金抵补亏损以后，为维护其股票信誉，经股东会或股东大会特别决议，也可用公积金支付股利。

中国证券监督管理委员于 2008 年 10 月 9 日颁布实施的《关于修改上市公司现金分红若干规定的决定》强调了股利分配中现金分红的重要性，要求上市公司应当在章程中明确现金分红政策，利润分配政策应当保持连续性和稳定性。此外，作为上市公司申请公开增发或配股的重要前提条件，还强调公司最近三年以现金方式累计分配的利润不少于最近三年实现的年均可分配利润的 30%。

公司股东会或董事会违反上述利润分配顺序，在抵补亏损和提取法定公积金之前向股东分配利润的，必须将违反规定发放的利润退还公司。

三、股利的种类

股利支付方式有多种，主要方式有以下两种：

第一，现金股利。现金股利是以现金支付的股利，它是股利支付的主要方式。公司支付现金股利除了要有累计盈余（特殊情况下可用弥补亏损后的盈余公积金支付）外，还要有足够的现金，因此，公司在支付现金股利前需筹备充足的现金。

第二，股票股利。股票股利是公司以增发的股票作为股利的支付方式，将在本章第四节中详细讨论。

在我国上市公司的股利分配实践中，股利支付方式是现金股利、股票股利或者是两种方式兼有的组合分配方式。部分上市公司在实施现金股利和股票股利的利润分配方案时，有时也会同时实施从资本公积转增股本的方案。

此外，公司还可以使用财产和负债支付方式支付股利。财产股利是以现金以外的资产支付的股利，主要是以公司所拥有的其他企业的有价证券，如债券、股票，作为股利支付给股东。负债股利是公司以负债支付的股利，通常以公司的应付票据支付给股东，在不得已的情况下也有发行公司债券抵付股利的。财产股利和负债股利实际上是现金股利的替代。这两种股利方式目前在我国公司实务中很少使用，但并非法律所禁止。

四、股利分配的相关程序

（一）股利分配决策程序

上市公司股利分配的基本程序是：首先由公司董事会根据公司盈利水平和股利政策，制订股利分派方案，提交股东大会审议，通过后方能生效。然后，由董事会依股利分配方案向股东宣布，并在规定的股利发放日以约定的支付方式派发。在经过上述决策程序之后，公司方可对外发布股利分配公告、具体实施分配方案。我国股利分配决策权属于股东大会。我国上市公司的现金分红一般是按年度进行，也可以进行中期现金分红。

（二）股利分配信息披露

根据有关规定，股份有限公司利润分配方案、公积金转增股本方案须经股东大会批准，董事会应当在股东大会召开后两个月内完成股利派发或股份转增事项。在此期间，董事会必须对外发布股利分配公告，以确定分配的具体程序与时间安排。

股利分配公告一般在股权登记前3个工作日发布。如果公司股东较少，股票交易又不活跃，公告日可以与股利支付日在同一天。公告内容包括：

（1）利润分配方案。

（2）股利分配对象，为股权登记日当日登记在册的全体股东。

（3）股利发放方法。我国上市公司的股利分配程序应当按登记的证券交易所的具体规定进行。

此外，为提高上市公司现金分红的透明度，《关于修改上市公司现金分红若干规定的决定》要求上市公司在年度报告、半年度报告中分别披露利润分配预案。在报告期实施的利润分配方案执行情况的基础上，还要求在年度报告、半年年度报告以及季度报告中分别披露现金分红政策在本报告期的执行情况。同时，要求上市公司以列表方式明确披露前三年现金分红的数额与净利润的比率。如果本报告期内盈利但公司年度报告中未提出现金利润分配预案，应详细说明未分红的原因、未用于分红的资金留存公司的用途。

（三）股利分配程序

以深圳证券交易所的规定为例：对于流通股份，其现金股利由上市公司于股权登记日前划入深交所账户，再由深交所于登记日后第3个工作日划入各托管证券经营机构账户，托管证券经营机构于登记日后第5个工作日划入股东资金账户。红股则于股权登记日后第3个工作日直接计入股东的证券账户，并自即日起开始上市交易。

（四）股利支付程序

（1）股利宣告日（Announcement Date），即公司董事会将股东大会通过本年度利润分配方案的情况以及股利支付情况予以公告的日期。公告中将宣布每股派发股利、股权登记日、除息日、股利支付日以及派发对象等事项。

（2）股权登记日（Record Date），即有权领取本期股利的股东资格登记截止日期。只有在股权登记日这一天登记在册的股东（即在此日及之前持有或买入股票的股东）才有资格领取本期股利，而在这一天之后登记在册的股东，即使是在股利支付日之前买入的股票，也无权领取本期分配的股利。此外，我国部分上市公司在进行利润分配时除了分派现金股利以外，还伴随着送股或转增股，在股权登记日这一天仍持有或买进该公司的股票的投资者是可以享有此次分红、送股或转增股的股东，这部分股东名册由证券登记公司统计在案，届时将所应支付的现金红利、应送的红股或转增股划到这部分股东的账上。

（3）除息日（Ex-dividend Date），也称除权日，是指股利所有权与股票本身分离的日期，将股票中含有的股利分配权利予以解除，即在除息日当日及以后买入的股票不再享有本次股利分配的权利。我国上市公司的除息日通常是在登记日的下一个交易日。由于在除息日之前的股票价格中包含了本次派发的股利，而自除息日起的股票价格中则不包含本次派发的股利，通常经过除权调整上市公司每股股票对应的价值，以便投资者对股价进行对比分析。

（4）股利支付日（Payable Date），是公司确定的向股东正式发放股利的日期。公司通过资金清算系统或其他方式将股利支付给股东。

【例9-1】Z公司2016年7月6日发布了"Z公司派发现金红利实施公告"。Z公司本次公告称该公司2015年度利润分配方案已经2016年5月26日召开的2015年度股东大会审议通过。

具体分配方案是：每股可派发现金股息0.0672元（含税），每10股派发现金红利0.672元（含税）。扣税后每股现金红利0.06048元。

代扣代缴个人所得税：《关于上市公司股息红利差别化个人所得税政策有关问题的通知》（财税〔2015〕101号）规定，"个人从公开发行和转让市场取得的上市公司股票，持股期限超过1年的，股息红利所得暂免征收个人所得税。个人从公开发行和转让市场取得的上市公司公司股票，持股期限在1个月以内（含1个月）的，其股息红利所得全额计入应纳税所得额；持股期限在1个月以上至1年（含1年）的暂减按50%计入应纳税所得税；上述所得统一适用20%的税率计征个人所得税"。"上市公司派发股息红利时，对个人持股1年以内（含1年的），上市公司暂不扣缴个人所得税；待个人转让股票时，证券登记结算公司根据其持股期限计算应纳税额，由证券公司等股份托管机构从个人资金账户中扣收并划付证券登记结算公司，证券登记结算公司应于次月5个工作日内划付上市公司，上市公司在收到税款当月的法定申请期内向主管税务机关申报缴纳。"

实施日期：股权登记日为2016年7月10日，除息日为2016年7月13日，现金红利发放日为2016年7月17日。

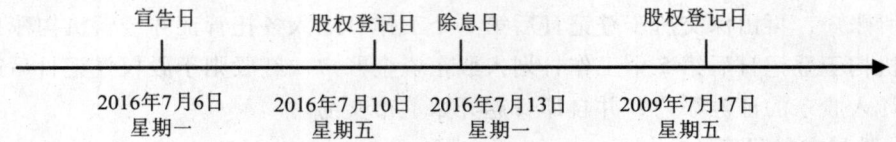

此次派发对象是截至2016年7月10日下午3时上海证券交易所收市后，在中国证券登记结算有限责任公司上海分公司（简称结算公司）登记在册的本公司全体股东。因此，2016年7月10日为股权登记日，即只有在这一天登记在册的股东才有资格领取本期股利。

与我国上市公司不同，在美国的上市公司通常按季度发放股利，并把除息日确定在股权登记日之前的第二个交易日。例如，在美国纳斯达克上市交易的美国微软公司在2010年一个季度股利公告显示：公告日，2009年12月9日；除息日，2010年2月16日；登记日2010年2月18日；股利支付日，2010年3月11日。在登记日的前两个交易日即除息日之前购买了公司的股票，才能成为本次股利的派发对象。如果是在除息日这一天或之后买入了股票，股利的发放对象依然是卖出股票的人。

第二节 股利理论与股利分配政策

一、股利理论

股利分配的核心问题是如何权衡公司股利支付决策与未来长期增长之间的关系，以实现公司价值最大化的财务管理目标。围绕着公司股利政策是否影响公司价值这一问题，主要有两类不同的股利理论：股利无关论和股利相关论。

（一）股利无关论

股利无关论认为股利分配对公司的市场价值（或股票价格）不会产生影响。这一理论是米勒（Merton Miller）与莫迪格利安尼（Franco Modigliani）于1961年在下面列举的一些假设之上提出的：（1）公司的投资政策已确定并且已经为投资者所理解；（2）不存在股票的发行和交易费用；（3）不存在个人或公司所得税；（4）不存在信息不对称；（5）经理与外部投资者之间不存在代理成本。上述假设描述的是一种完美资本市场，因而股利无关论又被称为完全市场理论。

股利无关论认为：

1. 投资者并不关心公司股利的分配

若公司留存较多的利润用于再投资，会导致公司股票价格上升；此时尽管股利较低，但需用现金的投资者可以出售股票换取现金。若公司发放较多的股利，投资者又可以用现金再买入一些股票以扩大投资。也就是说，投资者对股利和资本利得并无偏好。

2. 股利的支付比率不影响公司的价值

既然投资者不关心股利的分配，公司的价值就完全由其投资政策及其获利能力所决定，公司的盈余在股利和保留盈余之间的分配并不影响公司的价值，既不会使公司价值增加，也不会使公司价值降低（即使公司有理想的投资机会而又支付了高额股利，也可以募集新股，新投资者会认可公司的投资机会）。

（二）股利相关论

股利无关理论是在完美资本市场的一系列假设下提出的，如果放宽这些假设条件，股利政策就会显现出对公司价值（或股票价格）产生的影响。

1. 税差理论

在MM的股利无关论中假设不存在税收，但现实条件下，现金股利税与资本利得税不仅是存在的，而且会表现出差异性。税差理论强调了税收在股利分配中对股东财富的重要作用。一般来说，出于保护和鼓励资本市场投资的目的，会采用股利收益的税率（我国目前股利税率为10%）高于资本利得的税率（目前我国没有对股票买卖所得征税，只有印花税）差异税率制度，致使股东会偏好资本利得而不是派发现金股利。即使股利与资本利得具有相同的税率，股东在支付税金的时间上也是存在差异的。股利收益纳税是在收取股利的当时，而资本利得纳税只是在股票出售时才发生，显然继续持有股票来延迟资本利得的纳税事件，可以体现递延纳税的时间价值。

因此，税差理论认为，如果不考虑股票交易成本，分配股利的比率越高，股东的股利收益纳税负担会明显高于资本利得纳税负担，企业应采取低现金股利比率的分配政策，以提高留存收益再投资的比率，使股东在实现未来的资本利得中享有税收节省。税差理论说明了当股利收益税率与资本利得税率存在差异时，将使股东在继续持有股票以取得预期资本利得与立即实现股利收益之间的权衡。如果存在股票的交易成本，甚至当资本利得税与交易成本之和大于股利收益税时，偏好取得定期现金股利收益的股东自然会倾向于企业采用高现金股利支付率政策。

2. 客户效应理论

客户效应理论是对税差效应理论的进一步扩展，研究处于不同税收等级的投资者对待股利分配态度的差异，认为投资者不仅是对资本利得和股利收益有偏好，即使是投资者本身，因其所处不同等级的边际税率，对企业股利政策的偏好也是不同的。收入高的投资者因其拥有较高的税率表现出偏好低股利支付率的股票，希望少分现金股利或不分现金股利，以更多的留存收益进行再投资，从而提高所持有的股票价格。而收入低的投资者以及享有税收优惠的养老基金投资者表现出偏好高股利支付率的股票，希望支付较高而且稳定的现金股利。

投资者的边际税率差异性导致其对待股利政策态度的差异性。边际税率高的投资者会选择实施低股利支付率的股票，边际税率低的投资者则会选择实施高股利支付率的股票。这种投资者依据自身边际税率而显示出的对实施相应股利政策股票的选择偏好现象被称为"客户效应"。因此，客户效应理论认为，公司在制定或调整股利政策时，不应该忽视股东对股利政策的需求。

3. "一鸟在手"理论

股东的投资收益来自于当期股利和资本利得两个方面，利润分配决策的核心问题是在当期股利收益与未来预期资本利得之间进行权衡。企业的当期股利支付率升高时，企业盈余用于未来发展的留存资金会减少，虽然股东在当期获得了较高的股利，但未来的资本利得则有可能降低；而当企业的股利支付率下降时，用于发展企业的留存资金会增加，未来股东的资本利得将有可能提高。

由于企业在经营过程中存在着诸多的不确定性因素，股东会认为现实的现金股利要比未来的资本利得更为可靠，会更偏好于确定的股利收益。因此，资本利得好像林中之鸟，虽然看上去很多，但却不一定抓得到。而现金股利则好像在手之鸟，是股东有把握按时、按量得到的现实收益。股东在对待股利分配政策态度上表现出来的这种宁愿现在取得确定的股利收益，而不愿将同等的资金放在未来价值不确定性投资上的态度偏好，被称为"一鸟在手，强于二鸟在林"。

根据"一鸟在手"理论所体现的收益与风险的选择偏好，股东更偏好于现金股利而非资本利得，倾向于选择股利支付率高的股票。当企业股利支付率提高时，股东承担的收益风险越小，其所要求的权益资本报酬率也越低，权益资本成本也相应越低，则根据永续年金计算所得的企业权益价值（企业权益价值＝分红总额/权益资本成本）将会上升；反之，随着股利支付率的下降，股东的权益资本成本升高，企业的权益价值将会下降。这说明股利政策会对股东价值产生影响，而"在手之鸟"理论所强调的是为了实现股东价值最大化的目标，企业应实行高股利分配率的股利政策。

4. 代理理论

企业中的股东、债权人、经理人员等诸多利益相关者的目标并非完全一致，在追求自身利益最大化的过程中有可能会以牺牲另一方的利益为代价，这种利益冲突关系反映在公司股利分配决策过程中表现为不同形式的代理成本：反映两类投资者之间利益冲突的是股东与债权人之间的代理关系；反映股权分散情形下内部经理人员与外部分散投资者之间利益冲突的是经理人员与股东之间的代理关系；反映股权集中情形下控制性大股东与外部中小股东之间利益冲突的是控股股东与中小股东之间的代理关系。

（1）股东与债权人之间的代理冲突。企业股东在进行投资与融资决策时，有可能为增加自身的财富而选择加大债权人风险的政策，如股东通过发行债务支付股利或为发放股利而拒绝净现值为正的投资项目。在股东与债权人之间存在代理冲突时，债权人为保护自身利益，希望企业采取低股利支付率，通过多留存少分配的股利政策以保证有较为充裕的现金留在企业以防发生债务支付困难。因此，债权人在与企业签订借款合同时，习惯于制定约束性条款对企业发放股利的水平进行制约。

（2）经理人员与股东之间的代理冲突。当企业拥有较多的自由现金流时，企业经理人员有可能把资金投资于低回报项目，或为了取得个人私利而追求额外津贴及在职消费等，因此，实施高股利支付率的股利政策有利于降低因经理人员与股东之间的代理冲突而引发的这种自由现金流的代理成本。实施多分配少留存的股利政策，既有利于抑制经理人员随意支配自由现金流的代理成本，也有利于满足股东取得股利收益的愿望。

（3）控股股东与中小股东之间的代理冲突。现代企业股权结构的一个显著特征是所有权与控制权集中于一个或少数大股东手中，企业管理层通常由大股东直接出任或直接指派，管理层与大股东的利益趋于一致。由于所有权集中使控股股东有可能也有能力通过各种手段侵害中小股东的利益，控股股东为取得控制权私利而产生的与中小股东之间的代理冲突使企业股利政策也呈现出明显的特征。当法律制度较为完善，外部投资者保护受到重视时，有效地降低了大股东的代理成本，可以促使企业实施较为合理的股利分配政策。反之，法律制度建设滞后，外部投资者保护程度较低时，如果控股股东通过利益侵占取得的控制权私利机会较多，会使其忽视基于所有权的正常股利收益分配，甚至因过多的利益侵占而缺乏可供分配的现金。因此，对处于外部投资者保护程度较弱环境的中小股东希望企业采用多分配少留存的股利政策，以防控股股东的利益侵害。正因为如此，有些企业为了向外部中小投资者表明自身盈利前景与企业治理良好的状况，则通过多分配少留存的股利政策向外界传递了声誉信息。

代理理论的分析视角为研究与解释处于特定治理环境中的企业股利分配行为提供了一个基本分析逻辑。如果在企业进行股利分配决策过程中，同时伴随着其他公司财务决策，并处于不同的公司治理机制条件下（如所有权结构、经理人员持股、董事会结构特征等），基于代理理论对股利分配政策选择的分析将是多种因素权衡的复杂过程。

5. 信号传递理论

MM 的股利无关论假设不存在信息不对称，即外部投资者与内部经理人员拥有企业投资机会与收益能力的相同信息。但在现实条件下，企业经理人员比外部投资者拥有更多的企业经营状况与发展前景的信息，这说明在内部经理人员与外部投资者之间存在信息不对称。在这种情形下，可以推测分配股利可以作为一种信息传递机制，使企业股东或市场中的投资者依据股利信息对企业经营状况与发展前景做出判断。内部经理人也认为股利分配政策具有信息含量，股利支付信息向市场传递了企业的盈利能力能够为其项目投资和股利分配提供充分的内源融资，特别是本期与以前期间的股利支付水平以及变化程度的信息，甚至能够使投资者从中对企业盈利持续性及增长做出合理判断。

信号理论认为股利向市场传递企业信息可以表现为两个方面：一种是股利增长的信号作用，即如果企业股利支付率提高，被认为是经理人员对企业发展前景做出良好预期的结果，表明企业未来业绩将大幅度增长，通过增加发放股利的方式向股东与投资者传递了这一信息。此时，随着股利支付率提高，企业股票价格应该是上升的。另一种是股利减少的信号作用，即如果企业股利支付率下降，股东与投资者会感受到这是企业经理人员对未来发展前景做出无法避免衰退预期的结果。显然，随着股利支付率下降，企业股票价格应该是下降的。

当然，增发股利是否一定向股东与投资者传递了好消息，对这一点的认识是不同的。如果考虑处于成熟期的企业，其盈利能力相对稳定，此时企业宣布增发股利特别是发放高额股利，可能意味着该企业目前没有新的、前景很好的投资项目，预示着企业成长性趋缓甚至下降，此时，随着股利支付率的提高，股票价格应该是下降的；而当宣布减少股利，则意味着企业需要通过增加留存收益为新增投资项目提供融资，预示着未来前景较好，显然，随着股利支付率下降，企业股票价格应该是上升的。

股利信号理论为解释股利是否具有信息含量提供了一个基本分析逻辑，鉴于股东与投资者对股利信号信息的理解不同，所做出的对企业价值的判断也不同。

二、影响股利分配政策的因素

在现实生活中，公司的股利分配是在种种制约因素下进行的，采取何种股利政策虽然是由管理层决定的，但是实际上在其决策过程中会受到诸多主观与客观因素的影响。影响股利分配政策的因素主要有：

（一）法律限制

为了保护债权人和股东的利益，有关法规对公司的股利分配经常作如下限制：

1. 资本保全的限制

规定公司不能用资本（包括股本和资本公积）发放股利。股利的支付不能减少法定资本，如果一个公司的资本已经减少或因支付股利而引起资本减少，则不能支付股利。

2. 企业积累的限制

为了制约公司支付股利的任意性，按照法律规定，公司税后利润必须先提取法定公积金。此外还鼓励公司提取任意公积金，只有当提取的法定公积金达到注册资本的50%时，才可以不再提取。提取法定公积金后的利润净额才可以用于支付股利。

3. 净利润的限制

规定公司年度累计净利润必须为正数时才可发放股利，以前年度亏损必须足额弥补。

4. 超额累积利润的限制

由于股东接受股利缴纳的所得税高于其进行股票交易的资本利得税，于是许多国家规定公司不得超额累积利润，一旦公司的保留盈余超过法律认可的水平，将被加征额外税额。

5. 无力偿付的限制

基于对债权人的利益保护，如果一个公司已经无力偿付负债，或股利支付会导致公司失去偿债能力，则不能支付股利。

（二）股东因素

公司的股利政策最终由代表股东利益的董事会决定，因此，股东的要求不可忽视。股东从自身经济利益需要出发，对公司的股利分配往往产生这样一些影响：

1. 稳定的收入和避税

一些股东的主要收入来源是股利，他们往往要求公司支付稳定的股利。他们认为通过保留盈余引起股价上涨而获得资本利得是有风险的。若公司留存较多的利润，将受到这部分股东的反对。另外，一些股利收入较多的股东出于避税的考虑（股利收入的所得税高于股票交易的资本利得税），往往反对公司发放较多的股利。

2. 控制权的稀释

公司支付较高的股利，就会导致留存盈余减少，这又意味着将来发行新股的可能性加大，而发行新股必然稀释公司的控制权，这是公司拥有控制权的股东们所不愿看到的局面。因此，若他们拿不出更多的资金购买新股，宁肯不分配股利。

（三）公司因素

公司的经营情况和经营能力，影响其股利政策。

1. 盈余的稳定性

公司是否能获得长期稳定的盈余，是其股利决策的重要基础。盈余相对稳定的公司相对于盈余不稳定的公司而言具有较高的股利支付能力，因为盈余稳定的公司对保持较高股利支付率更有信心。收益稳定的公司面临的经营风险和财务风险较小，筹资能力较强，这些都是其股利支付能力的保证。

2. 公司的流动性

较多地支付现金股利会减少公司的现金持有量，使公司的流动性降低。这里公司流动性是指及时满足财务应付义务的能力；而公司保持一定的流动性，不仅是公司经营所必需的，也是在实施股利分配方案时需要权衡的。

3. 举债能力

具有较强举债能力（与公司资产的流动性相关）的公司因为能够及时地筹措到所需的现金，有可能采取高股利政策；而举债能力弱的公司则不得不多滞留盈余，因而往往采取低股利政策。

4. 投资机会

有着良好投资机会的公司，需要有强大的资金支持，因而往往少发放股利，将大部分盈余用于投资。缺乏良好投资机会的公司，保留大量现金会造成资金的闲置，于是倾向于支付较高的股利。正因为如此，处于成长中的公司多采取低股利政策；处于经营收缩中的公司多采取高股利政策。

5. 资本成本

与发行新股相比，保留盈余不需花费筹资费用，是一种比较经济的筹资渠道。所以，从资本成本考虑，如果公司有扩大资金的需要，也应当采取低股利政策。

6. 债务需要

具有较高债务偿还需要的公司，可以通过举借新债、发行新股筹集资金偿还债务，也可直接用经营积累偿还债务。如果公司认为后者适当的话（比如，前者资本成本高或受其他限制难以进入资本市场），将会减少股利的支付。

(四) 其他限制

除了上述因素以外,还有其他一些因素也会影响公司的股利政策选择。

1. 债务合同约束

公司的债务合同,特别是长期债务合同,往往有限制公司现金支付程度的条款,这使公司只得采取低股利政策。

2. 通货膨胀

在通货膨胀的情况下,由于货币购买力下降,公司计提的折旧不能满足重置固定资产的需要,需要动用盈余补足重置固定资产的需要,因此在通货膨胀时期公司股利政策往往偏紧。

三、股利政策类型

在进行股利分配的实务中,公司经常采用的股利政策有下面几种:

(一) 剩余股利政策

股利分配与公司的资本结构相关,而资本结构又是由投资所需资金构成的,因此实际上股利政策要受到投资机会及其资本成本的双重影响。剩余股利政策就是在公司有着良好的投资机会时,根据一定的目标资本结构(最佳资本结构),测算出投资所需的权益资本,先从盈余当中留用,然后将剩余的盈余作为股利予以分配。

采用剩余股利政策时,应遵循四个步骤:(1) 设定目标资本结构,即确定权益资本与债务资本的比率,在此资本结构下,加权平均资本成本将达到最低水平;(2) 确定目标资本结构下投资所需的股东权益数额;(3) 最大限度地使用保留盈余来满足投资方案所需的权益资本数额;(4) 投资方案所需权益资本已经满足后若有剩余盈余,再将其作为股利发放给股东。

【例9-2】某公司上年税后利润600万元,今年年初公司讨论决定股利分配的数额。预计今年需要增加投资资本800万元。公司的目标资本结构是权益资本占60%,债务资本占40%,今年继续保持。按法律规定,至少要提取10%的公积金。公司采用剩余股利政策。问:公司应分配多少股利?

利润留存 = 800 × 60% = 480(万元)

股利分配 = 600 - 480 = 120(万元)

分析这类问题要注意以下几点:

(1) 关于财务限制。在股利分配中,财务限制主要是指资本结构限制。资本结构是长期有息负债(长期借款和公司债券)和所有者权益的比率。题意要求"保持目标资本结构",就是指需要补充投资资金800万元时应当按目标比例筹集资金,也就是留存480万元,另外的320万元通过长期有息负债筹集。

保持目标资本结构不是指保持全部资产的负债比率,无息负债和短期借款不可能、也不需要保持某种固定比率。短期负债筹资是营运资本管理的问题,不是资本结构问题。

保持目标资本结构,不是指一年中始终保持同样的资本结构。利润分配后建立的目标资本结构,随着生产经营的进行会出现损益,导致所有者权益的变化,使资本结构发生变化。因此,符合目标资本结构是指利润分配后(特定时点)形成的资本结构符合既定目标,而不管后续经营造成的所有者权益变化。

需要资金 800 万元是什么含义？是从什么基础增加 800 万元？如果以分配前的资金存量为基础，那么分出股利将减少资金存量，就要再补充资金，我们将陷入一个数字循环。因此，投资需要 800 万元是指需要 800 万元长期投资资本，不是指资产总额增加 800 万元。它要按照目标资本结构分别靠长期有息负债和权益资金（包括留存和增发股份）筹集。至于分配股利的现金问题，是营运资金管理问题，如果现金存量不足，可以通过短期借款解决，与筹集长期资本无直接关系。

（2）关于经济限制。出于经济上有利的原则，筹集资金要在确定目标结构的前提下，首先使用留存利润补充资金，其次的来源是长期借款，最后的选择是增发股份。因此，800 万元资金只能由留存收益补充 480 万元，借款部分补充 320 万元。不应当违背经济原则，把全部利润都分给股东，然后去按资本结构比率增发股份和借款。

（3）关于法律限制。法律规定必须提取 10% 的公积金，因此公司至少要提取 600×10% = 60 万元，作为收益留存。如果公司出于经济原因决定留存利润 480 万元，这条法律规定并没有构成实际限制。法律规定留存的 60 万元同样可以长期使用，它是 480 万元的一部分。

法律的这条规定，实际上只是对本年利润"留存"数额的限制，而不是对股利分配的限制。由于以前年度的未分配利润也可以用来分配股利，所以法律对于股利分配的限制来源于"累计未分配利润"。就本题而言，"本年"利润中可用于股利分配的上限是 600×90% = 540 万元，如果有以前年度未分配利润，法律不禁止股利分配超过 540 万元。

在本题中，限制动用以前年度未分配利润分配股利的真正原因，来自财务限制和采用的股利分配政策。既然需要补充资金，为什么还要超过 540 万元的限制，动用以前年度未分配利润呢？只有在资金有剩余的情况下，才会超本年盈余进行分配。超量分配，然后再去借款或向股东要钱，不符合经济原则。因此，该公司不会动用以前年度未分配利润，只能分配本年利润的剩余部分（即 120 万元）给股东。

例如，假定【例 9-2】中的这家公司除了当年取得税后利润 600 万元外，还有以前年度的累计未分配利润 1000 万元，那么如果不考虑增加投资资本和保持现有资本结构的需要，只满足提取法定公积金的要求，该公司可用于分配股利的最高额则为：

最高可分配股利额 = 600×（1 − 10%）+ 1000 = 1540（万元）

如果考虑增加投资资本的需要，按照剩余股利政策，即使留有以前年度的累计未分配利润，公司也只能以［例 9-2］解答中的股利分配额 120 万元向股东分配股利。

奉行剩余股利政策，意味着公司只将剩余的盈余用于发放股利。这样做的根本理由是为了保持理想的资本结构，使加权平均资本成本最低。

（二）固定股利政策

固定股利政策是将每年发放的股利固定在某一相对稳定的水平上并在较长的时期内不变，只有当公司认为未来盈余会显著地、不可逆转地增长时，才能提高年度的股利发放额。

固定股利政策的主要目的是避免出现由于经营不善而削减股利的情况。采用这种股利政策的理由在于：

（1）稳定的股利向市场传递着公司正常发展的信息，有利于树立公司良好形象，增强投资者对公司的信心，稳定股票的价格。

（2）稳定的股利额有利于投资者安排股利收入和支出，特别是对那些对股利有着很高依赖性的股东更是如此。而股利忽高忽低的股票，则不会受这些股东的欢迎，股票价格会因此而下降。

（3）稳定的股利政策可能会不符合剩余股利理论，但考虑到股票市场会受到多种因素的影响，其中包括股东的心理状态和其他要求，因此为了使股利维持在稳定的水平上，即使推迟某些投资方案或者暂时偏离目标资本结构，也可能要比降低股利或降低股利增长率更为有利。

该股利政策的缺点在于股利的支付与盈余相脱节。当盈余较低时仍要支付固定的股利，这可能导致资金短缺，财务状况恶化；同时不能像剩余股利政策那样保持较低的资本成本。

（三）固定股利支付率政策

固定股利支付率政策，是公司股利与净利润的比率。在这一股利政策下，各年股利额随公司经营的好坏而上下波动，获得较多盈余的年份股利额高，获得盈余少的年份股利额就低。采用这种股利政策的理由在于：（1）采用固定股利支付率政策，股利与公司盈余紧密配合，体现了"多盈多分、少盈少分、无盈不分"的股利分配原则。（2）由于公司的获利能力在年度间是经常变动的，因此，每年的股利也应当随着公司收益的变动而变动。采用固定股利支付率政策，公司每年按固定的比例从税后利润中支付现金股利，从企业的支付能力角度看，这是一种稳定的股利政策。

但是，采用这种政策也有其不足：（1）大多数公司每年的收益很难保持稳定不变，导致年度间的股利额波动较大，由于股利的信号传递作用，波动的股利很容易给投资者带来经营状况不稳定、投资风险较大的不良印象，称为公司的不利因素。（2）容易使公司面临较大的财务压力。这是因为公司实现的盈利多，并不能代表公司有足够的现金流用来支付较多的股利额。（3）合适的固定股利支付率的确定难度比较大。

由于公司每年面临的投资机会、筹资渠道都不同，而这些都可以影响到公司的股利分派，所以，一成不变地奉行固定股利支付率政策的公司在实际中并不多见，固定股利支付率政策只是比较适用于那些处于稳定发展且财务状况也较稳定的公司。

【例 9 – 3】 某公司长期以来用固定股利支付率政策进行股利分配，确定的股利支付率为 30%。20×8 年税后净利润为 1 500 万元，如果仍然继续执行固定股利支付率政策，公司本年度将要支付的股利为：

1 500 × 30% = 450（万元）

但公司下一年度有较大的投资需求，因此，准备本年度采用剩余股利政策。如果公司下一年度的投资预算为 2 000 万元，目标资本结构为权益资本占 60%。按照目标资本结构的要求，公司投资方案所需的权益资本额为：2 000 × 60% = 1 200（万元）

公司 20×8 年度可以发放的股利为：1 500 – 1 200 = 300（万元）

其实，按年度计算的股利支付率非常不可靠。由于累计的以前年度盈余也可以用于股利分配，有时股利支付率会大于 100%。作为一种财务政策，股利支付率应当是若干年度的平均值。

（四）低正常股利加额外股利政策

低正常股利加额外股利政策，是公司一般情况下每年只支付固定的、数额较低的股利，在盈余多的年份，再根据实际情况向股东发放额外股利。但额外股利并不固定化，不意味着公司永久地提高了规定的股利率。

采用低正常股利加额外股利政策的理由如下：

（1）这种股利政策使公司具有较大的灵活性。当公司盈余较少或投资需用较多资金时，可维持设定的较低但正常的股利，股东不会有股利跌落感；而当盈余有较大幅度增加时，则可适度增发股利，把经济繁荣的部分利益分配给股东，使他们增强对公司的信心，这有利于稳定股票的价格。

（2）这种股利政策可使那些依靠股利度日的股东每年至少可以得到虽然较低但比较稳定的股利收入，从而吸引住这部分股东。

以上各种股利政策各有所长，公司在分配股利时应借鉴其基本决策思想，制定适合自己具体实际情况的股利政策。

四、股利分配对报表的影响

企业的股利分配方案一般包括以下几个方面：

（1）股利支付形式。决定是以现金股利、股票股利还是其他某种形式支付股利。

（2）股利政策的类型。决定采取固定股利政策，还是稳定增长股利政策，或是剩余股利政策等。

（3）股利支付程序。确定股利宣告日、股权登记日、除权除息日和股利支付日等具体事宜。

现以我国 F 上市公司的股利分配实施方案举例说明：

【例 9-4】 F 上市公司在 2009 年度利润分配及资本公积转增股本实施公告中披露的分配方案主要信息：

每 10 股送 3 股，派发现金红利 0.6 元（含税），转增 5 股。即每股送 0.3 股，派发现金红利 0.06 元（含税，送股和现金红利均按 10% 代扣代缴个人所得税，扣税后每股实际派发现金 0.024 元），转增 0.5 股。

股权登记日：2010 年 3 月 17 日（注：该日收盘价为 24.45 元）；除权（除息）日：2010 年 3 月 18 日（注：该日的开盘价为 13.81 元）；新增可流通股份上市流通日：2010 年 3 月 19 日；现金红利到账日：2010 年 3 月 23 日。

从 F 上市公司的利润分配及资本公积转增股本时公告披露的信息得知，该公司的股利分配包括现金股利分配和股票股利。而转增股本则是将资本公积转为股本，对企业而言属于所有者权益内项目之间的调整，对股东而言可以按照其所持有股份的比例获得相应的转增股份。从股东持有的股份数量上看，公司发放股票股利与从资本公积转增股本都会使股东具有相同的股份增持效果，但并未增加股东持有股份的价值。此外，股票股利与转增不同的是派发的股票股利来自未分配利润，股东需要缴纳所得税。我国部分上市公司的资本公积转增股本方案是单独实施的，也有许多上市公司的转增方案与发放现金股利和股票股利一同实施。

F 上市公司在实施利润分配前，资产负债表如表 9-4 所示。

表 9-4　　　　　　　　　F 公司的资产负债表（股利分配前）　　　　　　　单位：万元

资产	金额	负债和所有者权益	金额
现金	20 000	负债	250 000
其他资产	486 000	普通股（面值 1 元，已发行普通股 60 000 万股）	60 000
		资本公积	60 000

续表

资产	金额	负债和所有者权益	金额
		盈余公积	16 000
		未分配利润	120 000
		所有者权益	256 000
资产总计	506 000	负债和所有者权益总计	506 000

每10股派发现金红利0.6元，发放现金股利总额3 600万元，使公司的现金和未分配利润同时减少3 600万元，从而使现金流出企业，并减少了公司所有者权益，但不影响股本总额。

发放现金股利总额 = 60 000 × 0.06 = 3 600（万元）

如果没有发放股票股利和转增资本，只发放现金股利，则资产负债表如表9-5所示。

表9-5　　　　　　　　F公司的资产负债表（股利分配后）　　　　　　单位：万元

资产	金额	负债和所有者权益	金额
现金	16 400	负债	250 000
其他资产	486 000	普通股（面值1元，已发行普通股60 000万股）	60 000
		资本公积	60 000
		盈余公积	16 000
		未分配利润	116 400
		所有者权益	252 400
资产总计	502 400	负债和所有者权益总计	502 400

如果公司在发放现金股利的基础上，每10股再送3股股票股利，则

发放股票股利增加的股本 = 60 000 × 0.3 = 18 000（万元）

按照股票面值从未分配利润转入股本的，即减少了未分配利润18 000万元，同时增加股本18 000万元，只改变了所有者权益内部结构，不影响公司所有者权益总额。

如果每10股转增5股，则

资本公积转增的股本 = 60 000 × 0.5 = 30 000（万元）

从资本公积转增股本只是改变了所有者权益的内部结构，即减少了资本公积30 000万元，同时增加了总股本30 000万元，不影响所有者权益总额。

实施此次股利分配和转增方案后，通过发放股票股利和从资本公积转增后的股本总额变为：

股本总额 = 60 000 + 18 000 + 30 000 = 10 8000（万元）

转增股本后的资本公积 = 60 000 - 30 000 = 30 000（万元）

实施利润分配方案后的未分配利润 = 120 000 - 3 600 - 18 000 = 98 400（万元）

F上市公司2009年度利润分配方案实施后的所有者权益各项目如表9-6所示。

表 9-6		F 公司的资产负债表（股利分配后）	单位：万元
资产	金额	负债和所有者权益	金额
现金	16 400	负债	250 000
其他资产	486 000	普通股（面值 1 元，已发行普通股 60 000 万股）	108 000
		资本公积	30 000
		盈余公积	16 000
		未分配利润	98 400
		所有者权益	252 400
资产总计	502 400	负债和所有者权益总计	502 400

从表 9-6 可以看出，利润分配后比利润分配前股本总额增加了 48 000 万元，分别来自股票股利从未分配利润中转出的 18 000 万元和转增股本从资本公积中转出的 30 000 万元。所有者权益总额的变化 3 600 万元是现金股利分配与缴纳现金股利与股票股利所得税的结果，其中，全体股东实际收到的现金股利 = 60 000 × [0.06 - (0.06 + 0.3) × 10%] = 60 000 × 0.024 = 1 440（万元），缴纳的现金股利所得税 360 万元；全体股东在收到 18 000 万股股票股利的同时，缴纳股票股利所得税 1 800 万元。

在美国等西方国家发放股票股利通常是以发放前的股票市价为基础，将股票股利从留存收益项目转出，其中按照股票面额部分转至股本项目，股票市价与面值差额的部分转入资本公积项目。

第三节 股票股利、股票分割与股票回购

一、股票股利

股票股利是公司以发放的股票作为股利的支付方式。股票股利并不直接增加股东的财富，不导致公司资产的流出或负债的增加，同时也并不因此而增加公司的财产，但会引起所有者权益各项目的结构发生变化。发放股票股利以后，如果盈利总额与市盈率不变，会由于普通股股数增加而引起每股收益和每股市价的下降。但由于股东所持股份的比例不变，每位股东所持有股票的市场价值总额仍保持不变，因而股票股利不涉及公司的现金流。

【例 9-5】某公司假定该公司宣布发放 10% 的股票股利，即发放 2 万股普通股股票，并规定现有股东每持 10 股可得 1 股新发放股票。若该股票当时市价 20 元，随着股票股利的发放，按照股票市值需从留存收益划转出的资金为：

20 × 200 000 × 10% = 400 000（元）

派发 2 万股的股票股利后，使股本账户增加了 2 万元，由于股票面额（1 元）不变，股本数量也增加了 2 万股，即从派发前的 20 万股增加到 22 万股。其余的 380 000 元（400 000 - 20 000）应作为股票溢价转至资本公积账户，而公司股东权益总额保持不变。公司股东权益各项目在发放股票股利前后的情况如表 9-7 所示。

表 9-7 股票股利发放前后对比表 单位：元

项目	发放股票股利前	发放股票股利后
股本（面额1元，均为发行的普通股）	200 000	220 000
资本公积	400 000	380 000
留存收益	2 000 000	1 600 000
股东权益合计	2 600 000	2 600 000

发放股票股利后，如果盈利总额和市盈率不变，会由于普通股股数增加而引起每股收益和每股市价的下降；但又由于股东所持股份的比例不变，每位股东所持股票的市场价值总额仍保持不变。这可从［例9-5］中得到说明。

【例9-6】假定在［例9-5］中公司本年盈余为44万元，某股东持有2万股普通股。假设市盈率不变，发放股票股利对该股东的影响如表9-8所示。

表 9-8 股票股利发放前后对比表 单位：元

项目	发放前	发放后
每股收益（EPS）	440 000/200 000 = 2.2	440 000/220 000 = 2
每股市价	20	20/（1+10%）= 18.18
持股比例	（200 00/200 000）×100% = 10%	（220 00/220 000）×100% = 10%
所持股总价值	20×20 000 = 400 000	18.18×22 000 = 400 000

发放股票股利对每股收益和每股市价的影响，可以通过对每股收益、每股市价的调整直接算出：

$$发放股票股利后的每股收益 = \frac{E_0}{1+D_s}$$

式中：E_0——发放股票股利前的每股收益；

D_s——股票股利发放率。

$$发放股票股利后的每股市价 = \frac{M}{1+D_s}$$

式中：M——股利分配权转移日的每股市价；

D_s——股票股利发放率。

根据资料：

$$发放股票股利后的每股收益 = \frac{2.2}{1+10\%} = 2（元）$$

$$发放股票股利后的每股市价 = \frac{20}{1+10\%} = 18.18（元）$$

我国上市公司在实施利润分配方案时，可以是单独实施发放现金股利或者股票股利的分配方案，也可以是现金股利与股票股利组合方案，或者同时伴随着从资本公积转增股本的方案。由于股票股利与转增都会增加股本数量，但每个股东持有股份的比例并未改变，结果导致每股价值被稀释，从而使股票交易价格下降。

在除权（除息）日，上市公司发放现金股利与股票股利股票的除权参考价：

$$除权参考价 = \frac{股权登记日收盘价 - 每股现金股利}{1 + 送股率 + 转增率}$$

利用［例9-4］中的数据，F上市公司在2010年3月18日除权（除息）日的参考价：除权参考价 = (24.45 - 0.06) / (1 + 0.3 + 0.5) = 13.55（元），该公司股票的开盘价为13.81元，相对于股权登记日（2010年3月17日）的股价（该日收盘价为24.45元）有较大幅的下降，有利于使股价保持在合理的范围之内。

从纯粹经济的角度看，股票股利没有改变公司股东权益总额，既不增加股东财富与公司的价值，也不改变财富的分配，仅仅增加了股份数量，但对股东和公司都有特殊意义。股票股利的意义主要表现在几个方面：

1. 使股票的交易价格保持在合理的范围之内

在盈余和现金股利不变的情况下，发放股票股利可以降低每股价值，使股价保持在合理的范围之内，从而吸引更多的投资者。我们可以设想，如果微软等优秀公司从不发放股票股利或进行股票分割，其股价已经几千美元，会大大超出正常的交易价格范围。

2. 以较低的成本向市场传达利好信号

通常管理者在公司前景看好时，才会发放股票股利。管理者拥有比外部人更多的信息，外部人把股票股利的发放视为利好信号。

3. 有利于保持公司的流动性

公司持有一定数量的现金是公司流动性的标志。向股东分派股票股利本身并未发生现金流出企业，仅改变了所有权权益的内部结构。如果每股现金股利的水平较高会影响到公司现金持有水平，配合适当发放一定数量的股票股利可以使股东在分享公司盈余的同时也使现金留存在企业内部，作为营运资金或用于其他用途。

二、股票分割

股票分割是指将面额较高的股票交换成面额较低的股票的行为。例如，将原来的一股股票交换成两股股票。股票分割不属于某种股利方式，但其所产生的效果与发放股票股利近似，故而在此一并介绍。

股票分割时，发行在外的股数增加，使得每股面额降低。如果盈利总额和市盈率不变，则每股收益下降，但公司价值不变，股东权益总额以及股东权益内部各项目相互间的比例也不会改变。这与发放股票股利时的情况既有相同之处，又有不同之处。

【例9-7】某公司原发行面额2元的普通股200000股，若按1股换成2股的比例进行股票分割，分割前、后的每股收益计算如表9-9、表9-10所示。

表9-9　　　　　　　　　股票分割前的股东权益　　　　　　　　　单位：元

项目	金额
普通股（面额2元，已发行200 000股）	400 000
资本公积	800 000
未分配利润	4 000 000
股东权益合计	5 200 000

表 9-10　　　　　　　　股票分割后的股东权益　　　　　　　　　　　单位：元

项目	金额
普通股（面额1元，已发行 400 000 股）	400 000
资本公积	800 000
未分配利润	4 000 000
股东权益合计	5 200 000

假定公司本年净利润44万元，那么股票分割前的每股收益为2.2元（440 000÷200 000）。

假定股票分割后公司净利润不变，分割后的每股收益为1.1元，如果市盈率不变，每股市价也会因此而下降。

从实践效果看，由于股票分割与股票股利非常接近，所以一般要根据证券管理部门的具体规定对两者加以区分。例如，有的国家证券交易机构规定，发放25%以上的股票股利即属于股票分割。

对于公司来讲，实行股票分割的主要目的在于通过增加股票股数降低每股市价，从而吸引更多的投资者。此外，股票分割往往是成长中公司的行为，所以宣布股票分割后容易给人一种"公司正处于发展之中"的印象，这种利好信息会在短时间内提高股价。从纯粹经济的角度看，股票分割和股票股利没有什么区别。

尽管股票分割与发放股票股利都能达到降低公司股价的目的，但一般来说，只有在公司股价暴涨且预期难以下降时，才采用股票分割的办法降低股价；而在公司股价上涨幅度不大时，往往通过发放股票股利将股价维持在理想的范围之内。

相反，若公司认为自己股票的价格过低，为了提高股价，会采取反分割（也称股票合并）的措施。反分割是股票分割的相反行为，即将数股面额较低的股票合并为一股面额较高的股票。例如，若上例中原面额2元、发行200 000股、市价20元的股票，按2股换成1股的比例进行反分割，该公司的股票面额将成为4元，股数将成为100 000股，市价也将上升。

三、股票回购

股票回购是指公司在有多余现金时，向股东回购自己的股票，以此来代替现金股利。

（一）股票回购的意义

股票回购是指公司出资购买自身发行在外的股票。公司以多余现金购回股东所持有的股份，使流通在外的股份减少，每股股利增加，从而会使股价上升，股东能因此获得资本利得，这相当于公司支付给股东现金股利。所以，可以将股票回购看作是一种现金股利的替代方式。股票回购与现金股利对股东的同等效用，可以通过例9-8说明。

【例9-8】某公司普通股的每股收益、每股市价等资料如表9-11所示。

表 9-11　　　　　　　　某公司普通股资料表

税后利润	4 000 000 元
流通股数	1 000 000 股
每股收益（4 000 000/1 000 000）	4 元
每股市价	40 元
市盈率（40/4）	10

假定公司准备从盈利中拨出100万元发放现金股利,每股可得股利为1元(1 000 000÷1 000 000),那么每股市价将为41元(原市价40元+预期股利1元)。若公司改为用100万元以每股41元的价格回购股票,可购得24390股(1 000 000÷41),那么每股收益将为:

EPS = 4 000 000/(1 000 000 − 24 390) = 4.1(元)

如果市盈率仍为10,股票回购后的每股市价将为41元(4.1×10)。这与支付现金股利之后的每股市价相同。可见,公司不论采用支付现金股利的方式还是股票回购的方式,分配给股东的每股现金都是1元。

然而,股票回购却有着与发放现金股利不同的意义。

(1)对股东而言,股票回购后股东得到的资本利得需缴纳资本利得税,发放现金股利后股东则需缴纳股息税。在前者低于后者的情况下,股东将得到纳税上的好处。但另一方面,上述分析是建立在各种假设之上的,如假设可以用的市价回购股票、假设股票回购后市盈率不变,等等。实际上这些因素是很可能因股票回购而发生变化的,其结果是否对股东有利难以预料。也就是说,股票回购对股东利益具有不确定的影响。

(2)对公司而言,股票回购有利于增加公司的价值:

第一,公司进行股票回购的目的之一是向市场传递股价被低估的信号。股票回购有着与股票发行相反的作用。股票发行被认为是公司股票被高估的信号,如果公司管理层认为公司目前的股价被低估,通过股票回购,向市场传递了积极信息。股票回购的市场反应通常是提升了股价,有利于稳定公司股票价格。如果回购以后股票仍被低估,剩余股东也可以从低价回购中获利。

第二,当公司可支配的现金流明显超过投资项目所需的现金流时,可以用自由现金流进行股票回购,有助于增加每股盈利水平。股票回购减少了公司自由现金流,起到了降低管理层代理成本的作用。管理层通过股票回购试图使投资者相信公司的股票是具有投资吸引力的,公司没有把股东的钱浪费在收益不好的投资中。

第三,避免股利波动带来的负面影响。当公司剩余现金流是暂时的或者是不稳定的,没有把握能够长期维持高股利政策时,可以在维持一个相对稳定的股利支付率的基础上,通过股票回购发放股利。

第四,发挥财务杠杆的作用。如果公司认为资本结构中权益资本的比例较高,可以通过股票回购提高负债比率,改变公司的资本结构,并有助于降低加权平均资本成本。虽然发放现金股利也可以减少股东权益,增加财务杠杆,但两者在收益相同情形下的每股收益不同。特别是如果是通过发行债券融资回购本公司的股票,可以快速提高负债比率。

第五,通过股票回购,可以减少外部流通股的数量,提高股票价格,在一定程度上降低公司被收购的风险。

第六,调节所有权结构。公司拥有回购的股票(库藏股),可以用来交换被收购或被兼并公司的股票,也可用来满足认股权证持有人认购公司股票或可转换债券持有人转换公司普通股的需要,还可以在执行管理层与员工股票期权时使用,避免发行新股而稀释收益。

我国《公司法》规定,公司只有在以下四种情形下才能回购本公司的股份:一是减少公司注册资本;二是与持有本公司股份的其他公司合并;三是将股份奖励给本公司职工;四是股东因对股东大会做出的合并、分立决议持异议,要求公司收购其股份。

公司因第一种情况收购本公司股份时,应当在收购之日起10日内注销;属于第二、第四种情况的,应当在6个月内转让或者注销。公司因奖励职工回购股份的,不得超过本公司已发行股份总额的5%；用于回购的资金应当从公司的税后利润中支出；所收购的股份应当在一年内转让给职工。可见我国法规并不允许公司拥有西方实务中常见的库藏股。

（二）股票回购的方式

股票回购的方式按照不同的分类标准主要有以下几种。

（1）按照股票回购的地点不同，可以分为场内公开收购和场外协议收购两种。场内公开收购是指公司把自己等同于任何潜在的投资者，委托证券公司代自己按照公司股票目前市场价格回购。场外协议收购是指公司与某一类或某几类投资者直接见面，通过协商来回购股票的一种方式。协商的内容包括价格与数量的确定，以及执行时间等。很显然，这一种方式的缺点就在于透明度比较低。

（2）按照股票回购的对象不同，可以分为在资本市场上进行随机回购、向全体股东招标回购、向个别股东协商回购。在资本市场上随机收购的方式最为普遍，但往往受到监管机构的严格监控。在向全体股东招标回购的方式下，回购价格通常高于当时的股票价格，具体的回购工作一般要委托金融中介机构进行，成本费用较高。向个别股东协商回购，由于不是面向全体股东，所以必须保持回购价格的公正合理性，以免损害其他股东利益。

（3）按照筹资方式不同，可分为举债回购、现金回购和混合回购。举债回购是指企业通过银行等金融机构借款的方法来回购本公司的股份，其目的无非是防御其他公司的恶意兼并与收购。现金回购是指企业利用剩余资金来回购本公司的股票。如果企业既动用剩余资金，又向银行等金融机构举债来回购本公司股票，称之为混合回购。

（4）按照回购价格的确定方式不同，可以分为固定价格要约回购和荷兰式拍卖回购。固定价格要约回购是指企业在特定时间发出的以某一高出股票当前市场价格的价格水平，回购既定数量股票的卖出报价。为了在短时间内回购数量相对较多的股票，公司可以宣布固定价格回购要约。它的优点是赋予所有股东向公司出售其所持有股票的均等机会，而且通常情况下公司享有在回购数量不足时取消回购计划或延长要约有效期的权利。荷兰式拍卖回购首次出现于1981年Todd造船公司的股票回购。此种方式的股票回购在回购价格确定方面给予公司更大的灵活性。在荷兰式拍卖的股票回购中，首先公司指定回购价格的范围（通常较宽）和计划回购的股票数量；而后股东进行投标，说明愿意以某一特定价格水平（股东在公司指定的回购价格范围内任选）出售股票的数量；公司汇总所有股东提交的价格和数量，确定此次股票回购的"价格"，并根据实际回购数量确定最终的回购价格。

【本章小结】

1. 我国公司股利分配顺序：（1）弥补以前年度亏损；（2）计算可供分配的利润；（3）提取法定盈余公积金；（4）提取任意盈余公积金；（5）向股东分配股利。

2. 通常有以下几种股利政策可供选择：剩余股利政策；固定或稳定增长的股利政策；固定股利支付率政策；低正常股利加额外股利政策。

3. 股利支付形式可以分为不同的种类，主要有以下四种：现金股利；股票权利；财产股利；负债股利。

4. 股票分割是指将一股股票拆分成多股股票的行为。股票分割一般只会增加发行在外的股票总数，但不会对公司的资本结构产生任何影响。股票分割与股票股利非常相似，都是在不增加股东权益的情况下增加了股份的数量,所不同的是,股票股利虽不会引起股东权益总额的改变,但股东权益的内部结构会发生变化,而股票分割之后,股东权益总额及其内部结构都不会发生任何变化,变化的只是股票面值。

5. 股票回购是指上市公司出资将其发行在外的普通股以一定价格购买回来予以注销或作为库存股的一种资本运作方式。公司不得随意收购本公司的股份。只有满足相关法律规定的情形才允许股票回购。

【思考题】

1. 股利分配必须遵循哪些原则?
2. 影响股利政策的主要因素有哪些?
3. 为什么上市公司都喜欢采用股票股利的方式?发放股票股利对公司价值有何影响?

【练习题】

1. 某公司成立于 2013 年 1 月 1 日,2013 年度实现的净利润为 1 000 万元,分配现金股利 550 万元,提取公积金 450 万元(所提公积金均已指定用途)。2014 年实现的净利润为 900 万元(不考虑计提公积金的因素)。2015 年计划增加投资,所需资本为 700 万元。假定公司目标资本结构为权益资本占 60%,长期借入资本占 40%。

要求:(1)在保持目标资本结构的前提下,计算 2015 年投资方案所需的权益资本和需要从外部借入的长期债务资本。

(2)在保持目标资本结构的前提下,如果公司执行剩余股利政策。计算 2014 年度应分配的现金股利。

2. 某公司 2014 年度收益总额为 1 000 万元,在外流通的普通股股数为 1 000 万股。现在股利发放的形式上存在两种方案:

A 方案:发放现金股利,股利支付率为 10%;

B 方案:发放 10% 的股票股利,股票的市价为 2.5 元/股。发放股利前的资产负债表如表 9-12 所示。

表 9-12   单位:万元

资产	金额	负债和所有者权益	金额
现金	2 000	负债	4 000
其他资产	8 000	股本(面值 1 元,已发行 2 400 万股)	2 400
		资本公积	2 100
		留存收益	1 500
		所有者权益	6 000
资产合计	10 000	负债和所有者权益	10 000

要求:(1)编制发放现金股利后的资产负债表;
(2)编制发放股票股利后的资产负债表。

第十章 财务分析

【案例导读】

"郑百文"涉嫌财务报表造假

曾被誉为中国"国企改革一面红旗"的郑州百文股份有限公司(简称"郑百文")的前身是一个郑州国有百货文化用品批发站。1996年4月,经中国证监会批准,郑百文成为郑州市的第一家上市企业和河南省首家商业股票上市公司。1997年其主营规模和资产收益率等指标在深沪上市的所有商业公司中名列前茅,然而,在其后的三年间其累计亏损达15亿元,拖欠银行债务高达25亿元,与两年前火爆全国的情景形成了强烈反差,企业已陷入生死两难、穷途末路的境地。据郑百文公司的财务人员介绍,公司的全部资产中,一直是流动资产的比重最大;而在流动资产中,又是应收账款的比重最大,这里面的秘密都来源于造假。公司变亏为"盈"的常用招数是,让厂家以"欠商品返利款未付"形式向公司打欠条,少则几百万,多则上千万,然后据此以应收款的名目做成盈利入账,把亏损变为盈利。同时,为了避免以后的债务纠纷,公司还必须与厂家签订另外一个补充协议,明确指出所打欠条只是"朋友帮忙",仅供公司做账用,不作为还款依据,不具有法律效力。这一作假手段从郑百文1995年、1996年、1997年三年的会计报表中可见一斑:三年内应收账款大幅增加,企业主营业务收入也出现高速增长,而应收账款周转率却出现下滑,尤其是1997年不正常地大幅降低。这无疑在一定程度上表明公司靠大量应收账款撑起的高额利润有着值得怀疑的地方。

问题:

(1) 我们为什么要进行财务报表分析?
(2) 我们怎样通过财务报表分析,发现企业的财务造假行为?

【学习目标】

□ 理解财务分析的概念和作用,掌握财务分析的方法
□ 掌握偿债能力、营运能力、盈利能力、现金流量等不同类型的财务指标
□ 掌握杜邦财务分析体系和沃尔比重评分法
□ 了解企业财务绩效评价的方法和内容

第一节　财务分析概述

一、财务分析的基础

财务分析是根据企业财务报表等信息资料，采用专门方法，系统分析和评价企业财务状况、经营成果、现金流量以及未来发展趋势的过程。财务分析以企业的会计核算资料为基础，这些会计核算资料包括日常核算资料和财务报告，但财务分析主要是以财务报告为基础，日常核算资料只作为财务分析的一种补充资料。

财务报告是企业向政府部门、投资者、债权人等与本企业有利害关系的组织或个人提供的，反映企业在一定时期内的财务状况、经营成果、现金流量以及影响企业未来经营发展的重要经济事项的书面文件。提供财务报告的目的在于为报告使用者提供财务信息，为他们进行财务分析、经济决策提供充足的依据。企业的财务报告主要包括资产负债表、利润表、现金流量表、所有者权益（或股东权益）变动表、财务报表附注以及其他反映企业重要事项的文字说明。这些财务报表及附注集中、概括地反映了企业的财务状况、经营成果和现金流量等财务信息，对其进行评价和剖析，反映企业在运营过程中的利弊得失和发展趋势，能为改进企业财务管理工作和优化经济决策提供重要财务信息。

（一）资产负债表

资产负债表是反映企业在某一特定日期的财务状况的财务报表，是企业经营活动的静态体现，它以"资产＝负债＋所有者权益"这一平衡公式为依据，按照一定的分类标准和一定的次序，反映企业在某一特定时点上的资产、负债、所有者权益的基本状况。表 10－1 为 ABC 股份有限公司（以下简称"ABC"公司）2017 年度资产负债表。

表 10－1　　　　　　　　　资　产　负　债　表

编制单位：ABC公司　　2017 年 12 月 31 日　　　　　　　　　　　　　单位：万元

资产	年末余额	年初余额	负债和股东权益	年末余额	年初余额
流动资产：			流动负债：		
货币资金	44	25	短期借款	60	45
交易性金融资产	6	12	交易性金融负债	28	10
应收票据	14	11	应付票据	5	4
应收账款	398	199	应付账款	100	109
预付款项	22	4	预收款项	10	4
应收利息	0	0	应付职工薪酬	2	1
应收股利	0	0	应交税费	5	4
其他应收款	12	22	应付利息	12	16
存货	119	326	应付股利	0	0

续表

资产	年末余额	年初余额	负债和股东权益	年末余额	年初余额
一年内到期的非流动资产	77	11	其他应付款	25	22
其他流动资产	8	0	一年内到期的非流动负债	0	0
流动资产合计	700	610	其他流动负债	53	5
			流动负债合计	300	220
非流动资产：			非流动负债：		
可供出售金融资产	0	45	长期借款	450	245
持有至到期投资	0	0	应付债券	240	260
长期应收款	0	0	长期应付款	50	60
长期股权投资	30	0	专项应付款	0	0
固定资产	1 238	955	预计负债	0	0
在建工程	18	35	递延所得税负债	0	0
固定资产清理	0	12	其他非流动负债	0	15
无形资产	6	8	非流动负债合计	740	580
开发支出	0	0	负债合计	1 040	800
商誉	0	0	股东权益：		
长期待摊费用	5	15	股本	100	100
递延所得税资产	0	0	资本公积	10	10
其他非流动资产	3	0	减：库存股	0	0
非流动资产合计	1 300	1 070	盈余公积	60	40
			未分配利润	790	730
			股东权益合计	960	880
资产总计	2 000	1 680	负债和股东权益总计	2 000	1 680

从资产负债表的结构来看，它主要包括资产、负债与股东权益三大类项目。资产负债表的左方反映企业的资产状况，资产按流动性分项列示，上半部分列示了各项流动资产的金额，下半部分列示了各项非流动资产的金额。资产负债表的右方反映企业的负债与股东权益状况，它说明了企业资金的来源情况，即有多少来源于债权人，有多少来源于企业所有者的投资。

资产负债表是进行财务分析的一张重要财务报表，它提供了企业的资产结构、资产流动性、资金来源状况、负债水平以及负债结构等财务信息。分析者通过对资产负债表的分析，可以了解企业的偿债能力、资金营运能力等财务状况，为债权人、投资者以及企业管理者提供决策依据。

（二）利润表

利润表也称损益表，是反映企业在一定期间生产经营成果的财务报表。利润表是以

"利润＝收入－费用"这一会计等式为依据编制而成。通过利润表可以考核企业利润计划的完成情况，分析企业的盈利能力以及利润增减变化的原因，预测企业利润的发展趋势，为投资者及企业管理者等提供决策有用的财务信息。在利润表中，通常按照利润的构成项目来分别列示。表10－2为ABC公司2017年度的利润表。

表10－2　　　　　　　　　　　　利　润　表

编制单位：ABC公司　　　　　　　2017年度　　　　　　　　　　　　　单位：万元

项　目	本年金额	上年金额
一、营业收入	3 000	2 850
减：营业成本	2 644	2 503
税金及附加	28	28
销售费用	22	20
管理费用	46	40
财务费用	110	96
资产减值损失	0	0
加：公允价值变动收益	0	0
投资收益	6	0
二、营业利润	156	163
加：营业外收入	45	72
减：营业外支出	1	0
三、利润总额	200	235
减：所得税费用	64	75
四、净利润	136	160

企业的利润因收入和费用的不同配比，可以分为三个层次：营业利润、利润总额（税前利润）和净利润。营业利润是营业收入减去营业成本，再扣除税金及附加、销售费用、管理费用、财务费用，加上公允价值变动收益和投资净收益等得到的利润，营业利润主要反映企业的经营所得；营业利润加上营业外收支净额后就是利润总额，是计算所得税的基础；利润总额扣除所得税费用后的余额就是企业的净利润，这是企业所有者可以得到的收益。

（三）现金流量表

现金流量表是以现金及现金等价物为基础编制的财务状况变动表，是企业对外报送的一张重要财务报表。它为财务报表使用者提供企业一定会计期间现金和现金等价物流入和流出的信息，以便于报表使用者了解和评价企业获取现金和现金等价物的能力，并据以预测企业未来现金流量。表10－3为ABC公司2017年度的现金流量表。

表 10-3　　　　　　　　　　　现 金 流 量 表

编制单位：ABC公司　　　　　　　2017年　　　　　　　　　　　　　　单位：万元

项　目	本年金额	上年金额
一、经营活动产生的现金流量		
销售商品、提供劳务收到的现金	2 810	
收到的税费返还	0	
收到其他与经营活动有关的现金	10	
经营活动现金流入小计	2 820	
购买商品、接受劳务支付的现金	2 363	
支付给职工以及为职工支付的现金	29	
支付的各项税费	91	
支付其他与经营活动有关的现金支出	14	
经营活动现金流出小计	2 497	
经营活动产生的现金流量净额	323	
二、投资活动产生的现金流量		
收回投资收到的现金	4	
取得投资收益收到的现金	6	
处置固定资产、无形资产和其他长期资产收回的现金净额	12	
处置子公司及其他营业单位收到的现金净额	0	
收到其他与投资活动有关的现金	0	
投资活动现金流入小计	22	
购置固定资产、无形资产和其他长期资产支付的现金	369	
投资支付的现金	30	
支付其他与投资活动有关的现金	0	
投资活动现金流出小计	399	
投资活动产生的现金流量净额	-377	
三、筹资活动产生的现金流量		
吸收投资收到的现金	0	
取得借款收到的现金	270	
收到其他与筹资活动有关的现金	0	
筹资活动现金流入小计	270	
偿还债务支付的现金	20	
分配股利、利润或偿付利息支付的现金	152	
支付其他与筹资活动有关的现金	25	
筹资活动现金流出小计	197	
筹资活动产生的现金流量净额	73	
四、汇率变动对现金及现金等价物的影响	0	
五、现金及现金等价物净增加额	19	
加：期初现金及现金等价物余额	25	
六、期末现金及现金等价物余额	44	

现金流量表反映了企业在一定期间的现金流量状况,它将企业的现金流量划分为经营活动产生的现金流量、投资活动产生的现金流量和筹资活动产生的现金流量三类,按照收付实现制原则编制而成,将权责发生制下的盈利信息调整为收付实现制下的现金流量信息。

(四)所有者权益变动表

所有者权益(或股东权益)变动表是反映企业年末所有者权益增减变动情况的报表。通过该表,可以了解企业某一会计年度所有者权益的各项目实收资本(或股本)、资本公积、盈余公积和未分配利润等的增加、减少及其余额的情况,分析其变动原因及预测未来的变动趋势。表10-4为ABC公司2017年度的股东权益表。

表10-4　　　　　　　　　　　股东权益变动表

编制单位:ABC公司　　　　　　　2017年　　　　　　　　　　单位:万元

项目	本年金额						上年金额(略)
	股本	资本公积	减:库存股	盈余公积	未分配利润	股东权益合计	
一、上年年末余额	100	10		40	730	880	
加:会计政策变更							
前期差错更正							
二、本年年初余额	100	10		40	730	880	
三、本年增减变动金额							
(一)净利润					136	136	
(二)其他综合收益							
上述(一)和(二)小计					136	136	
(三)股东投入和减少资本							
1. 股东投入资本							
2. 股份支付计入股东权益的金额							
3. 其他							
(四)利润分配							
1. 提取盈余公积				20	-20	0	
2. 对股东的分配					-56	-56	
3. 其他							
(五)股东权益内部结转							
1. 资本公积转增股本							
2. 盈余公积转增股本							
3. 盈余公积弥补亏损							
4. 其他							
四、本年年末余额	100	10	0	60	790	960	

按照《企业会计准则——财务报表列报》的规定，所有者权益变动表至少应当单独列示下列信息的项目：（1）净利润；（2）直接计入所有者权益的利得和损失项目及其总额；（3）会计政策变更和差错更正的累计影响金额；（4）所有者投入资本和向所有者分配利润等；（5）按照规定提取的盈余公积；（6）实收资本、资本公积、盈余公积、未分配利润的期初和期末余额及其调节情况。

（五）会计报表附注

会计报表附注是对在资产负债表、利润表、现金流量表和所有者权益变动表等报表中列示项目的文字描述或明细资料，以及对未能在这些报表中列示项目的说明等。附注应当披露财务报表的编制基础，相关信息应当与资产负债表、利润表、现金流量表和所有者权益变动表等报表中列示的项目参照。

进行财务分析所依据的资料，除了财务报告以外，还应包括日常核算资料（凭证、账簿等）、计划资料、生产技术方面资料、同行业其他企业发布的财务报告、调查研究所搜集到的资料等。

二、财务分析的目的和意义

（一）财务分析的目的

财务分析按分析主体，可分为内部分析和外部分析。内部分析是由企业经营管理人员所进行的分析；外部分析主要是投资人、债权人和其他利益相关单位所进行的分析。各个主体分析的重点有所不同：

1. 企业经营管理人员分析的目的

企业经营管理人员是企业生产经营活动的指挥者和组织者。他们有责任保证企业的全部资产合理使用，并得到保值和增值。在生产经营活动中，他们既要保持企业雄厚的偿债能力和良好的营运能力，又要为投资者赚取较多的利润。因此，他们对企业财务分析的目的与要求是全面的。通过分析要评价企业前一时期的经营业绩，如销售收入的大小、利润数额的多少、投资报酬率的高低等等；要衡量企业当前的财务状况，如企业财务状况是否稳定、财务结构是否合理、企业资金的余缺情况如何等；还要预测企业未来的发展趋势，为进行财务决策提供依据。

2. 企业投资者分析的目的

企业的投资者向企业投入资本，是企业的所有权人。他们的利益与企业的财务成果有密切的联系，与企业休戚与共，各个投资者在企业中有利共享，有亏共担，因此他们密切关心企业的经营状况和财务成果。投资者对企业投资后，享有与投资额相适应的权益，可以通过一定的组织形式参与企业的决策，这也需要通过对企业财务活动的分析来评价企业经营管理人员的业绩，考核他们作为资产的经营者是否称职。投资者还需要通过财务分析，评价企业资本的盈利能力、各种投资的发展前景、投资的风险程度等方面，作为进行投资决策的依据。

3. 债权人分析的目的

债权人与企业之间存在着借贷关系，对他们供给企业的资金，企业要按期付息，定期还本。债权人的利益与企业的财务成果不挂钩，与企业的关系不如投资者那么密切。尽管如此，企业经营管理的好坏，对银行、原材料供应者、债券持有者等的利益也会有很大的影响。如果企业经营不好，不能及时偿还债务，债权人的资金周转就会发生困难。如果企业发生亏损，资不抵债，债权人就会发生坏账损失甚至全部借款收不回来。因此债权人也需密切关注企业的财务状况、偿债能力，要分析企业资产的流动性、负债对所有者权益的比率等。

4. 其他有关方面分析的目的

其他有关方面主要包括：会计师事务所、财政部门、税收部门、银行等。会计师事务所作为社会中介机构，要对企业的财务报告进行查证、分析，并向投资者和有关单位提供企业经营成果和财务状况；财政、税收和银行等部门和单位，也需要从企业对拨款的使用、税金的缴纳、贷款的运用和归还等方面进行分析，以便取得宏观调控需要的资料。

（二）财务分析的意义

财务分析的意义主要体现在如下方面：

第一，可以判断企业的财务实力。通过对资产负债表和利润表有关资料进行分析，计算相关指标，可以了解企业的资产结构和负债水平是否合理，从而判断企业的偿债能力、营运能力及获利能力等财务实力，揭示企业在财务状况方面可能存在的问题。

第二，可以评价和考核企业的经营业绩，揭示财务活动存在的问题。通过指标的计算、分析和比较，能够评价和考核企业的盈利能力和资产周转状况，揭示其经营管理的各个方面和各个环节问题，找出差距，得出分析结论。

第三，可以挖掘企业潜力，寻求提高企业经营管理水平和经济效益的途径。企业进行财务分析的目的不仅仅是发现问题，更重要的是分析问题和解决问题。通过财务分析，保持和进一步发挥生产经营管理中成功的经验，对存在的问题提出解决的策略和措施，以达到扬长避短、提高经营管理水平的经济效益的目的。

第四，可以评价企业的发展趋势。通过各种财务分析，可以判断企业的发展趋势，预测其生产经营的前景及偿债能力，从而为企业领导层进行生产经营决策、投资者进行投资决策和债权人进行信贷决策提供重要的依据，避免因决策错误给其带来重大的损失。

三、财务分析的方法

（一）比较分析法

财务分析的比较法，是对两个或几个有关的可比数据进行对比，从而揭示存在的差异或问题。

- 比较分析按比较对象（和谁比）分为：

（1）与本企业历史比，即不同时期（2~10年）指标相比，也称"趋势分析"。

（2）与同类企业比，即与行业平均数或竞争对手比较，也称"横向比较"。

（3）与计划预算比，即实际执行结果与计划指标比较，也称"预算差异分析"。

- 比较分析按比较内容（比什么）分为：

（1）比较会计要素的总量：总量是指报表项目的总金额，例如，总资产、净资产、净利润等。总量比较主要用于时间序列分析，如研究利润的逐年变化趋势，看其增长潜力。有时也用于同业对比，看企业的相对规模和竞争地位的变化。

（2）比较结构百分比：把资产负债表、利润表、现金流量表转换成结构百分比报表。例如，以收入为100%，看利润表各项目的比重。结构百分比报表用于发现有显著问题的项目，揭示进一步分析的方向。

(3) 比较财务比率：财务比率是各会计要素之间的数量关系，反映它们的内在联系。财务比率是相对数，排除了规模的影响，具有较好的可比性，是最重要的分析比较内容。财务比率的计算相对简单，而对它加以说明和解释却比较复杂和困难。

（二）比率分析法

比率分析法是通过计算各种比率指标来确定财务活动变动程度的方法。比率指标的类型主要有构成比率、效率比率和相关比率三类。

1. 构成比率

构成比率又称"结构比率"，是某项财务指标的各组成部分数值占总体数值的百分比，反映部分与总体的关系。利用构成比率，可以考察总体中某个部分的形成和安排是否合理，以便协调各项财务活动。其计算公式为：

$$构成比率 = \frac{某个组成部分数值}{总体数值} \times 100\%$$

比如，企业资产中流动资产、固定资产和无形资产占资产总额的百分比（资产构成比率），企业负债中流动负债和长期负债占负债总额的百分比（负债构成比率）等。利用构成比率，可以考察总体中某个部分的形成和安排是否合理，以便协调各项财务活动。

2. 效率比率

效率比率，是某项财务活动中所费与所得的比率，反映投入与产出的关系。利用效率比率指标，可以进行得失比较，考察经营成果，评价经济效益。

比如，将利润项目与销售成本、销售收入、资本金等项目加以对比，可以计算出成本利润率、销售利润率和资本金利润率等利润率指标，从不同角度观察比较企业获利能力的高低及其增减变化情况。

3. 相关比率

相关比率，是以某个项目和与其有关但又不同的项目加以对比所得的比率，反映有关经济活动的相互关系。利用相关比率指标，可以考察企业相互关联的业务安排得是否合理，以保障经营活动顺畅进行。

比如，将流动资产与流动负债进行对比，计算出流动比率，可以判断企业的短期偿债能力，将负债总额与资产总额进行对比，可以判断企业长期偿债能力。

采用比率分析法时，应当注意以下几点：（1）对比项目的相关性；（2）对比口径的一致性；（3）衡量标准的科学性。

（三）因素分析法

因素分析法，是依据财务指标与其驱动因素之间的关系，从数量上确定各因素对指标影响程度的一种方法。该方法将分析指标分解为各个可以计量的因素，并根据各个因素之间的依存关系，顺次用各因素的比较值（通常为实际值）替代基准值（通常为标准值或计划值），据以测定各因素对分析指标的影响。由于在分析时要逐次进行各因素的有序替代，因此又称为"连环替代法"。

因素分析法一般分为四个步骤：（1）确定分析对象，即确定需要分析的财务指标，比较其实际数额和标准数额（如上年实际数额），并计算两者的差额；（2）确定该财务指标的驱动因素，即根据该财务指标的形成过程，建立财务指标与各驱动因素之间的函数关系模型；（3）确定驱动因素的替代顺序，即根据各驱动因素的重要性进行排序；（4）按顺序计算各驱动因素脱离标准的差异对财务指标的影响。

【例10-1】某企业2017年3月某种材料费用的实际数是6 720元，而其计划数是5 400元。实际比计划增加1 320元。由于材料费用由产品产量、单位产品材料耗用量和材料单价三个因素的乘积构成，因此，可以把材料费用这一总指标分解为三个因素，然后逐个分析它们对材料费用总额的影响程度。这三个因素的数值如表10-5所示。

表10-5

项　目	单位	计划数	实际数	差　异
产品产量	件	120	140	20
材料单耗	千克/件	9	8	-1
材料单价	元/千克	5	6	1
材料费用	元	5 400	6 720	1 320

根据表10-5中资料，材料费用总额实际数较计划数增加1 320元，这是分析对象。运用连环替代法，可以计算各因素变动对材料费用总额的影响程度，具体如下：

计划指标：$120 \times 9 \times 5 = 5\ 400$（元）……………………………………………①
第一次替代：$140 \times 9 \times 5 = 6\ 300$（元）……………………………………………②
第二次替代：$140 \times 8 \times 5 = 5\ 600$（元）……………………………………………③
第三次替代：$140 \times 8 \times 6 = 6\ 720$（元）（实际数）………………………………④

各因素变动的影响程度分析：

②-① = 6 300 - 5 400 = 900（元）产量增加的影响
③-② = 5 600 - 6 300 = -700（元）材料节约的影响
④-③ = 6 720 - 5 600 = 1 120（元）价格提高的影响
900 - 700 + 1 120 = 1 320（元）全部因素的影响

企业是一个有机整体，每个财务指标的高低都受其他因素的驱动。从数量上测定各因素的影响程度，可以帮助人们找出症结，或更有说服力地评价经营状况。

财务分析的核心问题是不断追溯产生差异的原因，因素分析法提供了定量解释差异成因的工具。

第二节　财务指标分析

财务指标分析是指总结和评价企业财务状况、经营成果和现金流量的分析指标，包括偿债能力指标、营运能力指标、盈利能力指标、成长能力指标、上市公司特殊财务指标以及现金流量指标。

一、偿债能力分析

企业偿债能力是反映企业财务状况和经营能力的重要标志。企业偿债能力低不仅说明企业资金紧张,难以支付日常经营支出,而且说明企业资金周转不灵,难以偿还到期债务,甚至面临破产危险。债务一般按到期时间分为短期债务和长期债务,偿债能力分析也由此分为短期偿债能力分析和长期偿债能力分析两部分。

(一) 短期偿债能力分析

企业短期债务一般要用流动资产来偿付,短期偿债能力是指企业流动资产对流动负债及时足额偿还的保证程度,是衡量流动资产变现能力的重要标志。企业短期偿债能力的衡量指标主要有流动比率、速动比率和现金比率。

1. 流动比率

流动比率是流动资产与流动负债的比值,其计算公式如下:

流动比率 = 流动资产 ÷ 流动负债

流动资产主要包括货币资金、交易性金融资产、应收及预付款项、存货和一年内到期的非流动资产等,一般用资产负债表中的期末流动资产总额;流动负债主要包括短期借款、交易性金融负债、应付及预收款项、各种应交款项、一年内到期的非流动负债等,通常也用资产负债表中的期末流动负债总额。

根据表10-1中ABC公司的财务报表数据:

本年流动比率 = 700 ÷ 300 = 2.33

上年流动比率 = 610 ÷ 220 = 2.77

流动比率假设全部流动资产都可用于偿还流动负债,表明1元流动负债有多少流动资产作为偿债保障。ABC公司的流动比率降低了0.44(2.77-2.33),即为每1元流动负债提供的流动资产保障减少了0.44元。

流动比率是相对数,排除了企业规模的影响,更适合同业比较以及本企业不同历史时期的比较。此外,由于流动比率计算简单,因而被广泛应用。

流动比率反映公司的短期债务可由短期内变现的流动资产来偿还的能力。一般而言,流动比率越高,公司的短期偿还能力越强,对债权人权益的安全保障程度越高。因此,从债权人的角度讲,此比率越高越好。但是,从公司经营管理角度讲,此比率过高,可能是拥有过多货币性资产未能很好用于生产经营的结果,也可能是应收账款过多未能及时收回的结果,或是存货积压或产品滞销的结果,这些均表明公司流动资产管理中存在的问题,其资产利用率不高。那么,流动比率为多少才算适宜呢?一般认为2:1的比率比较适宜,表明公司的财务状况稳定可靠。这是因为流动资产中变现能力最差的存货金额约占流动资产总额的一半,剩下的流动性较好的流动资产至少要等于流动负债,才能保证企业最低的短期偿债能力。但这个数据只是一个经验数据,不是统一标准,并不适用所有公司。最近几十年,企业的经营方式和金融环境发生了很大变化,流动比率有下降的趋势,许多成功企业的流动比率都低于2。因此,在分析流动比率时,应视公司的性质和具体情况而定,不能一概而论。

流动比率有某些局限,在使用时应注意:流动比率假设全部流动资产都可以变为现金并用于偿债,全部流动负债都需要还清。实际上,有些流动资产的账面金额与变现金额有较大差异,如产成品等;经营性流动资产是企业持续经营所必需的,不能全部用于偿债;经营性应付项目可以滚动存续,无需动用现金全部结清。因此,流动比率是对短期偿债能力的粗略估计。

2. 速动比率

速动比率是速动资产与流动负债的比值，其计算公式如下：

速动比率 = 速动资产 ÷ 流动负债

构成流动资产的各项目，流动性差别很大。其中，货币资金、交易性金融资产和各种应收款项等，可以在较短时间内变现，称为"速动资产"；另外的流动资产，包括存货、预付款项、一年内到期的非流动资产及其他流动资产等，称为"非速动资产"。

非速动资产的变现金额和时间具有较大的不确定性：（1）存货的变现速度比应收款项要慢得多；部分存货可能已毁损报废、尚未处理，或者已抵押给某债权人，不能用于偿债；存货估价有多种方法，可能与变现金额相距甚远。（2）一年内到期的非流动资产和其他流动资产的金额有偶然性，不代表正常的变现能力。因此，将可偿债资产定义为速动资产，从而衡量短期偿债能力更可信。

根据表 10 - 1 中 ABC 公司的财务报表数据：

本年速动比率 = （44 + 6 + 14 + 398 + 22 + 12）÷ 300 = 1.65

上年速动比率 = （25 + 12 + 11 + 199 + 4 + 22）÷ 220 = 1.24

速动比率假设速动资产是可偿债资产，表明每 1 元流动负债有多少速动资产作为偿债保障。ABC 公司的速动比率比上年提高了 0.41，说明为每 1 元流动负债提供的速动资产保障增加了 0.41 元。

与流动比率一样，不同行业的速动比率差别很大。例如，采用大量现金销售的商店，几乎没有应收款项，速动比率大大低于 1 很正常。相反，一些应收款项较多的企业，速动比率可能要大于 1。

影响速动比率可信性的重要因素是应收款项的变现能力。账面上的应收款项不一定都能变成现金，实际坏账可能比计提的准备要多；季节性的变化，可能使报表上的应收款项金额不能反映平均水平。这些情况，外部分析人员不易了解，而内部人员则有可能做出估计。

3. 现金比率

现金比率是现金资产与流动负债的比值，其计算公式如下：

现金比率 = （货币资金 + 交易性金融资产）÷ 流动负债

速动资产中，流动性最强、可直接用于偿债的资产称为"现金资产"。现金资产包括货币资金、交易性金融资产等。与其他速动资产不同，它们本身就是可以直接偿债的资产，而其他速动资产需要等待不确定的时间，才能转换为不确定金额的现金。

根据表 10 - 1 中 ABC 公司的财务报表数据：

本年现金比率 = （44 + 6）÷ 300 = 0.167

上年现金比率 = （25 + 12）÷ 220 = 0.168

现金比率假设现金资产是可偿债资产，表明 1 元流动负债有多少现金资产作为偿债保障。ABC 公司的现金比率比上年略微下降 0.001，说明企业为每 1 元流动负债提供的现金资产保障降低了 0.001 元。

现金比率高，说明企业有较好的支付能力，对偿付债务是有保障的，但是这个比率过高，可能意味着企业拥有过多的盈利能力较低的现金资产，企业的资产未能得到有效的运用。

(二) 长期偿债能力分析

1. 资产负债率

资产负债率是总负债占总资产的百分比，其计算公式如下：

　　　资产负债率 =（总负债÷总资产）×100%

根据表10-1中ABC公司的财务报表数据：

　　　本年资产负债率 =（1 040÷2 000）×100% = 52%

　　　上年资产负债率 =（800÷1 680）×100% = 48%

对于资产负债率，企业的债权人、股东和管理者往往从不同的角度来评价。

● 从债权人角度来看，他们最关心的是其带给企业资金的安全性。如果这个比率过高，说明在企业的全部资产中，股东提供资本所占比重太低，这样，企业的财务风险就主要由债权人负担，其贷款的安全性也缺乏可靠的保障。所以，债权人总是希望企业的资产负债率低一点。

● 从企业股东的角度来看，他们关心的主要是投资收益的高低。企业借入的资金与股东投入的资金在生产经营中可以发挥同样的作用，如果企业负债所支付的利率低于资产报酬率，股东就可以利用举债经营取得更多的投资收益。因此，股东所关心的往往是全部资产报酬率是否超过了借款利率。企业股东可以通过举债经营的方式，以有限的资本、付出有限的代价而取得对企业的控制权，并且可以得到举债经营的杠杆利益。在财务分析中，资产负债率也因此被人们称为"财务杠杆"。

● 站在企业管理者的立场，他们既要考虑企业的盈利，也要顾及企业所承担的财务风险。资产负债率作为财务杠杆，不仅反映了企业的长期财务状况，也反映了企业管理当局的进取精神。如果企业不利用举债经营或者负债比率很小，则说明企业管理者比较保守，对前途信心不足，利用债权人资本进行经营活动的能力较差。但是，负债也必须有一定限度，负债比率过高，企业的财务风险将增大。一旦资产负债率超过1，则说明企业资不抵债，有濒临倒闭的危险。

至于资产负债率为多少才是合理的，并没有一个确定的标准。不同行业、不同类型的企业的资产负债率会存在较大的差异。一般而言，处于高速成长时期的企业，其资产负债率可能会高一些，这样，所有者会得到更多的杠杆利益。但是，作为财务管理者在确定企业的资产负债率时，需充分考虑企业内部各种因素和企业外部的市场环境，在收益与风险之间权衡利弊得失，做出正确的财务决策。

2. 产权比率和权益乘数

产权比率和权益乘数是资产负债率的另外两种表现形式，它们和资产负债率的性质一样。计算公式如下：

　　　产权比率 = 总负债÷股东权益

　　　权益乘数 = 总资产÷股东权益

根据表10-1中ABC公司的财务报表数据：

　　　本年产权比率 = 1 040÷960 = 1.08

　　　上年产权比率 = 800÷880 = 0.91

　　　本年权益乘数 = 2 000÷960 = 2.08

　　　上年权益乘数 = 1 680÷880 = 1.91

也可用资产平均总额除以股东权益平均总额计算2017年ABC公司的平均权益乘数为：
平均权益乘数 = [（2 000 + 1 680）/2] ÷ [（960 + 880）/2] = 2

产权比率表明每1元股东权益借入的债务额；权益乘数表明每1元股东权益拥有的资产额，它们是两种常用的财务杠杆比率。财务杠杆既表明债务多少，与偿债能力有关。财务杠杆影响总资产净利率和权益净利率之间的关系，还表明权益净利率的风险高低，与盈利能力有关。

3. 利息保障倍数

利息保障倍数是指企业息税前利润与利息费用之比，又称"已获利息倍数"，用以衡量偿付借款利息的能力。其计算公式为：

利息保障倍数 = 息税前利润 ÷ 利息费用
= （净利润 + 利息费用 + 所得税费用）÷ 利息费用

公式中的分子"息税前利润"是指利润表中未扣除利息费用和所得税前的利润。公式中的分母"利息费用"是指本期发生的全部应付利息，不仅包括财务费用中的利息费用，还应包括计入固定资产成本的资本化利息。资本化利息虽然不在利润表中扣除，但仍然是要偿还的。利息保障倍数的重点是衡量企业支付利息的能力，没有足够大的息税前利润，利息的支付就会发生困难。

根据表10-2中ABC公司的财务报表数据：

本年利息保障倍数 = （136 + 110 + 64）÷ 110 = 2.82
上年利息保障倍数 = （160 + 96 + 75）÷ 96 = 3.45

如果利息保障倍数小于1，表明自身产生的经营收益不能支持现有的债务规模。利息保障倍数等于1也很危险，因为息税前利润受经营风险的影响，很不稳定，而利息支付却是固定的。利息保障倍数越大，公司拥有的偿还利息的缓冲资金越多。

（三）影响企业偿债能力的其他因素

1. 增强短期偿债能力的表外因素

（1）可动用的银行贷款指标。银行已同意、企业尚未动用的银行贷款限额，可以随时增加企业现金，提高支付能力。这一数据不反映在财务报表中，但会在董事会决议中披露。

（2）准备很快变现的非流动资产。企业可能有一些长期资产可以随时出售变现，而不出现在"一年内到期的非流动资产"项目中。例如，储备的土地、未开采的采矿权、目前出租的房产等，在企业发生周转困难时，将其出售并不影响企业的持续经营。

（3）偿债能力的声誉。如果企业的信用很好，在短期偿债方面出现暂时困难，比较容易筹集到短缺现金。

2. 降低短期偿债能力的表外因素

（1）与担保有关的或有负债：如果该金额较大且很可能发生，应在评价偿债能力时予以关注。

（2）经营租赁合同中的承诺付款：很可能是需要偿付的义务。

（3）建造合同、长期资产购置合同中的分期付款：也是一种承诺付款，应视同需要偿还的债务。

3. 影响长期偿债能力的表外因素

（1）长期租赁。当企业急需某种设备或厂房而又缺乏足够资金时，可以通过租赁的方式解决。财产租赁的形式包括融资租赁和经营租赁。融资租赁形成的负债会反映在资产负债表中,而经营租赁的负债则未反映在资产负债表中。当企业的经营租赁额比较大、期限比较长或具有经常性时,就形成了一种长期性融资,因此,经营租赁也是一种表外融资。这种长期融资,到期时必须支付租金,会对企业偿债能力产生影响。因此,如果企业经常发生经营租赁业务,应考虑租赁费用对偿债能力的影响。

(2)债务担保。担保项目的时间长短不一,有的涉及企业的长期负债,有的涉及企业的流动负债。在分析企业长期偿债能力时,应根据有关资料判断担保责任带来的潜在长期负债问题。

(3)未决诉讼。未决诉讼一旦判决败诉,便会影响企业的偿债能力,因此在评价企业长期偿债能力时要考虑其潜在影响。

二、营运能力分析

企业的经营活动离不开各项资产的运用,对企业营运能力的分析,实质上就是对各项资产的周转使用情况进行分析。一般而言,资金周转速度越快,说明企业的资金管理水平越高,资金利用效率越高。反映企业营运能力的财务指标主要是用来衡量企业资产的管理效率,常见的有:应收账款周转率、存货周转率、流动资产周转率、固定资产周转率和总资产周转率等。

(一)应收账款周转率

应收账款周转率(次数)是指一定时期内应收账款平均收回的次数,是一定时期内赊销收入净额与应收账款平均余额的比值。其计算公式为:

应收账款周转率(次数)= 赊销收入净额 ÷ 应收账款平均余额

其中:赊销收入净额 = 销售收入 − 现销收入 − 销售折扣与折让

应收账款平均余额 =(期初应收账款 + 期末应收账款)÷ 2

应收账款周转期(天数)= 计算期天数 ÷ 应收账款周转次数

= 计算期天数 × 应收账款平均余额 ÷ 赊销收入净额

我们假设 ABC 公司的营业收入全部都是赊销收入净额,根据表 10 − 1 和表 10 − 2 的财务报表数据:

本年应收账款周转次数 = 3 000 ÷ [(398 + 199)/2] = 10.05(次/年)

本年应收账款周转天数 = 360 ÷ 10.05 = 35.82(天/次)

应收账款周转次数,表明一年中应收账款周转的次数,或者说明每 1 元应收账款投资支持的销售收入。应收账款周转天数,也称为应收账款收现期,表明从销售开始到收回现金平均需要的天数。

在计算和使用应收账款周转率时应注意以下几个问题:

第一,财务报表上列示的应收账款是已经计提坏账准备后的净额,而销售收入并未相应减少。其结果是,计提的坏账准备越多,应收账款周转次数越多、天数越少。这种周转次数增加、天数减少不是业绩改善的结果,反而说明应收账款管理欠佳。如果坏账准备的金额较大,就应进行调整,使用未计提坏账准备的应收账款进行计算。报表附注中披露的应收账款坏账准备信息,可作为调整的依据。

第二,大部分应收票据是销售形成的,是应收账款的另一种形式,应将其纳入应收账款周转率的计算,称为"应收账款及应收票据周转率"。

第三,应收账款的变现能力直接影响到资产的流动性。应收账款周转率越高,说明企业回收应收账款的速度越快,可以减少坏账损失,提高资产的流动性,企业的短期偿债能力也会得到增强,这在一定程度上可以弥补流动比率低的不利影响。如果企业的应收账款周转率过低,则说明企业回收应收账款的效率低,或者信用政策过于宽松,这样的情况会导致应收账款占用资金数量过多,影响企业资金利用率和资金的正常周转政策。但是,如果应收账款周转率过高,则可能是因为企业奉行了比较严格的信用政策,制定的信用标准和信用条件过于苛刻的结果,这样会限制企业销售量的扩大,从而影响企业的盈利水平,这种情况往往表现为存货周转率同时偏低。

总之,应当深入应收账款内部进行分析,并且要注意应收账款与其他问题的联系,才能正确评价应收账款周转率。

(二) 存货周转率

存货周转率(次数)是指一定时期内企业销售成本与存货平均资金占用额的比率,是衡量和评价企业购入存货、投入生产、销售收回等各环节管理效率的综合性指标。其计算公式为:

存货周转率(次数)= 销售成本 ÷ 存货平均余额

存货平均余额 =(期初存货 + 期末存货)÷ 2

存货周转天数 = 计算期天数 ÷ 存货周转次数

= 计算期天数 × 存货平均余额 ÷ 销售成本

根据表 10 - 1、表 10 - 2 资料,ABC 公司存货周转率指标为:

本年存货周转次数 = 2 644 ÷ [(119 + 326)/2] = 11.88(次/年)

本年存货周转天数 = 360 ÷ 11.88 = 30.3(天/次)

存货周转率说明了一定时期内企业存货周转的次数,可以反映企业存货的变现速度,衡量企业的销售能力及存货是否过量,存货周转率反映了企业的销售效率和存货使用效率。在正常经营情况下,存货周转率越高,说明存货周转速度越快,企业的销售能力越强,营运资金占用在存货上的金额越少,表明企业的资产流动性较好,资金利用效率较高;反之,存货周转率过低,常常是库存管理不利,销售状况不好,造成存货积压,说明企业在产品销售方面存在一定的问题,应当采取积极的销售策略,提高存货的周转速度。但是,有时企业出于特殊的原因会增大存货储备量,如在通货膨胀比较严重的情况下,企业为了降低存货采购成本,可能会提高存货储备量,这种情况导致的存货周转率降低是一种正常现象。一般来说,存货周转率越高越好。但是,如果存货周转率过高,也可能说明企业存货管理方面存在一些问题,如存货水平过低,甚至经常缺货,或者采购次数过于频繁,批量太小等。因此,对存货周转率的分析,应当结合企业的实际情况,具体问题具体分析。

(三) 流动资产周转率

流动资产周转率是反映企业流动资产周转速度的指标,它是一定时期销售收入与企业流动资产平均占用额之间的比率。其计算公式为:

流动资产周转率(次数)= 销售收入 ÷ 流动资产平均余额

流动资产平均余额 =(期初流动资产 + 期末流动资产)÷ 2

流动资产周转天数 = 计算期天数 ÷ 流动资产周转次数

= 计算期天数 × 流动资产平均余额 ÷ 销售收入

根据表 10-1、表 10-2 资料，ABC 公司流动资产周转率指标为：

本年流动资产周转次数 = 3 000 ÷ [（700+610）/2] = 4.58（次/年）

本年流动资产周转天数 = 360 ÷ 4.58 = 78.6（天/次）

在一定时期内，流动资产周转次数越多，表明以相同的流动资产完成的周转额越多，流动资产利用效果越好。流动资产周转天数越少，表明流动资产在经历生产销售各阶段所占用的时间越短，可相对节约流动资产，增强企业盈利能力。

（四）固定资产周转率

固定资产周转率，也称"固定资产利用率"，是企业年销售收入与固定资产平均净值的比率。它是反映企业固定资产周转情况，从而衡量固定资产利用效率的一项指标。其计算公式为：

固定资产周转率 = 销售收入 ÷ 固定资产平均净值

式中：固定资产平均净值 = （期初固定资产净值 + 期末固定资产净值）÷ 2

根据表 10-1、表 10-2 资料，ABC 公司固定资产周转率指标为：

本年固定资产周转率 = 3 000 ÷ [（1 238+955）/2] = 2.74（次/年）

固定资产周转率主要用于分析企业对厂房、设备等固定资产的利用效率，该比率越高，说明企业固定资产投资得当，结构合理，利用效率高；反之，如果固定资产周转率不高，则表明固定资产利用效率不高，提供的生产成果不多，企业的营运能力不强。

（五）总资产周转率

总资产周转率是企业销售收入净额与企业资产平均总额的比率。计算公式为：

总资产周转率 = 销售收入 ÷ 资产平均总额

如果企业各期资产总额比较稳定，波动不大，则：

资产平均总额 = （期初资产总额 + 期末资产总额）÷ 2

根据表 10-1、表 10-2 中 ABC 公司的财务报表数据：

本年总资产周转次数 = 3 000 ÷ [（2 000+1 680）/2] = 1.63（次/年）

这一比率用来衡量企业全部资产的使用效率，如果该比率较低，说明企业全部资产营运效率较低，可采用薄利多销或处理多余资产等方法，加速资产周转，提高运营效率；如果该比率较高，说明资产周转快，销售能力强，资产运营效率高。

三、盈利能力分析

盈利能力就是企业获取利润、资金不断增值的能力。盈利是企业的重要经营目标，是企业生存和发展的物质基础，它不仅关系到企业所有者的投资收益，也是企业偿还债务的一个重要保障。因此，不论是投资人、债权人还是经理人员，都会非常重视和关心企业的盈利能力。反映企业盈利能力的指标主要有销售毛利率、销售净利率、总资产净利率、权益净利率等。

（一）销售毛利率

销售毛利率是销售毛利与销售收入之比，其计算公式如下：

销售毛利率 = （销售毛利 ÷ 销售收入）× 100%

其中：销售毛利 = 营业收入净额 − 营业成本

根据表10-2中ABC公司的财务报表数据：

本年销售毛利率 = [（3 000 - 2 644）÷ 3 000] × 100% = 11.87%

上年销售毛利率 = [（2 850 - 2 503）÷ 2 850] × 100% = 12.18%

销售毛利率反映了企业营业成本与营业收入的比例关系，毛利率越大，说明在营业收入净额中营业成本所占比重越小，企业通过销售获取利润的能力越强。

（二）销售净利率

销售净利率是净利润与销售收入之比，其计算公式为：

销售净利率 = （净利润 ÷ 销售收入）× 100%

根据表10-2中ABC公司的财务报表数据：

本年销售净利率 = （136 ÷ 3 000）× 100% = 4.53%

上年销售净利率 = （160 ÷ 2 850）× 100% = 5.61%

"销售收入"是利润表的第一行数字，"净利润"是利润表的最后一行数字，两者相除可以概括企业的全部经营成果。它表明每1元销售收入与其成本费用之间可以"挤"出来的净利润。该比率越大，企业的盈利能力越强。

（三）成本费用净利率

成本费用净利率是企业净利润与成本费用总额的比率。它反映企业生产经验过程中发生的耗费与获得的收益之间的关系。其计算公式为：

成本费用净利率 = （净利润 ÷ 成本费用总额）× 100%

式中，成本费用是企业为了取得利润而付出的代价，主要包括营业成本、营业税金及附加、销售费用、管理费用、财务费用和所得税费用等。

根据表10-2中ABC公司的财务报表数据：

本年成本费用总额 = 2 644 + 28 + 22 + 46 + 110 + 64 = 2 914（万元）

本年成本费用净利率 = （136 ÷ 2 914）× 100% = 4.67%

成本费用净利率指标表明每付出1元成本费用可获得多少净利润，体现了经营耗费所带来的经营成果。该指标越高，说明企业为获取收益而付出的代价越小，企业的获利能力越强。因此，通过这个比率不仅可以评价企业获利能力的高低，也可以评价企业对成本费用的控制能力和经营管理水平。

（四）总资产净利率

总资产净利率是指净利润与资产平均总额的比率，它反映每1元总资产创造的净利润。其计算公式如下：

总资产净利率 = （净利润 ÷ 资产平均总额）× 100%

资产平均总额 = （期初资产总额 ÷ 期末资产总额）÷ 2

根据表10-1、表10-2中ABC公司的财务报表数据：

本年总资产净利率 = 136 ÷ [（2 000 + 1 680）/2] × 100% = 7.39%

总资产净利率是企业盈利能力的关键。虽然股东报酬由总资产净利率和财务杠杆共同决定，但提高财务杠杆会同时增加企业风险，往往并不增加企业价值。此外，财务杠杆的提高有诸多限制，企业经常处于财务杠杆不可能再提高的临界状态。因此，提高权益净利率的基本动力是总资产净利率。

(五) 权益净利率

权益净利率又称"净资产收益率"或"股东权益报酬率",是净利润与所有者权益平均总额的比率,它反映每1元股东权益赚取的净利润,可以衡量企业的总体盈利能力。计算公式为:

净资产收益率 =(净利润÷所有者权益平均总额)×100%

所有者权益平均总额 =(期初所有者权益总额÷期末所有者权益总额)÷2

根据表10-1、表10-2中ABC公司的财务报表数据:

本年权益净利率 = 136÷[(960+880)/2]×100% = 14.78%

权益净利率的分母是股东的投入,分子是股东的所得。对于股权投资者来说,具有非常好的综合性,概括了企业的全部经营业绩和财务业绩。该指标是企业盈利能力指标的核心,也是杜邦财务指标体系的核心,更是投资者关注的重点。

四、成长能力分析

成长能力,又称"发展能力",是指企业在从事经营活动过程中所表现出的增长能力,如规模的扩大、盈利的持续增长、市场竞争力的增强等。反映企业成长能力的主要财务比率有销售增长率、总资产增长率、资本累积率、可持续增长率等。

(一) 销售增长率

销售增长率是指企业本年营业收入增长额与上年营业收入总额之间的比率,反映销售的增减变动情况,是评价企业成长状况和发展能力的重要指标,其计算公式为:

销售增长率 =(本年营业收入增长额÷上年营业收入总额)×100%

$$= \frac{本年营业收入总额 - 上年营业收入总额}{上年营业收入总额} \times 100\%$$

根据表10-2,ABC公司的财务报表数据:

本年销售增长率 = [(3 000 - 2 850)÷2 850]×100% = 5.26%

销售增长率是衡量企业经营状况和市场占有能力、预测企业经营业务拓展趋势的重要指标,也是企业扩张增量资本和存量资本的重要前提。该指标越大,表明其增长速度越快,营业收入的成长性越好,企业的发展能力越强。

(二) 总资产增长率

总资产增长率,又名"总资产扩张率",是企业本年总资产增长额同年初资产总额的比率,反映企业本期资产规模的增长情况。其计算公式为:

总资产增长率 =(本年总资产增长额÷年初资产总额)×100%

= [(年末资产总额 - 年初资产总额)÷年初资产总额]×100%

根据表10-1,ABC公司的财务报表数据:

本年总资产增长率 = [(2 000 - 1 680)÷1 680]×100% = 19.05%

资产是企业用于取得收入的资源,也是企业偿还债务的保障。资产增长是企业发展的一个重要方面,发展性高的企业一般能保持资产的稳定增长。

总资产增长率越高,表明企业一定时期内资产经营规模扩张的速度越快。但在分析时需要关注资产规模扩张的质和量的关系,以及企业的后续发展能力,避免盲目扩张。

(三) 资本累积率

资本积累率,即股东权益增长率,是指企业本年股东权益增长额同年初股东权益的比

率。资本积累率表示企业当年资本的积累能力,是评价企业发展潜力的重要指标。其计算公式为:

$$资本累积率 = (本年股东权益增长额 \div 年初股东权益总额) \times 100\%$$

$$= \frac{年末股东权益总额 - 年初股东权益总额}{年初股东权益总额} \times 100\%$$

根据表10-1,ABC公司的财务报表数据:

$$本年资本积累率 = [(960 - 880) \div 880] \times 100\% = 9.09\%$$

资本积累率体现了企业资本的积累情况,是企业发展强盛的标志,也是企业扩大再生产的源泉,展示了企业的发展潜力。同时,资本积累率也反映了投资者投入企业资本的保全性和增长性。该指标越高,表明企业的资本积累越多,企业资本保全性越强,应付风险、持续发展的能力越大。该指标如为负值,则表明企业资本受到侵蚀,所有者利益受到损害,应予充分重视。

(四) 利润增长率

利润增长率是指企业本年利润总额增长额与上年利润总额的比率。其计算公式为:

$$利润增长率 = (本年利润总额增长额 \div 上年利润总额) \times 100\%$$

$$= [(本年利润总额 - 上年利润总额) \div 上年利润总额] \times 100\%$$

根据表10-2,ABC公司的财务报表数据:

$$本年利润增长率 = [(200 - 235) \div 235] \times 100\% = -14.89\%$$

利润增长率反映了企业盈利能力的变化,该比率越高,说明企业的成长性越好,发展能力越强。

分析者也可以根据分析的目的,计算净利润增长率,其计算方法与利润增长率相同,只需将式中的利润总额换成净利润即可,此处不再赘述。

(五) 可持续增长率

可持续增长率是指不增发新股并保持目前经营效率和财务政策条件下公司销售所能增长的最大比率。此处的经营效率指的是销售净利率和资产周转率。财务政策指的是股利支付率和资本结构。

可持续增长的假设条件如下:
(1) 公司不愿或者不能筹集新的权益资本,增加债务是其唯一的外部筹资来源;
(2) 公司打算继续维持目前的目标资本结构;
(3) 公司打算继续维持目前的目标股利政策;
(4) 公司的净利率将维持当前水平,并且可以涵盖负债的利息;
(5) 公司的资产周转率将维持当前的水平。

在上述假设条件成立的情况下,销售的增长率与可持续增长率相等。公司的这种增长率状态,称为可持续增长或平衡增长。

可持续增长率的计算公式为:

$$可持续增长率 = \frac{销售净利率 \times 总资产周转率 \times 留存收益率 \times 权益乘数}{1 - 销售净利率 \times 总资产周转率 \times 留存收益率 \times 权益乘数} \times 100\%$$

【例10-2】H公司近五年的主要财务数据及其可持续增长率的计算如表10-6所示。

表 10-6

年　度	第一年	第二年	第三年	第四年	第五年
收入	1 000	1 100	1 650	1 375	1 512.5
净利润	50	55	82.5	68.75	75.63
股利	20	22	33	27.5	30.25
利润留存	30	33	49.5	41.25	45.38
股东权益	330	363	412.5	453.75	499.13
负债	60	66	231	82.5	90.75
总资产	390	429	643.5	536.25	589.88
可持续增长率的计算					
销售净利率	5%	5%	5%	5%	5%
总资产周转次数	2.5641	2.5641	2.5641	2.5641	2.5641
权益乘数	1.1818	1.1818	1.56	1.1818	1.1818
留存收益率	0.6	0.6	0.6	0.6	0.6
可持续增长率	10%	10%	13.64%	10%	10%
实际增长率	10%	10%	50%	−16.67%	10%

根据可持续增长率公式计算如下：

第一年可持续增长率 = (5% × 2.5641 × 1.1818 × 0.6) ÷ (1 − 5% × 2.5641 × 1.1818 × 0.6) × 100% = 10%

其他年份的计算方法与此相同。

可持续增长率是企业当前经营效率和财务政策决定的内在增长能力，它和实际增长率之间有如下联系：

（1）如果某一年的经营效率和财务政策与上年相同，在不增发新股的情况下，则实际增长率、上年的可持续增长率以及本年的可持续增长率三者相等。这种增长状态，在资金上可以永远持续发展下去，可称之为"平衡增长"。当然，外部条件是公司不断增加的产品能为市场接受。

（2）如果某一年的公式中的四个财务比率有一个或多个比率提高，在不增发新股的情况下，则实际增长率就会超过上年的可持续增长率，本年的可持续增长率也会超过上年的可持续增长率。由此可见，超常增长是"改变"财务比率的结果，而不是持续当前状态的结果。企业不可能每年都提高这四个财务比率，也就不可能使超常增长继续下去。

（3）如果某一年的公式中的四个财务比率有一个或多个比率下降，在不增发新股的情况下，则实际增长率就会低于上年的可持续增长率，本年的可持续增长率也会低于上年的可持续增长率。这是超常增长之后的必然结果，公司对此要事先有所准备。如果不愿意接受这种现实，继续勉强冲刺，现金周转的危机很快就会来临。

（4）如果公司中的四个财务比率已经达到公司的极限，只有通过发行新股增加资金，才能提高销售增长率。

上述五项财务比率分别从不同的角度反映了企业的成长能力。需要说明的是，在分析企业的成长能力时，仅用一年的财务比率是不能正确评价企业成长能力的，而应当计算持续若干年的财务比率，这样才能正确地评价企业成长能力的持续性。

五、上市公司特殊财务比率分析

在对上市公司进行财务分析时，还会用到一些特殊的财务比率，如：每股收益、每股股利、股利支付率、每股净资产、市盈率、市净率等。

（一）每股收益

每股收益（EPS），又称"每股利润"，是公司普通股每股所获得的净利润，它是股份公司税后利润分析的一个重要指标。每股收益等于税后净利润扣除优先股股利后的余额，除以流通在外的普通股平均股数。其计算公式为：

每股收益 =（净利润 – 优先股股利）÷ 流通在外的普通股加权平均股数

假设 ABC 公司无优先股，2017 年流通在外的普通股加权平均股数为 100 万股，则 ABC 公司 2017 年的普通股每股利润为：

每股利润 = 136 ÷ 100 = 1.36（元/股）

每股收益是股份公司流通在外的普通股每股所取得的利润，它可以反映公司盈利能力的大小。每股利润越高，说明公司的盈利能力越强。

虽然每股收益可以很直观地反映股份公司的盈利能力以及股东的报酬，但它是一个绝对指标，在分析每股收益时，还应结合流通在外的股数。如果某股份公司采用股本扩张的政策，大量配股或以股票股利的形式分配股利，这样必然摊薄每股收益，使每股收益减少。同时，分析者还应注意到每股股价的高低，如果两个公司的每股收益相同，但是股价差别很大，则投资于两公司的风险和报酬显然是不同的。因此，投资者不能只片面地分析每股利润，最好结合权益净利率来分析公司的盈利能力。

（二）每股股利

每股股利等于普通股分配的现金股利总额除以流通股数。其计算公式如下：

每股股利 =（现金股利总额 – 优先股股利）÷ 流通股数

假设 ABC 公司 2017 年度发放的普通股股利为 30 万元，则其 2017 年每股股利为：

每股股利 = 30 ÷ 100 = 0.3（元）

每股股利反映的是上市公司每一普通股获取股利的大小。每股股利越大，则企业股本获利能力就越强；每股股利越小，则企业股本获利能力就越弱。但须注意，上市公司每股股利发放多少，除了受上市公司获利能力大小影响以外，还取决于企业的股利发放政策。如果企业为了增强企业发展的后劲而增加企业的公积金，则当前的每股股利必然会减少；反之，则当前的每股股利会增加。

（三）股利支付率

反映每股股利和每股收益之间关系的一个重要指标是股利支付率，即每股股利分配额与当期的每股收益之比。借助于该指标，投资者可以了解一家上市公司的股利发放政策。其计算公式为：

股利支付率 =（每股股利 ÷ 每股收益）× 100%

股利支付率反映了股份公司净收益中有多少用于现金股利的分派，与之相关的反映利润留存比例的指标是留存收益率，其计算公式为：

留存收益率 =［（每股收益 – 每股股利）÷ 每股收益］× 100%

= 1 − 股利支付率

留存收益率反映了企业净利润留存的百分比，因此，它与股利支付率之和等于1。

利用前述 ABC 公司的数据，其 2017 年的股利支付率和留存收益率分别为：

股利支付率 =（0.3÷1.36）×100% = 22.06%

留存收益率 = 1 − 22.06% = 77.94%

（四）每股净资产

每股净资产，又称"每股账面价值"，是指企业净资产与发行在外的普通股股数之间的比率。用公式表示为：

每股净资产 = 股东权益总额÷发行在外的普通股股数

根据 ABC 的财务报表数据：

本年每股净资产 = 960÷100 = 9.6（元/股）

每股净资产显示了发行在外的每一普通股股份所能分配的企业账面净资产的价值。这里所说的"账面净资产"是指企业账面上的总资产减去负债后的余额，即股东权益总额。每股净资产指标反映了在会计期末每一股份在企业账面上到底值多少钱，它与股票面值、发行价值、市场价值乃至清算价值等往往有较大差距。

利用该指标进行横向和纵向对比，可以衡量上市公司股票的投资价值。如在企业性质相同、股票市价相近的条件下，某一企业股票的每股净资产越高，则企业发展潜力与其股票的投资价值越大，投资者所承担的投资风险越小。但是，也不能一概而论，在市场投机气氛较浓的情况下，每股净资产指标往往不太受重视。投资者特别是短线投资者注重股票市价的变动，有的企业的股票市价低于其账面价值，投资者会认为这个企业没有前景，从而失去对该企业股票的兴趣；如果市价高于其账面价值，而且差距较大，投资者会认为企业前景良好，有潜力，因而甘愿承担较大的风险购进该企业股票。

（五）市盈率

市盈率是指普通股每股市价与每股收益的比率，它反映普通股股东愿意为每 1 元净利润支付的价格，其计算公式如下：

市盈率 = 每股市价÷每股收益

根据前述 ABC 公司的相关数据，假设其 2017 年 12 月 31 日普通股每股市价 36 元，则：

本年市盈率 = 36÷1.36 = 26.47

一方面，市盈率越高，意味着企业未来成长的潜力越大，也即投资者对该股票的评价越高；反之，投资者对该股票的评价越低。另一方面，市盈率越高，说明投资于该股票的风险越大；市盈率越低，说明投资于该股票的风险越小。

影响企业股票市盈率的因素有：第一，上市公司盈利能力的成长性。如果上市公司预期盈利能力不断提高，说明企业具有较好的成长性，虽然目前市盈率较高，也值得投资者进行投资。第二，投资者所获报酬率的稳定性。如果上市公司经营效益良好且相对稳定，则投资者获取的收益也较高且稳定，投资者就愿意持有该企业的股票，则该企业的股票市盈率会由于众多投资者的普通看好而相应提高。第三，市盈率也受到利率水平变动的影响。当市场利率水平变化时，市盈率也应作相应的调整。

（六）市净率

市净率是指普通股每股市价与每股净资产的比率，它反映普通股股东愿意为每 1 元净资

产支付的价格,说明市场对公司资产质量的评价。其计算公式如下:

市净率 = 每股市价 ÷ 每股净资产

根据前述 ABC 公司的相关数据:

本年市净率 = 36 ÷ 9.6 = 3.75

净资产代表的是全体股东共同享有的权益,是股东拥有公司财产和公司投资价值最基本的体现,它可以用来反映企业的内在价值。一般来说,市净率较低的股票,投资价值较高;反之,则投资价值较低。但有时较低市净率反映的可能是投资者对公司前景的不良预期,而较高市净率则相反。因此,在判断某只股票的投资价值时,还要综合考虑当时的市场环境以及公司经营情况、资产质量和盈利能力等因素。

六、现金流量比率分析

企业的运转,离不开资金流动。现金就像人体内流动的血液一样,贯穿于企业再生产过程的各个方面。现金流已成为企业决策层关注的焦点。

现金流量比率分析,是财务人员根据企业经营性现金净流量与其债务、资产、股本、销售净额、净利润等的比值,分析判断企业资产的流动性和财务状况,为管理者及报表使用者提供决策和参考信息。主要包括现金流量比率、现金流量利息保障倍数、全部资产现金回收率、每股现金流量等。

(一)现金流量比率

现金流量比率又称"现金流动负债比率",是企业经营活动产生的现金流量净额与流动负债的比值,其计算公式为:

现金流量比率 = 经营活动现金流量净额 ÷ 流动负债

公式中的"经营活动现金流量净额",通常使用现金流量表中的"经营活动产生的现金流量净额"。它代表企业创造现金的能力,已经扣除了经营活动自身所需的现金流出,是可以用来偿债的现金流量。

根据表 10-1、表 10-3 中 ABC 公司的财务报表数据:

本年现金流量比率 = 323 ÷ 300 = 1.08

现金流量比率表明每 1 元流动负债的经营活动现金流量保障程度。该比率越高,表明偿债能力越强。

用经营活动现金净额流量代替可偿债资产存量,与短期债务进行比较以反映偿债能力,更具说服力。因为一方面它克服了可偿债资产未考虑未来变化及变现能力等问题;另一方面,实际用以支付债务的通常是现金,而不是其他可偿债资产。

(二)现金流量利息保障倍数

现金流量利息保障倍数,是指经营现金流量对利息费用的倍数。其计算公式如下:

现金流量利息保障倍数 = 经营活动现金流量净额 ÷ 利息费用

根据表 10-2、表 10-3 中 ABC 公司的财务报表数据:

本年现金流量利息保障倍数 = 323 ÷ 110 = 2.94

现金流量利息保障倍数是现金基础的利息保障倍数,表明每 1 元利息费用有多少倍的经营现金净流量作保障。它比利润基础的利息保障倍数更可靠,因为实际用以支付利息的是现金,而不是利润。

（三）全部资产现金回收率

全部资产现金回收率是通过企业经营活动现金流量净额与企业资产的平均总额之比来反映的，它说明企业全部资产产生现金的能力。其计算公式为：

全部资产现金回收率 =（经营活动现金流量净额÷资产平均总额）×100%

其中，资产平均总额 =（期初资产总额＋期末资产总额）÷2

根据表10－1、表10－3中ABC公司的财务报表数据：

本年全部资产现金回收率 = 323÷[(2 000＋1 680)/2]×100% = 17.55%

该指标越大，说明资产利用效果越好，利用资产创造的现金流入越多，整个企业获取现金能力越强，经营管理水平越高。反之，则表示经营管理水平越低，经营者有待提高管理水平，进而提高企业的经济效益。

（四）每股现金流量

每股现金流量是公司经营活动所产生的净现金流量减去优先股股利与流通在外的普通股股数的比率。其计算公式为：

$$每股现金流量 = \frac{经营活动现金流量净额 - 优先股股利}{流通在外的普通股股数}$$

根据前述ABC公司数据，优先股股利为0，流通在外的普通股股数为100万股，则：

本年每股现金流量 = 323÷100 = 3.23（元）

这一指标主要反映平均每股所获得的现金流量。一家公司的每股现金流量越高，说明这家公司的每股普通股在一个会计年度内所赚得的现金流量越多。它也隐含了上市公司在维持期初现金流量情况下，有能力发给股东的最高现金股利金额。

第三节　财务综合分析

财务分析的最终目的在于全方位地了解公司经营理财的状况，并借以对公司经济效益的优劣做出系统的、合理的评价。单独分析任何一项财务指标，都难以全面评价企业的经营与财务状况。要作全面的分析，必须采取适当的方法，对企业财务进行综合分析与评价。所谓财务综合分析就是将企业偿债能力、营运能力、盈利能力等方面的分析纳入一个有机的分析系统之中，全面地对企业财务状况、经营状况进行解剖和分析，从而对企业经济效益做出较为准确的评价与判断。这里介绍两种常用的综合分析法：杜邦分析法和沃尔评分法。

一、杜邦分析法

这种分析方法首先由美国杜邦公司的经理创立并首先在杜邦公司成功运用，也称为"杜邦系统"，它是利用财务指标间的内在联系，对企业综合经营理财能力及经济效益进行系统分析评价的方法。

杜邦分析法中的几种主要的财务指标关系为：

权益净利率 = 资产净利率×权益乘数

而：资产净利率 = 销售净利率×资产周转率

即：权益净利率=销售净利率×资产周转率×权益乘数

这种分析法一般用杜邦分析图来表示，图10-1就是ABC公司2017年的杜邦分析图（图中数据根据表10-1、表10-2计算而得）。

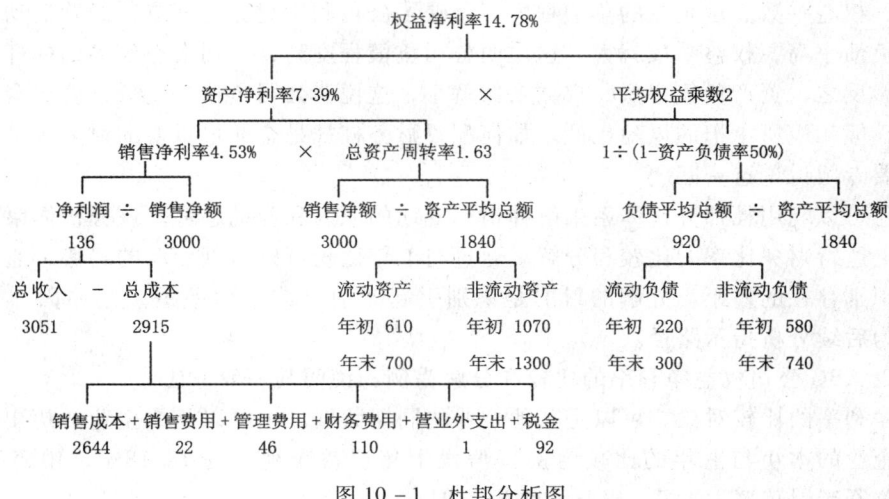

图10-1 杜邦分析图

通过杜邦分析图，可以了解到以下财务信息：

第一，权益净利率反映了企业筹资、投资、资产运营等活动的效率，它是一个综合性最强、最具代表性的一个指标，是杜邦系统的核心。

企业财务管理的重要目标就是实现股东财富的最大化，权益净利率正是反映股东投入资本的获利能力。该指标的高低取决于总资产净利率与权益乘数。资产净利率主要反映企业运用资产进行生产经营活动的效率如何，而权益乘数则主要反映企业的财务杠杆情况，即企业的资本结构。

第二，资产净利率是反映企业盈利能力的一个重要财务比率，它揭示了企业生产经营活动的效率，综合性也极强。

企业的销售收入、成本费用、资产结构、资产周转速度以及资金占用量等各种因素，都直接影响到资产净利率的高低。资产净利率是销售净利率与总资产周转率的乘积。因此，可以从企业的销售活动与资产管理两个方面来进行分析。

（1）从企业的销售方面看，销售净利率反映了企业净利润与销售收入之间的关系。一般来说，销售收入增加，企业的净利润也会随之增加。但是，要想提高销售净利率，必须一方面提高销售收入，另一方面降低各种成本费用，这样才能使净利润的增长高于销售收入的增长，从而使销售净利率得到提高。

（2）在企业资产方面，主要应该分析以下两个方面：

①分析企业的资产结构是否合理，即流动资产与非流动资产的比例是否合理。资产结构实际上反映了企业资产的流动性，它不仅关系到企业的偿债能力，也会影响企业的盈利能力。一般来说，如果企业流动资产中货币资金占的比重过大，就应当分析企业现金持有量是否合理，有无现金闲置现象，因为过量的现金会影响企业的盈利能力；如果流动资产中的存货与应收账款过多，就会占用大量的资金，影响企业的资金周转。

②结合销售收入，分析企业的资产周转情况。资产周转速度直接影响到企业的盈利能

力，如果企业资产周转较慢，就会占用大量资金，增加资金成本，减少企业的利润。资产周转情况的分析，不仅要分析企业总资产周转率，更要分析企业的存货周转率与应收账款周转率，并将其周转情况与资金占用情况结合分析。

第三，权益乘数表示企业的负债程度，反映了公司利用财务杠杆进行经营活动的程度。

资产负债率高，权益乘数就大，这说明公司负债程度高，公司会有较多的杠杆利益，但风险也高；反之，资产负债率低，权益乘数就小，这说明公司负债程度低，公司会有较少的杠杆利益，但相应所承担的风险也低。如何配置财务杠杆是企业最重要的财务政策，本书后面章节还要专门讨论这一问题。

我们还可以利用杜邦分析体系来解释指标变动的原因和变动趋势。该分析体系要求在每一个层次上进行财务比率的比较和分解。通过与上年比较可以识别变动的趋势，通过与同业比较可以识别存在的差距。分解的目的是识别引起变动（或产生差距）的原因，并衡量其重要性，为后续分析指示路径。

下面以 ABC 公司权益净利率的比较和分解为例，说明其一般方法。

权益净利率的比较对象，可以是其他企业的同期数据，也可以是本企业的历史数据，这里仅以本企业的本年与上年的比较为例（假设上年权益净利率为 18.18%，销售净利率为 5.61%，总资产周转率为 1.7，权益乘数为 1.91）。

权益净利率 = 销售净利率 × 总资产周转次数 × 权益乘数
本年权益净利率 14.78% = 4.53% × 1.63 × 2.08
上年权益净利率 18.22% = 5.61% × 1.7 × 1.91
权益净利率变动 = −3.44%

与上年相比，股东的报酬率下降了，公司整体业绩不如上年。影响权益净利率变动的不利因素是销售净利率和总资产周转次数下降；有利因素是财务杠杆提高。

利用连环替代法可以定量分析它们对权益净利率变动的影响程度：

（1）销售净利率变动的影响：
　　按本年销售净利率计算的上年权益净利率 = 4.53% × 1.7 × 1.91 = 14.71%
　　销售净利率变动的影响 = 14.71% − 18.22% = −3.51%
（2）总资产周转次数变动的影响：
按本年销售净利率、总资产周转次数计算的上年权益净利率 = 4.53% × 1.63 × 1.91 = 14.1%
　　总资产周转次数变动的影响 = 14.1% − 14.71% = −0.61%
（3）财务杠杆变动的影响：
　　财务杠杆变动的影响 = 14.78% − 14.1% = 0.68%

通过分析可知，最重要的不利因素是销售净利率降低，使权益净利率减少 3.51%；其次是总资产周转次数降低，使权益净利率减少 0.61%。有利的因素是权益乘数提高，使权益净利率增加 0.68%。不利因素超过有利因素，所以权益净利率减少 3.44%。由此应重点关注销售净利率降低的原因。

在分解之后进入下一层次的分析，分别考察销售净利率、总资产周转次数和财务杠杆的变动原因。前面已经对此作过说明，此处不再赘述。

总的来说，从杜邦分析系统可以看出，企业的盈利能力涉及生产经营活动的方方面面，权益净利率与企业的资本结构、销售规模、成本水平、资产管理等因素密切相关。这些因素构成一个完整的系统，系统内部各因素之间相互作用，只有协调好系统内部各因素间的关系，才能使权益净利率得到提高，从而实现股东财富最大化的理财目标。

二、沃尔评分法

沃尔评分法是指将选定的财务比率用线性关系结合起来，并分别给定各自的分数比重，然后通过与标准比率进行比较，确定各项指标的得分及总体指标的累计分数，从而对企业的综合财务状况做出评价的方法。

最早采用这种方法的是亚历山大·沃尔。1928 年，亚历山大·沃尔出版的《信用晴雨表研究》和《财务报表比率分析》中提出了信用能力指数的概念，他选择了 7 个财务比率即流动比率、产权比率、固定资产比率、存货周转率、应收账款周转率、固定资产周转率和自有资金周转率，分别给定各指标的比重，然后确定标准比率（以行业平均数为基础），将实际比率与标准比率相比，得出相对比率，将此相对比率与各指标比重相乘，得出总评分，以此来评价企业的财务状况。

【例 10 -3】某企业是一家中型电力企业，2017 年的财务状况评分的结果如表 10 -7 所示。

表 10 -7 沃尔综合评分表

财务比率	比重 (1)	标准比 (2)	实际比率 (3)	相对比率 (4) = (3) ÷ (2)	综合指数 (5) = (1) × (4)
流动比率	25	2.00	1.66	0.83	20.75
净资产/负债	25	1.50	2.39	1.59	39.75
资产/固定资产	15	2.50	1.84	0.736	11.04
销售成本/存货	10	8	9.94	1.243	12.43
销售收入/应收账款	10	6	8.61	1.435	14.35
销售收入/固定资产	10	4	0.55	0.1375	1.38
销售收入/净资产	5	3	0.40	0.133	0.67
合计	100				100.37

从表 10 -7 可知，该企业的综合指数为 100.37，总体财务状况是不错的，综合评分达到标准的要求。

在沃尔之后，这种方法不断发展，在实践中被广泛地加以应用，成为企业进行财务综合分析的重要方法之一。下面简要介绍一下这种分析方法所遵循的一般程序。

1. 选定评价财务状况的财务比率

在选择财务比率时，需要注意以下三个方面：（1）财务比率要求具有全面性。一般来说，反映企业的偿债能力、营运能力和盈利能力的三类财务比率都应当包括在内。（2）财务比率应当具有代表性。所选择的财务比率数量不一定很多，但应当具有代表性，要选择能够说明问题的重要的财务比率。（3）各项财务比率要具有变化方向的一致性。当财务比率增大时，表示财务状况的改善；反之，财务比率减小时，表示财务状况的恶化。

2. 确定财务比率指标的重要性权数

各项财务比率指标的重要性权数之和应等于 100 分。直接影响到对企业财务状况的评分多少。一般来说，各指标重要程度的判断，需根据企业经营的行业，一定时期的管理要求，企业所有者、债权人和经营者的意向而定。

3. 确定财务比率的标准值

财务比率的标准值是指各该指标在本企业现时条件下最理想的数值，即最优值。通常可以参照本行业的平均水平，并经适当调整后确定。

4. 确定财务比率评分值的上下限

规定各项财务比率评分值的上限和下限，即最高评分值和最低评分值。这主要是为了避免个别财务比率的异常给总分造成不合理的影响。

5. 计算各项财务比率的实际值和关系比率

各项财务比率实际值的计算方法已在本章说明。关系比率是指财务比率实际值与标准值的比率，反映了企业某一财务比率的实际值偏离标准值的程度。

6. 求得各项财务比率的实际得分及合计数

各项财务比率的实际得分，是关系比率同重要性权数的乘积，每项财务比率的得分都不得超过上限或下限，其合计数就是企业财务状况的综合得分，反映企业综合财务状况是否良好。如果综合得分为 100 或接近于 100，表明企业财务状况是良好的，达到了预先确定的标准；如果综合得分低于 100 很多，就说明企业财务状况较差，应当采取适当的措施加以改善；如果综合得分超过 100，就说明企业财务状况很理想。

下面以 ABC 公司 2017 年财务数据为例，说明沃尔评分法在财务综合评价中的应用（见表 10-8）。

表 10-8　　　　　　　ABC 公司 2017 年财务比率综合评分表

财务比率	权数 (1)	标准值 (2)	上/下限 (3)	实际值 (4)	关系比率 (5)=(4)/(2)	实际得分 (6)=(1)×(5)
流动比率	10	2	20/5	2.33	1.17	11.65
速动比率	10	1.2	20/5	1.65	1.38	13.75
资产/负债	12	2.1	20/5	1.92	0.91	10.97
应收账款周转率	8	12	20/4	10.05	0.84	6.70
存货周转率	10	10	20/5	11.88	1.19	11.88
总资产周转率	10	1.82	20/5	1.63	0.90	8.96
销售净利率	10	4.84%	20/5	4.53%	0.94	9.36
总资产净利率	15	8.20%	30/7	7.39%	0.90	13.52
权益净利率	15	15.11%	30/7	14.78%	0.98	14.67
合计	100					101.46

表 10-8 所选择的财务比率包括了偿债能力比率、营运能力比率和盈利能力比率三类财务比率。没有选择成长能力比率的主要原因是这类财务比率只有观察多个会计年度的数据才有效，因此在评价一年的财务状况时没有选用成长能力比率。根据表 10-8 的综合评分，ABC 公司财务状况的综合得分为 101.46 分，略高于 100 分，这说明该公司的财务状况是良好的，与选定的标准基本是一致的。

【本章小结】

1. 财务分析就是以财务报表和其他资料为依据和起点，采用专门方法，系统分析和评价企业的财务状况、经营成果和现金流量状况的过程。财务分析是评价财务状况及经营业绩的重要依据，是实现理财目标的重要手段，也是实施正确投资决策的重要步骤。

2. 财务分析方法多种多样，但常用的有以下三种方法：比较分析法、比率分析法、因素分析法。

3. 财务指标分析的内容主要包括以下六个方面：偿债能力分析、营运能力分析、盈利能力分析、成长能力分析、上市公司特殊财务比率分析、现金流量比率分析。企业偿债能力包括短期偿债能力和长期偿债能力。企业短期偿债能力的衡量指标主要有流动比率、速动比率和现金比率。长期偿债能力是指企业偿还长期负债的能力，其分析指标主要有三项：资产负债率、产权比率和利息保障倍数。企业营运能力比率主要包括：流动资产周转情况分析、固定资产周转率和总资产周转率三个方面。企业盈利能力的一般分析比率主要有销售利润率、成本费用净利率、总资产净利率、权益净利率。企业成长能力比率则由销售增长率、总资产增长率、资本累积率、可持续增长率等构成。在上市公司分析中，还会用到一些特殊的财务分析比率，如每股收益、市盈率、市净率等。而企业现金流量方面的指标主要包括现金流量比率、现金流量利息保障倍数、全部资产现金回收率、每股现金流量等。

4. 财务综合分析就是将企业营运能力、偿债能力和盈利能力等方面的分析纳入到一个有机的分析系统之中，全面的对企业财务状况，经营状况进行解剖和分析，从而对企业经济效益做出较为准确的评价与判断。财务综合分析的方法主要有两种：杜邦财务分析体系法和沃尔比重评分法。

5. 企业综合绩效评价，是指运用数理统计和运筹学的方法，通过建立综合评价指标体系，对照相应的评价标准，定量分析与定性分析相结合，对企业一定经营期间的盈利能力、资产质量、债务风险以及经营增长等经营业绩和努力程度等各方面进行的综合评判。

【思考题】

1. 企业投资者、债权人、管理者进行财务分析的目的分别是什么？
2. 报表使用者进行财务分析的依据是什么？
3. 如果你是银行的信贷部门经理，在给企业发放贷款时，应当考虑哪些因素？
4. 企业资产负债率的高低对债权人和股东会产生什么影响？
5. 企业的应收账款周转率偏低可能是由什么原因造成的？会给企业带来什么影响？
6. 你认为在评价股份有限公司的盈利能力时，哪个财务指标应当作为核心指标？为什么？
7. 利用市盈率对公司价值进行分析时应注意哪些问题？
8. 为什么要进行现金流量比率分析？其重要性体现在哪些方面？
9. 在应用杜邦分析法进行企业财务状况的综合分析时，应当如何分析各项因素对企业股东权益报酬率的影响程度？
10. 你认为财务比率分析有哪些局限性？

【练习题】

1. 某公司流动资产由速动资产和存货构成,年初存货为145万元,年初应收账款为125万元,年末流动比率为3,年末速动比率为1.5,存货周转率为4次,年末流动资产余额为270万元。一年按360天计算。

要求:
(1) 计算该公司流动负债年末余额。
(2) 计算该公司存货年末余额和年平均余额。
(3) 计算该公司本年销售成本。
(4) 假定本年赊销净额为780万元,应收账款以外的其他速动资产忽略不计,计算该公司应收账款周转天数。
(5) 假定本年现金净流量为100万元,其中,经营现金净流量180万元,筹资现金净流量-45万元,投资现金净流量-35万元。计算本年的现金流动负债比率。

2. 某企业本年度赊销收入净额为2 000万元,销售成本为1 600万元;年初、年末应收账款余额分别为200万元和400万元;年初、年末存货余额分别为200万元和600万元;年末速动比率为1.2,年末现金比率为0.7。假定该企业流动资产由速动资产和存货组成,速动资产由应收账和现金类资产组成,一年按360天计算。

要求:
(1) 计算本年应收账款的平均收账期。
(2) 计算本年存货周转天数。
(3) 计算本年年末流动负债余额和速动资产余额。
(4) 计算本年年末流动比率。

3. 某公司本年末有关资料如下:
(1) 货币资产为750万元,固定资产净值为6 100万元,资产总额为16 200万元;
(2) 应交税金为50万元,实收资本为7 500万元;
(3) 存货周转率为6次,期初存货为1 500万元,本期销售成本14 700万元;
(4) 流动比率为2,产权比率为0.7。

要求:计算表10-9中未知项目,将该简要资产负债表填列完整。

表10-9　　　　　　　　资产负债表

××年12月31日

项目	金额	项目	金额
货币资产	750	应付账款	( )
应收账款	( )	应交税款	50
存货	( )	长期负债	( )
		实收资本	7 500
固定资产净值	6 100	未分配利润	( )
资产合计	16 200	负债和所有者权益合计	16 200

4. ABC 公司本年销售收入为 12 万元,毛利率为 50%,赊销比例为 75%,销售净利率 20%,存货周转率 5 次,其初存货余额为 8 000 元,期初应收账款余额为 1 万元,期末应收账款余额为 8 000 元,速动比率为 1.6,流动比率为 2.16,流动资产占总资产的 20%,资产负债率为 50%,该公司只发行普通股,流通在外股数为 5 万股,每股市价 9.6 元,该公司期初与期末总资产相等。(结果保留两位小数)

要求:计算该公司(1)应收账款周转率;(2)资产净利率;(3)每股收益;(4)市盈率和(5)市净率。

5. 某公司本年末资产负债表(简表)如表 10 – 10 所示。

表 10 – 10　　　　　　　　　　　某公司资产负债表　　　　　　　　　　　　单位:万元

资　产		负债及所有者权益	
现金(年初 1 528)	620	应付账款	1 032
应收账款(年初 2 312)	2 688	应付票据	672
存货(年初 1 400)	1 932	其他流动负债	936
固定资产净额(年初 2 340)	2 340	长期负债	2 052
		实收资本	2 888
资产总计(年初 7 580)	7 580	负债及所有者权益总计	7 580

损益表有关资料如下:销售收入 12 860 万元,销售成本 11 140 万元,毛利 1 720 万元,管理费用 1 160 万元,利息费用 196 万元,利润总额 364 万元,所得税 144 万元,净利润 220 万元。

要求:

(1) 计算并填列该公司财务比率表(见表 10 – 11)。

表 10 – 11　　　　　　　　　　　　　　财务比率表

比率名称		本公司	行业平均数
流动比率	(1)		1.98
资产负债率	(2)		62%
利息保障倍数	(3)		3.8
存货周转率	(4)		6 次
应收账款周转天数	(5)		35 天
固定资产周转率	(6)		13 次
总资产周转率	(7)		3 次
销售净利率	(8)		1.3%
总资产净利率	(9)		3.4%
净资产收益率	(10)		8.3%

(2) 与行业平均财务比率比较,说明该公司经营管理可能存在的问题。

6. 已知东方公司资产负债表如表 10 – 12 所示。

表 10-12　　　　　　　　　　东方公司资产负债表
××年12月31日　　　　　　　　　　　　　　单位：万元

资产	年初	年末	负债及所有者权益	年初	年末
货币资金	50	45	流动负债合计	105	150
交易性金融资产	23	36	长期负债	245	200
应收账款净额	60	90	负债合计	350	350
存货	92	144	实收资本	350	350
流动资产合计	225	315	所有者权益合计	350	350
固定资产净额	475	385			
总计	700	700	总计	700	700

东方公司上年度销售净利率为16%，总资产周转率为0.5次，权益乘数为2.5，权益净利率为20%，本年度销售收入为350万元，净利润为63万元。

要求：

（1）计算本年年末流动比率、速动比率、资产负债率和权益乘数；

（2）计算本年总资产周转率、销售利润率和权益净利率；

（3）分析销售净利率、总资产周转率和权益乘数变动对权益净利率变动的影响。

第十一章　企业设立、变更和破产

【案例导读】

东星航空的破产清算

东星航空成立于 2005 年,是华中及中南地区第一家民营航空公司。因公司经营不善和受金融危机影响,2008 年底开始拖欠巨额债务,甚至影响飞行安全。2009 年 3 月 15 日被民航局暂停飞行许可。同年 3 月 10 日,美国通用电气商业航空公司等 6 家飞机租赁公司以东星航空拒不偿还到期债务 1 084 万美元,且明显缺乏清偿能力为由,向武汉中院提出对东星航空进行破产清算申请。

武汉中院依法对破产申请进行严格审查,查明东星航空拖欠通用等公司到期债务的事实成立,于同年 3 月底裁定受理此案,并指定东星航空公司清算组担任破产管理人。

审理期间,武汉中院敦促东星航空债务人向破产管理人履行债务、交付财产;妥善解决通用公司的飞机取回问题;对中航油、东星集团等债权人和债务人提出的重整申请依法进行审查,并分别做出不予受理或驳回的裁定。

法院审理查明,截至破产申请受理日,东星航空的资产总额为人民币 3.99 亿元,负债总额为人民币 10.76 亿元,已严重资不抵债,无力清偿到期债务。2009 年 4 月 26 日,武汉中院依法裁定东星航空破产。

2009 年 4 月 29 日,在东星航空第三次债权人会议上,破产管理人提交的《东星航空公司破产财产分配方案》获得高票通过。公司开始进入破产清算程序。东星航空成为中国民航业首家被申请破产的企业。

在破产清算期间武汉中院依照法定程序处置了包括东星国际大酒店、航材在内的全部东星公司资产,顺利回收全部拍卖价款,并积极推进东星航空所属 86 名飞行员的分流和其他 1 200 余名职工的安置,全面维护职工的合法权益,收回了飞行员流动补偿费用。

问题
(1) 东星航空破产的原因是什么?
(2) 东星航空破产清算有什么特点?
(3) 东星航空破产的教训有哪些?

【学习目标】

- □ 了解企业设立的基本法律规定
- □ 掌握企业合并、分立、债务重组等基本概念和方法
- □ 了解企业财务预警的基本概念和基本方法
- □ 掌握企业破产与清算的基本概念和程序

第一节 企业设立

企业设立是企业设立人依照相关的法律规定在企业成立之前为组建企业进行的、目的在于取得法律主体资格的一系列活动。企业设立的本质在于使一个尚不存在的实体逐渐具备条件取得法律意义上的企业资格。不同类型的企业，其设立的条件和程序有不同的法律规定，也会涉及不同的财务行为活动。企业的形式有多种多样，组成情况也各有差异，可以按多个不同的标准进行分类，通常的分类标准有：按出资者的不同，可将企业分为独资企业、合伙企业和公司制企业，其中公司制企业又分为有限责任公司和股份有限公司；按企业的法律地位不同，可将企业划分为法人企业和非法人企业。独资企业和合伙企业一般属于非法人企业，公司制企业属于法人企业，下面将分别介绍各类企业的设立问题。

一、企业设立的基本条件

按照我国有关法律法规的规定，设立企业应当具备以下条件。

（一）具有合法的企业名称

企业名称是企业之间相互区别的主要标志。根据相关法律规定，企业在设立登记前就应当由发起人（设立人）或其委托的代表，向国家指定的企业登记机关办理企业名称预先核准手续。企业名称被登记机关核准后，登记机关发给发起人"企业名称预先核准通知书"，在六个月内该名称将被保留，企业发起人（设立人）可以开展企业的筹建工作，但在此期间不得以该企业的名义从事经营活动。

发起人在确定企业名称时，应当遵守国家的相关规定。一个企业一般只能登记使用一个名称。发起人在确定企业名称时，不得使用对国家、社会或者社会公众有损害的名称；不得使用其他国家或地区的名称，但总机构在境外的企业于中国境内设立的子公司可以在名称后用括号注明中国字样；不得使用国际组织的名称；不得使用外国文字或汉语拼音字母组成的名称，但为了方便使用，企业的名称可以翻译为外国文字或汉语拼音文字，且其含义应与正式名称相同；不得使用数字组成的名称，等等。按规定企业名称前应当冠以企业注册所在地的地市或县名，而且除全国性公司外，不得使用"中国"、"中华"等字样的名称。企业名称被确定之后，在办理注册登记时一并登记，被登记的企业名称企业享有专用权，受国家法律保护，他人不得侵犯。

（二）具有健全的组织机构

企业组织机构是企业在成立之后组织开展经营活动的机构，是企业从事经营活动的组织

条件。不同类型的企业,组织机构的设置也会有所不同。一般情况下,企业的组织机构应包括权力机构、执行机构和监督机构。企业的权力机构是企业重大事务的最高决策机构,代表企业全体所有者的共同利益和最高利益,如股东大会、股东会等。企业的经营方针、投资计划、高级管理人员的任免、财务预算和决算及利润分配决定等事项,均应通过企业权力机构的批准才能生效和实施。企业的执行机构是具体执行经权力机构批准通过的各种决策的机构,主要负责企业的日常经营活动的管理,如企业的董事会、执行董事及业务部门、财务部门、人力资源管理部门等。监督机构是代表企业所有者对企业的权力机构和执行机构实施监督的机构,如监事会。监督机构要代表所有者的利益对企业的高级管理人员行使职权的活动进行监督,检查企业的经营活动和财务活动是否符合规定,如果企业的管理人员有违背企业利益的行为,应当提请最高权力机构进行处理。

(三) 具有企业章程

企业章程是规范企业一切行为活动的协议性文件,也是企业从事经营活动的基本准则。不同性质的企业,其章程的内容也有所不同,一般应当包括企业的名称、性质、宗旨、所在地、注册资本额及其出资来源、订立章程的日期、法人代表、管理机构及其产生办法和权限、财务会计制度、利润分配制度、股权转让制度、章程修改程序、企业解散清算程序等。企业章程是全体所有者、管理人员和企业职工的行动纲领,必须得到共同的遵守。

(四) 具有自己的经营资产

企业自有的经营资产是指企业在成立时由出资人认缴的,经企业登记机关核准登记后的注册资本金,可以是货币形式的,也可以是实物或无形资产形式的,注册资本是企业独立承担民事责任的资金保障,也是企业从事经营活动的资金基础。不同类型的企业,法律规定的注册资金数额有所不同。

(五) 有符合国家法律、法规和政策规定的经营范围、确定的场所和设施

企业的经营活动必须在国家的法律法规允许的范围内进行,因此,其经营范围应经工商行政管理部门核准登记,不得从事超范围的经营活动。经营活动还必须有确定的场所和相应的设施来支持,经营场所和设施可以是自有的,也可以是租入的,但租入的场所和设施应能为企业长期使用。

(六) 有健全的财务会计制度

企业应当按照国家的法律、法规建立本企业的财务会计制度,能够进行独立核算,自负盈亏,能够独立编制会计报表。

二、企业设立的一般程序

企业的类型、规模不同,其设立的程序也不完全相同,小型企业和非法人企业设立的程序会简单一些,而大型企业和法人企业设立的程序就要复杂一些,但总的来说,都要经过发起、论证、报批、筹建、申请设立登记及批准注册等几个环节。

(一) 发起

企业的设立首先必须有发起人的发起,发起人可以是自然人,也可以是企业法人。一般来说,发起人应当对将要设立的企业有一个整体的设想和规范,对企业的经营目标、经营范围、经营策略、资金筹集及经营规模等各方面问题都要有具体的策划,并为企业确定名称。发起人可以是一个,如设立国有独资公司或设立个人独资企业,也可以是两个以上。如果是

一个发起人,其必须承担全部出资额并在企业获准成立之后,筹集其他渠道的资金,如果有两个以上的发起人,则发起人之间还应签订协议,确定所设企业的基本性质和结构,明确发起人之间的关系,并确定各自的出资额。发起阶段的工作要做得非常细致,如果是一个发起人,就需要对拟设立的企业将来的发展目标、经营战略等做出详细的计划,如果是两个以上的发起人,就需要各发起人之间对拟设立企业的目标、经营思想、机构设置和利益分配等问题达成共同意愿。只有这些工作做得细致,拟设立的企业才会方向明确,各发起人之间才有良好的合作基础和合作依据。

发起是企业设立中非常重要的一步,关系到企业以后的生产经营活动能否有效率地进行,能否在市场竞争中立于不败之地。因此,发起人在发起成立企业时,必须充分考虑各种因素的影响,做好调查研究,包括对所要经营项目或产品的市场需求、产品的寿命周期以及未来的发展前景、企业的技术力量、同行业竞争的情况、国家产业政策和原材料的供应等方面问题进行深入细致的调查和分析。发起人应该做好充分的准备工作,具有战略眼光。已有很多成功和失败的案例证明了企业发起阶段的重要性。在我国当前经济背景下,设立企业应充分考虑产业结构调整问题、节能环保问题、可持续发展问题、区域经济发展规划问题和第三产业发展问题等,避免重复建设和产品滞销现象。

(二) 论证

论证是对发起设立的企业进行可行性研究的一项程序。一般来说,发起人确定成立企业的申请报经有关主管机关批准之后,就要对企业的未来运作进行可行性研究。可行性研究需要聘请有关专家从经济、技术、财务和法律等方面分析论证资金来源是否有保障和投资的收益是否合算,要对企业未来的经验环境和投资风险进行深入研究和预测。概括起来,企业设立的可行性研究应包括以下几个方面:

1. 进行市场需求预测

市场需求预测是在市场调查的基础之上,利用一定的技术手段测算出未来一定时期内本企业所提供的商品或劳务的需求量。市场需求预测实际上是对企业未来的销售情况进行预测,需要强调的是,设立企业时的市场需求预测比企业日常经营时市场需求预测应更具长远性、宏观性和战略性。市场需求预测不仅要预测市场的现实需求,更要预测市场的潜在需求和未来需求,商品或劳务没有潜在需求的企业,在市场竞争中是没有发展前途的。这就要求预测者能够以长远的、战略的眼光来预测市场的消费倾向,从而使预测更具有前瞻性。

在市场需求预测的基础上,还要进一步预测企业的市场占有率。这又要调查研究国家一定时期内的产业发展政策、本行业的竞争对手情况、国家的进出口政策、劳务或商品的可替代性、商品或劳务对价格的供给弹性等外在的各种因素,并结合本企业成立之后商品或劳务的功能、价格、质量和市场营销策略等内在的因素,来测算本企业的市场竞争力和市场占有率。在市场占有率和市场需求测算的基础之上,就可以预测出本企业成立之后的收益和风险,从而在经济上对企业设立的可行性进行论证。

2. 对企业的生产工艺、技术进行可行性分析

(1) 应研究工艺和技术的适应性。工艺和技术的适应性是企业今后生产目标能否完成的基本前提,在企业设立之前必须对此进行充分论证。这里要研究未来企业所使用的技术设备能否满足企业未来生产经营的需要;企业员工的构成和素质能否适应企业未来发展的需要;企业所需的原材料、能源和运输条件是否有可靠的保障;企业生产可能带来的环境污染

和耗能标准等是否在国家的限定标准之内或能否得到有效的治理和控制。

（2）应研究工艺和技术的先进性。只有工艺和技术保持同行业的领先水平，才能在未来的市场竞争中占有优势。对于一个新成立的企业来说，这一点尤其重要。工艺和技术的先进性主要表现在投产之后能否显著改进市场现有产品的性能、质量；能否显著提高产品生产能力；能否比原来的技术更加节约原材料和能源，并显著降低生产成本。

3. 进行财务分析和效益分析

财务分析，主要是分析投资的资金来源是否有可靠的保证，发起人认缴的资金能否足额、及时到位；企业的目标资本结构是否科学合理；发起人投资的资产作价是否合理等。效益分析，主要是分析企业未来的现金流量、投资回收期和投资收益等方面的问题是否能达到预期的标准。

4. 进行法律、政策支持方面的分析

这里主要是分析企业未来的经营项目、商品或劳务有哪些法律和政策的有利面和不利面，分析投资活动的法律支持背景和法律约束等方面的问题，以确保企业未来的经营能借助法律和政策支持的优势。

（三）报批

按照我国现行的制度规定，一般企业的设立不需报经有关机构的批准，可以由发起人直接向企业登记机关申请登记。但是，如果成立外商投资企业、股份有限公司、金融性企业等需报经国家指定的主管部门批准。因此，成立需要报批的企业，还应当在进行企业设立论证之后，报经有关部门批准，经批准之后才能进行企业的筹建工作。

（四）筹建

经过论证和有关部门的批准之后，就可以进行企业的筹建工作。一般来说，企业的筹建工作主要包括以下几个方面：

（1）开设临时账户，筹集所需资金。在企业筹建期间，企业发起人应按协议书的规定将认缴的出资额汇入企业的临时账户，以机器设备、土地使用权、房屋建筑物等出资的，应将相应的资产及时投入企业，需要向社会募集的资金，应当及时开展资本的募集工作。资金缴纳完后，应办理验资手续，以备企业登记注册时用。

（2）招聘员工。企业筹建期间还要根据企业未来经营业务的需要向社会公开招聘管理人员、技术人员和一般工作人员。向社会公开招聘人员一般需要报经政府劳动管理机构的批准并通过劳务市场来进行。

（3）购置生产所需的原材料、燃料、能源和生产设备等。生产经营性企业在开业之前就必须准备好基本的生产物资，以便在企业成立之后能顺利地进行生产经营活动。

（4）向企业登记机关办理企业名称的预先核准手续。

（5）进行施工建设。一般来说，生产性企业都需要建造厂房、安装设备等，这是企业开业前应该完成的工作。如果是商贸企业也应根据自身的需要租赁好办公用房，而无需进行施工建设。

（五）申请设立登记

企业筹建工作结束之后，应由企业发起人或其委托的代理人向当地工商行政管理部门申请办理注册登记手续。按照有关规定，办理注册登记时，一般需要向登记机关提交如下文件及材料：

(1) 企业发起人签署的登记申请书；
(2) 全体股东指定代表或者共同委托代理人的证明材料；
(3) 主管部门或者审批机关的批准文件；
(4) 企业章程；
(5) 具有法定资格的验资机构出具的验资证明；
(6) 发起人的法人资格证明或自然人身份证明；
(7) 企业主要负责人（法人企业的法定代表人）的身份证明；
(8) 企业名称预先核准通知书；
(9) 企业住所和经营场所使用证明。

所出具的上述文件完全符合有关规定后，工商行政管理机关才能准予登记注册。

（六）批准注册

工商行政管理机关对企业提交的注册申请材料进行审查后，符合国家有关企业登记规定的，应当在受理申请后的30日内准予注册。企业的登记注册事项主要包括企业名称、住所、法定代表人、注册资本额、企业类型、经营范围、经营期限、股东或发起人的名称或姓名等。企业经批准注册，领取营业执照后，即宣告正式成立。企业可凭借营业执照等证件选择就近银行办理基本账户和纳税账户，向当地税务机关办理税务登记，就可以开展生产经营活动了。

三、有限责任公司的设立

（一）有限责任公司设立的条件

有限责任公司是由股东出资，依照《公司法》的有关规定设立的法人企业。有限责任公司有独立的法人财产，享有法人财产权。公司股东以其认缴的出资额为限对公司承担责任，公司以其全部财产对其债务承担责任。依据我国《公司法》的有关规定，设立有限责任公司，应当具备下列条件：

(1) 股东符合法定人数。依据《公司法》的规定，设立有限责任公司的法定股东人数为50人以下，允许设立一人有限责任公司和国有独资公司。股东可以是自然人、法人或国家（国家作为股东时授权有关股东时，必须具有完全的民事权利能力和民事行为能力，即具有设立有限责任的资格）。一人有限责任公司是指只有一个自然人股东或一个法人股东的有限责任公司，并且该一人有限责任公司不能投资设立新的一人有限责任公司。一人有限责任公司的股东如果不能证明公司财产独立于股东自己财产的，应当对公司债务承担连带责任。国有独资公司是指国家单独出资、由国务院或者地方人民政府授权本级人民政府国有资产监督管理机构担当出资人责任的有限责任公司。

(2) 股东出资达到法定资本最低限额。股东出资必须达到法定资本最低限额包括两个方面的含义：一是设立有限责任公司必须有资本，即股东必须出资，不出资者不能成为有限责任公司的股东。二是设立有限责任公司的出资额必须符合有关法律和行政法规的规定。按照《公司法》的规定，公司全体股东的首次出资额不得低于注册资金的20%，也不得低于法定的注册资本最低限额，其余部分由股东自公司成立之日起的两年内缴足，其中，投资公司可以在5年内缴足。有限责任公司注册资本的最低限额为人民币3万元，其中，一人有限责任公司的注册资本最低限额为人民币10万元，并且股东应当一次足额缴纳公司章程规定的出资额,特定行业的有限责任公司注册资本最低限额需高于上述所规定限额的,由法律、行政法规另行规定。

股东可以用货币出资,也可以用实物、知识产权或土地使用权等非货币资产作价出资。全体股东的货币资产出资额不得低于有限责任公司注册资本的30%。股东应当按期足额缴纳公司章程中规定的各自所认缴的出资额。股东以货币出资的,应当将货币出资额足额存入有限责任公司在银行开设的账户;股东以其他非货币资产出资的,应当由具有法定资格的机构进行评估作价,并办理其财产权的转移手续,该转移手续一般应当在六个月内办理完毕。股东全部缴纳出资后,必须经法定的验资机构验资并出具验资证明。有限责任公司成立之后,应当向股东签发出资证明书。

(3) 股东共同制定公司章程。公司章程是有限责任公司的股东制定的,股东和公司内部职工等必须遵守的内部行为规范。所有股东都应当在公司章程上签名盖章。公司章程的主要内容有公司名称和住所、公司经营范围、注册资本、股东名称、股东的权利和义务、股东的出资方式和出资额、股东转让出资的条件、公司的机构及其产生的办法、公司的法定代表人、公司的解散事由和清算办法等。

(4) 有公司的名称并建立符合有限责任公司要求的组织机构。有限责任公司作为独立的法人企业,必须有自己的名称,这是企业的标志。公司的名称必须符合法律、法规的要求。公司还要建立符合有限责任公司要求的组织机构,主要有股东会、董事会或执行董事、监事会或监事。股东会是由全体股东组成的,是公司的权力机构,一人有限责任公司和国有独资公司不设股东会,国有独资公司由国有资产监督管理部门行使股东会职权。董事会是公司股东会的执行机构,一般由3~13人组成,董事会设董事长一人,可以设副董事长,董事会对股东会负责,股东人数较少或规模较小的有限责任公司可以不设董事会,而只设一名执行董事。监事会是公司内部的监督机构,监事会成员一般不得少于3人,其中应当包括股东代表和适当比例的公司职工代表。规模较小的有限责任公司可以不设监事会,只设1~2名监事。

(5) 有固定的生产经营场所和必要的生产经营条件。有限责任公司应当有固定的住所,并在公司登记机关登记在册。公司还应当有固定的生产经营场所和必要的生产经营条件,这是公司成立之后从事生产经营活动的基础。生产经营场所可以是公司的住所,也可以是其他经营地点。生产经营条件是指与公司经营范围相适应的条件,包括厂房、仓库和商店柜台等设施。

(二) 有限责任公司设立的程序

有限责任公司设立程序较为简单,一般来说,要经过以下流程:

1. 订立发起人协议

发起人协议是在公司设立过程中,由发起人订立的关于公司设立事项的协议。发起人协议的作用在于确定所设公司的基本性质和结构,明确发起人之间的关系。公司设立中发起人通常都会订立此种协议,但国外公司法对发起人协议都未做明确规定。在性质上,一般认为发起人协议属于合伙契约。如果公司设立成功,该协议履行完毕,因设立行为所产生的权利义务由公司承担;如果设立不成,因设立行为对外所负债务,则应当依照发起人协议由发起人对第三人承担连带责任。

2. 制定公司章程

公司章程是公司经营活动的准则，制定公司章程是任何国家设立公司的必经程序。公司章程应由全体股东签字订立，其直接体现了股东之间的权利和义务。有的国家还要求章程必须经过公证手续才能生效，如德国、韩国等。公司章程必须记载法定的绝对必要记载事项，也可以记载法定的全部或部分相对必要记载事项，还可以在不违反强制性规范、社会公共利益的前提下，记载一些发起人协商一致的事项。有限责任公司章程一经发起人签署即发生法律效力。

3. 确定股东

有限责任公司的股东一般在订立章程时予以确定，即在公司章程中明确记载股东的姓名或名称。这和股份有限公司的做法不太一样，股份有限公司因股东人数不确定，一般在章程中不会列出所有股东的名称。

4. 缴纳出资与验资

出资是股东基于股东资格对公司所为的一定给付，凡股东均负有出资的义务。有限责任公司的资本是全体股东出资构成的，在公司章程中应有明确的记载。除实行授权资本制的国家外，公司章程中所记载的资本总额，在公司成立时都必须落实到每一股东的名下。尽管有些国家的公司法规定股东可以分期缴纳股款，但股东已经认购但尚未缴付的股款，也构成对公司债务的确切担保。关于股东缴纳出资的时间、数额和方式，我国《公司法》做了相应的规定。即：

（1）有限责任公司的注册资本为在公司登记机关登记的全体股东认缴的出资额。公司全体股东的首次出资额不得低于注册资本的20%，也不得低于法定的注册资本最低限额。

（2）以发起设立方式设立股份有限公司的，发起人应当书面认足公司章程规定其认购的股份；一次缴纳的，应即缴纳全部出资；分期缴纳的，应即缴纳首期出资。

如果股东认缴的出资不能实际缴纳或屡催不缴，依据我国《公司法》的规定，该股东除应当向公司足额缴纳外，还应当向已按期足额缴纳出资的股东承担违约责任。

验资是法定验资机构对股东全部出资的价值和真实性进行检验并出具验资证明的行为。我国《公司法》要求，股款足额缴纳后，须经法定验资机构验资并出具验资证明。我国法定的验资机构一般是依法取得营业执照的会计师事务所、审计事务所等独立的专业中介服务机构。验资机构出具的验资证明是我国公司设立申请时必须具备的书面材料之一，也是衡量股东是否履行缴纳出资义务的重要依据。

5. 确定公司的组织机构

公司的组织机构是公司的法定机构，在公司设立阶段即应予以确定。在有限责任公司中，公司的组织机构有一般有股东会、董事会和监事会。股东会是公司的权力机构。董事会是股东会的执行机构，公司设立股东会的，董事一般由股东会选举产生，公司不设股东会的，董事一般由股东委任。有限责任公司规模较小时，也可以不设董事会，而只设一名执行董事。公司还可以聘请经理负责公司的日常管理工作。

6. 办理公司登记

办理公司登记是公司取得法人资格的必经程序。股东的全部出资经法定的验资机构出具验资证明后，可以由全体股东指定的代表或共同委托的代理人向公司登记机关申请设立登记，办理注册手续。经核准登记后，公司领取营业执照，宣告成立。公司成立后，还要由公司向全体股东出具出资证明。出资证明是证明股东已缴出资的文件，该文件需经公司盖章方才有效。

四、股份有限公司的设立

（一）股份有限公司设立的条件

根据《中华人民共和国公司法》的有关规定，设立股份有限公司应当具备以下条件：

1. 发起人符合法定人数

设立股份有限公司，发起人为2人以上200人以下，其中必须有过半数的发起人在中国境内有住所。公司以其主要办事机构所在地为住所。公司住所是确定公司登记注册级别管辖、诉讼文书送达、债务履行地点、法院管辖及法律适用等法律事项的依据。经公司登记机关登记的公司住所只能有一个，公司的住所应当在其公司登记机关辖区内。公司住所的变更，须到公司登记机关办理变更登记。

2. 发起人认缴和社会公开募集的股本达到法定资本最低限额

股份有限公司注册资本（在公司登记机关登记的实收股本总额）的最低限额为人民币500万元。以募集方式设立的，发起人认购的股份不得少于公司股份总数的35%。公司申请股票上市的，其最低注册资本额不得少于人民币3 000万元。公司采取发起设立方式设立的，全体发起人的首次出资额不得低于注册资本的20%，其余部分由发起人自公司成立之日起2年内缴足，其中投资公司可以在5年内缴足，在缴足之前不得向他人募集股份。股份有限公司采取募集方式设立的，发起人认购的股份不得少于公司股份总数的35%，但法律、行政法规另有规定的，从其规定。注册资本为在公司登记机关登记的实收股本总额。设立股份有限公司时，在公司章程中必须载明公司的注册资本、股份总数、每股金额。

3. 出资方式符合要求

股份有限公司发起人的出资方式与有限责任公司相同，如果是上市公司，还应符合《上市公司治理准则》的规定，即控股股东投入上市公司的资产应独立完整，权属清晰。控股股东以非货币性资产出资的，应办理产权变更手续，明确界定该资产的范围。上市公司对该资产独立登记、建账、核实和管理。控股股东不得占用和支配该资产。

4. 发起人应制定公司章程，并经创立大会通过

公司章程是公司最重要的法律文件，发行股份的款项已经缴足并经法定验资机构出具验资证明后，就可以召开股份有限公司创立大会。股份有限公司的创立大会是各位出资人讨论决定即将成立的股份有限公司相关重大问题的会议，发起人应当根据《公司法》、《上市公司章程指引》和《上市公司治理准则》等的相关规定的要求，起草制定章程草案。章程草案须提交创立大会表决通过。发起人向社会公开募集股份的，须向中国证监会报送公司章程（草案）。按照法律的规定，股份有限公司的创立大会应在股款缴足并经验证机构出具验证证明后的30日内召开，创立大会在法定期限内召开之后，认股人不得抽回其股本。

5. 有公司名称并建立符合股份有限公司要求的组织机构

拟设立的股份有限公司应当依照工商登记的有关规定确立公司名称，并建立股东大会、董事会、监事会和总经理等公司的组织机构。企业名称应当由行政区划、字号、行业、组织形式依次组成，法律、法规另有规定的除外。股份有限公司的权力机构是股东大会，决定公司的各种重大事项。股东大会一般分为年会和临时会两种，年会应每年按时召开一次，临时会是指年会以外遇有特殊情况依法需要召开的股东大会。股东大会上，股东可以对公司的重

大事项行使表决权,每一股份有一表决权。董事会是股东大会的执行机构,由 5~19 人组成,设董事长 1 人,可以设副董事长,董事长和副董事长应由董事会以全体董事的过半数选举产生。经理是由公司董事会聘任的,负责公司的日常经营管理工作。监事会是公司内部的监督机构,有权检查公司财务,对董事、经理执行公司职务时的违反法律、法规或者公司章程的行为进行监督,有权提议召开临时股东大会。

6. 有固定的生产经营场所和必要的生产经营条件

拟设立的股份有限公司应当以投资入股、购买、租赁等方式取得固定的生产经营场所,并具备与其生产经营活动相适应的必要的生产经营条件。

(二)股份有限公司设立的方式和程序

股份有限公司设立的方式分为发起设立和募集设立两种。发起设立是由公司发起人自己认购公司应发行的全部股份而设立的公司。募集设立是由发起人认购公司发行股份的一部分,其余部分向社会公开募集或者向特定对象募集而设立的公司。两者的设立程序有所不同。

以募集方式设立股份有限公司的程序是:

(1) 发起人应当自股款缴足之日起 30 日内主持召开公司创立大会;

(2) 选举董事会成员,监事会成员;

(3) 董事会应于创立大会结束后 30 日内,向公司登记机关报送公司登记申请书、创立大会的会议记录、公司章程、验资证明、法定代表人、董事、监事的任职文件及其身份证明,发起人的法人资格证明或者自然人身份证明、公司住所证明、国务院证券监督管理机构的核准文件等;

(4) 申请设立登记。

以发起方式设立股份有限公司的程序是:

(1) 发起人拟订设立股份有限公司方案,确定设立方式、发起人数量、注册资本和股本规模、业务范围和邀请发起人等;

(2) 对拟出资资产进行资产评估或审计;

(3) 签订发起人协议书,明确各自在公司设立过程中的权利和义务;

(4) 发起人制订公司章程;

(5) 由全体发起人指定的代表或者共同委托的代理人向公司登记机关申请名称预先核准;

(6) 法律、行政法规或者国务院决定规定设立公司必须报经批准,或者公司经营范围中属于法律、行政法规或者国务院决定规定在登记前须经批准的项目的,以公司登记机关核准的公司名称报送批准,履行有关报批手续;

(7) 发起人按章程规定缴纳出资,并依法办理以非货币性财产出资的财产权的转移手续;

(8) 聘请具有证券从业资格的会计师事务所验资并取得验资报告;

(9) 选举董事会和监事会,由董事会向公司登记机关报送公司章程、验资证明以及法律、行政法规规定的其他文件;

(10) 申请设立登记。

第二节 企业变更

企业变更是指企业在其存续期间由于业务范围、经营性质、经营宗旨、财产关系以及组织结构等情况发生的变化。引起企业变更的原因较多，有的变更对企业的财务活动有较大的影响，如企业合并、分立会引起企业财务主体发生变化；企业经营性质改变或债务重组会引起企业纳税情况的改变和债权债务关系的变更。企业变更通常都会导致企业法人登记事项的变化，因而要按有关法律、法规的规定，进行企业法人的变更登记。下面主要介绍企业的合并、分立和债务重组等几种重要的企业变更事项。

一、企业合并

企业合并是指两个或两个以上的企业在平等、协商和互利的原则基础上，按法定程序变为一个企业的行为。企业合并既是一种经济行为，也是一种法律行为，因此需要对有关变更的事项依法进行变更登记。企业变更也会对未来的财务管理和经营成果产生影响，因此有必要事前进行财务筹划。总的来说，企业合并是为了在激烈的市场竞争中扩大市场占有率、增强竞争力，以达到双赢的目的。

（一）企业合并的类型与方式

1. 按行为方式分类，企业合并分为吸收合并和新设合并两种类型

（1）吸收合并。吸收合并是指由一个企业吸收一个或一个以上的企业加入本企业，是最常见的合并类型。在吸收合并中，被吸收的企业将解散并取消原法人资格。存续企业应承担被吸收企业的所有资产、负债、权利和义务。企业的消灭最终表现为企业人格的消灭，而在人格消灭之前，可以先将被吸收企业的资产转移给吸收企业，或将被吸收企业的股权转移给吸收企业，而无论资产转移还是股权转移，吸收企业支付的对价一般是现金或者企业的股份。

（2）新设合并。新设合并是指两个或两个以上的企业合并成一个新的企业，原合并各方解散，取消原法人资格的合并方式。新设合并之后，原合并各方都应当到工商行政管理部门办理注销登记手续，新设立的企业应当到工商行政管理部门办理登记手续。

2. 按合并范围分类，企业合并可以分为横向合并、纵向合并和混合合并

（1）横向合并。横向合并是指两个或两个以上的生产或经营同类产品的企业的合并。横向合并的目的是避免竞争，做大企业，扩大市场份额。横向合并是同行业企业之间的合并，通常是优势企业并购劣势企业，大企业并购小企业，从而形成规模经营，增强企业的竞争能力。

（2）纵向合并。纵向合并是指企业的供应商或客户的合并，通常是优势企业将与本企业生产紧密相关的企业并购，从而形成纵向生产一体化。纵向合并可以扩大生产经营规模，节约通用设备，加强生产过程各个环节的配合和整合。它有利于协作化生产，缩短生产周期，节约成本费用。

（3）混合合并。混合合并是指与本企业生产经营活动无直接关系的企业的合并。混合

合并既不是与同行业竞争对手的合并，也不是与供应商或客户的合并，它通常是为了扩大生产经营范围，减少长期经营一个行业所带来的风险而进行的合并。

3. 按出资方式分类，企业合并可以分为出资购买资产式合并、出资购买股票式合并、以股票换取资产式合并和以股票换取股票式合并

（1）出资购买资产式合并。这种合并是指合并企业使用现金购买被合并企业的全部资产进行的合并。这种合并属于吸收合并，被收购企业并入收购企业，被收购企业原有的法人资格被取消。对于产权关系、债权债务关系清晰的企业，采用这种合并方式能够做到等价交换、交割清楚，合并阻力容易排除。这也是目前企业合并中最为常见的方式。

（2）出资购买股票式合并。这种合并是指收购企业通过出资购买被收购企业股票的方式进行的合并。这种合并方式要求被收购企业必须是股份公司，它可以通过二级市场来实现合并，比较简便易行。但是，这种合并方式要受到有关证券法规信息披露的制约，如我国《股票发行与交易管理暂行条例》规定：任何法人直接或间接持有一个上市公司发行在外的普通股达到5%时，应当自该事实发生之日起3个工作日内，向该公司、证券交易市场和证监会做出书面报告并公告；并且其持有该股票的增减变化每达到该股票发行在外总额的2%时，做出书面报告并公告；如果发起人以外的任何人直接或间接持有一个公司发行在外的普通股达到30%时，就应当自事实发生之日起的45个工作日内，向该公司的所有股票持有人发出收购要约。因此，通过这种方式收购企业，往往会使股票价格大涨，致使收购成本增加。

（3）以股票换取资产式合并。这种合并是指收购企业向被收购企业发行自己公司的股票来交换其资产而进行的合并。这种合并方式必须由合并双方签订协议，收购企业同意承担被收购企业的债务责任，被收购企业同意解散企业，并将持有的收购企业的股票分配给其原有股东。

（4）以股票换取股票式合并。这种合并是指收购企业直接向被收购的企业的股东发行本企业股票，以交换被收购企业的股票，这样，被收购企业或者成为收购企业的子公司，或者通过解散而并入收购企业。

值得说明的是，企业合并和通常所说的企业兼并是有一定区别的。企业兼并是指一个企业购买其他企业的产权，使其他企业失去法人资格或者改变法人实体的一种行为。这就是说，企业兼并是通过购买其他企业产权来实现的，这种行为可以是被兼并企业失去法人资格，也可以使被兼并企业仍然具有法人资格，只是改变了法人实体。前者使被兼并企业失去法人资格，即是企业的吸收合并，后者则不属于企业合并，仅是对被兼并企业进行控股，被兼并企业没有失去法人资格。因此，企业兼并包括企业的吸收合并，但还包括取得其他企业的控股权。

4. 企业合并还可以按其他方式不同，分为购买式合并、承担债务式合并、抵押式合并和举债式合并

（1）购买式合并。这种合并是指合并方用现金或者其他有价证券购买被合并方的资产，取得对资产的全部经营权和所有权，被合并的法人资格自行消失。这种形式主要是在不同所有制或不同隶属关系的企业之间进行，是一种完全意义上的有偿合并。具体又可分为一次性购买和分期购买等不同形式。由于企业是在不同利益主体之间的转让，所以，资产评估较为严格，市场性较强。

(2) 承担债务式合并。这种合并根据承担债务的程度不同又可分两种情况。一种情况是，在资产和债务等价的情况下，合并方以承担被合并方全部债务为条件，接收其全部资产和经营权，被合并方法人资格自行消失。这属于完全有偿合并。另一种情况是，合并方以承担被合并方部分债务，提供技术、管理为条件，取得被合并方的部分资产所有权和全部经营权，被合并方虽然更换了厂名和领导班子，丧失了经营权，但仍然独立核算，自负盈亏，企业的原有主体不变。这是一种部分有偿合并。例如，长春一汽集团兼并吉林轻型车厂以及长春轻型车厂、长春轻型发动机厂、长春齿轮厂四个地方国有企业的时候，就是采用承担债务的方式。当时如果采用现金收购的方式，一汽集团需要拿出很大一笔资金，而当时一汽集团不可能拿出这笔资金，经过协商以及有关专家建议，实行了"承担债务，分期偿付"的收购方式。即被收购的四个厂的全部债权、债务、亏损由一汽承担。一汽集团同时要依据合同每年对吉林省和长春市进行必要的补偿，随着四个厂被一汽收购合并，四个厂的法人资格也随之被取消。

(3) 抵押式合并。这种合并是以抵押形式转移产权，进而以赎买手段进行产权再转移，这种形式主要是在资不抵债的企业与其最大的债权人之间进行的合并。具体做法是：先将企业全部资产作价抵押给最大的债权人（往往是银行），实现所有权首次转移。转移后，原企业法人资格自行消失，债务挂账停息，然后由债权人和企业主管部门协商，利用原厂设备资金，根据市场需要选定新产品，组建新企业，聘请新的法人代表，并将新企业部分利润以租赁费形式分期偿还债务。如按规定时间全部还清债务后，赎回所有权，实现所有权与经营权的再转移，这也是一种完全的有偿合并。

(4) 举债式合并。这种合并属于"小鱼吃大鱼"的合并方式，主要是一些小企业，如个体企业、私营企业，为了发展规模经济以取得规模效益，利用其经营、管理上的优势，大量举债，筹集资金合并较大企业所采用的方式。

（二）企业合并的原因

企业合并的原因可能有多方面，但根本原因应该是加速企业成长、降低生产经营成本、减少经营风险等，具体原因有以下几个方面：

(1) 谋求企业管理协同效应。使具有剩余高效率管理能力的企业管理队伍，通过并购行为可以管理效率低下的公司企业，实现管理资源的融合，提高管理资源的利用效率。

(2) 取得规模经济效益。通过对生产经营活动的研究发现，企业的经济效益与生产经营业务量密切相关，当业务量达到一定规模时才是最经济的。如果企业规模偏小，由于单位业务量负担的固定成本较高，就会增加企业产品的单位成本，影响企业的经济效益。企业通过合并，可以扩大生产经营规模，节约固定成本，降低单位业务量应分摊的固定成本，提高企业的经济效益，实现规模经济。

(3) 通过企业合并可以降低公司的融资成本，由于各个公司的现金流量不一致，通过内部的资金调节可以大大减少因外部融资而增加的筹资成本和交易费用。

(4) 恰当的并购活动可以减少企业的税收支出。有盈利的企业与有累计亏损的企业进行合并，可以在合并时处于避税有利地位，得到比正常合并时更多的好处。原亏损企业的亏损额可以在存续企业盈利中抵补，这样就可以减少所得税的支出。

(5) 获得特殊资产。目标企业所拥有的优秀员工、专业技术、商标、商誉等无形资产可以为合并公司带来商业利益。

(6) 国家产业政策的调整。国家产业政策的调整和变化,在一定程度上会对企业的经营方向和经营环境产生影响,一些企业为了改变现有不利的经营方向和经营环境,会谋求和其他企业进行合并。

(三) 企业合并的一般程序

企业合并涉及公司、股东和债权人等相关人的利益,应当严格按照法律规定的程序进行。根据《公司法》的规定,公司合并的程序一般包括以下几个步骤:

1. 合并双方提出合并意向

企业合并前必须由合并的一方或者双方提出合并的意向,合并意向也可以由企业的所有者提出。合并意向经合并双方确认之后,双方应互换有关资料,并就合并的有关事宜进行谈判。如果是吸收合并,双方应明确吸收方向被吸收方支付多少费用或者转让多少股份;如果是新设合并,双方要协商各自的资产以何种方法估价投入新设的企业中,被合并企业的所有者在新设企业中占多少股份。企业在谈判时,还应对原有的债务清偿问题做出明确的规定。

2. 签订合并协议

合并各方就合并的有关事宜谈判并达成一致意见后,就可以由合并各方的法人代表或者其代理人签订合并协议。合并协议一般应包括以下一些内容:

(1) 合并前各公司名称与住所、合并后公司的名称与住所;

(2) 存续公司或者新设立公司因合并发行股份的数量和种类;

(3) 如果是以换股的方式合并,应明确合并时的换股比例,即对解散公司股东所持有的股份,用什么样的股份和多少数量进行兑换;

(4) 如果以支付现金的方式进行合并,应明确合并支付的金额,即对解散的公司股东应支付多少金额;

(5) 合并前各方资本处理的方法;

(6) 合并前各方具有的债权债务情况及其处理方法;

(7) 存续公司的公司章程是否要变更,或者新设公司的章程如何签订;

(8) 合并的日期;

(9) 合并各方认为应载明的其他事项。

3. 合并各方股东(大)会表决通过合并决议

合并各方董事会将确定的合并方案或者合并计划提交股东(大)会表决,根据《公司法》规定,股东会或者股东大会行使对公司合并、分立、解散、清算或者变更公司形式做出决议的权利。股东会会议做出修改公司章程、增加或者减少注册资本的决议,以及公司合并、分立、解散或者变更公司形式的决议,必须经代表三分之二以上表决权的股东通过。此外,合并双方公司在召集股东(大)会时的程序,参会股东人数,决议内容等必须符合法律、行政法规和公司章程的规定。

4. 通告债权人

通知债权人和进行公告是保护债权人的合法权益,公司合并协议经过股东会的表决通过后,即具备法律效力,合并各方应当在法定期限内通知债权人,债权人可以自接到通知后在法定期限内提出合并异议,如果超过法定期限,债权人未提出异议,即可以视为承认公司的合并。根据我国《公司法》的规定,公司应当在做出合并决议之日起的 10 日内通知债权人，并于 30 日内在报纸上公告。债权人自接到通知书之日起 30 日内，未接到通知书的自第一次公告之日起的 45 日内，有权要求公司清偿债务或者提供相应的担保。公司合并未通知债权人和进行公告，致使债权人无法实现债权的，公司股东应当对债权人承担连带责任。

5. 办理合并登记手续

企业合并完成以后，被合并的企业消亡，取消法人资格，应当到工商行政管理部门办理注销企业法人资格的手续，缴消营业执照。存续企业或新设立的企业应当在法定的期限内持有关的文件到工商行政管理部门办理登记手续，并进行公告。合并企业在向工商行政管理部门办理登记时，必须提交以下文件：

（1）企业合并申请书；
（2）政府授权部门的批准文件；
（3）合并各方股东会同意合并的决议文件；
（4）合并合同；
（5）存续企业或新设立企业的章程；
（6）经注册会计师验证的合并前各方的资产负债表、利润表以及注册会计师的查账报告等文件；
（7）应当提交的其他文件。

（四）企业合并的财务可行性分析

企业合并必须从技术、经济和管理等几个方面进行可行性论证，这里仅从经济上的可行性进行分析。经济上的可行性分析主要内容是进行财务分析。企业的合并只有当合并后取得的收益超过合并所付出的代价时，其在经济上才是可行的。合并后的收益主要是企业合并以后取得的利润或现金流量净额。企业合并的代价主要包括为合并而支付的收购费用、合并的手续费、合并后额外增加的债务以及合并前企业的收益。对于合并双方来说，财务可行性分析首先要确定两个重要问题，一是预测合并后对于企业未来收益可能产生的影响，二是确定合理的收购对价。就第一条而言，合并企业需要对于被合并企业 3 年（甚至 5 年或更长）的财务报表进行全面的审阅与评估，并且分析被合并企业与自己在会计政策上的差异以及是否可以对接。财务报表审阅的焦点在于被合并企业的盈利能力与负债分析。就盈利能力分析而言，合并企业需要确定的问题主要是被合并企业当前的盈利能力是否在合并后会对合并企业造成不利影响，以及合并后所带来的收益是否能够抵消此类影响。而负债分析则是为了确定被合并企业的负债构成，分析被合并企业的负债是否会拖累合并后新企业的整体运营能力。在今天的企业合并中，合并财务可行性分析的重点并不在于合并后合并企业的盈利能力会有怎样的提升，而是确保在接受被合并企业的不良资产后，不会因此而陷入债务危机，同时还要确定被合并企业无形资产的价值，以确定合理的交易对价。

在财务可行性分析中，合并企业用来进行财务分析的主要工具是净现值（NPV）以及现金流预测（cash flow prediction）。合并企业先运用现金流预测法来预测合并后企业预期能够得到的现金收益，然后将此收益通过基于固定折现率的方法折现并与合并交易的对价相比较，从而分析交易是否对企业有积极影响。同时，还要注意到合并交易并不一定能带来现金流入的收益，相反，由于被合并企业可能受到金融危机的冲击或经营状况不善，很可能使合并企业的净现金流入降低的问题。此时合并企业应着重分析这样的降低会不会影响自身的根本效益，以及合理预测合并后企业在未来几年内是否能够弥补并购后带来的效益下降。下面分别介绍吸收合并和新设合并的财务可行性分析。

1. 吸收合并的财务可行性分析

采用吸收合并方式,吸收方要向被吸收方支付收购价款,或者向被吸收方的所有者让送部分股权。收购价款和让送股权的市值,构成了合并代价的主要部分。

【例11-1】海达公司拟吸收合并东方公司,有关资料如下:

(1) 经会计师事务所的资产评估,东方公司的资产总额为2 000万元,负债总额为1 200万元,所有者权益总额为800万元。经双方协商,海达公司同意向东方公司的所有者支付1 000万元合并价款,并且原东方公司的所有债务全部由海达公司负责偿还。

(2) 合并过程中需支付履行法律手续的各项费用为20万元。

(3) 合并时适用此项合并的贴现率为7%。

(4) 经预测,海达公司是否合并东方公司的未来10年现金净流量预测详见表11-1。

表11-1　　　　海达公司是否合并东方公司的未来现金净流量预测　　　　单位:万元

	第1年	第2年	第3年	第4年	第5年
不合并	200	250	300	350	400
合　并	100	120	320	420	450

从第6年开始,海达公司每年的现金净流量为:不合并为450万元,合并为500万元。表11-1中的现金流量不包括合并时支付的合并价款和其他各项费用。假定合并后公司章程规定的公司经营期限为10年。

根据以上资料,对合并事项进行财务上的可行性分析如下:

(1) 将不合并的各年现金净流量按市场利率折算为现值V_1。

$V_1 = 200 \times 0.935 + 250 \times 0.873 + 300 \times 0.816 + 350 \times 0.763 + 400 \times 0.713 + 450 \times 4.100 \times 0.713$

$= 2\ 517.785$(万元)

(2) 将合并的各年现金净流量按市场利率折算为现值V_2。

$V_2 = 100 \times 0.935 + 120 \times 0.873 + 320 \times 0.816 + 420 \times 0.763 + 450 \times 0.713 + 500 \times 4.100 \times 0.713 - 1\ 020$

$= 1\ 542.34$(万元)

(3) 合并与不合并的现金净流量现值金额。

现金净流量现值差额 $= 1\ 542.34 - 2\ 517.785$

$= -975.445$(万元)

所以,海达公司合并东方公司之后在未来10年的经营期限中,将减少现金净流量现值975.445万元,因此该合并方案在经济上是不可行的。

2. 新设合并的财务可行性分析

新设合并的企业合并各方都要解散,因此,其财务可行性分析是站在合并各方所有者的立场上进行的,只有合并各方都认为在财务上是可行的,合并才能顺利进行。新设合并一个非常重要的问题是合并各方资产的合理估价,以及各方在新设企业中所占股份的确定。这直接影响到合并各方以后的收益。

新设合并的财务可行性分析，也要比较合并各方在合并前后各自的现金净流量的增减情况。在各方合并后的现金净流量均大于合并前的现金净流量时，合并方案才是可行的。

【例 11-2】甲企业和乙企业拟合并成丙企业。经会计师事务所进行资产评估，甲企业的资产估价为 2 000 万元。乙企业的资产估价为 3 000 万元，合并后双方均以评估价值投入丙企业，即原甲企业的所有者占 40% 的股份，原乙企业的所有者占 60% 的股份。经测算，今后若干年甲乙两个企业的现金净流量现值分别为：甲企业为 6 880 万元，乙企业 8 250 万元。预计合并后的丙企业今后若干年的现金净流量的现值为 19 500 万元。

根据以上资料，可以分别计算出甲乙两个企业的所有者在合并前后所得到的现金净流量。原甲企业所有者合并后得到的现金净流量为 7 800 万元（19 500×40%），原乙企业所有者合并后得到的现金净流量为 11 700 万元（19 500×40）。可见，合并后双方所得到的现金净流量均超过合并前的各自现金净流量。因此，这样两个企业的合并在经济上是可行的。

（五）企业合并中应关注的财务问题

企业合并会涉及一系列的财务事项，这些事项影响到企业合并后的资产处理、银行信贷、债权债务和税务等问题，因此，企业在合并时必须对这些问题充分考虑和妥善处理。

（1）资产产权是否明晰问题。注意被收购企业是否真正完成了改制，发起人投入的资产或权利证书有没有办理转移手续，土地使用权是否有虚假，债务情况是否属实等。

（2）资产作价是否合理。在评估被合并企业资产时，是否明显有失客观和公允的高估现象，这会导致合并风险。

（3）银行信用是否会变化。要关注企业合并后由于股东变化或资产收购等原因，可能导致合并企业以前建立和积累的良好信用关系受到的影响，银行可能会重新评判合并企业的信用等级。

（4）税务的变化问题。企业合并后，税种是否有增加或改变、税基是否被提高、税率是否有变化等问题。

二、企业分立

（一）企业分立的概念

企业分立是指一个企业依法分成两个或两个以上企业的经济行为。企业分立的形式有两种：新设分立和派生分立。

新设分立是企业将其全部财产分别归入两个或两个以上的新设企业，原企业解散。新设分立后的新设企业应到工商行政管理部门办理登记注册手续，原企业消亡，并应到工商行政管理部门办理注销手续。

（二）企业分立的原因

企业分立的原因主要有以下几种：

（1）提高企业运营效率。企业的生产经营达到一定规模时才是最经济的，生产经营规模太大或太小，都不利于提高企业的经济效益。生产经营规模太小，会使单位业务量分摊的固定成本太多，从而影响企业的经济效益；但生产经营规模太大，往往会降低管理的效率，容易滋生官僚主义，也会影响企业的经济效益。对过于庞大的企业进行适当的分立，有利于加强企业的管理，提高运营效率，能更好地适应市场的变化。

（2）企业扩张。企业分立是企业进行扩张的一种重要手段。企业要扩张到其他地区或其他经营领域，可以采用分立的形式，这样比重新进行投资要节约资金，可以提高经济效益。

（3）避免反垄断诉讼。在西方国家，为了保护充分竞争，有的国家制定了反垄断法律。当企业达到一定的规模时，其营业收入占同行业的比例过大，就有可能因涉嫌垄断而遭到诉讼。企业适时进行分立就可以避免这种诉讼的发生。

（三）企业分立的一般程序

企业分立的程序与企业合并的程序基本相同，主要包括以下几个步骤：

（1）提出分立的意见。企业分立的意见一般是由企业的所有者提出。如果是国有独资企业，一般由行使所有权的企业主管机关提出分立意见，并最后做出分立的决定；如果是有限责任公司或股份有限公司，一般由公司的董事会提出分立意见，然后提交股东大会表决通过。

（2）进行公告。企业做出分立决议之后，应以书面形式通知债权人并在一个月内至少公告三次。债权人提出异议的，企业应当偿还债务或提供相应的担保。未偿还债务或未提供担保，又未与债权人达成协议的，企业不能分立。

（3）签订分立协议。企业分立经过批准后，为了明确分立的有关事项，应当签订分立协议。签订分立协议之前，应对企业的资产和债务进行清理，明确划分原企业的资产和债务。有限责任公司或股份有限公司的分立协议应经过股东大会的表决通过；国有企业的分立协议应经过有关主管部门的批准。

（4）办理分立登记手续。企业分立之后，应当及时到工商行政管理部门办理登记手续。派生分立的企业，新企业应当依法办理登记手续，存续的原企业如果因分立而导致企业工商登记事项的变动，也应进行变更登记；新设分立的，原企业消亡，应办理注销登记手续，新设企业要依法到工商行政管理部门办理登记手续。在办理完工商登记手续之后，分立的企业还应到税务机关办理税务登记手续。

（四）企业分立的财务可行性分析

企业分立是一种经济行为，也是为了谋求经济利益的最大化，因此，需要对企业分立进行财务可行性分析。企业分立的财务可行性分析，也是应用净现值法对企业是否分立两种的现金净流量进行比较分析。只有分立的企业现金净流量的现值总额大于不分立企业的现金净流量的现值时，企业分立方案才是可行的。

【例11-3】 甲公司为了提高企业的营运效率，经董事会提议，分立成乙和丙两个公司。经过预测，如甲公司不分立今后10年经营活动产生的现金净流量的现值为14 560万元；如分立为乙和丙两个企业今后10年的各年现金净流量详见表11-2。

表11-2　　　　乙和丙两个企业今后10年的各年现金净流量　　　　单位：万元

	第1年	第2年	第3年	第4年	第5年
乙企业	520	580	640	700	750
丙企业	560	640	680	750	800
合计	1 080	1 220	1 320	1 450	1 550

从第6年起，乙企业每年的现金净流量为850万元，丙企业每年的现金净流量为900万

元。假定适应的贴现率均为10%。在分立过程中没有分立费用。

根据以上资料,对分立方案进行可行性分析如下:

(1) 分立情况下乙企业和丙企业现金净流量的现值 V。

$$V = 1\,080 \times 0.909 + 1\,220 \times 0.826 + 1\,320 \times 0.751 + 1\,450 \times 0.683 + 1\,550 \times 0.621 +$$
$$1\,750 \times 5.867 \times 0.621$$
$$= 11\,309.62\;(万元)$$

(2) 比较是否分立两种情况下的现金净流量现值。不分立时甲企业的现金净流量现值为 14 560 万元,比分立情况下多 3 250.38 万元,因此该分立方案在财务上是不可行的。

(五) 企业分立的重大财务事项

企业分立涉及一系列重大的财务事项,这些财务事项直接影响到分立后各方的经济利益,因此,在分立时必须进行公正合理的处理。通常涉及的重大财务事项主要有所有者权益的处理、资产的分割和评估、债务的负担和偿还等。

(1) 所有者权益的处理。企业分立后,由于资产的分割会引起企业所有者权益的变化,因此需要对企业所有者权益在分立的各个企业之间进行分割,一般应按各分立方原所有者的持股比例对原企业的所有者权益进行分割,国有企业按有关部门批准的分立协议进行分割,新设立的企业应据其净资产数额、原企业股东的股权比例向其所有者出具出资证明或股权证书、股票等;如果采用派生分立方式进行分立,原企业因一部分资产分离出去而减少注册资本,应向所有者出具变更后的出资证明或股权证、股票等,新成立的企业要按其净资产数额、股东股权比例向其所有者出具出资证明或股权证、股票等。

(2) 资产的分割和评估。企业在分立时,应由资产评估机构对原有企业的资产进行评估。评估后的资产要按分立协议在各分立方之间进行分割。采用新设分立方式的,原企业的资产全部在新设企业之间分割,新设企业间要签署协议,对资产分割情况做出明确的规定。采用派生分立方式的,原企业将资产的一部分分割给新企业,新企业也要对资产分割情况签署协议。

(3) 债务的负担和偿还。企业分立前的债务是分立时需要妥善处理的一个重要问题。一般应首先清偿债务,或者取得债权人的同意后,才能进行分立。采用新设分立方式的,原企业的债务应在各分立方之间进行合理分配,由各新设企业按原定偿债日期或同债权人达成的偿债协议还本付息。采用派生分立方式的,原企业的债务应当根据分立协议进行分配,可以由原企业独自承担,也可以分配一部分债务由派生出去的新企业承担。债务的负担和偿还必须在分立协议中规定清楚,并通知债权人。

三、企业注册资本的增加和减少

企业注册资本的增加和减少也需要重新办理登记手续,因此,也属于企业变更的情况,其具体情况如下:

1. 企业注册资本的增加

(1) 注册资本增加的情况。企业根据自身的需要,可依照法定条件和程序增加企业的注册资本总额。其目的主要在于筹集资金扩大公司经营规模、开展新的投资项目、增强企业的资产实力。注册资本增加的方式有多种,可以由现有股东出资认购增资,现有股东认购增资可以同比例增资,也可以不同比例增资,还可以由现有股东之外的投资者出资认购增资;

可以由新股东投资增资，也可以由企业将利润分配、资本公积金转为资本的方式增资；可以是企业债券转换增资，也可以是债转股的方式增资等。

（2）注册资本增加的程序。有限责任公司和股份有限公司增加注册资本时，股东认缴新增资本的出资，依照《公司法》的有关规定执行。股份有限公司以公开发行新股方式或者上市公司以非公开发行新股方式增加注册资本的，应当符合相应的条件，并提交国务院证券监督管理机构的核准文件。

注册资本增加还应当由股东（大）会决议通过、变更公司章程，并依法向公司登记机关办理变更登记。

2. 企业注册资本的减少

（1）注册资本减少的情况。企业根据自身的需要，可依照法定条件和程序减少企业的注册资本总额。在一般情况下，企业的注册资本不得减少，但是，如果出现企业净资产大大小于注册资本，或者在派生分立的情况下，原企业的资产减少等情况，企业就可以减少注册资本。注册资本减少可以采用各个股东按出资比例或者持股比例同步减少出资，减资后，各个股东的股权比例或者持股比例保持不变，也可以是各个股东改变原出资比例或持股比例而减少出资。减资还可以返还出资的方式进行，或者以免除出资义务的方式减资，或者以注销股权（股份）的方式减资。

（2）注册资本减少的程序

①股东（大）会做出减少资本的决议，并相应修改公司的章程。有限责任公司的减资决议，应当经过2/3以上表决权的股东通过。公司减资后的注册资本不得低于法定的最低资本。

②企业必须编制资产负债表及财产清单。

③通知债权人和对外公告。企业应当自做出减少注册资本决议之日起的10日内通知债权人，并于30日内在报纸上公告。债权人自接到通知书之日起30日内，未接到通知书的自公告之日起45日内，有权要求公司清偿债务或者提供担保。

④办理减资登记手续。

四、企业债务重组

企业在生产经营过程中，由于各种原因可能出现财务困难，致使企业资金周转不畅，难以按期清偿债务。在这种情况下，债权人可以有两种处理方式：一是通过法律程序，要求债务人破产，以清偿债务；二是通过与债务人协商，债权人做出让步，对债务企业进行整顿，使债务人减轻债务负担，渡过难关。第二种企业整顿方式就是债务重组。债务重组是指在债务人发生财务困难的情况下，债权人按照其与债务人达成的协议或法院的裁定做出的让步事项。债务重组是通过债务和解方式解决企业的债务问题。通过债务重组，债务人可以缓解债务的偿还期限，减轻债务负担，调节债务结构，从而使企业走出财务困境。

（一）债务重组的方式

（1）以资产清偿债务。这种债务重组方式是指债权人和债务人达成协议或者经法院的裁定，由债务人用现金或非现金资产来清偿全部或部分债务。但是，债权人通常都要做出一定程度的让步，如减免部分债务本金或利息等。这样，可以缓解债务人的财务压力，有助于债务人摆脱困境，并且债务人可以由此得到债务重组收益。

(2) 债务转为资本。这种债务重组方式是指债权人和债务人协商，债权人将全部或部分债权转为对债务人的投资，对于债务人则将其债务转为企业的资本。这样，实际上改变了企业的资本结构，也减轻了企业的债务负担。如果是非股份有限公司，经债权人和债务人协商达成协议，就可以进行这种债务重组。如果是股份有限公司，由于要发行股票来清偿债务，通常要受到法律的一定限制，必须满足法律规定的发行新股的条件。

(3) 修改债务条件。这种债务重组方式是指经债权人和债务人的协商对某些债务条款进行修改，如延长偿还期限、降低利率、减免应付未付利息、减少本金等。这种债务重组主要是为了减轻债务人的债务负担，使其尽快摆脱困境。

以上三种债务重组方式还可以组合应用，如部分债务以资产来清偿，部分债务转为资本；或者部分债务转为资本，部分债务修改债务条款等。

（二）债务重组的条件

企业的债务重组是解决企业债务问题的一种重要方式。但是，并非所有的债务问题都可以通过债务重组方式来解决，进行企业的债务重组是有条件的。一般而言，债务重组必须具备以下条件：

(1) 债务人长期不能支付债务。债务人因经营失败，从而导致企业缺乏偿债能力，长期不能支付债务，并已明确表示不能支付债务，其债务总额已经大于资产的公允价值。在这种情况下，只能通过破产或债务重组方式来解决债务问题。

(2) 债权人和债务人都同意通过债务重组方式解决债务问题。债务重组必须是在债权人和债务人双方一致同意的情况下，经过双方共同协商来解决问题，其宗旨是为了使债务人尽快摆脱财务困境，恢复债务人的财务状况，只要有一方不同意进行债务重组，债务人就要进入破产程序进行债务清偿。

(3) 能够债务和解。债务和解是债务重组的重要内容，也是解决债务问题的关键所在。只有通过债务和解才能达成债务重组协议。

(4) 债务人必须恢复正常经营的能力，并具有良好的道德信誉。债务人的债务问题必须是由经营失败导致的，不存在故意损害债权人合法利益的资产处理情况。同时，经过债务重组，债务人有能力恢复正常的生产经营活动，能够尽快改善企业的财务状况，并恢复偿债能力。

(5) 社会经济环境有利于债务人经整顿后走出困境。进行债务重组的企业，必须是其产业经营符合国家的产业政策，并有良好的发展前景，这样经过债务重组之后，企业可以尽快走出困境，摆脱财务危机。

（三）债务重组的程序

企业在符合债务重组条件的情况下，可以与债权人协商债务重组，对债务人企业进行整顿，通常债务重组应遵循以下程序：

(1) 提出申请。企业进行债务重组需由债务人提出申请。债权人已经向人民法院申请债务企业破产，债务企业可以提出申请进行债务重组，与债权人进行协商，并由法院裁定，如果债务人和债权人协商一致同意，就可以进行债务重组；债务人企业自己申请破产，如果债权人有债务和解的明确表示，债务人企业也可以再行向法院申请进行债务重组，并与债权人进行协商。债务人在申请债务重组时，应当明确申明进行债务重组的理由，包括企业的经营状况、债务总额、不能偿付债务的理由以及进行债务重组的必要性和可行性。

（2）确定债务重组的受托人。法院在裁定企业债务重组后，应当确定独立的中介机构担任债务重组的受托人。受托人全权负责整顿一切事务，原企业法人代表的一切权利和义务均要转移给受托人。受托人负责提出债务重组的方案，并主持债务人企业整顿期间的经营活动。

（3）签署债务和解协议。受托人提出的债务重组方案经过债权债务双方当事人共同协商通过之后，就可签署债务和解协议。债务和解协议是企业债务重组的核心内容，要体现出公平、合理和可行的原则。所谓公平、合理是指各项债权要按其原先享有的求偿顺序对待，原来享有优先受偿权的，在协议中也要享有优先权，同等顺序的债权按比例安排。可行是指要有利于债务人企业恢复经营能力，实现预期的盈利目标。债务和解协议经法院裁定之后就可以执行。

（4）整顿终结。当企业的整顿出现下列情况时，应当终结整顿。

①整顿期限届满，不论企业是否能够正常履行偿债义务，整顿都应终结。我国《破产法》规定的企业整顿期限为两年。

②被整顿企业不执行债务和解协议。

③被整顿企业财务状况恶化并且在整顿期内无改善的迹象。

④被整顿企业严重侵害债权人利益。

⑤由于不可抗力的原因使整顿无法进行。

（四）债务重组的重大财务事项

企业进行债务重组通常要涉及以下重大的财务事项：

（1）资产评估。企业在进行债务重组时，必须由资产评估机构进行资产评估。如果以非现金资产来清偿债务，资产的估价对债务的清偿非常重要，它直接关系到债务双方的经济利益。资产评估后的公允价值与资产账面价值的差额计入当期损益。

（2）调整资本结构。企业在采用将债务转为资本的方式进行债务重组时，会涉及资本结构的变化。原有的负债转为企业的资本，从而使企业的负债总额减少，降低了企业的财务风险，同时也使原有的持股比例发生变化。企业将债务转为资本时，如果债务企业是股份公司，应当合理确定债务折股的比率。

（3）债务结构的确定。企业采用延长债务偿还期限、修改利率条款等方式进行债务重组的，应当合理安排未来一定时期内债务的偿还期限，避免债务结构的不合理而给企业造成新的财务困难。通常在确定债务结构时，应当考虑到企业未来的经营情况，尤其是企业未来一定时期的现金流量。这样，才能有计划地进行债务的清偿。

第三节 企业破产

一、企业破产界定

破产是商品经济发展到一定阶段必然出现的法律现象。各国的法律对企业的破产都有明确的规定。破产界限是指法院据以宣告债务人破产的法律标准。根据我国《破产法》的规定，企业因经营管理不善造成严重亏损，不能清偿到期债务的，就应当依法宣告破产。不能清偿到期债务是我国法律对企业破产规定的破产界限，是指债务人对请求偿还的到期债务，因丧失清偿能力而无法偿还的客观经济状况。一般认为，如果债务人停止支付到期债务并呈连续状况，如无相反证据，可推定为不能清偿到期债务。

判断企业不能清偿到期债务，应当具备以下特征：

（1）债务人明显丧失清偿能力，即不能以财产、信用或能力等任何方法清偿债务。

（2）债务人不能清偿的债务是指清偿期限已经届满、债权人提出清偿的要求、无争议或已有确定名义（指已经生效判决或裁决确认）的债务。

（3）债务人对全部或主要债务在可预见的相当长期间内持续不能偿还，而不是因资金周转困难等暂时延期支付。

也有的国家破产立法将资不抵债作为企业破产界限的一个标准。资不抵债也称债务超过，是指债务人的债务数额超过其实有的资产数额。在我国，资不抵债不能确定为企业破产。资不抵债还不能断定企业就已丧失清偿能力，而不能清偿到期债务。只要企业的经营情况尚好，便不致出现不能清偿到期债务的现象。在实践中，当债务人不能清偿到期债务时，往往早已资不抵债。

二、企业破产申请的提出

当债务人不能清偿到期债务时，债权人和债务人都有权向法院提出破产申请。提出破产申请必须以书面形式，并向法院提供有关证据。法院在收到当事人提出的破产申请后，应当依法进行审查，并在7日内决定是否立案受理。法院决定受理破产案件后，应当组成合议庭进行审理，并在受理案件10日内通知债务人，发布公告。

当企业法人已解散但还未进行清算或未清算完毕时，其资产不足以清偿债务的，依法负有清算责任的人也应当向人民法院申请破产清算。

破产企业的职工作为债权人也可以申请债务人企业破产，但为了慎重起见，职工提出破产申请应经职工代表大会或者全体职工的2/3以上多数同意。

法院在宣告债务人企业破产之后，应当在自宣告破产之日起15日内成立清算组，接管破产企业。清算组负责破产财产的保管、清理、估价、处理和分配，破产债权的登记、确认和计价等事项。

三、破产财产的构成

债务人财产包括破产申请受理时属于债务人的全部财产，以及破产申请受理后至破产程序终结前债务人取得的财产，债务人财产在破产宣告后称为破产财产。按此标准，确定破产财产范围的时点是破产申请受理时，而不是破产宣告时，已作为担保物的财产也属于破产财产。清算组在接管破产企业之后，应当组织企业留守人员和清算组的工作人员，对破产企业的全部财产进行清点，登记造册，查明企业实有财产总额，以便向债权人分配。根据我国《破产法》的规定，破产财产由下列财产构成：

（1）宣告破产时破产企业经营管理的全部财产。

（2）破产企业在破产宣告后至破产程序终结前所取得的财产。

（3）应当由破产企业行使的其他财产权利，如专利权、著作权等。

在执行破产程序时,应当依法严格界定破产财产的范围,破产企业的财产并非全部属于破产财产的范围之内。按照法律法规的规定,下列财产不属于破产财产:

(1) 已作为担保物的财产不属于破产财产,但是担保物的价款超过其所担保的债务数额的,超过部分属于破产财产。

(2) 国家规定禁止扣押的财产,如企业保卫部门的枪支弹药、警械、涉及国家机密的文件档案等。

(3) 破产企业的党团组织、工会等社团的经费及其所购置的财产不属于破产财产,但这些组织无偿占用破产企业的财产应属于破产财产。

(4) 企业在破产前向职工筹借的款项不属于破产财产,应视为破产企业所欠职工的工资处理,但企业在破产之前职工作为资本投资的款项应属于破产财产。

(5) 破产企业的职工住房、学校、幼儿园、医院等社会福利性设施,原则上不计入破产财产,而由破产企业所在地政府接收处理,但没有必要续办并能整体出让的,可以计入破产财产。

(6) 暂时存放在破产企业内属于他人的财产,不属于破产财产,而应当由财产的所有人通过清算组收回。

四、破产费用和公益债务

破产费用是指在破产程序中为全体债权人的共同利益,因程序进行而支付的各项费用的总称。主要包括破产案件的受理和诉讼费用、管理和分配债务人财产的费用、管理人执行职务的费用和报酬等。

公益债务是指在破产程序中发生的应由债务人财产负担的债务总称。主要包括因管理人或债务人请求对方当事人履行双方均未履行完毕的合同所产生的债务;为债务人继续营业而支付的劳动报酬和社会保险费用;债务人财产致人损害所产生的费用等。

破产费用和公益债务均是以债务人财产为清偿对象的,并享有优先于其他债权的受偿权。但是,它们优先受偿的范围仅限于债务人的无担保财产。

五、破产债权的范围

破产债权是在破产宣告前成立的,对破产人发生的,依法在规定的申报期内申报确认,并且只能通过破产程序由破产财产中得到公平清偿的债权。我国《破产法》规定:"破产宣告前成立的无财产担保的债权和放弃优先受偿权利的有财产担保的债权为破产债权。"破产债权的认定必须符合法律的规定,在认定破产债权时应当注意以下问题:

(1) 破产宣告前成立的无财产担保的债权均为破产债权。

(2) 破产宣告前成立的有财产担保的债权,债权人享有就该担保物优先受偿的权利,不应列入破产债权,放弃优先受偿权利的部分,以及其数额超过担保物价款而未受清偿的部分,作为破产债权。

(3) 破产企业未履行合同的对方当事人,因清算组解除合同受到损害的,以损害赔偿额作为破产债权。

(4) 为破产企业债务提供保证者,因代替破产企业清偿债务所形成的担保债权为破产债权。

（5）破产宣告时对破产企业未到期的债权，视为已到期债权，应属于破产债权，但是应当减去未到期的利息。

（6）债权人对破产企业负有的债务，可以在破产清算前与债权抵消。

此外，根据法律规定，破产企业所欠的职工工资、劳动保险费、欠缴国家的税金等债权，一般不列入破产债权之内，可以优先于破产债权得到清偿。在破产宣告以后的利息、债权人为其利益参加破产程序的费用，如债权人申报债权的费用、参加债权人会议的差旅费等均不能构成破产债权，不能从破产债权中清偿。

六、企业重整

按《破产法》规定，债权人申请对债务人进行破产清算的，在法院受理破产申请后、宣告债务人破产前，债务人或者出资额占债务人注册资本1/10以上的出资人，可以向法院申请重整。企业重整要经历以下几个步骤：

1. 提出重整申请

债务人提出重整申请的，应当提交债务人通过重整程序，能够继续经营，获得经济收益以偿还债务、摆脱财务困境的可行性报告。法院经审查认为重整申请符合法律规定的，应当裁定债务人重整，并予以公告。

2. 重整计划的制定与批准

债务人的重整申请被法院受理后，应在法定期间内提交重整计划。债务人自行管理财产和营业事务的，由债务人制作重整计划，管理人负责管理财产和经营事务的，由管理人制作重整计划。重整计划应在法院做出裁定重整之日起六个月内提交给法院和债权人，以供他们审议。债权人、股东和战略投资人等利害关系人也可以制作重整计划，提交给债务人或管理人，供他们参考。重整计划应包括以下内容：债务人的经营方案；债权分类；债权调整方案；债权受偿方案；重整计划的执行期限；有利于债务人重整的其他方案。

利害关系人或债权人有权对重整方案提出质疑和询问。重整计划应自法院收到之日起30日内在债权人会议上进行分组表决。法院在必要的时候可以决定在普通债权组中设立小额债权组对重整计划进行表决。在对重整计划进行表决时，出席会议的同一表决组的债权人过半数同意，并且其所代表的债权额占该组债权总额的2/3以上的，即为该组表决通过了重整计划。

各表决组均通过重整计划时，重整计划即为通过。重整计划通过之日起10日内，债务人或管理人应向法院提出批准重整计划的申请。法院认为重整计划符合法律规定的，应当裁定批准。

3. 重整期间的管理事项

为了保障重整的顺利进行，在重整期间，对债务人的特定财产享有的担保权暂停行使。但是对企业重整无保留必要的担保财产，经债务人或管理人同意，担保权人可以行使担保权。债务人为继续经营而借款的，可以为该借款设定担保，债务人为进行重整而发生的费用和债务，属于公益债务，可以不受重整程序限制，直接从债务人财产中受偿。

债务人以前合法占有的他人财产，该财产的权利人在重整期间要求取回的，应当符合事先的约定。

在重整期间，债务人的出资人不得请求投资收益的分配。债务人的董事等高级管理人员不得向第三人转让其持有的债务人股权，但经法院同意的除外。

在重整期间，有下列情形之一的，经管理人或利害关系人请求，法院应当裁定终止重整程序，并宣告债务人破产：债务人的经营情况和财产状况继续恶化，并明显缺乏挽救可能；债务人有欺诈、恶意减少债务人财产或侵害债权人利益的行为；由于债务人的行为致使管理人无法执行任务。

4. 重整计划的执行

在重整计划批准后，债务人的财产管理和经营事务由债务人负责，重整计划的实施也由债务人负责。即使原重整计划是由管理人制定的，在批准之后也要由债务人负责执行。为此，债权人在审查重整计划时，必须考虑对债务人企业的董事等高级管理人员中有违法行为者或不称职者的更换，以免在执行重整计划时因人员不当而发生问题。在重整计划的执行中，还应规定一个监督期限，由管理人负责监督。债务人应当向管理人报告重整计划的执行情况和债务人财务状况。

重整计划具有法律效力，对债务人和全体债权人均有约束力。按照重整计划减免的债务，自重整计划执行完毕时起，债务人不再承担清偿责任。债权人未依法申报债权的，在重整计划执行期间不得行使权利，在重整计划执行完毕后，可以按照重整计划规定的同类债权的清偿条件行使权利。债务人不能执行或不执行重整计划的，法院经管理人或利害关系人的请求，应当裁定终止重整计划的执行，并宣告债务人破产。

由法院裁定终止重整计划执行的，债权人在重整计划中做出的债权调整承诺失去法律效力，但为本重整计划的执行而提供的担保继续有效。在重整计划中已经接受清偿的债权人，只有在其他同顺位债权人与自己所接受的重整清偿达到同一比例时，才能继续接受破产分配。

七、破产债权的计价

为了正确地确认破产企业债权人对破产企业拥有的债权数额，必须对破产债权真实、准确地计价，以保证破产财产的公平分配。由于破产债权的性质不同，其计价的方法也有所不同。一般来说，主要有以下几种情况：

1. 资产负债表内所列破产债权的计价

在资产负债表中已经列明的破产债权，可按照以下四种类型计价：

（1）资产负债表中列明的应向债权人提供货物或劳务责任的负债、不计利息的现金负债，一般按责任发生时历史记录金额计入破产债权。

（2）以外向结算的负债，应当按破产宣告日国家外汇管理局公布的人民币汇价的中间价折合为人民币金额计入破产债权。

（3）计息的应以现金支付的流动负债，应当在资产负债表列示金额的基础上，加上负债发生日至破产宣告日的应计利息计入破产债权。

（4）长期借款，应在破产宣告前最近的资产负债表列示金额的基础上，加上该资产负债表日至破产宣告日的应计利息计入破产债权。

（5）应付债券应以债券面值加上发行日至破产宣告日的应计利息计入破产债权，债券发行时的溢价和折价不得增减破产债权。

2. 索赔破产债权的计价

破产企业在破产宣告日前与对方当事人签订而未履行的合同，清算组有权解除。由此而给合同对方当事人造成的损害，破产企业应当对其做出赔偿。赔偿的方式和金额由清算组与合同对方当事人协商，协商确定的赔偿金额经债权人会议确认后作为破产债权。

3. 资产负债表外破产债权的计价

资产负债表外的破产债权主要有以下两种：

（1）由或有负债转化形成的破产债权，如已贴现未到期的应收票据等。或有负债在转化为企业负债后并能在债权申报期内申报的，应当经清算组确认后列为企业的破产债权。

（2）表外筹资活动产生的负债转化形成的破产债权，如设立不编制合并财务报表的附属企业、联营公司等，在企业宣告破产时由附属企业、联营公司发生的连带责任债务，也应当视具体情况确认并计入破产债权。

八、破产财产的处置和分配

清算组对破产财产进行确认、登记、评估作价之后，为了清偿破产债权，应当通过拍卖、招标等方法依法处置破产财产，所得价款用于破产分配。在处置企业破产财产时，为充分发挥破产财产的使用价值，减少社会财富的损失，破产财产中的成套设备应当整体出售，不能整体出售的，可分散出售。

为了保护债权人的利益不受损害，清算组在接管破产企业之后，应当注意审查有无破产财产的流失问题，如有流失，应行使撤销权予以纠正。根据我国《破产法》的规定，法院受理破产案件6个月至破产宣告之日的期间内，破产企业的下列行为无效。

（1）隐匿、私分或者无偿转让财产，包括企业上级主管部门无偿调拨财产；

（2）非正常压价出售财产；

（3）对原来没有财产担保的债务提供财产担保；

（4）对到破产案件受理时仍未到期的债务提前清偿；

（5）放弃自己的债权。

清算组对上述破产企业的行为有权纠正，可以向法院申请追回财产，列入破产财产。

在企业的破产财产、破产债权、破产费用进行确认并正确计量后，清算组应当提出破产财产的分配方案，经债权人会议讨论通过并报法院裁定后，将破产财产规定分配给具有求偿权的各个债权人。根据《破产法》规定，清算组为清算而发生的破产费用应从破产财产中优先支付。破产费用主要包括：

（1）破产财产的管理、变卖和分配所需要的费用，包括清算组聘用工作人员的费用、破产企业留守人员的工资和劳动保险费用等。

（2）破产案件的诉讼费用。

（3）为债权人的共同利益而在破产程序中支付的其他费用。破产财产不足以支付破产费用的，法院应当宣告破产程序终结。

根据我国《破产法》的规定，破产财产优先拨付破产费用后，应当按照下列顺序清偿：

（1）清偿破产企业所欠职工工资和劳动保险费用。

（2）清偿破产企业所欠国家税款。

（3）清偿破产债权。

在破产清偿时，前一顺序的债权得到全额偿还之前，后一顺序的债权不予清偿。破产财产不足以清偿同一顺序求偿权的，应当按照比例分配。

破产财产的分配，应以货币分配为原则，也可采用实物分配方式，或者兼用两种分配方式。以实物分配时，其作价应当合理。

破产企业的债权在破产分配时仍未得到清偿的，可以将这些债权按比例分配给破产企业的债务人，最好由法院主持，债务双方在债权转让文书上签字，以保证债务的转让与履行。

九、破产清偿的一般程序

（一）管理人接管债务人的企业管理权和成立清算组

（1）接管。法院指定管理人之后，即应主持管理人与债务人之间的交接。一般情况下，这一交接往往象征意义大于实际意义，因为移交时资产要待交接后才能实际进行盘点清查，负债也必须在交接后才能组织清理和接受申报。因此，交接一般只限于一张资产负债表（改名为资产负债移交表），在表上写出移交人、接收人、监交人并由各方代表签字（盖章）即可。债务人提出破产申请的，有债权清册、债务清册及其他相关资料，则应将其作为资产负债移交表的附件处理。

（2）成立清算组。除特别小的破产案件外，管理人均不是具体自然人，而是由法院指定人员组成的清算组或由相应资质的会计师事务所、律师事务所担任，为分工协作，管理人属下还可成立若干个分支清算组，如负责协调联系、文书公告的管理人办公室，负责配合中介机构工作的审计评估组，负责应收债权清理、在外资产清收的资产清收组，以及负责破产财产安全保卫的治安保卫组等。

（二）破产企业财产的清理和清收

（1）财产清理。管理人接管破产企业后，应即聘请中介机构会计师事务所及资产评估公司，在管理人相关职能机构配合下，对破产企业的实物资产进行清查盘点，记录造册，并与原有资产清单或会计明细账进行核对，防止破产企业原有人员隐匿转移财产，防止外部债权人对破产财产进行哄抢，必要时应申请法院进行财产保全。对清查落实的实物资产和土地使用权，应及时由评估机构评估，并据以提出财产变价方案。

（2）财产清收和变现。对破产企业在外的实物资产，如发出代销存货，外单位借出的设备、工具等，应由资产清收组组织专门人员清收，对方当事人应配合法院组织清收；对破产企业的应收款项，应结合审计，搜集相关证据，先由管理人通知债务人清偿，效果不明显时则提起诉讼，判决生效后申请法院强制执行；对易腐易锈、易变质跌价或者保管费用过高需要尽快拍卖的存货，应在取得法院同意后及时变卖。

（三）破产债权的清理和登记

破产法中所指的债权，多数情况下是指企业破产前所欠外部债权人和内部职工的债务：

（1）外部债权。外部债权人享有破产企业的债权，通过债权申报、审查、登记方法处理。申报债权通知应由法院发出（也有由法院委托管理人通知的），分为人工送达、邮寄送达和公告送达三类。破产法规定：①债权人应在法院规定期限内（破产公告之日起30天至3个月）申报债权；在规定期限未申报债权的，可在破产财产最后分配前申报，但此前已进行的分配，不再补充分配。②管理人应对债权申报材料进行审查确认，登记造册，并编制债权表。③申报债权的债权人或其他利害关系人对债权表记载的债权有异议的，可提起诉讼，破产期间发生的以破产企业为一方当事人的民事诉讼，均应由受理破产申请的人民法院审理。

（2）内部职工债权。内部职工债权既包括应偿付的职工工资、补偿金等款项，也包括应为职工缴纳的养老、医疗保险费用，还包括破产企业应分期支付给相关职工或其亲属的伤残补助、抚恤金、退养（内退）生活费等。债务人所欠应划入职工个人账户的养老、医疗保险费用，以及应支付给职工的补偿金等，不必申报，由管理人调查后列出清单予以公示；职工对清单记载有异议的，可以要求管理人更正直至提起诉讼。

调查清理内部职工债权时，应注意对破产开始以后期间应为职工缴纳的医疗、养老保险，及以后分期支付给职工债权人的款项，按照每年递增一定幅度计算，年递增率可向劳动保障部门咨询，一般为10%～13%。

（四）债务人财产管理方案和破产财产变价方案

《破产法》规定应由管理人提出债务人财产管理方案和破产财产变价方案，这两个方案的内容如下：

债务人财产管理方案，主要应载明如下事项：（1）破产申请、受理及管理人的指定和管理人接管企业的情况；（2）管理人接管的财产项目构成和账面价值；（3）对债务人财产的清查过程和清查结果，包括各项财产清查核实的数量和价值、财产担保合同的确认及债务人所持土地使用权的性质等；（4）债务人是否继续营业、债务人破产前未履行完毕合同的处理方案，以及债务人在外财产的清收方案；（5）对债务人财产进行资产评估的方案。

破产财产变价方案，应涉及如下方面：（1）破产财产评估情况，其中包括已作为抵押物的财产和按规定不属破产财产的国有划拨土地单独评估作价的情况。（2）变现方法及拍卖所得分配方案，这里主要应写出实物资产、土地或抵押财产与无抵押财产等准备合并拍卖或是分项拍卖。如果合并拍卖，拍卖总收入如何在抵押财产、无抵押财产和土地之间进行分配。（3）破产财产变价方案的实施，主要写出委托拍卖的日程和拍卖机构的选择，还应说明对不宜或不能拍卖的其他破产财产的变现方案，如零星存货已作或待作的变卖，应收款项、应收财产租金的清收等。

（五）债权人会议

破产过程中，至少应召开三次债权人会议，第一次会议审议债务人财产管理方案，第二次会议审议破产财产变价方案，第三次会议审议破产财产分配方案。如果宣告破产较早，也可以将第一、第二次会议合并举行。

债权人会议由全体债权人组成，但行使表决权时，没有放弃优先受偿权的有财产担保的债权人，或其他有优先受偿权的债权人，在通过和解协议或通过破产财产分配方案时无表决权。

管理人提出的各个方案付诸表决时，符合双过半原则时确认通过，即投赞成票的出席会议有表决权的债权人过半数，其代表的债权还应占无财产担保的债权总额1/2以上。财产管理方案和财产变价方案，表决通过即可执行，表决未获通过时，由管理人申请法院裁定；破产财产分配方案审议通过，或者经两次表决均未获通过，均由管理人申请法院裁定。

（六）破产财产分配

（1）评估和拍卖：资产评估已成为破产清算的重要程序，破产企业财产合并成一项整体资产进行拍卖，较为有利于资产价值实现，而破产财产往往涉及多个方面，有涉及抵押担保的，有涉及其他优先受偿权的，这样就必须将相关单项资产或一组资产的应计拍卖所得从整体资产拍卖所得中分离出来,而分离时必须借助各相关单项资产评估价值与整体资产评估价值的比例。拍卖是破产清算的必经程序。《破产法》明确规定,变价出售破产财产应当通过拍卖进行,债权人会议另有决议的除外。

(2) 分配方案的生效和执行:分配方案经管理人向法院申请裁定,在法院裁定认可后生效;分配方案由管理人执行。按照方案的规定,分配可以一次兑现,也可以分次兑现;多次兑现的,应当公告本次分配额和债权额。兑现分为直接向债权人支付和向相关机构提存两类。提存是指将不应一次直接支付给债权人或者只能交付给接受提存机构的分配额,支付给社会保险机构或破产企业主管部门等单位,由接收提存的机构分期使用(如养老、医疗保险),或分期支付给债权人(如退养生活费、抚恤金、下放人员补助等);接收提存机构的落实,由管理人与地方政府及相关部门协商确定。

(七) 终结破产程序

破产财产分配完毕后,管理人应及时向法院提交破产财产分配报告,并提请法院裁定终结破产程序。终结裁定生效后,对债权人没有清偿的债权即依法不再清偿。管理人还应凭终结破产程序的裁定,向破产企业原登记机关办理企业注销登记。注销登记后,管理人应终止执行职务,但存在诉讼或仲裁未决情况的除外。

值得说明的是,破产程序终结后,未得到清偿的债权就视同已清偿的债权而不能再向债务人或清算组求偿。如果在破产终结日后1年内,法院又依法追回新的破产财产,应当由法院按原清偿顺序和方法进行再清偿,所有债权均已足额清偿,则将剩余的财产分配给破产企业的所有者;如果在破产终结日1年以后追回的新的破产财产,则不再用于清偿和分配,直接由法院收缴归入国库。

第四节 企业财务预警

企业破产不是突然发生的,一定有一个财务状况不断恶化,最终导致财务失败的过程,如果能在企业经营过程中加强对财务变化问题的关注,即对财务的不良变化提前预警,并采取相应的措施,就有可能扭转不利情况,因此,财务预警是财务管理中的一项重要工作。所谓企业财务预警,即财务失败预警,是指借助企业提供的财务报表、经营计划及其他相关会计资料,利用财会、统计、金融、企业管理、市场营销理论,采用比率分析、比较分析、因素分析及多种分析方法,对企业的经营活动和财务活动等进行分析预测,以发现企业在经营管理活动中潜在的经营风险和财务风险,并在危机发生之前向企业经营者及时发出警告,督促企业管理当局采取有效的措施,避免潜在的风险演变成现实损失,起到未雨绸缪的作用;而且,作为企业经营预警系统的重要子系统,也可为企业纠正经营方向、改进经营决策和有效配置资源提供可靠依据。进行财务预警分析,建立企业财务预警模型已成为现代企业财务管理的重要内容之一。对于上市公司而言,其财务信息更是对多方利益相关者都有着重要影响,因此,上市公司建立财务预警系统、强化财务管理、避免财务失败和破产,尤其具有重要意义。

一、财务预警的功能

一个有效的财务预警系统具有以下五大功能:

1. 信息搜集

它通过搜集政治、经济、政策、科技、金融、各种市场状况、竞争对手、供求信息、消费者等与企业发展有关的信息,集中精力分析处理那些对企业经营和发展有重大或潜在重大影响的外部环境信息,同时结合企业自身的各类财务和生产经营状况信息,进行分析比较。

2. 预知潜在的财务危机

经过对大量信息的分析,获得财务危机的先兆信息,当出现可能危害企业财务状况的关键因素时,财务预警系统能预先发出警告,提醒经营者早作准备或采取对策以减少其给企业带来的损失。

3. 控制发生的财务危机

当企业出现财务危机时,一方面财务预警系统密切跟踪危机的进展,另一方面迅速寻找导致财务状况恶化的原因,使经营者有的放矢,对症下药,制定有效的措施,阻止财务状况的进一步恶化。

4. 提供对策

当企业出现财务危机时,能够提供有效的、便于操作的处理财务危机的基本对策和方法,起到辅助决策的作用。

5. 避免类似财务危机再次发生

有效的财务失败预警系统不仅能及时回避现存的财务危机,而且能通过系统详细地记录其发生缘由、解决措施、处理结果,并及时提出建议,弥补企业现有财务管理及经营中的缺陷,完善财务失败预警系统,从而既提供未来类似情况的前车之鉴,更能从根本上消除隐患。

二、财务预警的分析方法

在财务预警分析中,常用的基本方法有定性分析法与定量分析法。定性分析法是依靠人们的主观分析判断进行财务预警分析的方法,主要有标准化调查法、"四阶段症状"分析法、流程图分析法和管理评分法等;定量分析法是根据过去比较完备的统计资料,应用一定的数学模型或数理统计方法对各种数据资料进行科学的加工处理,主要有一元判定模型、多元线性判定模型、多元逻辑(Logit)模型、多元概率比(Probit)回归模型、人工神经网络(ANN)模型等方法。

1. 定性分析方法

(1) 标准化调查法。又称风险分析调查法,即通过专业人员、调查公司和相关行业协会等对公司可能遇到的问题进行详细的调查与分析,并形成报告文件供公司管理者参考的方法。

该方法的优点是在调查过程中所提出的问题对所有公司或组织都有意义,都能普遍适用,缺点是无法针对特定的公司和特定问题进行调查分析。另外,调查时没有对要求回答的每个问题进行解释,也没有引导使用者对所问问题之外的相关信息做出正确判断。

(2) "四阶段症状"分析法。公司财务运营情况不佳,甚至出现财务危机是有特定症状的，而且是逐渐加剧的，财务运营病症大体可以分为四个阶段，即财务危机潜伏期、发作期、恶化期、实现期，每个阶段都有反映危机轻重程度的典型症状。

第一阶段是财务危机潜伏期，表现为：盲目扩张；无效市场营销，营业收入上升，利润下降；企业资产流动性差，资源分配不当；资本结构不合理，疏于风险管理；财务经营信誉持续降低，缺乏有效的管理制度；无视环境的重大变化。

第二阶段是财务危机发作期，表现为：自有资本不足；过分依赖外部资金，利息负担重；缺乏会计的预警作用；债务拖延偿付。

第三阶段财务危机恶化期，表现为：经营者无心经营业务，专心于财务周转；资金周转困难；债务到期违约不支付。

第四阶段是财务危机实现期，表现为：负债超过资产，丧失偿付能力，宣布倒闭。

根据上述症状进行综合分析，公司如有相应症状出现，一定要尽快弄清病因，判定公司财务危机的程度，对症下药，防止危机的进一步发展，使公司尽快摆脱财务困境，以恢复财务的正常运作。这种方法简单明了，但实践中很难将这四个阶段做截然的划分，特别是财务危机的表现症状，可能在各个阶段都有相似或互有关联的表现。

(3) 流程图分析法。流程图分析是一种动态分析方法，对识别公司生产经营和财务活动的关键点特别有用，运用这种分析方法可以暴露公司潜在的风险。在公司生产经营流程中，必然存在着一些关键点，如果在关键点上出现堵塞和发生损失，将会导致公司全部经营活动终止或资金运转终止。在画出的流程图中，每个公司都可以找出一些关键点，对公司潜在风险进行判断和分析，发现问题及时预警，在关键点处采取有效的防范措施，就可以有效地降低公司的财务风险。

(4) 管理评分法。美国的仁翰·阿吉蒂调查了企业的管理特性及可能导致破产的公司缺陷，按照几种缺陷、错误和征兆进行对比打分，还根据这几项评分对破产过程产生影响的大小程度不同，对它们做了加权处理。

用管理评分法对公司经营管理进行评估时，每一项得分要么是零分，要么是满分，不容许给中间分。所给的分数就表明了管理不善的程度，总分是 100 分，参照管理评分法中设置的各项目进行打分，分数越高，则公司的处境越差。在理想的公司中，这些分数应当为零；如果评价的分数总计超过 25 分，就表明公司正面临失败的危险；如果评价的分数总计超过 35 分，公司就处于严重的危机之中；公司的安全得分一般小于 18 分。这种管理评分法试图把定性分析判断定量化，这一过程需要进行认真的分析，深入公司及车间，细致地对公司高层管理人员进行调查，全面了解公司管理的各个方面，才能对公司的管理进行客观的评价。这种方法简单易懂，行之有效，但其效果还取决于评分者是否对被评分公司及其管理者有直接、相当的了解。

2. 定量分析方法

(1) 一元判定模型。一元判定模型是指以某一项财务指标作为判别标准来判断公司是否处于破产状态的预测模型。在一元判定模型中，最为关键的一点就是寻找判别临界值。

一元判定模型虽然方法简单，使用方便，但总体判别精度不高。对前一年的预测，一元判定模型的预测精度明显低于多元模型。不过，一元判定模型在前两年、前三年的预测中也能表现出很强的预测能力，说明一些上市公司的财务危机是从某些财务指标的恶化开始的。

一元判定模型的缺点是：其一，只重视一个指标的分析能力，如果经理人员知道这个指标，就有可能去粉饰这个指标，以使公司表现出良好的财务状况；其二，如果使用多个指标分别进行判断，这几个指标的分类结果之间可能会产生矛盾，以致无法做出正确判断。也就是说，虽然财务比率是综合性较高的判别指标，但仅用一个财务指标不可能充分反映公司的财务特征。

（2）多元线性判定模型。又称ZScore模型，最早是由Altma（1968）开始研究的。他得到的最终预测方程包含五个判别变量，在破产前一年的总体判别准确度高达95%。运用多元线性判别方法判定二元问题时，可以通过降维技术，仅以最终计算的Z值来判定其归属，其构造的线性方程简单易懂，具有很强的实际应用价值。

多元线性判定模型具有较高的判别精度，但也存在一些缺陷：其一，工作量比较大，研究者需要做大量的数据搜集和数据分析工作。其二，在前一年的预测中，多元线性判定模型的预测精度比较高，但在前两年、前三年的预测中，其预测精度都大幅下降甚至低于一元判别模型。其三，多元线性判定模型有一个很严格的假设，即假定自变量是呈正态分布的，两组样本要求等协方差，而现实中的样本数据往往并不容易满足这一要求，这就大大限制了多元线性判定模型的使用范围。其四，使用多元判别分析技术要求在财务困境组与财务安全组之间进行配对，但配对标准如何确定还是一个难题。

（3）多元逻辑（Logit）模型。多元逻辑模型的目标是寻求观察对象的条件概率，据此判断观察对象的财务状况和经营风险，这一模型建立在累计概率函数的基础上，不需要自变量服从多元正态分布和两组间协方差相等的条件。判别方法和其他模型一样，先是根据多元线性判定模型来确定公司破产的Z值，然后推导出公司破产的条件概率。其判别规则是：如果p值大于0.5，表明公司破产的概率比较大，可以判定公司为即将破产类型；如果p值低于0.5，表明公司财务正常的概率比较大，可以判定公司为财务正常。

Logit模型的最大优点是：不需要严格的假设条件，克服了线性方程受统计假设约束的局限性，具有了更广泛的适用范围。目前这种模型的使用较为普遍，但其计算过程比较复杂，而且在计算过程中有很多近似的处理，这不可避免地会影响到预测数据的精确度。

三、财务预警的预测模型

1. 单变量模型

单变量模型是指使用单一财务变量对企业财务失败风险进行预测的模型。主要有威廉·比弗（William Beaver）于1966年提出的单变量预警模型。他通过对1954—1964年期间的大量失败企业和成功企业的案例进行比较研究，对14种财务比率进行取舍，最终得出可以有效预测财务失败的比率依次为：

（1）债务保障率 = 现金流量 ÷ 债务总额
（2）资产负债率 = 负债总额 ÷ 资产总额
（3）资产收益率 = 净收益 ÷ 资产总额
（4）资产安全率 = 资产变现率 − 资产负债率

Beaver认为债务保障率能够最好地判定企业的财务状况（误判率最低）；其次是资产负债率，且离失败日越近，误判率越低。但各比率判断准确率在不同的情况下会有所差异，所以在实际应用中往往使用一组财务比率，而不是一个比率，这样才能取得良好的预测效果。

2. 多变量模型

多变量模型是指使用多个变量组成的鉴别函数来预测企业财务失败的模型。较早使用多变量预测的是美国纽约大学的教授爱德华·阿尔曼，他是第一个使用鉴别分析（discriminant analysis）研究企业失败预警的人。他选取了1946—1965年间的33家破产的公司和正常经营的公司为样本，使用了22个财务比率指标来分析公司潜在的失败危机。他利用逐步多元鉴别分析（MDA）方法来分析问题，通过逐步采用5种最具共同预测能力的财务比率，建立起了一个类似回归方程式的鉴别函数——Z计分法模式。该模型是通过五个变量（五种财务比率）将反映企业偿债能力的指标、获利能力指标和营运能力指标有机联系起来，综合分析预测企业财务失败或破产的可能性。表达式如下：

$$Z = 0.012X_1 + 0.014X_2 + 0.033X_3 + 0.006X_4 + 0.999X_5$$

其中：Z为判别函数值；X_1 =（营运资金÷资产总额）×100；X_2 =（留存收益÷资产总额）×100；X_3 =（息税前利润÷资产总额）×100；X_4 =（普通股及优先股市场价值总额÷负债账面价值总额）×100；X_5 = 销售收入÷资产总额。

一般地，Z值越低，企业越有可能发生破产。

爱德华·阿尔曼还提出了判断企业破产的临界值：若$Z \geq 2.675$，则表明企业的财务状况良好，发生破产的可能性较小；若$Z \leq 1.81$，则企业存在很大的破产危险。

该模型实际上是通过五个变量（五种财务比率），将反映企业偿债能力的指标（X_1、X_4）、获利能力的指标（X_2、X_3）和运营能力的指标（X_5）有机联系起来，综合分析预测企业财务失败或破产的可能性。在企业失败前一、二年的预测准确率很高；预测期变长，准确率有所降低，距失败前五年的预测准确率仅为36%。

多变量模型除了以上介绍的Z计分法模型以外，还有日本开发银行的多变量预测模型，中国台湾陈肇荣的多元预测模型，以及中国学者周首华、杨济华的F分数模型等。但是，这几种模型在实际中的应用并不广泛。到目前为止，Z计分法模型仍然占据着主导地位。

四、财务预警的分析手段

在企业出现财务失败征兆时，虽然上述这些财务失败预警方法可以定量地描述企业财务数据的不良状况，但仍不能就此做出企业财务失败的结论，这时还需要运用以下手段进行主观判断。

1. 望

望主要是看行业背景：看行业是处在朝阳行业还是夕阳行业，是处在竞争充分还是保护垄断的行业，是成熟规范的行业还是缺少必要监管的行业，是新业务层出不穷还是业务相对简单的行业，因为行业风险是企业无法回避的风险。

一般而言，朝阳行业、保护垄断行业、缺少必要监管的行业以及新业务层出不穷的行业出现财务舞弊的风险比较高，应特别注意行业的风险。如果行业出现危机，企业也必然会受累。古语说得好："覆巢之下，焉有完卵？"

2. 闻

闻主要是看企业实力：企业处在行业中的地位如何，企业产品是成熟产品还是刚研制出来的新产品，企业在消费者中的口碑如何，企业的内部管理是否完善，企业的产品受市场欢迎程度如何，企业员工的精神面貌如何，企业管理层变更情况如何。

在信息非常发达的今天，企业无法完全垄断信息，我们可以通过新闻、广播、报纸、互联网等媒体了解一家企业的经营状况。一般而言，企业内部管理不健全、员工精神面貌差、管理层更换频繁等，都是企业出现失败的迹象。

3. 问

问主要是看企业管理：问企业战略目标，看企业制定的战略目标是否符合国家的产业政策、是否符合企业的实际情况；问企业投资策略，看企业投资业务是否过于分散、金融投资业务比重是否过大、是否过度大规模扩张等。

一般而言，企业战略目标如果制定得过高或过低，都会影响企业的发展。企业的投资过于分散，也会影响企业战略实施，分散企业管理的精力，不能及时解决企业所产生的问题，影响企业竞争力。

4. 切

切主要是看企业现金流：现金流是企业的血液。利润可以粉饰，但企业现金却是实实在在的链条。如果资金链绷得太紧，企业就有面临破产的风险，所以企业的现金流不能出现问题。考察企业现金情况，可以对企业现金流量表进行分析。如果长时间的经营活动所产生的现金净流量较少，企业必然在某些方面出现败象，并想方设法通过其他手段掩盖资金短缺问题，如通过借款、虚拟收入、提前确认收入等进行粉饰。

五、建立财务预警机制

财务预警机制是指企业在财务风险管理中所形成的各种相互依赖、相互制约的预警职能体系。通过它来提出财务预警对策，最终达到最大限度规避财务风险的目的。预警系统的设计就是把风险预警机制因地制宜地引入企业内部，让企业、管理者、员工共同承担风险责任。它是财务风险管理中一项复杂性、综合性程序较高的管理活动。风险预警机制的建立应考虑以下几个因素：

1. 树立全局和系统的观念

建立财务预警系统要围绕财务预警展开一系列事前、事中、事后工作。事前工作包括确定评价标准、评价指标、设定风险区间、建立模型、搜集资料和信息传递等；事中工作包括分析资料、发现预警信号、将信息反馈至各相关环节；事后工作包括建立追踪系统，跟踪预警，寻找可能产生潜在危机的根源，及时纠错。当然，还应注意日常监控，从细微处发现问题，以便及时对症下药。

2. 财务预警组织机制

为使财务风险预警真正、充分地发挥作用，应建立健全财务预警组织机构，并保持相对独立的地位。财务预警组织机构可分为基础数据采集层、风险分析层和领导层。基础数据采集层是设在最底层的组织，负责搜集财务预警所需要的基础数据，其成员可设为专职或兼职人员。风险分析层一般设在财务部、企划部等，负责搜集外部有关预测信息，并与内部的基础数据综合在一起进行分析，确定分析对象的风险级别，并提出应对方案和措施，上报领导层。风险分析层应设专职人员，定期进行风险分析，并且指导基础数据采集层的工作，领导层应设在公司的董事会或总经理办公会等，负责风险预警的决策工作，以及对各级预测组织的工作绩效进行考核。

3. 相关信息搜集、传递机制

有效的财务风险预警机制必须建立在对大量相关信息进行统计分析的基础之上，这些信息包括公司内部数据，如会计报表、财务预算报表、经营计划等；也包括外部数据，如国家宏观政策、市场数据、行业经济活动相关数据等。所有数据形成一个动态信息系统，不断更新、升级，确保信息的相关性、全面性、及时性、准确性和有效性。信息的搜集传递顺序一般有基础数据采集层、风险分析层、领导层和执行层。基础数据采集层顾名思义就是负责搜集基础数据，如不良存货资产、应收账款明细情况、机器设备等情况，风险分析层应搜集的内部资料有财务预算、会计报表、经营计划等；外部资料有宏观政策、相关市场行情、行业数据等，风险分析层根据基层上报的基础数据结合以上搜集的相关数据，利用建立的预警指标体系进行风险分析，并将分析结果和有关重要资料上报领导层。领导层根据上报的预警报告和建议做出决策，下发相应指令要求执行层实施。

第五节 企 业 终 止

企业终止是企业停止经营活动，清理财产，清偿债务，依法注销企业法人资格的行为。

一、企业终止的原因

企业终止有多种多样的原因，概括起来有如下几个方面：

（一）营业期限届满或企业章程规定的解散事由已经出现

企业合同或者章程规定有营业期限的，在营业期限届满前企业可以向工商行政管理部门申请展期，展期后企业可以继续存在。如果企业没有在营业期限届满前申请展期，表明企业无意继续存在，企业就应当于期满时终止。企业章程一般也都规定有解散事由，如果解散事由出现而企业又没有修订章程，企业也应当终止。

（二）企业的最高权力机构做出终止的特别决议

企业的最高权力机构，如股份有限公司的股东大会、国有企业的主管机关等，做出终止企业的特别决议时，企业应当终止。一般来说做出这种特别决议的原因主要有以下几方面：

（1）企业严重亏损，已经无力继续经营；

（2）发起成立企业的某一出资方不履行协议、合同或章程规定的义务，致使企业无法继续经营；

（3）企业遇有严重的自然灾害、战争等不可抗力的因素，致使企业遭受巨大损失，无法继续经营；

（4）企业持续两年以上无法召开股东大会，或股东表决时无法达到法定或公司章程规定的比例，持续两年以上不能做出有效的股东（大）会决议，企业经营管理发生严重困难。

（三）企业合并或分立

企业因各种原因被合并，需要注销法人资格的，应当终止原企业的经营活动；如果企业采用新设分立方式进行分立，原企业法人资格也应当注销，也应终止原企业的经营活动。

第十一章　企业设立、变更和破产

（四）依法被撤销

如果企业有严重的违反法律的行为，法院或有关政府机关可以依法撤销企业，吊销其营业执照，企业必须终止经营活动。通常，产生这种情况的原因主要有：（1）企业在法定期限内未缴足注册资本；（2）企业不向有关部门报送财务报告，并且长期未有改进；（3）采用欺诈手段牟取暴利；（4）企业有严重的违法行为；（5）长期不依法纳税，并且没有改进；（6）长期没有经营活动或者超过规定的营业范围从事经营活动；（7）企业自行变更登记事项而又拒绝向登记机关做变更登记申请；（8）企业对公共安全构成威胁或对生态环境有严重的破坏，而又无法改进。

（五）依法宣告破产

企业不能偿还到期债务，被法院依法宣告破产，应于宣告之日起终止经营活动。

二、企业终止的清算和清算的一般程序

（一）企业终止清算的概念

企业清算是企业在终止过程中，为终结企业现在的各种经济关系，对企业的财产进行清查、估价和变现，清理债权和债务，分配剩余财产的行为。任何企业不论出于何种原因终止，都应当进行清算工作。清算是企业终止阶段的主要工作，企业的经济法律关系只有通过清算才能予以了结。

企业清算可以有不同的分类方法，一般可以按下列方法进行分类：

1. 按企业清算的性质不同，可分为自愿清算、行政清算和司法清算

（1）自愿清算是企业法人自愿终止其经营活动而进行清算。这种清算一般是企业内部人员组成清算机构自行清算。在企业经营期满或者出现企业章程规定的解散事由时，如果企业决定终止，就可以进行自愿清算。

（2）行政清算是企业法人被依法撤销所进行的清算，如企业违反国家法律、法规被撤销所进行的清算。行政清算通常是企业的主管机关负责组织清算组，并监督清算工作的进行。

（3）司法清算也称破产清算，是企业因不能清偿到期的债务，由法院依据债权或债务的申请宣告企业破产所进行的清算。破产清算应当依法组成清算组对企业进行清算。

2. 按企业清算的原因不同，可分为解散清算和破产清算

（1）解散清算是企业因经营期满，或者因其他原因致使企业不能继续经营下去而进行的清算。解散清算可分为期满清算和提前清算；提前清算是指企业经营期未满，而因其他原因终止所进行的清算。解散清算一般是由企业自行组成清算组，或者根据企业主管机关的决定组成清算组，对企业进行自行清算。

（2）破产清算是企业因资不抵债，法院依法宣告企业破产而进行的清算。在这种情况下，法院应当依据有关法律的规定组织清算组对企业进行清算。破产清算有比较严格的法律程序，必须依法进行。这部分的清算规定前面已做了介绍。

（二）企业清算的一般程序

企业清算工作主要涉及企业的财务问题，既是一项经济工作，也是一项法律程序，清算工作必须依法进行。通常，企业的清算要遵循以下基本程序：

1. 成立清算组

清算组是企业在清算中执行清算事务的工作组，必须依法成立。清算组可以由企业的董事会成员组成，董事会成员不能或不适合担任清算组成员的，可以由股东大会根据企业章程选出清算组成员执行清算工作。对于特别清算，一般由法院根据企业债权或者股东的申请指派清算组成员。

清算组在清算期间可以行使以下职权：（1）清理企业财产，编制企业资产负债表和财产清单；（2）通知或者公告债权人；（3）处理与清算有关的企业未了结业务和经济活动；（4）清缴企业所欠各种税款；（5）清理企业的未了结债权债务；（6）处理企业清偿债务后的剩余财产；（7）代表企业参与民事诉讼活动等。

2. 开展清算工作

清算组成立之后就可以进行清算工作，通常清算组的工作主要包括以下几方面：

（1）发布清算公告。清算组应在成立之日起 10 日内通知债权人，并于 60 日内至少公告三次，要求债权人向清算组申报其债权。债权人应当在接到通知书之日起 30 日内，未接到通知书的自第一次公告之日起 90 日内，向清算组申报其债权。清算组应对债权人申报的债权进行审查，查明其真实性、合法性和具体金额。审查无误后编制债权清册。

（2）清理财产。清算组成立之后要进行清理财产工作，在清理财产之前要编制营业终止日的资产负债表，并对财产进行全面的清查、盘点、作价。财产清查完成后要编制清查结束日的资产负债表并编制财产目录。清算组在清查财产过程中，如果发现企业在公告清算前 6 个月内至公告清算之日期间对企业财产有下列不正当处理的，清算组有权收回：被隐匿私分或者无偿转让的财产、非正常压价处理的财产、对原来没有财产担保的债务提供担保的财产、未到期债务提前清偿而支付的财产、被放弃的债权等。

（3）收回债权，处理未了结的业务。清算组在清算过程中，凡是企业拥有的债权，不论是否到期，清算组都有权收回。对于清算之前已经发生而尚未了结的经济业务，如已经签订而未履行的经济合同、正在进行的项目等，清算组如果认为继续执行不会给企业带来损失，且在清算期间能够完成的，可以继续执行，否则清算组可以终止合同，由于终止合同而给合同缔约方造成的经济损失，属于合同范围内的对方有权索偿，清算组应将对方列入企业的债权人范围。在清算过程中，如果发现企业的出资人已经认缴而未缴纳的出资，或者以各种名义非法抽回的出资，清算组应当令其缴回。企业的合同、协议规定采用分期出资的，在全部出资缴齐前企业终止的，出资人也应补足其出资。

（4）清结纳税事宜。企业在清算之前拖欠国家的税款以及在清算中按照规定应当缴纳的税款，应当由清算组在支付清算费用、欠付的职工工资、劳动保险费后的企业财产中支付。

（5）代表企业参与民事诉讼活动。企业在清算期间内发生的民事诉讼活动，应当由清算组代表企业参与起诉和应诉。

（6）清偿债务及分配剩余财产。清算组在全面清查企业的财产、债权和债务之后，应当按照有关规定清偿企业债务，并分配剩余财产。企业的财产应当先支付清算费用、职工工资、劳动保险费和税金后，才能用于偿付其他债务。财产余额不足清偿债务的，应当按比例偿付。企业财产在偿付全部债务后还有剩余的，即为企业的剩余财产，除法律或企业章程另有规定外，应在企业出资者之间分配。

3. 编制清算报告和办理停业登记

清算工作结束以后,清算组应当就清算的情况编制清算报告。企业的清算报告应全面反映企业在清算期间的财务状况和清算情况,主要由清算报表和文字说明两部分组成。清算报表包括货币收支表、清算费用表、清算损益表、债务清偿表、剩余财产分配表等。清算报告的文字说明部分要对企业的清算概况做出简要介绍,并真实、准确地说明企业的清算结果。清算报告经股东大会或有关机构确认之后,应当报送企业登记机关,申请企业注销登记,经核准后要公告企业终止。

【本章小结】

本章主要介绍了企业的设立、变更和终止等内容,主要包括:

(1) 企业设立就是按照一定的法律程序创立企业,并使之取得合法的生产经营资格。企业设立应当具备一定的法律条件,遵循一定的法律程序。本章重点介绍了有限责任公司和股份公司设立的基本条件和程序。

(2) 企业变更是指企业在其存续期间和经营活动过程中所发生的业务范围、经营宗旨、财产关系、组织结构等变化。本章主要介绍了企业合并、分立和债务重组等几种重要的企业变更事项。

(3) 企业合并是指两个或两个以上的企业在平等、协商、互利的基础上,按法定程序变为一个企业的行为。企业合并可以按照不同的标准分类,如按行为方式,企业合并可以分为吸收合并和新设合并;按合并范围,企业合并可以分为横向合并、纵向合并和混合合并;按出资方式,企业合并可以分为出资购买资产式合并、出资购买股票式合并、以股票换取资产式合并和以股票换取股票式合并。企业分立是指一个企业依法分成两个或两个以上企业的经济行为。

(4) 企业分立的形式有两种:新设分立和派生分立。新设分立是企业将全部财产分别归入两个或两个以上的新设企业,原企业解散。派生分立是企业以其部分财产和业务另设一个新的企业,原企业存续。企业分立涉及一系列重大的财务事项,这些事项直接影响分立后各方的经济利益。通常涉及的重大财务事项主要有所有者权益的处理、资产的分割和评估、债务的负担和偿还等。

(5) 企业债务重组是指在债务人发生财务困难的情况下,债权人按照其与债务人达成的协议或法院的裁定做出的让步事项。债务重组是通过债务和解方式解决企业的债务问题。通过债务重组,债务人可以缓解债务的偿还期限,减轻债务负担,调节资本结构,从而可以使企业走出困境。企业债务重组方式主要有以资产清偿债务、债务转为资本、修改债务条件等。

(6) 企业破产是指企业不能清偿到期债务,而由相关当事人向法院申请,并在法院批准后进行破产清算的法律行为。企业破产一般会经历破产申请、法院受理、企业重整、债务人和债权人进行和解和破产清算等程序阶段。

(7) 企业为防止财务失败导致企业破产,有必要在经营活动中对企业的财务活动状况不断进行预警分析。财务预警有五大功能,财务预警的分析方法有定性分析法和定量分析法,财务预警的预测模型有单变量模型、多变量模型,财务预警的分析手段有望、闻、问、切等几种。

（8）企业终止是企业停止经营活动，清理财产，清偿债务，依法注销企业法人资格的行为。无论何种原因企业终止，都需要进行企业清算。企业清算是企业在终止过程中，为终结企业现存的各种经济关系，对企业的财产进行清查、估价和变现，清理债权和债务，分配剩余财产的行为。企业清算可以有不同的分类方法，如果按照清算原因不同，可以分为解散清算和破产清算。解散清算是企业因经营期，或者因其他原因致使企业不能继续经营下去而进行的清算。破产清算是企业因资不抵债，法院依法宣告企业破产而进行的清算。在这种情况下，法院应当依据有关法律的规定组织清算组对企业进行清算。破产清算有比较严格的法律程序，必须依法进行。

【思考题】

1. 有限责任公司设立与股份有限公司设立的条件有何不同？
2. 股份有限公司的发起设立和募集设立有何不同？
3. 企业合并有哪些方式？
4. 企业合并的原因有哪些？企业合并会产生什么后果？
5. 企业分立的原因有哪些？企业分立有哪些重大的财务事项需要处理？
6. 企业进行债务重组的目的是什么？
7. 企业进行破产清算需要处理哪些财务问题？

【案例分析题】

星美联合公司重整案例

星美联合系经重庆市人民政府以"渝府〔1997〕12号"文批准，于1997年11月16日由原四川三爱工业股份有限公司和原四川海陵实业股份有限公司合并组建成立。星美联合经营范围主要为通信产业投资、通信设备制造、机械产业投资及设备制造、自营进出口业务。公司设立后，向多家商业银行、企业大笔举债，债务负担十分沉重；同时，公司还为其他企业贷款提供了大量担保。因经营不善，公司发生巨额亏损，无力偿付到期债务，且公司全部有效资产均已被抵押、查封或冻结，生产经营全部停止，丧失了自我挽救的能力。此外，由于2005年和2006年连续两个会计年度亏损，星美联合自2007年5月8日起被实行退市风险警示特别处理。截至2007年12月31日，公司所有者权益为 −1 185 511 232.70元，公司已处于严重资不抵债状态。星美联合进入重整程序前，新世界房产曾与星美联合各家债权人先后进行了多轮谈判，提出以30%的清偿率向债权人进行清偿，并承诺愿以新世界房产将来获得的星美联合部分股票在前述30%清偿比例范围内向债权人进行清偿。

根据星美联合的资产、负债情况，以及其自身的特点，星美联合管理人起草了重整计划草案，其主要内容为：

（1）对于债权人享有担保权的特定财产，直接抵偿给该债权人，特定财产的变现所得由相应的优先债权人受偿；同时，按照债权本金30%的比例向债权人支付现金作为其因延期清偿所受损失的补偿，债权人获得上述补偿后，星美联合对其不再承担任何清偿责任。

（2）对于职工债权及税款债权给予全额清偿。

（3）对于普通债权按照债权本金的30%清偿，债权人获得此比例清偿后，星美联合对其不再承担任何清偿责任。

（4）星美联合全体非流通股股东通过星美联合后继的股权分置改革向上海鑫以实业有限公司（"鑫以实业"）让渡其持有的星美联合50%股权，作为鑫以实业为星美联合提供偿债资金的对价。

（5）按重整计划草案由鑫以实业提供的现金及非流通股股东让渡的部分股票对债权人进行补偿或清偿后，债权人未获清偿的部分债权由重庆城奥企业管理咨询有限公司（"重庆城奥"）承担清偿责任；星美联合将其现有全部资产（不包括被设定担保的特定财产）转让给重庆城奥，作为重庆城奥承接上述债务的对价。

2008年4月18日，重整计划获得通过，法院裁定批准了管理人提交的重整计划草案。

星美联合重整完成后，星美联合实际清偿的债务总金额为人民币563 634 696.77元，星美联合被豁免负债总金额达人民币1 935 396 782.37元。星美联合全部资产及债权人未获清偿部分的负债将全部转移至重庆城奥。重整计划执行完毕后，星美联合对债权人未获清偿部分的债权不再承担清偿责任，星美联合成为无资产、无负债的净壳公司。

与其他上市公司的重整相比，星美联合的重整有其自身的特点。首先，星美联合自法院受理重整申请至法院裁定终结重整程序，历时仅41天，是用时较短完成重整的上市公司之一。此外，星美联合合理地运用股票这一资本市场中的虚拟资本取代部分现金作为重整计划偿债资金的一部分，不仅为鑫以实业节省了大量成本，也通过上市公司后继资产重组在股票价值上的增值对债权人利益给予了更大程度的保护。

思考题：

（1）星美联合公司重整采用的是什么方式？

（2）请评价星美联合公司重整的效果。

（3）星美联合公司基于什么原因进行重整？

附 录

1. 复利终值系数表

n\i	1%	2%	3%	4%	5%	6%	7%	8%	9%	10%
1	1.0100	1.0200	1.0300	1.0400	1.0500	1.0600	1.0700	1.0800	1.0900	1.1000
2	1.0201	1.0404	1.0609	1.0816	1.1025	1.1236	1.1449	1.1664	1.1881	1.2100
3	1.0303	1.0612	1.0927	1.1249	1.1576	1.1910	1.2250	1.2597	1.2950	1.3310
4	1.0406	1.0824	1.1255	1.1699	1.2155	1.2625	1.3108	1.3605	1.4116	1.4641
5	1.0510	1.1041	1.1593	1.2167	1.2763	1.3382	1.4026	1.4693	1.5386	1.6105
6	1.0615	1.1262	1.1941	1.2653	1.3401	1.4185	1.5007	1.5869	1.6771	1.7716
7	1.0721	1.1487	1.2299	1.3159	1.4071	1.5036	1.6058	1.7138	1.8280	1.9487
8	1.0829	1.1717	1.2668	1.3686	1.4775	1.5938	1.7182	1.8509	1.9926	2.1436
9	1.0937	1.1951	1.3048	1.4233	1.5513	1.6895	1.8385	1.9990	2.1719	2.3579
10	1.1046	1.2190	1.3439	1.4802	1.6289	1.7908	1.9672	2.1589	2.3674	2.5937
11	1.1157	1.2434	1.3842	1.5395	1.7103	1.8983	2.1049	2.3316	2.5804	2.8531
12	1.1268	1.2682	1.4258	1.6010	1.7959	2.0122	2.2522	2.5182	2.8127	3.1384
13	1.1381	1.2936	1.4685	1.6651	1.8856	2.1329	2.4098	2.7196	3.0658	3.4523
14	1.1495	1.3195	1.5126	1.7317	1.9799	2.2609	2.5785	2.9372	3.3417	3.7975
15	1.1610	1.3459	1.5580	1.8009	2.0789	2.3966	2.7590	3.1722	3.6425	4.1772
16	1.1726	1.3728	1.6047	1.8730	2.1829	2.5404	2.9522	3.4259	3.9703	4.5950
17	1.1843	1.4002	1.6528	1.9479	2.2920	2.6928	3.1588	3.7000	4.3276	5.0545
18	1.1961	1.4282	1.7024	2.0258	2.4066	2.8543	3.3799	3.9960	4.7171	5.5599
19	1.2081	1.4568	1.7535	2.1068	2.5270	3.0256	3.6165	4.3157	5.1417	6.1159
20	1.2202	1.4859	1.8061	2.1911	2.6533	3.2071	3.8697	4.6610	5.6044	6.7275
21	1.2324	1.5157	1.8603	2.2788	2.7860	3.3996	4.1406	5.0338	6.1088	7.4002
22	1.2447	1.5460	1.9161	2.3699	2.9253	3.6035	4.4304	5.4365	6.6586	8.1403
23	1.2572	1.5769	1.9736	2.4647	3.0715	3.8197	4.7405	5.8715	7.2579	8.9543
24	1.2697	1.6084	2.0328	2.5633	3.2251	4.0489	5.0724	6.3412	7.9111	9.8497
25	1.2824	1.6406	2.0938	2.6658	3.3864	4.2919	5.4274	6.8485	8.6231	10.835
26	1.2953	1.6734	2.1566	2.7725	3.5557	4.5494	5.8074	7.3964	9.3992	11.918
27	1.3082	1.7069	2.2213	2.8834	3.7335	4.8223	6.2139	7.9881	10.245	13.110
28	1.3213	1.7410	2.2879	2.9987	3.9201	5.1117	6.6488	8.6271	11.167	14.421
29	1.3345	1.7758	2.3566	3.1187	4.1161	5.4184	7.1143	9.3173	12.172	15.863
30	1.3478	1.8114	2.4273	3.2434	4.3219	5.7435	7.6123	10.063	13.268	17.449
40	1.4889	2.2080	3.2620	4.8010	7.0400	10.286	14.975	21.725	31.409	45.259
50	1.6446	2.6916	4.3839	7.1067	11.467	18.420	29.457	46.902	74.358	117.39
60	1.8167	3.2810	5.8916	10.520	18.679	32.988	57.946	101.26	176.03	304.48

续表

n \ i	12%	14%	15%	16%	18%	20%	24%	28%	32%	36%
1	1.1200	1.1400	1.1500	1.1600	1.1800	1.2000	1.2400	1.2800	1.3200	1.3600
2	1.2544	1.2996	1.3225	1.3456	1.3924	1.4400	1.5376	1.6384	1.7424	1.8496
3	1.4049	1.4815	1.5209	1.5609	1.6430	1.7280	1.9066	2.0972	2.3000	2.5155
4	1.5735	1.6890	1.7490	1.8106	1.9388	2.0736	2.3642	2.6844	3.0360	3.4210
5	1.7623	1.9254	2.0114	2.1003	2.2878	2.4883	2.9316	3.4360	4.0075	4.6526
6	1.9738	2.1950	2.3131	2.4364	2.6996	2.9860	3.6352	4.3980	5.2899	6.3275
7	2.2107	2.5023	2.6600	2.8262	3.1855	3.532	4.5077	5.6295	6.9826	8.6054
8	2.4760	2.8526	3.0590	3.2784	3.7589	4.2998	5.5895	7.2058	9.2170	11.703
9	2.7731	3.2519	3.5179	3.8030	4.4355	5.1598	6.9310	9.2234	12.167	15.917
10	3.1058	3.7072	4.0456	4.4114	5.2338	6.1917	8.5944	11.806	16.060	21.647
11	3.4785	4.2262	4.6524	5.1173	6.1759	7.4301	10.657	15.112	21.199	29.439
12	3.8960	4.8179	5.3503	5.9360	7.2876	8.9161	13.215	19.343	27.983	40.038
13	4.3635	5.4924	6.1528	6.8858	8.5994	10.699	16.386	24.759	36.937	54.451
14	4.8871	6.2613	7.0757	7.9875	10.147	12.839	20.319	31.691	48.757	74.053
15	5.4736	7.1379	8.1371	9.2655	11.974	15.407	25.196	40.565	64.359	100.71
16	6.1304	8.1372	9.3576	10.748	14.129	18.488	31.243	51.923	84.954	136.97
17	6.8660	9.2765	10.761	12.468	16.672	22.186	38.741	66.461	112.14	186.28
18	7.6900	10.575	12.376	14.463	19.673	26.623	48.039	85.071	148.02	253.34
19	8.6128	12.056	14.232	16.777	23.214	31.948	59.568	108.89	195.39	344.54
20	9.6463	13.744	16.367	19.461	27.393	38.338	73.864	139.38	257.92	468.57
21	10.804	15.668	18.822	22.575	32.324	46.005	91.592	178.41	340.45	637.26
22	12.100	17.861	21.645	26.186	38.142	55.206	113.57	228.36	449.39	866.67
23	13.552	20.362	24.892	30.376	45.008	66.247	140.83	292.30	593.20	1 178.7
24	15.179	23.212	28.625	35.236	53.109	79.497	174.63	374.14	783.02	1 603.0
25	17.000	26.462	32.919	40.874	62.669	95.396	216.54	478.90	1 033.6	2 180.1
26	19.040	30.167	37.857	47.414	73.949	114.48	268.51	613.00	1 364.3	2 964.9
27	21.325	34.390	43.535	55.000	87.260	137.37	332.96	784.64	1 800.9	4 032.3
28	23.884	39.205	50.066	63.800	102.97	164.84	412.86	1 004.3	2 377.2	5 483.9
29	26.750	44.693	57.576	74.009	121.50	197.81	511.95	1 285.6	3 137.9	7 458.1
30	29.960	50.950	66.212	85.850	143.37	237.38	634.82	1 645.5	4 142.1	10 143
40	93.051	188.88	267.86	378.72	750.38	1 469.8	5 455.9	19 427	66 521	*
50	289.00	700.23	1 083.7	1 670.7	3 927.4	9 100.4	46 890	*	*	*
60	897.60	2 595.9	4 384.0	7 370.2	20 555	56 348	*	*	*	*

* >99 999

2. 复利现值系数表

n \ i	1%	2%	3%	4%	5%	6%	7%	8%	9%	10%
1	0.9901	0.9804	0.9709	0.9615	0.9524	0.9434	0.9346	0.9259	0.9174	0.9091
2	0.9803	0.9612	0.9426	0.9246	0.9070	0.8900	0.8734	0.8573	0.8417	0.8264
3	0.9706	0.9423	0.9151	0.8890	0.8638	0.8396	0.8163	0.7938	0.7722	0.7513
4	0.9610	0.9238	0.8885	0.8548	0.8227	0.7921	0.7629	0.7350	0.7084	0.6830
5	0.9515	0.9057	0.8626	0.8219	0.7835	0.7473	0.7130	0.6806	0.6499	0.6209
6	0.9420	0.8880	0.8375	0.7903	0.7462	0.7050	0.6663	0.6302	0.5963	0.5645
7	0.9327	0.8706	0.8131	0.7599	0.7107	0.6651	0.6227	0.5835	0.5470	0.5132
8	0.9235	0.8535	0.7894	0.7307	0.6768	0.6274	0.5820	0.5403	0.5019	0.4665
9	0.9143	0.8368	0.7664	0.7026	0.6446	0.5919	0.5439	0.5002	0.4604	0.4241
10	0.9053	0.8203	0.7441	0.6756	0.6139	0.5584	0.5083	0.4632	0.4224	0.3855
11	0.8963	0.8043	0.7224	0.6496	0.5847	0.5268	0.4751	0.4289	0.3875	0.3505
12	0.8874	0.7885	0.7014	0.6246	0.5568	0.4970	0.4440	0.3971	0.3555	0.3186
13	0.8787	0.7730	0.6810	0.6006	0.5303	0.4688	0.4150	0.3677	0.3262	0.2897
14	0.8700	0.7579	0.6611	0.5775	0.5051	0.4423	0.3878	0.3405	0.2992	0.2633
15	0.8613	0.7430	0.6419	0.5553	0.4810	0.4173	0.3624	0.3152	0.2745	0.2394
16	0.8528	0.7284	0.6232	0.5339	0.4581	0.3936	0.3387	0.2919	0.2519	0.2176
17	0.8444	0.7142	0.6050	0.5134	0.4363	0.3714	0.3166	0.2703	0.2311	0.1978
18	0.8360	0.7002	0.5874	0.4936	0.4155	0.3503	0.2959	0.2502	0.2120	0.1799
19	0.8277	0.6864	0.5703	0.4746	0.3957	0.3305	0.2765	0.2317	0.1945	0.1635
20	0.8195	0.6730	0.5537	0.4564	0.3769	0.3118	0.2584	0.2145	0.1784	0.1486
21	0.8114	0.6598	0.5375	0.4388	0.3589	0.2942	0.2415	0.1987	0.1637	0.1351
22	0.8034	0.6468	0.5219	0.4220	0.3418	0.2775	0.2257	0.1839	0.1502	0.1228
23	0.7954	0.6342	0.5067	0.4057	0.3256	0.2618	0.2109	0.1703	0.1378	0.1117
24	0.7876	0.6217	0.4919	0.3901	0.3101	0.2470	0.1971	0.1577	0.1264	0.1015
25	0.7798	0.6095	0.4776	0.3751	0.2953	0.2330	0.1842	0.1460	0.1160	0.0923
26	0.7720	0.5976	0.4637	0.3607	0.2812	0.2198	0.1722	0.1352	0.1064	0.0839
27	0.7644	0.5859	0.4502	0.3468	0.2678	0.2074	0.1609	0.1252	0.0976	0.0763
28	0.7568	0.5744	0.4371	0.3335	0.2551	0.1956	0.1504	0.1159	0.0895	0.0693
29	0.7493	0.5631	0.4243	0.3207	0.2429	0.1846	0.1406	0.1073	0.0822	0.0630
30	0.7419	0.5521	0.4120	0.3083	0.2314	0.1741	0.1314	0.0994	0.0754	0.0573
35	0.7059	0.5000	0.3554	0.2534	0.1813	0.1301	0.0937	0.0676	0.0490	0.0356
40	0.6717	0.4529	0.3066	0.2083	0.1420	0.0972	0.0668	0.0460	0.0318	0.0221
45	0.6391	0.4102	0.2644	0.1712	0.1113	0.0727	0.0476	0.0313	0.0207	0.0137
50	0.6080	0.3715	0.2281	0.1407	0.0872	0.0543	0.0339	0.0213	0.0134	0.0085
55	0.5785	0.3365	0.1968	0.1157	0.0683	0.0406	0.0242	0.0145	0.0087	0.0053

续表

n＼i	12%	14%	15%	16%	18%	20%	24%	28%	32%	36%
1	0.8929	0.8772	0.8696	0.8621	0.8475	0.8333	0.8065	0.7813	0.7576	0.7353
2	0.7972	0.7695	0.7561	0.7432	0.7182	0.6944	0.6504	0.6104	0.5739	0.5407
3	0.7118	0.6750	0.6575	0.6407	0.6086	0.5787	0.5245	0.4768	0.4348	0.3975
4	0.6355	0.5921	0.5718	0.5523	0.5158	0.4823	0.4230	0.3725	0.3294	0.2923
5	0.5674	0.5194	0.4972	0.4761	0.4371	0.4019	0.3411	0.2910	0.2495	0.2149
6	0.5066	0.4556	0.4323	0.4104	0.3704	0.3349	0.2751	0.2274	0.1890	0.1580
7	0.4523	0.3996	0.3759	0.3538	0.3139	0.2791	0.2218	0.1776	0.1432	0.1162
8	0.4039	0.3506	0.3269	0.3050	0.2660	0.2326	0.1789	0.1388	0.1085	0.0854
9	0.3606	0.3075	0.2843	0.2630	0.2255	0.1938	0.1443	0.1084	0.0822	0.0628
10	0.3220	0.2697	0.2472	0.2267	0.1911	0.1615	0.1164	0.0847	0.0623	0.0462
11	0.2875	0.2366	0.2149	0.1954	0.1619	0.1346	0.0938	0.0662	0.0472	0.0340
12	0.2567	0.2076	0.1869	0.1685	0.1372	0.1122	0.0757	0.0517	0.0357	0.0250
13	0.2292	0.1821	0.1625	0.1452	0.1163	0.0935	0.0610	0.0404	0.0271	0.0184
14	0.2046	0.1597	0.1413	0.1252	0.0985	0.0779	0.0492	0.0316	0.0205	0.0135
15	0.1827	0.1401	0.1229	0.1079	0.0835	0.0649	0.0397	0.0247	0.0155	0.0099
16	0.1631	0.1229	0.1069	0.0930	0.0708	0.0541	0.0320	0.0193	0.0118	0.0073
17	0.1456	0.1078	0.0929	0.0802	0.0600	0.0451	0.0258	0.0150	0.0089	0.0054
18	0.1300	0.0946	0.0808	0.0691	0.0508	0.0376	0.0208	0.0118	0.0068	0.0039
19	0.1161	0.0829	0.0703	0.0596	0.0431	0.0313	0.0168	0.0092	0.0051	0.0029
20	0.1037	0.0728	0.0611	0.0514	0.0365	0.0261	0.0135	0.0072	0.0039	0.0021
21	0.0926	0.0638	0.0531	0.0443	0.0309	0.0217	0.0109	0.0056	0.0029	0.0016
22	0.0826	0.0560	0.0462	0.0382	0.0262	0.0181	0.0088	0.0044	0.0022	0.0012
23	0.0738	0.0491	0.0402	0.0329	0.0222	0.0151	0.0071	0.0034	0.0017	0.0008
24	0.0659	0.0431	0.0349	0.0284	0.0188	0.0126	0.0057	0.0027	0.0013	0.0006
25	0.0588	0.0378	0.0304	0.0245	0.0160	0.0105	0.0046	0.0021	0.0010	0.0005
26	0.0525	0.0331	0.0264	0.0211	0.0135	0.0087	0.0037	0.0016	0.0007	0.0003
27	0.0469	0.0291	0.0230	0.0182	0.0115	0.0073	0.0030	0.0013	0.0006	0.0002
28	0.0419	0.0255	0.0200	0.0157	0.0097	0.0061	0.0024	0.0010	0.0004	0.0002
29	0.0374	0.0224	0.0174	0.0135	0.0082	0.0051	0.0020	0.0008	0.0003	0.0001
30	0.0334	0.0196	0.0151	0.0116	0.0070	0.0042	0.0016	0.0006	0.0002	0.0001
35	0.0189	0.0102	0.0075	0.0055	0.0030	0.0017	0.0005	0.0002	0.0001	*
40	0.0107	0.0053	0.0037	0.0026	0.0013	0.0007	0.0002	0.0001	*	*
45	0.0061	0.0027	0.0019	0.0013	0.0006	0.0003	0.0001	*	*	*
50	0.0035	0.0014	0.0009	0.0006	0.0003	0.0001	*	*	*	*
55	0.0020	0.0007	0.0005	0.0003	0.0001	*	*	*	*	*

* < 0.0001

3. 年金终值系数表

n \ i	1%	2%	3%	4%	5%	6%	7%	8%	9%	10%
1	1.0000	1.0000	1.0000	1.0000	1.0000	1.0000	1.0000	1.0000	1.0000	1.0000
2	2.0100	2.0200	2.0300	2.0400	2.0500	2.0600	2.0700	2.0800	2.0900	2.1000
3	3.0301	3.0604	3.0909	3.1216	3.1525	3.1836	3.2149	3.2464	3.2781	3.3100
4	4.0604	4.1216	4.1836	4.2465	4.3101	4.3746	4.4399	4.5061	4.5731	4.6410
5	5.1010	5.2040	5.3091	5.4163	5.5256	5.6371	5.7507	5.8666	5.9847	6.1051
6	6.1520	6.3081	6.4684	6.6330	6.8019	6.9753	7.1533	7.3359	7.5233	7.7156
7	7.2135	7.4343	7.6625	7.8983	8.1420	8.3938	8.6540	8.9228	9.2004	9.4872
8	8.2857	8.5830	8.8923	9.2142	9.5491	9.8975	10.260	10.637	11.029	11.436
9	9.3685	9.7546	10.159	10.583	11.027	11.491	11.978	12.488	13.021	13.580
10	10.462	10.950	11.464	12.006	12.578	13.181	13.816	14.487	15.193	15.937
11	11.567	12.169	12.808	13.486	14.207	14.972	15.784	16.646	17.560	18.531
12	12.683	13.412	14.192	15.026	15.917	16.870	17.889	18.977	20.141	21.384
13	13.809	14.680	15.618	16.627	17.713	18.882	20.141	21.495	22.953	24.523
14	14.947	15.974	17.086	18.292	19.599	21.015	22.551	24.215	26.019	27.975
15	16.097	17.293	18.599	20.024	21.579	23.276	25.129	27.152	29.361	31.773
16	17.258	18.639	20.157	21.825	23.658	25.673	27.888	30.324	33.003	35.950
17	18.430	20.012	21.762	23.698	25.840	28.213	30.840	33.750	36.974	40.545
18	19.615	21.412	23.414	25.645	28.132	30.906	33.999	37.450	41.301	45.599
19	20.811	22.841	25.117	27.671	30.539	33.760	37.379	41.446	46.019	51.159
20	22.019	24.297	26.870	29.778	33.066	36.786	40.996	45.762	51.160	57.275
21	23.239	25.783	28.677	31.969	35.719	39.993	44.865	50.423	56.765	64.003
22	24.472	27.299	30.537	34.248	38.505	43.392	49.006	55.457	62.873	71.403
23	25.716	28.845	32.453	36.618	41.431	46.996	53.436	60.893	69.532	79.543
24	26.974	30.422	34.427	39.083	44.502	50.816	58.177	66.765	76.790	88.497
25	28.243	32.030	36.459	41.646	47.727	54.865	63.249	73.106	84.701	98.347
26	29.526	33.671	38.553	44.312	51.114	59.156	68.677	79.954	93.324	109.18
27	30.821	35.344	40.710	47.084	54.669	63.706	74.484	87.351	102.72	121.10
28	32.129	37.051	42.931	49.968	58.403	68.528	80.698	95.339	112.97	134.21
29	33.450	38.792	45.219	52.966	62.323	73.640	87.347	103.97	124.14	148.63
30	34.785	40.568	47.575	56.085	66.439	79.058	94.461	113.28	136.31	164.49
40	48.886	60.402	75.401	95.026	120.80	154.76	199.64	259.06	337.88	442.59
50	64.463	84.579	112.80	152.67	209.35	290.34	406.53	573.77	815.08	1 163.9
60	81.670	114.05	163.05	237.99	353.58	533.13	813.52	1 253.2	1 944.8	3 034.8

续表

n \ i	12%	14%	15%	16%	18%	20%	24%	28%	32%	36%
1	1.0000	1.0000	1.0000	1.0000	1.0000	1.0000	1.0000	1.0000	1.0000	1.0000
2	2.1200	2.1400	2.1500	2.1600	2.1800	2.2000	2.2400	2.2800	2.3200	2.3600
3	3.3744	3.4396	3.4725	3.5056	3.5724	3.6400	3.7776	3.9184	4.0624	4.2096
4	4.7793	4.9211	4.9934	5.0665	5.2154	5.3680	5.6842	6.0156	6.3624	6.7251
5	6.3528	6.6101	6.7424	6.8771	7.1542	7.4416	8.0484	8.6999	9.3983	10.146
6	8.1152	8.5355	8.7537	8.9775	9.4420	9.9299	10.980	12.136	13.406	14.799
7	10.089	10.731	11.067	11.414	12.142	12.916	14.615	16.534	18.696	21.126
8	12.300	13.233	13.727	14.240	15.327	16.499	19.123	22.163	25.678	29.732
9	14.776	16.085	16.786	17.519	19.086	20.799	24.713	29.369	34.895	41.435
10	17.549	19.337	20.304	21.322	23.521	25.959	31.643	38.593	47.062	57.352
11	20.655	23.045	24.349	25.733	28.755	32.150	40.238	50.399	63.122	78.998
12	24.133	27.271	29.002	30.850	34.931	39.581	50.895	65.510	84.320	108.44
13	28.029	32.089	34.352	36.786	42.219	48.497	64.110	84.853	112.30	148.48
14	32.393	37.581	40.505	43.672	50.818	59.196	80.496	109.61	149.24	202.93
15	37.280	43.842	47.580	51.660	60.965	72.035	100.82	141.30	198.00	276.98
16	42.753	50.980	55.718	60.925	72.939	87.442	126.01	181.87	262.36	377.69
17	48.884	59.118	65.075	71.673	87.068	105.93	157.25	233.79	347.31	514.66
18	55.750	68.394	75.836	84.141	103.74	128.12	195.99	300.25	459.45	700.94
19	63.440	78.969	88.212	98.603	123.41	154.74	244.03	385.32	607.47	954.28
20	72.052	91.025	102.44	115.38	146.63	186.69	303.60	494.21	802.86	1 298.8
21	81.699	104.77	118.81	134.84	174.02	225.03	377.46	633.59	1 060.8	1 767.4
22	92.503	120.44	137.63	157.42	206.34	271.03	469.06	812.00	1 401.2	2 404.7
23	104.60	138.30	159.28	183.60	244.49	326.24	582.63	1 040.4	1 850.6	3 271.3
24	118.16	158.66	184.17	213.98	289.49	392.48	723.46	1 332.7	2 443.8	4 450.0
25	133.33	181.87	212.79	249.21	342.60	471.98	898.09	1 706.8	3 226.8	6 053.0
26	150.33	208.33	245.71	290.09	405.27	567.38	1 114.6	2 185.7	4 260.4	8 233.1
27	169.37	238.50	283.57	337.50	479.22	681.85	1 383.1	2 798.7	5 624.8	11 198
28	190.70	272.89	327.10	392.50	566.48	819.22	1 716.1	3 583.3	7 425.7	15 230
29	214.58	312.09	377.17	456.30	669.45	984.07	2 129.0	4 587.7	9 802.9	20 714
30	241.33	356.79	434.75	530.31	790.95	1 181.9	2 640.9	5 873.2	12 941	28 172
40	767.09	1 342.0	1 779.1	2 360.8	4 163.2	7 343.9	22 729	69 377	207 874	609 890
50	2 400.0	4 994.5	7 217.7	10 436	21 813	45 497	195 373	819 103	*	*
60	7 471.6	18 535	29 220	46 058	114 190	281 733	*	*	*	*

* >99 999

4. 年金现值系数表

n \ i	1%	2%	3%	4%	5%	6%	7%	8%	9%	10%
1	0.9901	0.9804	0.9709	0.9615	0.9524	0.9434	0.9346	0.9259	0.9174	0.9091
2	1.9704	1.9416	1.9135	1.8861	1.8594	1.8334	1.8080	1.7833	1.7591	1.7355
3	2.9410	2.8839	2.8286	2.7751	2.7232	2.6730	2.6243	2.5771	2.5313	2.4869
4	3.9020	3.8077	3.7171	3.6299	3.5460	3.4651	3.3872	3.3121	3.2397	3.1699
5	4.8534	4.7135	4.5797	4.4518	4.3295	4.2124	4.1002	3.9927	3.8897	3.7908
6	5.7955	5.6014	5.4172	5.2421	5.0757	4.9173	4.7665	4.6229	4.4859	4.3553
7	6.7282	6.4720	6.2303	6.0021	5.7864	5.5824	5.3893	5.2064	5.0330	4.8684
8	7.6517	7.3255	7.0197	6.7327	6.4632	6.2098	5.9713	5.7466	5.5348	5.3349
9	8.5660	8.1622	7.7861	7.4353	7.1078	6.8017	6.5152	6.2469	5.9952	5.7590
10	9.4713	8.9826	8.5302	8.1109	7.7217	7.3601	7.0236	6.7101	6.4177	6.1446
11	10.3676	9.7868	9.2526	8.7605	8.3064	7.8869	7.4987	7.1390	6.8052	6.4951
12	11.2551	10.5753	9.9540	9.3851	8.8633	8.3838	7.9427	7.5361	7.1607	6.8137
13	12.1337	11.3484	10.6350	9.9856	9.3936	8.8527	8.3577	7.9038	7.4869	7.1034
14	13.0037	12.1062	11.2961	10.5631	9.8986	9.2950	8.7455	8.2442	7.7862	7.3667
15	13.8651	12.8493	11.9379	11.1184	10.3797	9.7122	9.1079	8.5595	8.0607	7.6061
16	14.7179	13.5777	12.5611	11.6523	10.8378	10.1059	9.4466	8.8514	8.3126	7.8237
17	15.5623	14.2919	13.1661	12.1657	11.2741	10.4773	9.7632	9.1216	8.5436	8.0216
18	16.3983	14.9920	13.7535	12.6593	11.6896	10.8276	10.0591	9.3719	8.7556	8.2014
19	17.2260	15.6785	14.3238	13.1339	12.0853	11.1581	10.3356	9.6036	8.9501	8.3649
20	18.0456	16.3514	14.8775	13.5903	12.4622	11.4699	10.5940	9.8181	9.1285	8.5136
21	18.8570	17.0112	15.4150	14.0292	12.8212	11.7641	10.8355	10.0168	9.2922	8.6487
22	19.6604	17.6580	15.9369	14.4511	13.1630	12.0416	11.0612	10.2007	9.4424	8.7715
23	20.4558	18.2922	16.4436	14.8568	13.4886	12.3034	11.2722	10.3711	9.5802	8.8832
24	21.2434	18.9139	16.9355	15.2470	13.7986	12.5504	11.4693	10.5288	9.7066	8.9847
25	22.0232	19.5235	17.4131	15.6221	14.0939	12.7834	11.6536	10.6748	9.8226	9.0770
26	22.7952	20.1210	17.8768	15.9828	14.3752	13.0032	11.8258	10.8100	9.9290	9.1609
27	23.5596	20.7069	18.3270	16.3296	14.6430	13.2105	11.9867	10.9352	10.0266	9.2372
28	24.3164	21.2813	18.7641	16.6631	14.8981	13.4062	12.1371	11.0511	10.1161	9.3066
29	25.0658	21.8444	19.1885	16.9837	15.1411	13.5907	12.2777	11.1584	10.1983	9.3696
30	25.8077	22.3965	19.6004	17.2920	15.3725	13.7648	12.4090	11.2578	10.2737	9.4269
35	29.4086	24.9986	21.4872	18.6646	16.3742	14.4982	12.9477	11.6546	10.5668	9.6442
40	32.8347	27.3555	23.1148	19.7928	17.1591	15.0463	13.3317	11.9246	10.7574	9.7791
45	36.0945	29.4902	24.5187	20.7200	17.7741	15.4558	13.6055	12.1084	10.8812	9.8628
50	39.1961	31.4236	25.7298	21.4822	18.2559	15.7619	13.8007	12.2335	10.9617	9.9148
55	42.1472	33.1748	26.7744	22.1086	18.6335	15.9905	13.9399	12.3186	11.0140	9.9471

附　　录

续表

n＼i	12%	14%	15%	16%	18%	20%	24%	28%	32%	36%
1	0.8929	0.8772	0.8696	0.8621	0.8475	0.8333	0.8065	0.7813	0.7576	0.7353
2	1.6901	1.6467	1.6257	1.6052	1.5656	1.5278	1.4568	1.3916	1.3315	1.2760
3	2.4018	2.3216	2.2832	2.2459	2.1743	2.1065	1.9813	1.8684	1.7663	1.6735
4	3.0373	2.9137	2.8550	2.7982	2.6901	2.5887	2.4043	2.2410	2.0957	1.9658
5	3.6048	3.4331	3.3522	3.2743	3.1272	2.9906	2.7454	2.5320	2.3452	2.1807
6	4.1114	3.8887	3.7845	3.6847	3.4976	3.3255	3.0205	2.7594	2.5342	2.3388
7	4.5638	4.2883	4.1604	4.0386	3.8115	3.6046	3.2423	2.9370	2.6775	2.4550
8	4.9676	4.6389	4.4873	4.3436	4.0776	3.8372	3.4212	3.0758	2.7860	2.5404
9	5.3282	4.9464	4.7716	4.6065	4.3030	4.0310	3.5655	3.1842	2.8681	2.6033
10	5.6502	5.2161	5.0188	4.8332	4.4941	4.1925	3.6819	3.2689	2.9304	2.6495
11	5.9377	5.4527	5.2337	5.0286	4.6560	4.3271	3.7757	3.3351	2.9776	2.6834
12	6.1944	5.6603	5.4206	5.1971	4.7932	4.4392	3.8514	3.3868	3.0133	2.7084
13	6.4235	5.8424	5.5831	5.3423	4.9095	4.5327	3.9124	3.4272	3.0404	2.7268
14	6.6282	6.0021	5.7245	5.4675	5.0081	4.6106	3.9616	3.4587	3.0609	2.7403
15	6.8109	6.1422	5.8474	5.5755	5.0916	4.6755	4.0013	3.4834	3.0764	2.7502
16	6.9740	6.2651	5.9542	5.6685	5.1624	4.7296	4.0333	3.5026	3.0882	2.7575
17	7.1196	6.3729	6.0472	5.7487	5.2223	4.7746	4.0591	3.5177	3.0971	2.7629
18	7.2497	6.4674	6.1280	5.8178	5.2732	4.8122	4.0799	3.5294	3.1039	2.7668
19	7.3658	6.5504	6.1982	5.8775	5.3162	4.8435	4.0967	3.5386	3.1090	2.7697
20	7.4694	6.6231	6.2593	5.9288	5.3527	4.8696	4.1103	3.5458	3.1129	2.7718
21	7.5620	6.6870	6.3125	5.9731	5.3837	4.8913	4.1212	3.5514	3.1158	2.7734
22	7.6446	6.7429	6.3587	6.0113	5.4099	4.9094	4.1300	3.5558	3.1180	2.7746
23	7.7184	6.7921	6.3988	6.0442	5.4321	4.9245	4.1371	3.5592	3.1197	2.7754
24	7.7843	6.8351	6.4338	6.0726	5.4509	4.9371	4.1428	3.5619	3.1210	2.7760
25	7.8431	6.8729	6.4641	6.0971	5.4669	4.9476	4.1474	3.5640	3.1220	2.7765
26	7.8957	6.9061	6.4906	6.1182	5.4804	4.9563	4.1511	3.5656	3.1227	2.7768
27	7.9426	6.9352	6.5135	6.1364	5.4919	4.9636	4.1542	3.5669	3.1233	2.7771
28	7.9844	6.9607	6.5335	6.1520	5.5016	4.9697	4.1566	3.5679	3.1237	2.7773
29	8.0218	6.9830	6.5509	6.1656	5.5098	4.9747	4.1585	3.5687	3.1240	2.7774
30	8.0552	7.0027	6.5660	6.1772	5.5168	4.9789	4.1601	3.5693	3.1242	2.7775
35	8.1755	7.0700	6.6166	6.2153	5.5386	4.9915	4.1644	3.5708	3.1248	2.7777
40	8.2438	7.1050	6.6418	6.2335	5.5482	4.9966	4.1659	3.5712	3.1250	2.7778
45	8.2825	7.1232	6.6543	6.2421	5.5523	4.9986	4.1664	3.5714	3.1250	2.7778
50	8.3045	7.1327	6.6605	6.2463	5.5541	4.9995	4.1666	3.5714	3.1250	2.7778
55	8.3170	7.1376	6.6636	6.2482	5.5549	4.9998	4.1666	3.5714	3.1250	2.7778

5. 自然对数表

N	0	1	2	3	4	5	6	7	8	9
1.0	0.0000	0.0100	0.0198	0.0296	0.0392	0.0488	0.0583	0.0677	0.0770	0.0862
1.1	0.0953	0.1044	0.1133	0.1222	0.1310	0.1398	0.1484	0.1570	0.1655	0.1740
1.2	0.1823	0.1906	0.1989	0.2070	0.2151	0.2231	0.2311	0.2390	0.2469	0.2546
1.3	0.2624	0.2700	0.2776	0.2852	0.2927	0.3001	0.3075	0.3148	0.3221	0.3293
1.4	0.3365	0.3436	0.3507	0.3577	0.3646	0.3716	0.3784	0.3853	0.3920	0.3988
1.5	0.4055	0.4121	0.4187	0.4253	0.4318	0.4383	0.4447	0.4511	0.4574	0.4637
1.6	0.4700	0.4762	0.4824	0.4886	0.4947	0.5008	0.5068	0.5128	0.5188	0.5247
1.7	0.5306	0.5365	0.5423	0.5481	0.5539	0.5596	0.5653	0.5710	0.5766	0.5822
1.8	0.5878	0.5933	0.5988	0.6043	0.6098	0.6152	0.6206	0.6259	0.6313	0.6366
1.9	0.6419	0.6471	0.6523	0.6575	0.6627	0.6678	0.6729	0.6780	0.6831	0.6881
2.0	0.6931	0.6981	0.7031	0.7080	0.7129	0.7178	0.7227	0.7275	0.7324	0.7372
2.1	0.7419	0.7467	0.7514	0.7561	0.7608	0.7655	0.7701	0.7747	0.7793	0.7839
2.2	0.7885	0.7930	0.7975	0.8020	0.8065	0.8109	0.8154	0.8198	0.8242	0.8286
2.3	0.8329	0.8372	0.8416	0.8459	0.8502	0.8544	0.8587	0.8629	0.8671	0.8713
2.4	0.8755	0.8796	0.8838	0.8879	0.8920	0.8961	0.9002	0.9042	0.9083	0.9123
2.5	0.9163	0.9203	0.9243	0.9282	0.9322	0.9361	0.9400	0.9439	0.9478	0.9517
2.6	0.9555	0.9594	0.9632	0.9670	0.9708	0.9746	0.9783	0.9821	0.9858	0.9895
2.7	0.9933	0.9969	1.0006	1.0043	1.0080	1.0116	1.0152	1.0188	1.0225	1.0260
2.8	1.0296	1.0332	1.0367	1.0403	1.0438	1.0473	1.0508	1.0543	1.0578	1.0613
2.9	1.0647	1.0682	1.0716	1.0750	1.0784	1.0818	1.0852	1.0886	1.0919	1.0953
3.0	1.0986	1.1019	1.1053	1.1086	1.1119	1.1151	1.1184	1.1217	1.1249	1.1282
3.1	1.1314	1.1346	1.1378	1.1410	1.1442	1.1474	1.1506	1.1537	1.1569	1.1600
3.2	1.1632	1.1663	1.1694	1.1725	1.1756	1.1787	1.1817	1.1848	1.1878	1.1909
3.3	1.1939	1.1969	1.2000	1.2030	1.2060	1.2090	1.2119	1.2149	1.2179	1.2208
3.4	1.2238	1.2267	1.2296	1.2326	1.2355	1.2384	1.2413	1.2442	1.2470	1.2499
3.5	1.2528	1.2556	1.2585	1.2613	1.2641	1.2669	1.2698	1.2726	1.2754	1.2782
3.6	1.2809	1.2837	1.2865	1.2892	1.2920	1.2947	1.2975	1.3002	1.3029	1.3056
3.7	1.3083	1.3110	1.3137	1.3164	1.3191	1.3218	1.3244	1.3271	1.3297	1.3324
3.8	1.3350	1.3376	1.3403	1.3429	1.3455	1.3481	1.3507	1.3533	1.3558	1.3584
3.9	1.3610	1.3635	1.3661	1.3686	1.3712	1.3737	1.3762	1.3788	1.3813	1.3838
4.0	1.3863	1.3888	1.3913	1.3938	1.3962	1.3987	1.4012	1.4036	1.4061	1.4085
4.1	1.4110	1.4134	1.4159	1.4183	1.4207	1.4231	1.4255	1.4279	1.4303	1.4327

续表

N	0	1	2	3	4	5	6	7	8	9
4.2	1.4351	1.4375	1.4398	1.4422	1.4446	1.4469	1.4493	1.4516	1.4540	1.4563
4.3	1.4586	1.4609	1.4633	1.4656	1.4679	1.4702	1.4725	1.4748	1.4770	1.4793
4.4	1.4816	1.4839	1.4861	1.4884	1.4907	1.4929	1.4951	1.4974	1.4996	1.5019
4.5	1.5041	1.5063	1.5085	1.5107	1.5129	1.5151	1.5173	1.5195	1.5217	1.5239
4.6	1.5261	1.5282	1.5304	1.5326	1.5347	1.5369	1.5390	1.5412	1.5433	1.5454
4.7	1.5476	1.5497	1.5518	1.5539	1.5560	1.5581	1.5602	1.5623	1.5644	1.5665
4.8	1.5686	1.5707	1.5728	1.5748	1.5769	1.5790	1.5810	1.5831	1.5851	1.5872
4.9	1.5892	1.5913	1.5933	1.5953	1.5974	1.5994	1.6014	1.6034	1.6054	1.6074
5.0	1.6094	1.6114	1.6134	1.6154	1.6174	1.6194	1.6214	1.6233	1.6253	1.6273
5.1	1.6292	1.6312	1.6332	1.6351	1.6371	1.6390	1.6409	1.6429	1.6448	1.6467
5.2	1.6487	1.6506	1.6525	1.6544	1.6563	1.6582	1.6601	1.6620	1.6639	1.6658
5.3	1.6677	1.6696	1.6715	1.6734	1.6752	1.6771	1.6790	1.6808	1.6827	1.6845
5.4	1.6864	1.6882	1.6901	1.6919	1.6938	1.6956	1.6974	1.6993	1.7011	1.7029
5.5	1.7047	1.7066	1.7084	1.7102	1.7120	1.7138	1.7156	1.7174	1.7192	1.7210
5.6	1.7228	1.7246	1.7263	1.7281	1.7299	1.7317	1.7334	1.7352	1.7370	1.7387
5.7	1.7405	1.7422	1.7440	1.7457	1.7475	1.7492	1.7509	1.7527	1.7544	1.7561
5.8	1.7579	1.7596	1.7613	1.7630	1.7647	1.7664	1.7681	1.7699	1.7716	1.7733
5.9	1.7750	1.7766	1.7783	1.7800	1.7817	1.7834	1.7851	1.7867	1.7884	1.7901
6.0	1.7918	1.7934	1.7951	1.7967	1.7984	1.8001	1.8017	1.8034	1.8050	1.8066
6.1	1.8083	1.8099	1.8116	1.8132	1.8148	1.8165	1.8181	1.8197	1.8213	1.8229
6.2	1.8245	1.8262	1.8278	1.8294	1.8310	1.8326	1.8342	1.8358	1.8374	1.8390
6.3	1.8405	1.8421	1.8437	1.8453	1.8469	1.8485	1.8500	1.8516	1.8532	1.8547
6.4	1.8563	1.8579	1.8594	1.8610	1.8625	1.8641	1.8656	1.8672	1.8687	1.8703
6.5	1.8718	1.8733	1.8749	1.8764	1.8779	1.8795	1.8810	1.8825	1.8840	1.8856
6.6	1.8871	1.8886	1.8901	1.8916	1.8931	1.8946	1.8961	1.8976	1.8991	1.9006
6.7	1.9021	1.9036	1.9051	1.9066	1.9081	1.9095	1.9110	1.9125	1.9140	1.9155
6.8	1.9169	1.9184	1.9199	1.9213	1.9228	1.9242	1.9257	1.9272	1.9286	1.9301
6.9	1.9315	1.9330	1.9344	1.9359	1.9373	1.9387	1.9402	1.9416	1.9430	1.9445
7.0	1.9459	1.9473	1.9488	1.9502	1.9516	1.9530	1.9544	1.9559	1.9573	1.9587
7.1	1.9601	1.9615	1.9629	1.9643	1.9657	1.9671	1.9685	1.9699	1.9713	1.9727
7.2	1.9741	1.9755	1.9769	1.9782	1.9796	1.9810	1.9824	1.9838	1.9851	1.9865
7.3	1.9879	1.9892	1.9906	1.9920	1.9933	1.9947	1.9961	1.9974	1.9988	2.0001

续表

N	0	1	2	3	4	5	6	7	8	9
7.4	2.0015	2.0028	2.0042	2.0055	2.0069	2.0082	2.0096	2.0109	2.0122	2.0136
7.5	2.0149	2.0162	2.0176	2.0189	2.0202	2.0215	2.0229	2.0242	2.0255	2.0268
7.6	2.0281	2.0295	2.0308	2.0321	2.0334	2.0347	2.0360	2.0373	2.0386	2.0399
7.7	2.0412	2.0425	2.0438	2.0451	2.0464	2.0477	2.0490	2.0503	2.0516	2.0528
7.8	2.0541	2.0554	2.0567	2.0580	2.0592	2.0605	2.0618	2.0631	2.0643	2.0656
7.9	2.0669	2.0681	2.0694	2.0707	2.0719	2.0732	2.0744	2.0757	2.0769	2.0782
8.0	2.0794	2.0807	2.0819	2.0832	2.0844	2.0857	2.0869	2.0882	2.0894	2.0906
8.1	2.0919	2.0931	2.0943	2.0956	2.0968	2.0980	2.0992	2.1005	2.1017	2.1029
8.2	2.1041	2.1054	2.1066	2.1078	2.1090	2.1102	2.1114	2.1126	2.1138	2.1150
8.3	2.1163	2.1175	2.1187	2.1199	2.1211	2.1223	2.1235	2.1247	2.1258	2.1270
8.4	2.1282	2.1294	2.1306	2.1318	2.1330	2.1342	2.1353	2.1365	2.1377	2.1389
8.5	2.1401	2.1412	2.1424	2.1436	2.1448	2.1459	2.1471	2.1483	2.1494	2.1506
8.6	2.1518	2.1529	2.1541	2.1552	2.1564	2.1576	2.1587	2.1599	2.1610	2.1622
8.7	2.1633	2.1645	2.1656	2.1668	2.1679	2.1691	2.1702	2.1713	2.1725	2.1736
8.8	2.1748	2.1759	2.1770	2.1782	2.1793	2.1804	2.1815	2.1827	2.1838	2.1849
8.9	2.1861	2.1872	2.1883	2.1894	2.1905	2.1917	2.1928	2.1939	2.1950	2.1961
9.0	2.1972	2.1983	2.1994	2.2006	2.2017	2.2028	2.2039	2.2050	2.2061	2.2072
9.1	2.2083	2.2094	2.2105	2.2116	2.2127	2.2138	2.2148	2.2159	2.2170	2.2181
9.2	2.2192	2.2203	2.2214	2.2225	2.2235	2.2246	2.2257	2.2268	2.2279	2.2289
9.3	2.2300	2.2311	2.2322	2.2332	2.2343	2.2354	2.2364	2.2375	2.2386	2.2396
9.4	2.2407	2.2418	2.2428	2.2439	2.2450	2.2460	2.2471	2.2481	2.2492	2.2502
9.5	2.2513	2.2523	2.2534	2.2544	2.2555	2.2565	2.2576	2.2586	2.2597	2.2607
9.6	2.2618	2.2628	2.2638	2.2649	2.2659	2.2670	2.2680	2.2690	2.2701	2.2711
9.7	2.2721	2.2732	2.2742	2.2752	2.2762	2.2773	2.2783	2.2793	2.2803	2.2814
9.8	2.2824	2.2834	2.2844	2.2854	2.2865	2.2875	2.2885	2.2895	2.2905	2.2915
9.9	2.2925	2.2935	2.2946	2.2956	2.2966	2.2976	2.2986	2.2996	2.3006	2.3016
10.0	2.3026	2.3036	2.3046	2.3056	2.3066	2.3076	2.3086	2.3096	2.3106	2.3115

6. 正态分布下的累积概率 [N (d)]
(即变量取值小于其均值与 d 个标准差之和的概率)

X/σ	0.00	0.01	0.02	0.03	0.04	0.05	0.06	0.07	0.08	0.09
0.0	0.5000	0.5040	0.5080	0.5120	0.5160	0.5199	0.5239	0.5279	0.5319	0.5359
0.1	0.5398	0.5438	0.5478	0.5517	0.5557	0.5596	0.5636	0.5675	0.5714	0.5753
0.2	0.5793	0.5832	0.5871	0.5910	0.5948	0.5987	0.6026	0.6064	0.6103	0.6141
0.3	0.6179	0.6217	0.6255	0.6293	0.6331	0.6368	0.6406	0.6443	0.6844	0.6517
0.4	0.6554	0.6591	0.6628	0.6664	0.6700	0.6736	0.6772	0.6808	0.7190	0.6879
0.5	0.6915	0.6950	0.6985	0.7019	0.7054	0.7088	0.7123	0.7157	0.7517	0.7224
0.6	0.7275	0.7291	0.7324	0.7357	0.7389	0.7422	0.7454	0.7486	0.7823	0.7549
0.7	0.7580	0.7611	0.7642	0.7673	0.7704	0.7734	0.7764	0.7794	0.8106	0.7852
0.8	0.7881	0.7910	0.7939	0.7967	0.7995	0.8023	0.3051	0.8078	0.8365	0.8133
0.9	0.8159	0.8186	0.8212	0.8238	0.8264	0.8289	0.3315	0.8340	0.8599	0.8389
1.0	0.8413	0.8438	0.8461	0.8485	0.8508	0.8531	0.3554	0.8577	0.8810	0.8621
1.1	0.8643	0.8665	0.8686	0.8708	0.8729	0.8749	0.8770	0.8790	0.8997	0.8830
1.2	0.8849	0.8869	0.8888	0.8907	0.8925	0.8944	0.8962	0.8980	0.9162	0.9015
1.3	0.9032	0.9049	0.9066	0.9082	0.9099	0.9115	0.9131	0.9147	0.9306	0.9177
1.4	0.9192	0.9207	0.9222	0.9236	0.9251	0.9265	0.9279	0.9292	0.9429	0.9319
1.5	0.9332	0.9345	0.9357	0.9370	0.9382	0.9394	0.9406	0.9418	0.9535	0.9441
1.6	0.9452	0.9463	0.9474	0.9484	0.9495	0.9505	0.9515	0.9525	0.9625	0.9545
1.7	0.9554	0.9564	0.9573	0.9582	0.9591	0.9599	0.9608	0.9616	0.9699	0.9633
1.8	0.9641	0.9649	0.9656	0.9664	0.9671	0.9678	0.9686	0.9693	0.9761	0.9706
1.9	0.9713	0.9719	0.9726	0.9732	0.9738	0.9744	0.9750	0.9756	0.9812	0.9767
2.0	0.9772	0.9778	0.9783	0.9788	0.9793	0.9798	0.9803	0.9808	0.9854	0.9817
2.1	0.9821	0.9826	0.9830	0.9834	0.9838	0.9842	0.9846	0.9850	0.9887	0.9857
2.2	0.9861	0.9864	0.9868	0.9871	0.9875	0.9878	0.9881	0.9884	0.9913	0.9890
2.3	0.9893	0.9896	0.9898	0.9901	0.9904	0.9906	0.9909	0.9911	0.9934	0.9916
2.4	0.9918	0.9920	0.9922	0.9925	0.9927	0.9929	0.9931	0.9932	0.9951	0.9936
2.5	0.9938	0.9940	0.9941	0.9943	0.9945	0.9946	0.9948	0.9949	0.9963	0.9952
2.6	0.9953	0.9955	0.9956	0.9957	0.9958	0.9959	0.9960	0.9961	0.9962	0.9973	0.9964
2.7	0.9965	0.9966	0.9967	0.9968	0.9969	0.9970	0.9971	0.9972	0.9980	0.9974
2.8	0.9974	0.9975	0.9976	0.9977	0.9977	0.9978	0.9979	0.9979	0.9986	0.9981
2.9	0.9981	0.9982	0.9982	0.9983	0.9984	0.9984	0.9985	0.9985	0.9990	0.9986
3.0	0.9987	0.9987	0.9987	0.9988	0.9988	0.9989	0.9989	0.9989	1.1249	0.9990
4.0	1.0000	1.0000	1.0000	1.0000	1.0000	1.0000	1.0000	1.0000	1.0000	1.0000
5.0	1.0000	1.0000	1.0000	1.0000	1.0000	1.0000	1.0000	1.0000	1.0000	1.0000

注：例如，d = 0.22，则 N (d) = 0.5871，即正态分布变量有 0.5871 的可能取值小于其均值与 0.22 个标准差之和。

7. e^{rt}的值：1元的连续复利终值

r	1%	2%	3%	4%	5%	6%	7%	8%	9%	10%
1	1.0101	1.0202	1.0305	1.0408	1.0513	1.0618	1.0725	1.0833	1.0942	1.1052
2	1.0202	1.0408	1.0618	1.0833	1.1052	1.1275	1.1503	1.1735	1.1972	1.2214
3	1.0305	1.0618	1.0942	1.1275	1.1618	1.1972	1.2337	1.2712	1.3100	1.3499
4	1.0408	1.0833	1.1275	1.1735	1.2214	1.2712	1.3231	1.3771	1.4333	1.4918
5	1.0513	1.1052	1.1618	1.2214	1.2840	1.3499	1.4191	1.4918	1.5683	1.6487
6	1.0618	1.1275	1.1972	1.2712	1.3499	1.4333	1.5220	1.6161	1.7160	1.8221
7	1.0725	1.1503	1.2337	1.3231	1.4191	1.5220	1.6323	1.7507	1.8776	2.0138
8	1.0833	1.1735	1.2712	1.3771	1.4918	1.6161	1.7507	1.8965	2.0544	2.2255
9	1.0942	1.1972	1.3100	1.4333	1.5683	1.7160	1.8776	2.0544	2.2479	2.4596
10	1.1052	1.2214	1.3499	1.4918	1.6487	1.8221	2.0138	2.2255	2.4596	2.7183
11	1.1163	1.2461	1.3910	1.5527	1.7333	1.9348	2.1598	2.4109	2.6912	3.0042
12	1.1275	1.2712	1.4333	1.6161	1.8221	2.0544	2.3164	2.6117	2.9447	3.3201
13	1.1388	1.2969	1.4770	1.6820	1.9155	2.1815	2.4843	2.8292	3.2220	3.6693
14	1.1503	1.3231	1.5220	1.7507	2.0138	2.3164	2.6645	3.0649	3.5254	4.0552
15	1.1618	1.3499	1.5683	1.8221	2.1170	2.4596	2.8577	3.3201	3.8574	4.4817
16	1.1735	1.3771	1.6161	1.8965	2.2255	2.6117	3.0649	3.5966	4.2207	4.9530
17	1.1853	1.4049	1.6653	1.9739	2.3396	2.7732	3.2871	3.8962	4.6182	5.4739
18	1.1972	1.4333	1.7160	2.0544	2.4596	2.9447	3.5254	4.2207	5.0531	6.0496
19	1.2092	1.4623	1.7683	2.1383	2.5857	3.1268	3.7810	4.5722	5.5290	6.6859
20	1.2214	1.4918	1.8221	2.2255	2.7183	3.3201	4.0552	4.9530	6.0496	7.3891
21	1.2337	1.5220	1.8776	2.3164	2.8577	3.5254	4.3492	5.3656	6.6194	8.1662
22	1.2461	1.5527	1.9348	2.4109	3.0042	3.7434	4.6646	5.8124	7.2427	9.0250
23	1.2586	1.5841	1.9937	2.5093	3.1582	3.9749	5.0028	6.2965	7.9248	9.9742
24	1.2712	1.6161	2.0544	2.6117	3.3201	4.2207	5.3656	6.8210	8.6711	11.0232
25	1.2840	1.6487	2.1170	2.7183	3.4903	4.4817	5.7546	7.3891	9.4877	12.1825
26	1.2969	1.6820	2.1815	2.8292	3.6693	4.7588	6.1719	8.0045	10.3812	13.4637
27	1.3100	1.7160	2.2479	2.9447	3.8574	5.0531	6.6194	8.6711	11.3589	14.8797
28	1.3231	1.7507	2.3164	3.0649	4.0552	5.3656	7.0993	9.3933	12.4286	16.4446
29	1.3364	1.7860	2.3869	3.1899	4.2631	5.6973	7.6141	10.1757	13.5991	18.1741
30	1.3499	1.8221	2.4596	3.3201	4.4817	6.0496	8.1662	11.0232	14.8797	20.0855
35	1.4191	2.0138	2.8577	4.0552	5.7546	8.1662	11.5883	16.4446	23.3361	33.1155
40	1.4918	2.2255	3.3201	4.9530	7.3891	11.0232	16.4446	24.5325	36.5982	54.5982
45	1.5683	2.4596	3.8574	6.0496	9.4877	14.8797	23.3361	36.5982	57.3975	90.0171
50	1.6487	2.7183	4.4817	7.3891	12.1825	20.0855	33.1155	54.5982	90.0171	148.4132
55	1.7333	3.0042	5.2070	9.0250	15.6426	27.1126	46.9931	81.4509	141.1750	244.6919
60	1.8221	3.3201	6.0496	11.0232	20.0855	36.5982	66.6863	121.5104	221.4064	403.4288

注：例如，以10%的年利率连续复利，则今天投资1元，1年末的价值为1.1052元，2年末的价值为1.2214元。

参 考 文 献

1. 中国注册会计师协会编，财务成本管理，中国财政经济出版社，2016.
2. 中国注册会计师协会编，财务成本管理，中国财政经济出版社，2012.
3. 中级会计职称会计师考试教材，财务管理，经济科学出版社、中国财政经济出版社联合出版，2012.
4. 荆新、王化成、刘俊彦. 财务管理学（第5版）[M]. 中国人民大学出版社，2010.
5. 荆新、王化成、刘俊彦. 财务管理学（第6版）[M]. 中国人大出版社. 2012.
6. 刘淑莲. 财务管理 [M]. 东北财经大学出版社. 2010.
7. 许小青、梁国萍、徐新华主编，公司理财学，江西人民出版社，2003.
8. 栾庆伟、迟国泰. 财务管理 [M]. 大连理工大学出版社，2011.
9. 鲁爱民. 财务分析 [M]. 机械工业出版社，2008.
10. 张先治等主编，财务分析，东北财经大学出版社，2010.
11. 中国注册会计师协会编，经济法，中国财政经济出版社，2012.
12. 陈玉菁. 财务管理实务与案例. 北京：中国人民大学出版社，2011.
13. 杨丹主编，中级财务管理，东北财经大学出版社，2010.
14. Stephen A. Rose, Randolph W. Westerfield, Jeffery F. Jaffe, 吴世农，沈艺峰、王志强等译，公司理财（第7版），机械工业出版社，2010.
15. 陈国辉、陈文铭、孙光国编著，基础会计（第3版），清华大学出版社，2013.
16. Richard A. Brealey, Stewart C. Myers. Principles of Corporae Finance. 北京：机械工业出版社，2002.
17. Eugene F. Brigham, Louis C. Gapenski. Intermediate Finance Magement. Fifth Eddition, Orlando: The Dryden Press, 1996.
18. George W, GALLINGER, Jerry B. Poe. Essentials of Finance, New Jersey: Prentice Hall, Inc, 1995.
19. 2006版中华人民共和国公司法.